全国高等教育金融系列精品教材

Securities Investment

证券投资学

第2版

主 编◎李建华 郭晓玲
副主编◎李小华 林 青

经济管理出版社
ECONOMY & MANAGEMENT PUBLISHING HOUSE

图书在版编目（CIP）数据

证券投资学/李建华，郭晓玲主编．—2 版．—北京：经济管理出版社，2014.2
ISBN 978-7-5096-2819-5

Ⅰ．①证… Ⅱ．①李…②郭… Ⅲ．①证券投资 Ⅳ．①F830.91

中国版本图书馆 CIP 数据核字（2013）第 280928 号

组稿编辑：申桂萍
责任编辑：魏晨红
责任印制：黄章平
责任校对：超　凡　王纪慧

出版发行：经济管理出版社
　　　　　（北京市海淀区北蜂窝 8 号中雅大厦 A 座 11 层　100038）
网　　址：www.E-mp.com.cn
电　　话：（010）51915602
印　　刷：三河市延风印装厂
经　　销：新华书店
开　　本：787mm×1092mm/16
印　　张：21
字　　数：460 千字
版　　次：2014 年 2 月第 1 版　2014 年 2 月第 1 次印刷
书　　号：ISBN 978-7-5096-2819-5
定　　价：49.00 元

·版权所有　翻印必究·
凡购本社图书，如有印装错误，由本社读者服务部负责调换。
联系地址：北京阜外月坛北小街 2 号
电话：（010）68022974　邮编：100836

全国高等教育金融学专业系列规划教材编委会成员

顾　问：张世贤　中国社会科学院工业经济研究所研究员、博士生导师
　　　　　　　　经济管理出版社社长
主　任：徐仁璋　中南财经政法大学教授、硕士生导师
　　　　　　　　中南财经政法大学武汉学院副院长
副主任：刘应森　中南财经政法大学教授、硕士生导师
　　　　　　　　中南财经政法大学武汉学院教务处处长
　　　　杨开明　中南财经政法大学教授、硕士生导师
　　　　　　　　中南财经政法大学武汉学院金融系主任
　　　　李念斋　中南财经政法大学教授、博士生导师
　　　　　　　　华中科技大学武昌分校董事长助理
　　　　夏丹阳　中南财经政法大学武汉学院经济系主任
　　　　雷仕凤　襄樊学院教授、硕士生导师
　　　　　　　　襄樊学院经济与政法学院副院长兼经济系主任
　　　　朱艳阳　襄樊学院教授、硕士生导师
　　　　　　　　襄樊学院管理学院副院长兼副书记
总　编：杨开明　兼
策　划：申桂萍　经济管理出版社第六编辑部主任
　　　　肖　雯　武汉市恒曦书业发展有限公司总经理

《金融学系列教材》总序

随着我国高等教育事业的飞速发展，我国高等教育教学培养方向呈现出日趋多样化的趋势。不同高等院校的定位和办学理念存在着比较大的差距，但是，为社会培养高素质人才这一基本方向却是相同的。《国家中长期教育改革与发展规划纲要》（2010~2020年）提出我国教育工作的根本要求是：培养造就数以亿计的高素质劳动者、数以千万计的专门人才和一大批拔尖创新人才。对于多数高等院校，尤其是多数非重点本科院校、独立学院和高职高专来说，其核心任务应该是培养造就数以亿计的高素质劳动者。

20世纪90年代以来，在国家政策的支持和指引下，我国高等教育领域中，新的主体得到了较快的发展。它们历史较短，独自开展教材建设的力量都比较薄弱。但实践证明，高等学校教师编写适合自己的教材，不仅有利于教师开展科研和教学工作、保证教学质量，而且有利于学生汲取最新最重要的知识、获取日后工作中所需的核心技能、成长为满足社会需求的人才，进而推动学科的发展和我国高等教育事业的进步。为此，我们组织了一批高等学校的教师编写了这套金融学专业系列教材，希望起到抛砖引玉的作用。

本系列教材以培养具备较强实践能力和动手能力的应用型人才为出发点，深入浅出，在为学生提供基本理论知识的基础上强调案例教学，是学生进入金融学科的一部梯子，是教师组织教学活动的基础，是师生沟通的桥梁。

本系列教材的主编均为长期从事教学工作的教授，还有"211"院校的研究生导师，汇集了多所高等院校多年的教学经验和教学研究成果，是数十位具有丰富一线教学经验的老师心血的结晶。

本系列教材的编写得到了经济管理出版社的高度重视，申桂萍主任给予了极大支持。在此，对以上为本系列教材的面世而付出辛勤劳动的所有单位和个人表示衷心的感谢。

同时，希望读者对本系列教材提出宝贵的意见，使其更精、更好。

杨开明

第二版　前言

本书的第一版于2010年9月出版，转瞬已经三年了。在此期间，中国的证券市场改革与发展不断深化，主要体现为：①股指期货上市后对股票市场的运行产生了重要的影响。②证券投资基金市场不断推出新产品，如指数基金、分级基金和私募基金的大力发展。③融资融券交易的规模和标的不断扩大。④国债期货于2013年9月6日正式在中国金融期货交易所上市交易。同时，本书的第一版出版后，得到了许多高校师生的使用，给我们反馈并提出了许多有建设性的意见和建议，希望能进一步加以补充和完善。基于此，本书在第一版的基础上进行了大规模的修订和完善，主要有：

第一，反映并增强了对中国资本市场新的投资工具的介绍。如增加了对分级基金、私募基金等内容的介绍，加强了对指数基金、国债期货、股指期货等内容的论述。

第二，对部分内容进行了改写，适当删改了一些较为晦涩难懂的公式推导，注重对相关理论和模型思想的介绍。同时，对部分内容的语言表达进行了修改，使之更加规范化和通俗易懂。

第三，将原有的思考题和习题进行了合并，删改了部分题目，增强启发性。

第四，增加了书末推荐网站的内容，便于广大读者尤其是证券投资实践者查阅相关资讯。

第五，修订了第一版中的部分错误。由于编者的疏忽或排版、校对原因，本书第一版中存在少量文字性错误，本次修订进行了严格的检查和校对，力图将此类错误降到最低。

为了保证书稿的质量，本次修订版由两位主编亲自完成。当然，由于我们水平有限，不当和错漏之处在所难免，敬请广大读者能够继续不吝赐教，以下邮箱将恭候您的宝贵意见和批评指正：ljh9001@163.com。

本书的顺利修订和再次出版继续得到了经济管理出版社、中南财经政法大学武汉学院和武汉恒曦书业的大力支持，在此特表感谢！

李建华　郭晓玲
2013年10月31日

第一版 前言

经过20年的发展，中国资本市场取得了长足的发展，社会对证券投资与证券管理类专门人才的需求日益加大。相应的，在高等院校，除了经济类、管理类专业的本科生普遍开设证券投资学课程以外，众多非经济管理类专业的本科生以及独立学院的本科生也开始大量选修《证券投资学》课程。当前，我国出版的《证券投资学》教材版本很多，内容安排各有特色，但是由于各类学生在基本素质、专业背景等方面的差异，要找一本合适的教材并不容易。基于此，我们邀请了几所高校长期在一线从事证券投资学本科课程教学的中青年教师，共同编写了这本《证券投资学》教材。

本书是在参考国内外大量同类教材的基础上，结合近几年我国证券市场与证券投资活动的最新发展编写而成的，适合于普通本科、独立学院的本科生使用，当然，也可以作为高职高专学生、证券从业人员和广大证券投资者学习参考之用。

本书在结构安排和内容设计上具有以下特点：

第一，突出案例教学的重要性。本书每章开篇均设计一个生动的案例，通过案例分析以激发学生对相关内容的学习兴趣和主观能动性。

第二，突出基础性和实用性。本书在编写过程中，对于一些难度较大的理论模型的推导过程予以舍弃，注重对证券投资基本知识、基本方法和基本理论思想的把握。

第三，突出实践性。本书在内容的选择上，除了对相关理论和方法的介绍之外，增加了证券投资实验与实践的内容，以便学生通过模拟证券交易能更透彻地掌握证券投资的理论、方法与技巧。

本书分为十三章。第一章至第四章为证券投资基础，主要介绍了证券投资工具、证券市场、收益与风险等内容；第五章至第八章为证券投资实务，主要介绍了债券与普通股的估值、基本分析法和技术分析法等内容；第九章至第十一章为证券投资理论，主要介绍了投资组合理论、资产定价理论、有效市场理论的基本思想及其应用等内容；第十二章单独介绍了衍生金融工具与风险管理等内容；第十三章为实验与投资实践指导，主要介绍了主流证券投资软件的功能与应用、常见证券模拟交易系统的使用以及证券投资风险控制的基本理念等内容。

本书由李建华、郭晓玲任主编并共同拟定写作大纲，林青、李小华任副主编。各章的编写分工如下：李建华（第一章、第十三章），郭晓玲（第三章至第六章、第九章），李建华、林青（第七章至第八章），李小华（第十章至第十一章），周玲（第二章、第十二章）。全书最后由李建华和郭晓玲共同总纂、修改完善并定稿。

本书在编写过程中，得到了经济管理出版社、中南财经政法大学武汉学院、武汉恒曦书业的大力支持和热情帮助，中南财经政法大学投资学专业2009级硕士研究生梅成建、闫敏、毕强、李致远、周洁为本书的资料收集与整理、图表制作提供了帮助，经济管理出版社徐雪编辑对写作大纲提出了宝贵的修改意见，在此，我们一并致谢。

本书的编写参考了国内外相关学者的研究成果和观点资料，具体情况参见书末的参考文献，在此，编著者致以诚挚的谢意！

鉴于编者水平有限，加之时间仓促，本书第一版难免存在错误、遗漏或不足之处，恳请各位读者不吝赐教，我们将在本书再版时加以修订和完善。

编　者

2010年7月

目 录

第一章 导论 ... 1
  【学习目的】 ... 1
  【案例】普通夫妇的 8 亿美元财富是如何积累的? ... 1
  第一节 认识投资 ... 2
  第二节 证券投资概述 ... 5
  第三节 证券投资决策流程 ... 7
  重要概念 ... 9
  思考题 ... 9

第二章 证券投资工具 ... 11
  【学习目的】 ... 11
  【案例】30 万元一夜变废纸,新股民误将权证当股票 ... 11
  第一节 股票 ... 13
  第二节 债券 ... 18
  第三节 证券投资基金 ... 24
  第四节 衍生金融工具 ... 30
  重要概念 ... 33
  思考题 ... 33

第三章 证券市场 ... 35
  【学习目的】 ... 35
  【案例】以一厘钱的价格买权证狂赚 700 倍 ... 35
  第一节 证券市场概述 ... 36
  第二节 证券发行市场 ... 41
  第三节 证券交易市场 ... 47
  重要概念 ... 63
  思考题 ... 63

第四章　证券投资的收益与风险 · 65

【学习目的】 · 65
【案例】美国各类金融资产的收益与风险对比 · 65
第一节　收益的含义与度量 · 66
第二节　风险的含义与度量 · 70
第三节　风险的来源与种类 · 73
第四节　收益与风险的关系 · 77
重要概念 · 79
思考题 · 79

第五章　债券定价与风险分析 · 81

【学习目的】 · 81
【案例】交易所国债行情收益表 · 81
第一节　债券收益率 · 82
第二节　债券估值与定价原理 · 84
第三节　债券久期与凸性 · 90
第四节　收益率曲线与利率期限结构理论 · 94
重要概念 · 100
思考题 · 100

第六章　普通股估值 · 103

【学习目的】 · 103
【案例】巴菲特的股票投资理念 · 103
第一节　股票价格与内在价值 · 104
第二节　红利贴现模型 · 107
第三节　市盈率模型 · 116
第四节　公司财务与自由现金流模型 · 123
重要概念 · 126
思考题 · 126

第七章　证券投资基本分析 · 129

【学习目的】 · 129
【案例】神奇的巴菲特是如何选择投资对象的? · 129
第一节　证券投资基本分析概述 · 130
第二节　宏观分析 · 132
第三节　行业分析 · 137

第四节　公司分析 ··· 140
　　重要概念 ··· 149
　　思考题 ··· 149

第八章　证券投资技术分析 ··· 151

　　【学习目的】 ··· 151
　　【案例】一位技术分析大师的交易策略 ··· 151
　　第一节　技术分析概述 ··· 152
　　第二节　技术分析的基础理论 ··· 158
　　第三节　K线图分析 ··· 164
　　第四节　趋势分析 ··· 175
　　第五节　形态分析 ··· 185
　　第六节　常用技术指标分析 ··· 195
　　重要概念 ··· 205
　　思考题 ··· 205

第九章　投资组合管理 ··· 207

　　【学习目的】 ··· 207
　　【案例】集中投资VS分散投资 ··· 207
　　第一节　投资组合概述 ··· 208
　　第二节　多元化与风险分散原理 ··· 211
　　第三节　最优投资组合的确定 ··· 218
　　重要概念 ··· 224
　　思考题 ··· 224

第十章　资产定价模型 ··· 227

　　【学习目的】 ··· 227
　　【案例】晨星基金绩效评级表 ··· 227
　　第一节　资本资产定价模型 ··· 228
　　第二节　套利定价模型 ··· 240
　　第三节　组合的业绩评估 ··· 243
　　重要概念 ··· 247
　　思考题 ··· 247

第十一章　市场有效性与证券投资策略 ··· 249

　　【学习目的】 ··· 249
　　【案例】"耶鲁模式"让华尔街关注 ··· 249

　　第一节　有效市场假说 ………………………………………………… 250
　　第二节　被动投资策略与主动投资策略 ………………………………… 253
　　第三节　市场异象 ………………………………………………………… 255
　　重要概念 …………………………………………………………………… 259
　　思考题 ……………………………………………………………………… 259

第十二章　衍生金融工具与风险管理 ……………………………………… 261

　　【学习目的】 ……………………………………………………………… 261
　　【案例】中航油新加坡公司5.5亿美元的亏损是如何形成的? ………… 261
　　第一节　可转换债券 ……………………………………………………… 263
　　第二节　权证 ……………………………………………………………… 266
　　第三节　金融期货与风险管理 …………………………………………… 272
　　第四节　金融期权与风险管理 …………………………………………… 278
　　重要概念 …………………………………………………………………… 284
　　思考题 ……………………………………………………………………… 284

第十三章　证券投资实验与实践 …………………………………………… 285

　　【学习目的】 ……………………………………………………………… 285
　　【案例】从全仓暴跌的惨痛教训中懂得了风险控制的重要性 ………… 285
　　第一节　证券投资分析与模拟交易系统的使用 ………………………… 287
　　第二节　常见的投资策略与风险控制技巧 ……………………………… 313
　　第三节　证券投资模拟交易实验 ………………………………………… 316
　　重要概念 …………………………………………………………………… 318
　　思考题 ……………………………………………………………………… 318

参考文献 ……………………………………………………………………… 319

推荐网站 ……………………………………………………………………… 321

第一章 导 论

【学习目的】本章是全书学习的逻辑起点,所介绍的内容均为证券投资学的基础,包括投资学基础、证券投资概述和证券投资决策流程三部分内容。通过学习,要求学生理解投资的概念与特征、投资的种类、证券投资与投机和赌博的关系,熟悉证券投资决策的一般流程。

案例

普通夫妇的8亿美元财富是如何积累的?

据传闻,纽约的 Donald Othmer 和 Mildred Othmer,曾经过着安静而平淡的生活。Donald 曾是布鲁克林理工大学的化学工程学教授,于1995年去世。Mildred 曾做过教师,于1998年去世,两人去世时都年逾九旬。但令他们朋友吃惊的是,Othmer 夫妇死后竟留下了价值8亿美元的共有财产,他们把这笔钱大部分捐给了各式各样的非营利机构。他们是如何攒下这笔数目如此惊人的财富的呢?答案很简单,Othmer 夫妇和许多美国人一样,理智地投资并且是长期投资,同时进行适度消费。

20世纪60年代初期,Othmer 夫妇将他们生活积蓄5万美元交给了老朋友——著名投资人沃伦·巴菲特(Warrant Buffet)。到70年代初,他们得到了 Buffet 新成立的公司——伯克希尔·哈撒韦公司(Bershire Hathaway)的股份。该公司还投资于其他公司,诸如美国运通(American Express)、可口可乐、吉列(Gillette)等。Othmer 夫妇获得股份时,股价为每股42美元;而到 Mildred 过世时,股价已经涨到了每股77000美元。选择 Buffet 来为他们理财,可能是由于 Othmer 夫妇很精明,或者只是幸运。但即使不选 Buffet,只要投资于同时期的大盘股市场,到1998年中期他们的财富也会涨到1亿多美元。

案例点评:投资的世界是神奇而又令人兴奋的。投资的回报显而易见,但同时投资也是有风险的。但从长期看,投资的回报却远大于它的风险。是什么让投资的话题既如此重要又这么引人关注?本章就要介绍一些投资行为和投资的基本问题。

资料来源:[美] Douglas Hearth、Janis K. Zaimaz:《现代投资学》(第4版),清华大学出版社,2005年版,第4页。案例题目为编者自拟。

第一节 认识投资

一、理解投资

(一) 投资的含义与特点

投资一词在当代生活中的使用十分广泛。当一个人在证券市场上购买股票、债券或基金时，他是在投资；当一个人在外汇和黄金市场上购买用于当期消费目的之外的外汇和黄金时，他是在投资；当一个人（或几个人）想去开办一家公司（或企业），去购买厂房和机器设备时，他们也在投资；在产品和要素市场上，当企业决定利用未分配利润或向银行贷款、发行证券融资扩大生产能力时，企业的产权所有者是在投资；在房地产市场，当人们购买非自用房产时，他们是在投资；在古董、艺术品和邮票等市场上，当一个人购买他看中的古玩、艺术品和邮票等时，他是在投资；当一个家庭或个人花钱为子女或本人支付教育费用以获得高学历教育，以便将来得到更多的收入时，他们也都在投资；甚至，企业聘请专家来公司对员工进行培训，也属于人力资源方面的投资。

所有这些投资现象，尽管它们的用途和结果有显著的差异，然而它们却有着共同的特征：

第一，投资首先要有一定量的货币。这些货币是以前积累下来的，投资者并没有把它们用于当期的生活消费，而是用于投资。

第二，投资是一种延迟的消费。投资者为了未来更多的消费而牺牲了当前的消费。

第三，投资都是将一定的货币转换为资产。证券投资是将货币转换为金融资产，实体投资是将货币转换为实物资产，教育投资是将货币转换为知识资产（人力资本），它们都是通过对这些资产的运用才能获得增值的消费价值。

第四，投资收益的取得需要一定的时间。一方面，原来的投资价值只有经历一定的时间才能得到增值；另一方面，在这段时间内存在着难以预测的风险，这种风险可能导致原有价值的损失。

根据以上四个特点，可以把投资概括为如下定义：投资是经济主体（企业、个人、政府、投资机构）为了获得未来收益而垫支资本并使其转换为资产的过程，这一过程的结果因存在不确定性而呈现风险。这一定义一般被称为广义投资。

(二) 投资的原因

人们为什么进行投资？这个问题看起来似乎太简单了，我们通过前面对投资含义的分析已经了解到，人们将钱用于投资的主要原因——增加他们未来的财富。

其实，从现实生活看，人们进行投资可能还有一些更具体的原因。包括攒钱买房子、供儿女上学、攒钱使退休后的生活更有保障，以及作为防备意外窘迫之需（如暂时的失业、重大疾病）。

同时，尽管投资是件大事，不可轻率为之，但还是有一些人是因为它带来的挑战乐趣而进行投资的。

另外，从宏观角度看，投资还有益于社会和经济的发展。显然，投资可以促进个人财富的增长，也可以促进整个经济的更快发展和繁荣。如若投资提高了某个人养老基金的价值，退休后他就会有更多的收入可支配，生活水平也就会提高，这对整个经济来说也是有益的。此外，投资的过程有助于金融市场的创建，企业可以通过金融市场进行融资活动。这种功能也会促进经济增长与繁荣。

每种特定的投资工具也会给社会带来其他一些好处。如股票，它为股东提供了一个监控公司管理层业绩的机制；政府债券对支付高比例所得税的个人有利，因为政府债券的利息收入一般免交利息所得税。此外，政府债券还为一些耗资巨大的公共设施项目提供资金，如修建学校和公路等。

二、投资的种类

由于投资一词所包括范围十分广泛，在实践中根据不同的投资方式与内容，投资有多种分类。

（一）实体投资和金融投资[①]

实体投资系对设备或建筑物等固定资产的购置以形成新的生产能力。其最终的结果是增加了社会物质财富和经济总量。这是对投资经济学意义的解释。宏观经济学认为，总体上不能增加社会经济总量的行为都不能算作投资。实体投资除了具有上述广义投资的特点外，还具有以下自身的特点：①投资的购置对象主要是实物资产。②投资的过程是形成具有新的生产能力的实体资本。③投资的结果是通过运用新的生产能力获得增加的产品，在价值上表现为增加的社会经济总量。

金融投资系指投资者为了获取收益而通过购买股票、债券、基金等金融资产等方式让渡资金使用权以获取收入的行为过程。在现代经济活动中，金融投资是实体投资的桥梁，两者密不可分。金融投资除了广义投资的特点外，还具有如下特点：①投资购置的主要对象是金融资产。②投资的过程仅仅表现为金融资产的交易过程。③投资的结果表现为金融资产价值的增减。④金融的初始投资表现为投资者将资金的使用权让渡给实物投资者，后续投资则表现为有价证券在投资者之间的相互买卖。⑤金融投资的交易过程大多数在特定的场所——交易所内集中进行交易。

本书主要讲述金融投资（证券投资）的基本内容和规律，而金融投资（证券投资）与实体投资具有不可分割的内在联系，因此，下面对两者的关系加以简要介绍。

实体投资与金融投资既具有不可分割的联系，又有着明显的区别。

[①] 金德环：《投资学》，高等教育出版社，2007年11月第1版，第4页。

第一，实体投资的运行必须依赖于金融投资为其提供巨大的资本资源。实体投资是经济社会赖以生存和发展的基础。人类社会得以生存的基本条件是维持简单再生产，要维持简单再生产就必须不断地更新已耗费的生产资料，这种更新必须依赖于实体投资。而社会的发展则必须依赖于扩大再生产，这个过程需要更大规模的实体投资才有可能实现。然而，现代经济已经发展到单个项目的投资规模远远超过一般自然人（或企业）所能积累的财富规模，这种投资门槛意味着投资者个人（或企业）无法依靠自我积累完成项目的投资，而必须依靠社会财富的积累。这种借用社会积累来完成投资项目主要通过资本市场来实现。金融资产的投资者通过购买有价证券将资金使用权转让给实体投资者用于实体投资，这个过程就是通过资本市场由实体投资者发行证券、金融投资者购买证券的方式加以实现的。可见，现代投资活动离不开发达的资本市场。

第二，金融投资加快了实体投资的筹资速度。由于现代资本市场具有发达、规范、专业、信息透明、投资者多元化的特点，在这样的市场内筹资，不论实体投资者的具体条件如何，均能很快地找到相应的金融投资者提供资金，其速度和效率要远远高于实体投资者完全靠自己寻找投资合伙人的过程。

第三，金融投资者为实体投资者提供了分散风险的屏障。如果实体投资的资金来源于直接投资者个人的积累，一旦投资失败其损失则完全由直接投资者个人承担。有了金融投资者的间接投资，直接投资者的失败就由不同的金融投资者按比例承担损失。

第四，实体投资与金融投资又有着明显的区别。①实体投资是投资者把资金直接投向实体资产，金融投资是投资者先用资金购买金融资产，资金转移到实体投资者或委托人手中，再由实体投资者或委托人用于实体投资。这中间多了一个购买金融资产的环节，即资金转换的环节。投资者持有的金融资产可以在金融市场中买卖，这与直接投资中的投资者与实体资产的一一对应关系是不同的。②实体投资的过程是实物资产的购置过程，投资者最关注的是新的资本品能否形成；金融投资的过程是金融资产的买卖过程，投资者最关注的是持有的金融资产能否保值和增值。③实体投资的最终结果是新的资本品，它的转让是不可分割的；而金融投资的最终结果就是分割得很小的资本证券，其转让非常方便。

（二）直接投资与间接投资

直接投资是指投资者直接开厂设店从事经营，或者投资购买企业相当数量的股份，从而对该企业具有经营上的控制权，直接投资是投资的主要方式。从国民收入角度分析，直接投资扩大了生产经营能力，使实物资产存量增加，能为生产产品和提供劳务创造物质基础。直接投资的主要形式有：①投资者开办独资企业，直接开厂设店，并独自经营。②与当地企业合作开办合资企业或合作企业，从而取得直接经营企业的权利，并派人员进行管理和参与管理。③投资者参加资本，不参与经营，必要时可派人员任顾问或指导。④投资者在股票市场上买入现有企业一定数量的股票，通过股权获得全部或相当部分的经营权，从而达到收买该企业的目的，其主要判别标准为：是否拥有经营控制权。直接投资是资金所有者和资金使用者的合一，是资产所有权和资产经营权的统一运动。在资产的经营管理上，直接、充分地体现了投资者的意志。

间接投资是指投资者不直接投资开厂设店，因而对企业资产不具有直接的所有权和经营权，也无控制权，仅凭持有的股票和债券获取一定的收益。其主要表现为股票投资和债券投资。间接投资的实质是资金所有者和资金使用者的分离，是资产所有权和资产经营权的分离运动。在资产的经营管理上，不体现投资者的意志。

在实践中，人们经常将间接投资等同于证券投资，其实这种理解并不准确。关于两者的区分，理论界有一种观点认为，证券投资的本质是金融资产投资，是与实物资产投资相对应的。如果投资人对其相应的实物资产既具有实际上的所有权又具有经营权的证券投资才属于直接投资，否则就是间接投资。从理论上区分证券投资到底是直接投资还是间接投资的依据是有无资产控制权。例如，持有51%以上的股份就是绝对控股，可视为直接投资。但两者的界限在现实生活中并不很明确，持有多少股份算作拥有资产控制权呢？一些国家为了明确划分两者的界限，对持股比例规定了具体的数量标准。例如，美国商务部以持有25%的股份作为划分的标准；日本在统计中把在外国企业中日方出资比例占25%以上的投资作为对外直接投资。

第二节　证券投资概述

一、证券投资的含义

证券投资是投资主体通过分析金融市场风险，通过买入或卖出股票、债券、基金等有价证券及其衍生品以期获得收益的投资行为。证券投资是货币收入及其他财富拥有者，牺牲当前消费购买金融商品以期在未来实现价值增值的活动，是市场经济下实现资源配置最有效的方式。证券投资可使社会上的闲散资金转化为投资资金，也可使一部分待用资金和信贷资金进入投资领域，对促进社会资金合理流动，促进经济增长具有重要作用。

二、证券投资、证券投机和赌博

在证券市场上，投资和投机是一对孪生兄弟，二者同时并存。证券市场上既可以从事证券投资，也可以从事证券投机，有时两者很难区分。为更好地学习证券投资，需要对证券投机的概念、作用以及证券投资与证券投机的关系加以了解。

（一）证券投机的概念

证券投机是指在证券市场上，短期内买进或卖出一种或多种证券，以获取收益的一种经济行为。它是证券市场上常见的证券买卖行为，当投机者预测证券价格要上涨时，就以较低的价格买进证券，待证券价格确实上升之后就卖出，以赚取差价。投机者参与交易是在预测未来价格变动的基础上进行的交易，他们甘愿用自己的资金冒险，不断地买进卖出证券。这种投机不是欺骗伪造、违法乱纪、操纵价格的交易，而是在遵守交易规则的基础上，利用自己对价格变动的预测进行交易，并试图赚取较大的收益。可以说，投机是以获取较大收益为目的，并甘冒较大风险的买卖行为。

（二）证券投机的作用

证券投机分正常的投机和恶性投机。正常的证券投机具有平衡市场价格，增强证券流动性，分散价格变动风险等积极作用。恶性的证券投机有消极甚至破坏作用。如利用某种信息或时机哄抬价格，造成市场混乱，甚至垄断市场，操纵行情，损害大众投资者的利益。这类行为属于重点打击对象，情节严重的应对其进行法律制裁。

（三）证券投资与证券投机的区别

1. 对风险的态度不同

投资者是风险厌恶者，希望回避风险，将风险降低到最低程度，偏爱预期收益稳定、本金相对安全的证券；投机者是风险的喜爱者，希望从价格的涨跌中牟取暴利，偏爱高风险、高收益的证券。

2. 投资期限长短不同

投资者着眼于长远利益，买入证券后长期持有，以获取股息和资本增值；投机者热衷于短线操作，从买卖中获取差价收益。

3. 交易方式不同

投资者一般从事现货交易并实际交割；投机者往往从事信用交易，买空卖空，或不进行现货交割。

4. 分析方法不同

投资者注重证券的内在价值，一般使用基本分析法；投机者正好相反，他们不注重证券本身的价值，只关心市场价格的变动，多用技术分析法。

某些时候，有人也会认为证券投资是一种赌博游戏。到底证券投资、证券投机和赌博之间有何区别？其实有时候这三者是很难区分的，如硬要区分，可以行为的动机作为区别。若期望在承担适当的风险下，未来能够赚取长期、稳定的报酬，其行为可称为投资。相反地，投机则着重于追求短期的暴利，且承担较高的风险。至于赌博，是在公平的前提下（Fair Game），其行为结果完全取决于运气的大小。

在实际运作中，很难把证券投资、证券投机和赌博截然分开，它们在一定条件下会相互转化。如长期投资者购买证券后，一旦证券市场出现突变，出现某种证券价格持续上涨或持有的证券价格暴跌时，便会抛出手中的证券，转而购买其他证券，追求更多的收益或避免更大的损失，这时，投资者就变成了投机者。相反，投机者购入证券后，如捕捉不到好的卖出时机，也可能继续持有证券成为长期投资者。又如，一些喜欢短线操作的交易者，手上持有一些因追高而惨遭套牢的证券，但其不愿认赔出局，试图等待股价回升，于是决定长期持有，如此，当初的投机甚至赌博行为反而转变成了投资行为。西方谚语说得好："一项良好的投资，即是一次成功的投机。"投资是稳健的投机，投机是冒险的投资。

第一章 导论

由此可见，若仅从行为的动机来区分，并不容易将证券投资、证券投机和赌博划分清楚，以表1-1所列的项目来进一步区分三者的不同。

表1-1 证券投资、证券投机和赌博的区别[①]

项目 \ 类别	证券投资	证券投机	赌博
持有期间长短	长	短	最短
风险大小	小	大	最大
报酬来源	着眼于长期的股利或利息收入	追求短期的差价收入	追求一夜暴富
投资分析重点	着重基本分析和组合投资的观念	着重技术分析	凭谣言或人心的浮动而盲目交易
所需资料多寡	多且有系统	少且不完全	凭谣言与侥幸心理
交易者的个性	保守	积极	胆大妄为

第三节 证券投资决策流程

理性投资者在面临各种可投资的证券时，必会在买卖之前做一系列的分析研究，以决定其投资决策，而这一系列的分析过程可称为投资决策流程。投资决策流程一般包括五个步骤（见图1-1），以下分别加以说明。

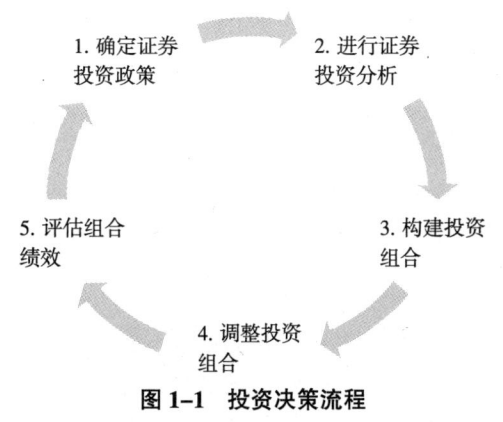

图1-1 投资决策流程

一、确定证券投资政策

证券投资政策是投资者为实现投资目标而遵循的基本方针和基本准则，包括确定投

[①] 谢剑平：《现代投资学·分析与管理》，中国人民大学出版社，2004年9月第1版，第7页。

资目标、投资规模和投资对象三方面的内容以及应采取的投资策略和措施等。投资目标是指投资者在承担一定风险的前提下，期望获得的投资收益率。由于证券投资属于风险投资，而且风险和收益之间呈现出一种正相关关系，所以，如果投资者把只能赚钱不能赔钱定为投资目标，是不合适和不客观的。合适和客观的投资目标应该是在赢利的同时也承认可能发生的亏损，因此，投资目标的确定应当包括收益和风险两项内容。投资规模是指用于证券投资的资金数量。投资对象是指投资者准备投资的证券品种，它是根据投资目标确定的。

二、进行证券投资分析

在确定投资政策之后，投资者就要进行针对性的投资分析，从而确定自己所要投资的证券品种。这种分析首先是明确这些证券的价格形成机制以及影响证券价格波动的各种因素及其作用机制等，其次是要发现那些价格偏离其价值的证券。证券投资分析的方法很多，主要有基本分析法和技术分析法两种。基本分析法的重点是分析证券，特别是股票的内在价值；技术分析法主要是根据证券市场过去和现在的统计资料来研究证券市场未来的价格变动趋势。

三、构建投资组合

构建投资组合主要是确定具体的证券投资品种和在各证券上的投资比例。在构建投资组合时，投资者需要注意个别证券选择、投资时机选择和多元化三个问题。个别证券选择，主要是预测个别证券的价格走势及其波动情况；投资时机选择，涉及预测和比较各种不同类型证券的价格走势和波动情况（如预测普通股相对于公司债券等固定收益证券的价格波动）；多元化则是指在一定的现实条件下，构建一个在一定收益条件下风险最小的投资组合。

四、调整投资组合

投资组合的修正实际上是前面三个步骤的重复。也就是说，随着时间的推移，过去构建的证券组合对投资者来说，可能已经不再是最优组合了，这可能是因为投资者改变了对风险和回报的态度，或者是其预测发生了变化。作为这种变化的一种反应，投资者可能会对现行的组合进行必要的调整，以确定一个新的最佳组合。然而，进行任何调整都将支付交易成本，因此，投资者应该对证券组合在某种范围内进行个别调整，使得在剔除交易成本后，在总体上能够最大限度地改善现有证券组合的风险回报特征。

五、评价组合绩效

评价组合绩效主要是定期评价投资的表现。但是我们不能简单地将投资收益率作为评价依据,还要同时考虑投资者所承受的风险,获得较高收益可能是建立在承担较高风险的基础之上。因此,在对证券投资组合业绩进行评估时,应综合衡量投资收益和所承担的风险情况。

重要概念

投资　实体投资　金融投资　证券投资　直接投资　间接投资　证券投机　赌博

思考题

(1) 投资和消费之间是一种什么关系?

(2) 在现实世界中,人们为什么要进行投资活动?

(3) 证券市场如果完全禁止投机交易是否可行?有何后果?

(4) 投资和投机的风险哪个更大?你觉得在什么情况下可采取投机的方式买卖证券?

(5) 如果赌博是全靠运气的游戏,为何有人愿意在没有任何其他信息的情况下一试身手?

(6) 投资、投机和赌博有何区别?

(7) 证券投资决策流程一般包含哪些步骤?

第二章　证券投资工具

【学习目的】本章主要介绍了证券市场常见的投资工具，包括股票、债券、证券投资基金、衍生金融工具和权证五类。通过本章的学习，要求学生掌握五类证券投资工具的含义和性质、分类、特点等内容，为后续的学习打下扎实的基础。

案例

30万元一夜变废纸，新股民误将权证当股票

580004必将成为李女士终身的遗憾。炒股仅一个月的北京李女士误将首创权证当做普通股股票，在行权交易日过期之后还懵懂不知，待发现时，30万元5.7万股首创权证全部化为乌有。

一口气买了30万元

"我这是'初生牛犊不怕股，一生积蓄全赔光'。"李女士说，2007年4月16日下午2时许她在家里上网委托认购，她在银河证券黄寺证券部认购了30万元首创权证（580004）5.7万股。"炒股的朋友告诉我不要买太高的股票，我一看当时价格是5.33元，挺便宜的，又是首创这个大公司，所以就花了30多万元。"李女士说，买了第二天，这只"股票"就一直停盘，之后她多次与银河证券黄寺公司打电话咨询，对方只是说"看公告，23日认购"。结果到23日还没有开盘，24日一大早上电脑一看，就"什么都没有了"。

李女士说，她急忙找到证券公司，一名业务部经理一听就来了句"你完了！"他说，"16日买的权证，必须到证券公司再认购，否则就是废纸一张"。李女士说自己一下就懵了。记者查找有关公告时得知，首创权证的最后交易日是2007年4月16日，行权期是4月17~23日，共5个交易日。而在23日后仍未行权的权证，将予以注销。也就是说，李女士一直把行权期当做了停盘，等到的结果是权证作废。

找说法被骂"弱智"

"我赶到首创的一家证券营业部要说法，当时就看见有两三个老头老太太躺在地上，还有一个女的用脑袋撞墙。全是我这样的，可人家只有几百几千，不像我，一下就30万元。"李女士说，最让她难受的是，营业部一个工作人员说"你自己弱

智啊，没人从你手里抢钱呀"。

李女士显得极度难过："我就觉得我真应该从7层楼上跳下去，我也40多岁的人了，现在感觉就像开车撞死了人。"

"我只知道买的是580004，是首创。现在老百姓有几个懂这个名词叫认购？老百姓根本就不懂，我想通过这个告诉别人，买权证比股市大跌可怕多了！"李女士说，"30多万元是我一辈子的积蓄，到现在都没敢告诉老公。"

"什么是认购，到哪里去认购，不认购后果是什么？"李女士反复表示，证券公司应该有告知义务，她希望通过这件事告诉老百姓买股票有"玄机"。李女士承认，自己从来没有对股票公司做过任何了解，连买的是什么性质的股票都不清楚，对一般买股票的风险也不知道。她最终表示，要通过法律手段来解决这个问题。

业内点评：牛市中更要有"风险意识"

"连买的东西是什么都不知道，这又能怪谁呢？"对于李女士的遭遇，一名炒股多年的王先生叹了口气，"总说风险教育和风险意识，不到血流成河谁也想不起来。"包括新股民在内的不少投资者，都被暴利冲昏头脑，光看到别人赚钱多少，而自身的风险意识却没有。

"你到商场买小东西都要看看日期价格，为什么30万元的大投资反而糊里糊涂？"在老股民王先生的眼里，证券公司只是代理买卖股票权证，没有义务也没有能力全部主动告知投资人，"你总应该先知道自己买的是什么东西吧？"

一名证券公司经理对记者表示，在新股民疯狂的行为中，类似李女士的遭遇并不少见，只不过还没听说比这更"惨痛"的。一般遇到客户询问，会解释权证分类和性质，并会建议客户经常关注相关信息。

不过这名经理也表示，证监会在股票交易的流程上虽然并没有硬性规定证券公司必须通知客户，但涉及权证交易方面，证券公司确实应该提醒客户及时行权以减少损失，尽管这也属于附加服务。

案例点评：证券投资是一项高风险的活动，投资之前了解投资对象的基本性质和特征是最基础的要求，本章即将介绍常见的证券投资工具的基本性质和特征，以避免投资者再犯和李女士一样的低级错误。

资料来源：《北京晚报》，2007年4月25日。

第一节　股票

一、股票的定义

股票是股份有限公司发行的、表示其股东按其持有的股份享受权益、承担义务的可转让的凭证，是股本、股份、股权的具体体现。

股票一经发行，持有者即为发行股票的公司的股东，有权参与公司的决策、分享公司的利益；同时也要分担公司的责任和经营风险。作为交易对象和抵押品，股票已成为金融市场上主要的、长期的信用工具，但实质上股票只是代表股份资本所有权的证书，它本身并没有任何价值，不是真实的资本，而是一种独立于实际资本之外的虚拟资本。

二、股票的特征

（一）期限上的永久性

股票没有期限，没有约定的到期日，股份公司不对股东偿还本金，股东也无权提出退股索回股本的要求。股东若想收回投资，只能将股票转卖他人，但这种转卖不涉及公司资本的增减，只改变了公司资本的所有者。股份公司在破产、清偿或因故解散的情况下，依据法定程序宣布结束，但这不能理解为股票到期，股东得到的清偿也不一定等于其投入的本金。

（二）责任上的有限性

股东只负有限连带责任，即股东对公司债务仅以其认购的股份金额为限，负有限的清偿责任。一旦公司破产倒闭，除了股东认购的股金外，对公司所欠债务没有连带清偿责任。换句话说，股东承担的风险只限于股东购买股票所做出的投资，这是股份公司能在社会公众中广泛吸引投资的重要特征。

（三）决策上的参与性

股票是代表股份资本所有权的证书，是投资入股的凭证。就法律性质而言，除优先股外，每一股份所具有的权利原则上是相等的，因此，在公司总股本一定的条件下，拥有股票数越多，所占股权比例越大。

股票代表的所有权是一种综合权利。股东有权参加股东大会，听取董事会提出的业务报告和财务报告，并提出自己的意见和建议；股东有权对公司重大经营决策投票赞成或反对，以此参与公司的经营管理决策；普通股股票持有人据其拥有的股份数有权选举和被选举为公司的董事或监事。股东通过行使各项权利参与公司的经营管理决策。

（四）报酬上的剩余性

公司的利润首先要偿还公司债务，兑付债权人对投资报酬的索取权，还要上缴所得税；并按法律规定和董事会决定从税后利润中提留一部分作为公司进一步发展的公积金；余下的净利润越多，股息分得越多，如果剩余无几，股东则可能一无所得。

（五）清偿上的附属性

所谓附属性是指股本并不是必须偿还的。当公司破产或解散，所有债务均需偿还时，对股本的偿还则视公司的清偿能力而定。按照破产法规定和清偿惯例，股份有限公司宣布清偿时要首先偿还除股本外的所有公司债权人的债务，如银行贷款以及雇员和工人的未付工资、政府税款、债券本息。只有在上述一系列债权人的债务分别清偿完毕后，法律才允许公司将剩余的固定资产和其他有形资产变卖成货币来偿还股东的股本金。

（六）交易上的流动性

股票是一种可以自由转让的投资工具，可以在证券交易所或柜台市场上出售。正是这一特征弥补了股票期限上永久性的不足，也是股份公司能在社会公众中广泛吸引投资的又一重要原因。股东无权向公司索回股本，当股东需要现金时可随时出售股票，使股票成为流动性很强的投资工具。一个国家的证券市场越发达，股票的流动性就越强。股票的转让及随之而来的股东变更，并不改变股份公司的资本金，也并不影响股份公司的稳定性。

（七）投资上的风险性

股票是一种高风险的投资工具，这是由股票报酬上的剩余性、清偿上的附属性和股票价格的波动性所决定的。股票投资者至少面临两方面风险：一是如果公司经营不善，或市场上出现意外情况，使公司剩余利润减少，股票的收益立即下降，一旦公司倒闭，该公司股票就会变得一文不值；二是股票的市场价格受到公司经营状况及相关的政治、经济、社会、心理等因素的影响，波动剧烈。因此股票的投资者总是要冒一定的风险。

（八）权益上的同一性

同一种类的每一股票在权利和收益上是相同的，体现了投资的公平和公正。股东参与公司经营管理的决策权取决于他持有股份的多少，股东持有一个公司的股份越多，其参与公司经营决策的权利越大。公司在分配剩余利润时也按股份计算，股份持有人凭每一股份获得的公司剩余利润称为股息。普通股股票承诺分配的股息并不是事先确定的，它随公司剩余利润的多少而变动，因此股息水平不是用百分率表示，而是用每股普通股分得的股息货币额表示，如每股1元。正因为股票的这一特征决定了股票的价值完全不取决于谁持有股票，因此股票才成为一种非个人性工具，才可能在不同投资者之间转让。

三、股票的分类

从不同角度划分，股票有如下几种类型：

（一）按持有者的权利义务分类

1. 普通股

普通股是股份公司发行的无特别权利的股票。普通股一般具有以下特点：首先，它是最普通也是最重要的股票种类，是股份公司发行股票类型的基本形式，具有股票最基本的性质。目前，在上海和深圳证券交易所上市交易的股票都是普通股。其次，这类股票是公司发行的标准股票，其有效时间与股份有限公司的存续期相一致。再次，普通股是风险最大的股票，其红利是不固定的，随着公司经营状况而变动，每股净资产价值也会波动。最后，普通股股东只有在满足了所有债权人偿付要求及优先股股东的收益权后，才能获取企业赢利和剩余资产的索取权。

普通股股东享有以下四项权益：

（1）公司重大经营决策参与权。普通股股东有权参加股东大会，对企业经营管理中重大决策有发言权、表决权，对公司管理人员有选举权与被选举权。

（2）公司盈余分配权。股东能够在偿还债务以及向优先股股东分配固定股息后，从公司利润分配中获得股息红利收入。

（3）剩余资产分配权。当公司破产清算时，公司在偿还欠债及对优先股股东进行剩余资产分配后，若有剩余，则普通股股东还有权按股份比例分配剩余资产。

（4）认股优先权。如果公司股本扩张，在发行股票时，原有普通股股东有权按其持股比例，以低于市价的配股价优先购买新发行的股票。若股东不想购买新股，则可通过权证转让认购权。

2. 优先股

优先股是股份有限公司发行的具有收益权和剩余资产分配优先权的股票。优先股与普通股一样，也是公司股权凭证，相对于普通股，它具有两个优先权：一是优先股设有固定股息，不随公司业绩好坏而波动，并且在普通股红利分配之前支取；二是具有分配公司剩余资产的优先权。在公司改组、解散和破产时，优先股股东有先于普通股股东获得补偿的权利。当然，优先股相对于普通股，也有其不利的方面：一是优先股股东在股东大会上一般没有经营决策方面的表决权，也没有对公司经营的控制权；二是由于优先股的股息固定，因此当公司利润增长时，优先股不能像普通股那样享有较高的增值收益。

公司发行优先股，主要是为了减少公司债务，帮助公司渡过难关或在增加公司资产的同时又不影响普通股股东的控股权。而一些国家的公司法规定，优先股只能在公司增募新股或清理债务等较特殊的情况下发行。

优先股有不同的种类，这往往是公司在发行优先股时为吸引投资者购买而做出的变通。其种类有：

（1）参与优先股与非参与优先股。参与优先股是指公司在对优先股股东按规定的股息率优先分得本期股息后，若还有剩余利润，也可以与普通股股东一起参与对剩余利润全部或部分的分配；反之，只能享受既定的股息而不参与剩余赢利分配的优先股则属非参与优先股。很明显，参与优先股对股东更有利，因此也更有吸引力。

(2) 累积优先股和非累积优先股。累积优先股是指在公司经营不佳无力发放股息时，可将以往营业年度未付的股息累积起来，待以后营业年度有赢利后再发放。非累积优先股则是按当期赢利分派股息，对已往累积未足额分配的股息不予补偿。因此非累积优先股不受投资者欢迎，但对公司的压力则比较轻。

(3) 可转换优先股和不可转换优先股。可转换优先股是指持股人可以在特定条件下把优先股股票转换成普通股股票。不可转换优先股指不能转换成其他类型的证券的优先股。无疑，可转换优先股更具有优势。

(4) 可赎回优先股和不可赎回优先股。可赎回优先股是指公司在发行后一定时期内可按特定的价格赎回的优先股股票。由于其可以赎回，因此不具有永久性特征。采取可赎回形式往往是为了减轻公司股息支付负担。不可赎回优先股是指股票发行后不能赎回的优先股股票。股票一经认购，投资者不能从公司抽回股本，因此这就保证了公司资本的稳定性。

(二) 按上市地点和投资者不同分类

1. A 股

A 股的正式名称是人民币普通股股票。它是由我国境内的公司发行，供境内机构、组织或个人（不含中国港、澳、台投资者）以人民币认购和交易的普通股股票。

2. B 股

B 股的正式名称是人民币特种股票。它是以人民币标明面值，以外币认购和买卖，在境内（上海、深圳）证券交易所上市交易的普通股股票。它的投资人限于外国的自然人、法人和其他组织，中国香港、澳门、台湾地区的自然人、法人和其他组织，定居在国外的中国公民，证券管理部门规定的其他投资人。B 股公司的注册地和上市地都在境内，投资者在境外或在中国香港、澳门及台湾。2001 年我国开放境内个人居民可以投资 B 股。

3. H 股、N 股、S 股

H 股指注册地在境内、上市地在香港的外资股。因香港的英文是 Hong Kong，取其字首，将在港上市的外资股称为 H 股。依此类推，在纽约上市的外资股称为 N 股，在新加坡上市的外资股称为 S 股。

四、股票的价值

股票作为投资者投资入股的凭证，代表了一定的价值量。股票的价值通常可以用如下五种形式表示：

(一) 票面价值

它是股票票面所标明的股票价值。票面价值是确定股东持有的公司股份数量、享有股东权益的依据。由于股份有限公司的全部资本分为等额的股份，每一股份的货币金额都是相等的并表现在股票票面价值上，所以，持有一定面值的股票，也就持有了对应数量的公司股份。股票票面价值也是确定股东向公司投入的真实资本数量的依据。在购买

第二章 证券投资工具

公司股票时，投资者可能按等于、高于或低于股票面值的金额购得股票，但其对公司投资从而拥有的股份数量和股东权益却只能按股票面值计算。在我国发行的人民币普通股，其票面价值一般为1元人民币。

（二）账面价值

它是指每一普通股所拥有的公司账面净资产数量。它是用公司资产总额减去负债总额，再减去优先股总值，然后除以发行在外的普通股股数，即为普通股每股账面价值。对投资者来说，股票账面价值反映了每股所拥有的公司财产价值，是股东享有的实际财富。在一定程度上，这一价值反映了股东投资的增值状况，从其变化中可以了解公司的经营业绩。

（三）内在价值

它是指由公司的未来收益所决定的股票价值。投资者购买股票的最终目的在于获得公司的未来收益，公司未来收益高，则股票的内在价值就高；反之则相反。由于未来存在不确定性，因而，股票的内在价值存在不确定性，要对股票的内在价值做出准确的估计就变得相当困难。但估计的困难并不意味着股票不存在内在价值。在证券投资理论与实践中，股票的内在价值有着相当重要的作用。理论研究者常常构建各种理论模型，探讨股票的内在价值。投资者在进行股票投资时，通常需要全面而综合地分析各方面的信息，对公司未来收益做出判断，作为投资的重要依据。当股票内在价值趋于上升时，持有股票或购买股票将获得满意的收益；反之，则可能蒙受损失。在公司购并活动中，若能正确地判断股票的内在价值，将对公司成功地实施购并决策起到至关重要的作用。

（四）市场价值

它是指股票在股票市场上买卖的价格。它包括股票在一级市场上的发行价格和在二级市场上的交易价格，更多的时候是指二级市场上的交易价格。股票市场价值受到众多因素的影响，宏观的微观的、政治的经济的、国内的国外的等因素都可能使市场价值发生或大或小的变化。而且，人们往往很难对股票的市场价值事先做出准确的判断。但无论是对投资者还是对上市公司来说，股票的市场价值有着相当重要的意义，它可以使投资者破产，也可以使投资者发财。对公司来说，股票发行的市场价值高低，直接影响公司筹集的资本的数量，交易市场的价格高低直接影响着公司的声誉和形象，同时也影响公司的新股发行价格。

（五）清算价值

它是指公司终止并清算后股票所具有的价值。这一价值通常与股票的账面价值和市场价值有很大的差距，因为清算时至少要扣除清算费用等支出，并且一旦进入清算过程，公司原来的无形资产的价值将会大打折扣，一些有形资产在拍卖中其成交价格也会因各种原因而低于其账面价值，还有一些资产很难变卖出去。

（六）除权价、复权价

上市证券发生权益分派、公积金转增股本、配股等情况，交易所会在股权（债权）登记日（B股为最后交易日）次一交易日对该证券作除权除息处理。除权除息的基本思想就是"股东财富不变"原则，意即分红事项不应影响股东财富总额，这是符合基本财务原理的。依据此原则，交易所在除权前后提供具有权威性的参照价格，作为证券交易的价格基准即除权除息报价。除权、除息之后，股价随之发生了变化，往往在股价走势图上出现向下的跳空缺口，但股东的实际资产并没有变化。如10元的股票，10送10之后除权报价为5元，但实际还是相当于10元。这种情况可能会影响部分投资者的正确判断，看似这个价位很低，但有可能是一个历史高位，在股票分析软件中还会影响到技术指标的准确性。所谓复权就是对股价和成交量进行权息修复，按照股票的实际涨跌绘制股价走势图，并把成交量调整为相同的股本口径。复权价也就是按以前的股本修复以后的价格。

在公司分红时要进行股权登记，因为登记日第二天再买股票就领不到红利和红股，也不能配股了，股价一般来说是要下跌的。所以第二天大盘上显示的前收盘价就不再是前一天的实际收盘价，而是根据该成交价与分红现金的数量、送配股的数量和配价的高低等结合起来算出来的。在显示屏幕上如果是分红利，就写作DR**，叫做除息；如果是送红股或者配股，就写作XR**，叫做除权；如果是分红又配股，则写作XD**，叫做除权除息。这一天就叫做该股的除权日或除息日（除权除息日）。计算除息价的方法比较简单，只要将前一天的收盘价减去分红派息的数量就可以了。例如，一只股票前一天的收盘价是2.80元，分红数量是每股5分钱，分红除权价：2.80 - 0.05 = 2.75（元）。

计算除权价时如果是送红股，就要将前一天的收盘价除以第二天的股数。例如，一只股票前一天的收盘价是3.90元，送股的比例是10∶3，送股除权价：3.9 ÷ (13/10) = 3.0（元）。

配股时还要把配股时所花的钱加进去。例如，一只股票前一天的收盘价是14元，配股比例是10∶2，配股价是8元，配股除权价：(14 × 10 + 8 × 2) ÷ (10 + 2) = 13（元）。

经过一天的交易，如果收盘价的实际价格比算出来的价格高，就称作填权；相反，如果实际收盘价比计算出来的价格低，就称作贴权。这往往与当时的市场形势有很大关系，股价上升时容易填权，股价下跌时则容易贴权。在市场形势好的时候，人们往往愿意买入即将配股分红或刚刚除权的股，因为这时容易填权，也就是说，股价很容易在当天继续上涨，虽然收盘时可能看上去股价比前一天低，而实际上股价却是上涨了。

第二节　债券

一、债券的定义

债券是政府部门、企业部门和金融机构为筹集资金而向债券投资者发行并约定在一定期限内还本付息的证券。发行债券是发行者筹集资金的一种方式，发行者对其借款负有还本付息的义务，称为债务人；债券的购买者是资金的供给者，称为债权人，有权要求债务人按规定还本付息。因此,债券是证明其持有者和发行者之间债权债务关系的法律凭证。由于债券的利息通常是事先确定的,所以债券又被称为固定利息证券。

债券一般包括以下几个基本要素:

(1) 债券的票面价值,包括票面币种和面额大小两个基本内容。

(2) 债券的价格,指债券发行时确定的价格,债券的发行价格不同于债券的票面价值。债券的票面价值是固定的,而由于发行者的种种考虑或债券市场上供求关系的变化,发行价格可能高于票面价值,称为溢价发行;也可能发行价格低于票面价值,称为折价发行;也可能发行价格等于票面价值,称为平价发行。

(3) 还本期限,指从债券发行之日起到清偿本息之日止的时间。债券的还本期限有长有短,一般分为三类:偿还期限在1年或1年以内的,称为短期债券;偿还期限在1年以上、10年以下的,称为中期债券;偿还期限在10年以上的,称为长期债券。

(4) 利率,指债券利息与债券票面价值的比率。它对债券的发行者和购买者都是很重要的,利率定得过高会增加发行者的筹资成本,定得过低又会影响债券的销售。对债券购买者来说,在其他条件相同的情况下,债券利率越高越有利。

(5) 债券的交易价格,指债券离开发行市场进入流通市场进行交易时的价格。债券的交易价格随市场利率和供求关系的变化而波动,常常会偏离其票面价值。

二、债券的特征

一般来说,债券作为一种投资工具,具有以下特征:

(一) 偿还性

即债券到期后必须偿还。债券在发行时就规定了偿还期限,债务人必须如期地向债权人支付利息,偿还本金。个别例外的情形是无期公债或永久性公债,这种公债不规定到期时间,由发行人视情况决定何时偿还。债权人也不能要求清偿,但可按期取得利息。历史上只有英国、法国等少数国家在战争时期发行过这种债券。

(二) 流动性

亦即变现力。某种投资工具的变现力是指它迅速变为货币而在以货币计算的价值上不蒙受损失的能力。债券在其到期之前可以在证券市场上流通转让,可以抵押取得贷款,因而具有一定的流动性。如果一种债券在转换为货币时需要花费较长时间,且由于其市场价值下降或由于转换时的不便以及经纪人费用、交易商折扣等要付出较高的代价,则认为这种债券的流动性较差。债券的流动性一般由如下因素决定:一是发行人按时履行债务的资信情况。债务人的资信度越高,其发行的债券越易获得高的流动性。二是偿还期限的长短。债券的期限越短,其流动性越强。三是市场为其提供的便利。有些债券虽然不能出售,但能够很方便地兑付,仍然具有较强的流动性。如我国1998年发行的凭证式国库券,虽不能转让流通,但可随时到原发售网点兑付,因而具有较强的流动性。

(三) 安全性

债券的安全性是指债券与股票等其他投资工具相比，投资风险较小。这主要是建立在以下基础上的：①债券在约定的到期日将以券面金额偿还本金，在约定的付息日分次或一次支付固定的利息，不受发行后市场利率变动的影响，各国还制定有关法律对债券的还本付息加以保障，使投资者有直观上的安全感，可以有计划地放心投资。即使是浮动利率债券，一般也有一个最低利率，防止因市场利率下降幅度过大而使债券持有人受到损失。②债券是契约性的债务，契约的约束力使债券的发行人注意自身的信誉，避免因违约而影响今后在市场上筹集资金的潜在能力。特别是对公司债券的发行人，一般都采取一些措施来保证债务偿还的安全性，加以动产或不动产进行有抵押的发行；提取年利润的一部分建立偿债基金；债券发行后经过一定宽限期可采取提前于期中偿还的减债制度，以减轻期满一次偿还的财务压力等。③债券的发行人主要是国家、地方政府、公共团体等政府有关的特殊法人、信用度较高的企业等，加上债券发行有一定的法定审批程序，有法律保障。另外，与股票相比，债券的市场价格波动幅度较小，付息和清偿顺序较之股票优先等，也都提高了债券的安全性。

债券具有安全性并不是说债券没有风险。债券也有风险，债券的风险是指投资者进行投资后实际收益与预期收益发生背离的可能性。债券所面临的风险主要是市场风险、利率风险、通货膨胀风险、信用风险等。利率风险是债券，特别是政府债券面临的主要风险。因为债券的利率在发行时已确定，当市场利率发生变化时，债券的价格就会朝相反的方向波动，使投资者的实际收益与预期收益发生背离。偿还期不同的债券的利率风险是不同的，一般而言，当利率发生变动时，长期债券价格的波动幅度要大于短期债券。通货膨胀风险几乎危及所有证券，但利率固定的债券首当其冲。当发生严重的通货膨胀时，债券投资者的预期利息收入甚至本金都会贬值，通货膨胀持续的时间越长，对长期债券的持有者越不利。信用风险是债务人不能充分和按时履行约定的利息支付或偿付本金的风险。债券发行人如果到期不能还本付息，即使是不能按时还本付息，都会使投资者受到损失。信用风险受债券发行人的经营能力、规模大小及事业稳定性等因素影响，因而不同债券的信用风险程度有所不同。一般认为中央政府债券的信用风险最小，其次为地方政府，再次为大的金融机构和全国性、国际性大公司，中小企业的信用风险通常较大。

(四) 收益性

债券的收益性是指债券可以为其持有者带来一定的收益。这主要表现在两个方面：一是债券投资者可按固定利率取得稳定利息收益，债券的利率通常要高于同期银行存款利率；二是投资者可以在证券市场上低价买进，高价卖出，赚取买卖差价。因为债券的市场价格随市场利率的波动而上下波动，投资者只要能够根据债券市场的行情，在价格较低时买进，较高时卖出，便可获得比将债券始终持有至到期偿还更高的收益。

债券的偿还性、流动性、安全性和收益性之间具有相逆的关系。也就是说，对于某一具体的债券，在一般情况下很难同时兼具上述四个特征。一般来说，期限长的债券收益较高，但安全性、流动性较差；期限短的债券流动性、安全性较好，但收益较低。如政府债券的安全性高，风险相对较小，但其收益则低于许多安全性相对较差的公司债券。投资者可根据自己的实际情况有选择地购买，以获得最佳投资收益。

三、债券的分类

经济生活中债券的种类繁多，根据不同标准，从不同角度可以将债券划分为不同种类。

（一）按债券发行主体的不同分类

按债券发行主体分类，债券可分为政府债券、金融债券和公司债券。

（1）政府债券即一般所称的公债，它是政府为筹集资金而向投资者出具并承诺在一定时期支付利息和到期还本的债务凭证。国家在发行公债的过程中是以法人身份出现，投资者的购买行为完全出于自愿，国家不凭借权力强制其购买。由于公债有政府信誉和财政收益作担保，因而其信誉度最高，风险性最小，所以又称为"金边债券"，其利率也较一般债券要低。由于公债具有最高的信用地位，收益较为稳定，又容易变现，且购买公债可以享受优惠的税收待遇，甚至免税，因而对投资者的吸引力很大。

由于公债具有较高的安全性和流动性，它被广泛地应用于各种抵押和保证行为中。此外，公债还是中央银行的主要交易品种。中央银行通过对公债的公开市场交易，实现对货币供应量的调节，进而为实现最终的货币政策目标服务。

我国的国债从形式上可分为凭证式国债、无记名（实物）国债和记账式国债三种。①凭证式国债是一种国家储蓄债，可记名、挂失，以"凭证式国债收款凭证"记录债权，一般不能上市流通，从购买之日起计息。②无记名（实物）国债是一种实物债券，以实物券的形式记录债权，不记名，不挂失，可上市流通。③记账式国债以记账形式记录债权，通过证券交易所的交易系统发行和交易，可以记名、挂失。投资者进行记账式国债买卖，必须在证券交易所设立账户。由于记账式国债的发行和交易都实行无纸化，所以效率高、成本低、交易安全。

（2）金融债券是由银行和非银行金融机构为筹措资金而发行的债务凭证。金融机构发行金融债券，一是用于某种特殊用途，如用于特种贷款发放或用于重点建设项目贷款等，二是改变自身的资产负债结构。由于金融机构在经济中具有重要的、特殊的地位和作用，各国政府对于金融机构实施较为严格的金融稽核制度，因此一般金融机构的信用要高于非金融机构，金融债券的安全性处于政府债券与公司债券之间，其利率水平一般低于公司债券而高于政府债券。

（3）公司债券是股份制公司依照法定程序发行，约定在一定期限内还本付息的凭证。由于公司主要以本身的经营利润作为还本付息的保证。因此，公司债券的风险与本身的经营状况直接相关。如果公司发行债券后，经营状况不好，连续出现亏损，就可能无力支付投资者本息，因而公司债券是一种风险较大的债券。所以，在企业发行债券时，一般要对发债企业进行严格的资格审查或要求有财产抵押，以保护投资者利益。由于公司债券风险较大，它们的利率通常也高于其他债券。

(二) 按照还本付息方式的不同分类

按照还本付息方式的不同,债券可分为到期一次还本付息债券、附息债券和贴现债券。

(1) 到期一次还本付息债券是指债券的利息是在债券到期时,随同本金的偿还一次性支付的债券。这是一种常见的债券。这种利息支付方式免去了分期支付利息的麻烦,但不利于长期、大金额债券持有者的价值增值。

(2) 附息债券是在债券上附有各期利息票的中长期债券。债券持有人于息票到期时,凭从债券上剪下来的息票领取本期的利息。这种领取利息的方式被称为"剪息票"。每张息票上须有与债券券面的号数相同的编号及应付利息的日期和金额。息票到期之前,持票人不能要求兑付。持票人并非一定是债券持有人,因为息票本身也是一种有价证券。每一张息票都可以根据其所附的债券的利率、期限、面额等计算出其价值,所以,息票可以转让,非债券持有人也可凭息票领取债券利息。

(3) 贴现债券亦称无息票债券或零息债券。这种债券在发行时不规定利息率,券面上不附息票,筹资人采用低于债券票面金额的价格出售债券,即折价发行,购买者只需付出相当于票面金额一定比例的现款就可以买到债券。债券到期时,筹资人按债券票面金额兑付。发行价格与债券票面金额之间的差价即利息。实质上这是一种以利息预付方式发行的债券,因此,这种债券也叫贴息债券。国债的发行通常采用这种方式。例如,一种 20 年期限的债券,其面值为 20000 美元,而它发行时的价格很可能只有 6000 美元。美国的短期国库券也是一种贴现债券。

(三) 按照是否记名分类

按照是否记名,债券可分为记名债券和不记名债券。

(1) 记名债券。券面上注明持有人姓名的债券。投资者领取债息时要凭印章或其他有效的身份证明,转让时要在债券上签名,同时还要到发行公司登记。

(2) 不记名债券。券面上不注明持有人姓名的债券。还本付息及流通转让仅以债券为凭,不需登记,转让时也无须背书,因而流动性较强,但安全性较差。

(四) 按利率浮动与否分类

按利率浮动与否可分为固定利率债券和浮动利率债券。

(1) 固定利率债券是指债券利率在偿还期内不发生变化的债券。由于其利率水平不能变动,在偿还期内,当通货膨胀率较高时,会有市场利率上升的风险。

(2) 浮动利率债券是指债券的利率在某种预先规定的基准上定期调整的债务。债券采取浮动利率形式,减少了持有者的利率风险,也有利于债券发行人按照短期利率筹集中长期资金。

(五) 按发行方式不同分类

按发行方式不同分为公募债券和私募债券。

(1) 公募债券指的是按法定程序,经证券主管机构批准在市场上公开发行的债券。公募债券的最大特点是募集对象不特定,是通过证券公司向社会上所有的投资者募集资金。由于募集对象不特定,因而要求发行主体必须遵守信息公开制度,向投资者提供必要的财务报表和有关资料,以保护投资者的利益,防止欺诈行为。

(2) 私募债券指的是向少数与发行者有特定关系的投资者发行的债券。私募债券的最大特点是募集对象特定。由于债券的发行范围很窄、一般不实行公开呈报制度,债券的转让也受到一定限制,流通性较公募债券差,但利率一般要高于公募债券。私募债券的投资者大多数是银行或非银行性的金融机构。

(六) 按发行地域差异分类

根据债券发行的地域不同,可以将债券分为国内债券和国际债券。

(1) 国内债券是指一国政府、企业或金融机构在本国国内,以本国货币为面额发行的债券。

(2) 国际债券是指政府、公司、团体或国际机构在本国以外发行的债券。即债券发行人属于一个国家,而发行地点在另一个国家,且债券面额不用发行者所在国的货币计值,而是以外币计值。发行国际债券的主要目的在于:弥补发行国政府的国际收支逆差和国内预算赤字、筹集国家大型工程项目的资金、实行国际金融组织的开发计划、增加大型工商企业或跨国公司的经营资本以扩大经营范围等。

四、债券与股票、银行存款的区别

(一) 债券与股票的区别

虽然债券同股票一样同属有价证券,都是一种筹资手段,都是能够获得一定收益的投资工具,并且都属于直接融资,但两者在权利与义务、市场价格与收益、发行主体与发行方式等方面却有着明显的区别。就两者的主要区别来说:①债券是一种债务凭证,而股票是一种所有权凭证。例如,在公司债中,持有者只是发债公司的债权人,而不是公司的股东或所有者,他们除了要求公司按债券所规定的基本条款履行契约外,不能对公司经营拥有表决权和监督权。②债券在出售时就明确了到期期限、利率水平,其投资收益只能根据预先规定的利率获得。在正常情况下,债券的收益更有保障,其发行价格与交易价格主要决定于市场利率水平及其波动;而股票没有到期期限,其投资收益取决于发行公司的经营状况、公司的盈利能力和其他众多因素的影响,其收益具有更大的风险。③债券的发行主体可以是各类企业,也可以是政府部门,而股票的发行主体只能是股份有限公司。公司在收入分配上是先偿还债券利息,然后才能分配股息;公司破产时,偿还债券在先,股票在后。

(二) 债券与银行存款的区别

债券与银行存款对投资者来说都具有较好的安全性,但债券的利息高于同期银行储蓄存款利息,且可以随时在市场上按市价卖出,收益一般不会或很少受到损失。银行定期储蓄存款如果提前支取,一是不很方便,二是要损失一定的利息收入。有些债券附有认股权证,债券到期后投资人可以提取本金,也可以换购债券发行机构的股票,定期储蓄存款却不具有这样的优越性。买卖债券是一种直接融资,而储蓄属于一种间接融资,即储蓄存款是存款人把钱存入银行或其他金融机构,再由这些金融机构放贷出去或进行投资。从筹资者来说，发行债券筹资的数额较大，资金使用较为自由；而银行一般对贷款额度掌握较严，对贷款资金的使用也有一定的限制。在期限方面，债券一般比较长，债券持有人只有在债券到期后才能收回本金，银行贷款则一般期限较短。另外，发行债券有利于提高筹资者的信誉及其在社会上的知名度。在发行上，债券通常是公开发售，债券的条款基本上由发债方事先确定，购买者基本上无法和发行者就发行时间、发行条件、偿还日期、利率水平等因素进行谈判。而一般的长期贷款则不同，它通常由借款人和贷款人进行一对一的谈判，就有关条款达成共识后才签署贷款契约。在流通性方面，债券由于有严格的发行限制，它作为一种债务凭证能够被普遍地接受，债券持有者通常可以根据自己调整财务状况的需要，出售或抵押所持有的债券，以满足自己的需要，而银行贷款契约通常难以自由转让。

第三节 证券投资基金

一、投资基金的定义

投资基金发源于西方经济发达国家，在英国称为信托单位（Trust Unit），在美国称为共同基金或互惠基金（Mutual Fund），是一种证券投资的信托行为。它是指分散的投资者通过购买受益凭证方式将资金交由专业性投资机构进行管理，投资机构将资金分散投资于各种有价证券和其他金融商品，所取得的收益按投资者出资份额进行分配。

投资基金具有分散风险，专家管理，帮助工薪阶层间接投资证券，节省大量人力、时间等特点。

正是由于投资基金具有上述优点，使投资基金在世界各发达国家被普遍推广和运用。

二、证券投资基金的特征

基金作为一种现代化的投资工具，主要具有以下三个特征：

（一）集合投资

基金是这样一种投资方式：它将零散的资金巧妙地汇集起来，交给专业机构投资于各种金融工具，以谋取资产的增值。基金对投资的最低限额要求不高，投资者可以根据自己的经济能力决定购买数量，有些基金甚至不限制投资额大小，完全按份额计算收益的分配，因此，基金可以最广泛地吸收社会闲散资金，集腋成裘，汇成规模巨大的投资资金。在参与证券投资时，资本越雄厚，优势越明显，而且可能享有大额投资在降低成本上的相对优势，从而获得规模效益的好处。

（二）分散风险

以科学的投资组合降低风险、提高收益是基金的另一大特点。在投资活动中，风险和收益总是并存的，"不能将所有的鸡蛋都放在一个篮子里"，这是证券投资的箴言。但是，要实现投资资产的多样化，需要一定的资金实力，对小额投资者而言，由于资金有限，很难做到这一点，而基金则可以帮助中小投资者解决这个困难。基金可以凭借其雄厚的资金，在法律规定的投资范围内进行科学的组合，分散投资于多种证券，借助于资金庞大和投资者众多的公有制使每个投资者面临的投资风险变小，另外又利用不同的投资对象之间的互补性，达到分散投资风险的目的。

（三）专业理财

基金实行专家管理制度，这些专业管理人员都经过专门训练，具有丰富的证券投资和其他项目投资经验。他们善于利用基金与金融市场的密切联系，运用先进的技术手段分析各种信息资料，能对金融市场上各种品种的价格变动趋势做出比较正确的预测，最大限度地避免投资决策的失误，提高投资成功率。对于那些没有时间，或者对市场不太熟悉，没有能力专门研究投资决策的中小投资者来说，投资于基金，实际上就可以获得专家们在市场信息、投资经验、金融知识和操作技术等方面所拥有的优势，从而尽可能地避免盲目投资带来的失败。

三、证券投资基金的类型

（一）契约型基金和公司型基金

基金按其组织形态的不同，可分为契约型基金和公司型基金。

1. 契约型基金

契约型基金是基于一定的信托契约而成立的基金，一般由基金管理公司（委托人）、基金保管机构（受托人）和投资者（受益人）三方通过信托投资契约而建立。契约型基金的三方当事人之间存在这样一种关系：委托人依照契约运用信托财产进行投资，受托人依照契约负责保管信托财产，投资者依照契约享受投资收益。契约型基金筹集资金的方式一般是发行基金受益券或者基金单位，这是一种有价证券，表明投资人对基金资产的所有权，凭其所有权参与投资权益的分配。

2. 公司型基金

公司型基金是具有共同投资目标的投资者依据《公司法》组成以盈利为目的、投资于特定对象（如有价证券，货币）的股份制投资公司。这种基金通过发行股份的方式筹集资金，是具有法人资格的经济实体。基金持有人既是基金投资者又是公司股东。公司型基金成立后，通常委托特定的基金管理人或者投资顾问运用基金资产进行投资。

美国的基金多为公司型基金；我国香港、台湾地区以及日本多是契约型基金。

3. 公司型基金与契约型基金的主要区别

（1）法律依据不同。公司型基金组建的依据是《公司法》，而契约型基金的组建依照基金契约，《信托法》是其设立的法律依据。

(2) 基金财产的法人资格不同。公司型基金具有法人资格，而契约型基金没有法人资格。

(3) 发行的凭证不同。公司型基金发行的是股票，契约型基金发行的是受益凭证（基金单位）。

(4) 投资者的地位不同。公司型基金的投资者作为公司的股东有权对公司的重大决策发表自己的意见，可以参加股东大会，行使股东权利。契约型基金的投资者购买受益凭证后，即成为契约关系的当事人，即受益人，对资金的运用没有发言权。

(5) 基金资产运用依据不同。公司型基金依据公司章程规定运用基金资产，而契约型基金依据契约来运用基金资产。

(6) 融资渠道不同。公司型基金具有法人资格，在一定情况下可以向银行借款，而契约型基金一般不能向银行借款。

(7) 基金运营方式不同。公司型基金像一般的股份公司一样，除非依据《公司法》规定到了破产、清算阶段，否则公司型基金一般都具有永久性；契约型基金则依据基金契约建立、运作，契约期满，基金运营相应终止。

(二) 开放式基金和封闭式基金

按基金单位是否可增加或可赎回，可分为开放式基金和封闭式基金。

1. 开放式基金

开放式基金又称追加型基金，指基金设立时，对基金的规模没有固定限制，可随时根据市场供求情况发行新份额，而投资人也可随时赎回的投资基金。其买入价格与卖出价格按基金的净资产值计算，在一定程度上也反映市场供求状况。开放式基金有利于扩大基金的规模，并具有较强的流动性和变现能力。

2. 封闭式基金

封闭式基金又称单位型基金，是相对于开放式基金而言的，即基金设立时，以某一特定货币总额为设定限度，待资金筹集已达到事先确定的基金规模后，将其封闭起来，不再增加新的份额。发行完毕，在规定的期限内，投资者不能要求赎回，而发行者也不能再发行新的基金单位，只可发行优先股和公司债券。封闭式基金具有数量固定、操作方便、管理容易的特点，在基金发展初期属较常见的组织形式。

3. 开放式基金和封闭式基金的主要区别

(1) 基金规模可变性不同。封闭式基金有明确的存续期限。如我国规定基金存续期不少于15年，在此期限内发行的基金单位不能被赎回，无特殊情况不能扩募，其基金规模不变。而开放式基金所发行的基金单位可赎回，投资者在基金的存续期间内也可随意申购基金单位，其规模在不断变化。

(2) 基金单位的买卖价格形成及波动性不同。封闭式基金因在交易所上市，其买卖价格受市场供求关系影响较大；而开放式基金以基金单位的资产净值为基础计算买卖价格，价格波动小。在买卖费用上，由于封闭式基金除了手续费外，还有证券交易税等，因此其费用一般高于开放式基金。

(3) 基金单位买卖方式不同。封闭式基金发起设立时，投资者是向基金管理公司认购的，而在上市交易时，则委托券商在证券交易所按市价买卖；而开放式基金无论何时都是随时向基金管理公司或销售机构申购或赎回，并不上市交易。

(4) 基金投资策略不同。封闭式基金由于其不可赎回，资金运作不受干扰，因此可进行长线投资，取得长期经营效益；而开放式基金要随时为应付投资者赎回，必须保留部分现金及速动资产，不能全部用于长线投资，投资更注重投资资产的变现能力。

(三) 成长型基金、收入型基金和平衡型基金

按投资目标的差异，可分为成长型基金、收入型基金、平衡型基金等。

1. 成长型基金

成长型基金是基金中最常见的一种，它追求的是基金资产的长期增值。为了达到这一目标，基金管理人通常将基金资产投资于信誉度较高、有长期成长前景或长期盈余的所谓成长公司的股票。成长型基金又可分为稳健成长型基金和积极成长型基金。

2. 收入型基金

收入型基金主要投资于可带来现金收入的有价证券，以获取当期的最大收入为目的。收入型基金资产成长的潜力较小，损失本金的风险相对也较低，一般可分为固定收入型基金和股票收入型基金。固定收入型基金的主要投资对象是债券和优先股，因而尽管收益率较高，但长期成长的潜力很小，而且当市场利率波动时，基金净值容易受到影响。股票收入型基金的成长潜力比较大，但易受股市波动的影响。

3. 平衡型基金

平衡型基金将资产分别投资于两种不同特性的证券上，并在以取得收入为目的的债券及优先股和以资本增值为目的的普通股之间进行平衡。这种基金一般将25%~50%的资产投资于债券及优先股，其余的投资于普通股。平衡型基金的主要目的是从其投资组合的债券中得到适当的利息收益，与此同时又可以获得普通股的升值收益。投资者既可获得当期收入，又可得到资金的长期增值，通常是把资金分散投资于股票和债券。平衡型基金的特点是风险比较低，缺点是成长的潜力不大。

(四) ETF 和 LOF

1. ETF

ETF的全称是交易型开放式指数证券投资基金（Exchange Traded Fund），又称"交易所交易基金"，是一种跟踪"标的指数"变化且在证券交易所上市交易的基金，是开放式基金的一种特殊类型。ETF综合了封闭式基金和开放式基金的优点，投资者既可以在二级市场买卖ETF份额，又可以向基金管理公司申购或赎回ETF份额，不过申购赎回必须以一篮子股票换取基金份额或者以基金份额换回一篮子股票。由于同时存在二级市场交易和申购赎回机制，投资者可以在ETF二级市场交易价格与基金单位净值之间存在差价时进行套利交易。

ETF因其在产品设计上的种种创新而在国际市场中迅速崛起，它有如下几大优势：①ETF采用指数化投资策略。ETF与标的指数偏离度小，投资ETF能获得与标的指数相近的收益；可以让投资者以较低成本投资于标的指数，使得投资者投资指数像投资一只股票一样简单。②ETF可以上市交易。ETF像股票一样在交易时间内持续交易，投资者

可根据即时揭示的交易价格进行买卖，从而更好地把握成交价格。③ETF费用低廉。通过复制指数和实物申赎机制，ETF大大节省了研究费用、交易费用等运作费用。ETF管理费和托管费不仅远低于积极管理的股票基金，而且低于跟踪同一指数的传统指数基金。ETF二级市场交易费用类似股票，大大降低了投资者的交易成本。ETF是全新的投资工具。在投资领域，ETF已经不再仅仅是一个投资产品，而是一个越来越工具化的产品，投资者可以通过投资ETF来进行股票再投资、资产配置、长期投资、套利交易、时机选择和短线投资等。

2. LOF

LOF的全称是上市型开放式基金（Listed Open-Endeld Fund）也就是上市型开放式基金发行结束后，投资者既可以在指定网点申购与赎回基金份额，也可以在交易所买卖该基金。不过投资者如果是在指定网点申购的基金份额，想要上网抛出，须办理一定的转托管手续；同样，如果是在交易所网上买进的基金份额，想要在指定网点赎回，也要办理一定的转托管手续。

LOF主要有以下特点：①LOF本质上仍是开放式基金，基金份额总额不固定，基金份额可以在基金合同约定的时间和场所申购、赎回。②LOF的发售综合了银行等代销机构与交易所交易网络二者的销售优势。③LOF获准在证交所上市交易后，投资者既可以选择在银行等代销机构按当日收市的基金份额净值申购、赎回基金份额，也可以选择在交易所各会员证券营业部按撮合成交价买卖基金份额。

3. ETF和LOF的主要区别

（1）ETF本质上是指数型的开放式基金，是被动管理型基金，而LOF则是普通的开放式基金增加了交易所的交易方式，它可能是指数型基金，也可能是主动管理型基金。

（2）在申购和赎回时，ETF与投资者交换的是基金份额和"一篮子"股票，而LOF则是与投资者交换现金。

（3）在一级市场上，即申购赎回时，ETF的投资者一般是较大型的投资者，如机构投资者和规模较大的个人投资者，而LOF则没有限定。

（4）在二级市场的净值报价上，ETF每15秒钟提供一个基金净值报价，而LOF则是一天提供一个基金净值报价。

（五）指数基金

指数基金（Index Fund），是以某个指数的成份股为投资对象，按所选定指数的成份股在指数中所占的比重进行资产配置的投资基金。构建指数基金的目的主要是使跟踪基金投资组合的收益变动趋势与该指数相一致，以尽可能取得与指数大致相同的收益率。

指数基金的优点主要是其投资组合确定和透明，无须花费太多精力，而且交易成本低廉；其缺点是不能规避系统性风险，会跟随指数表现出一定的波动性。

（六）分级基金

一般情况下，分级基金是通过对基金收益分配的安排，将基金份额分成预期收益与风险不同的两类份额，并将其中一类份额或两类份额上市进行交易的结构化证券投资基金。一般情况下，由基金基础份额所分成的两类份额中，一类是预期风险和收益均较低且优先享受收益分配的部分，在此称为"A 类份额"，另一类是预期风险和收益均较高且次优先享受收益的部分，在此称为"B 类份额"。类似于其他结构化产品，B 类份额一般"借用"A 类份额的资金来放大收益，而具备一定杠杆特性，也正是因为"借用"了资金，B 类份额一般又会支付 A 类份额一定基准的"利息"。分级基金的设计机制不同，两类份额的分拆比例也不同。

分级基金的设计机制，主要是为了满足不同偏好投资者的个性化需求。由于分级基金在普通基金份额的基础上又分出了两类风险收益特征不同的基金份额，加上基金基础份额，一只基金就为投资者提供了三类不同风险收益特征的投资选择，同时，两类份额的上市交易又满足了二级市场投资者的交易需求。

分级基金可以满足投资者个性化投资需求，即 1 只基金同时可提供三种选择，具体如表 2-1 所示。

表 2-1 分级基金的个性化投资需求

投资需求类型	适合的投资份额类型	收益风险特征
普通基金投资需求	基础份额	类似于普通股股票型基金
稳健类投资需求	A 类份额	低风险且预期收益相对稳定
激进类投资需求	B 类份额	高风险且预期收益相对较高

（七）公募基金与私募基金

公募基金是指受政府主管部门的监管，向不特定投资者公开发行受益凭证的证券投资基金。这类基金在法律的严格监管下，有着信息披露、利润分配、运行限制等行业规范。私募基金是相对于公募基金而言的，它是指通过非公开方式面向少数机构投资者和富有的个人投资者募集资金而设立的基金。它的销售和赎回都是基金管理人通过私下与投资者协商进行的，一般以投资意向书（非公开的招股说明书）等形式募集资金。二者有以下几方面的区别：

（1）募集方式不同。公募基金是公开方式募集资金；而私募基金是非公开方式募集资金。

（2）募集对象不同。公募基金的募集对象是不确定的社会公众投资者；而私募基金的募集对象是少数特定投资者，多为有一定风险承受能力、资产规模较大的个人或机构投资者。

（3）信息披露要求不同。公募基金要求定期披露详细的投资目标、投资组合等；而私募基金公开披露相关信息较少，一般只需半年或一年私下公布投资组合及收益，投资更具隐蔽性。

（4）服务方式不同。公募基金服务方式采取"批发"式，投资决策主要基于基金管理公司的风格和策略；而私募基金服务方式采取"量体裁衣"式，投资决策主要体现投资者的意图和要求。

（5）监管原则和标准不同。公募基金对基金管理人有严格的要求，对基金投资活动有严格的限制；而私募基金的监管相对宽松，基金运作上有相当高的自由度，较少受监管部门的限制或约束,投资更具灵活性。

第四节 衍生金融工具

一、衍生金融工具的含义与特征

衍生金融工具(Derivative Financial Instruments),又称派生金融工具、金融衍生产品等,顾名思义,是与原生金融工具相对应的一个概念,它是在原生金融工具(如债券、股票、外汇、指数、利率等)基础上派生出来的,其价值依赖于标的资产(Underlying Asset)价值变动的一种交易合约。这种合约可以是标准化的,也可以是非标准化的。

衍生金融工具有如下几个基本特征:

(一)零和博弈

即合约交易双方的盈亏完全负相关,并且净损益为零,因此称"零和"。

(二)高杠杆性

衍生金融工具的共同特征是保证金交易,即只要支付一定比例的保证金就可进行全额交易,不需实际上的本金转移,合约的了结一般也采用现金差价结算的方式进行。因此,衍生金融产品交易具有杠杆效应。合约规定的保证金比率越低,其杠杆效应越大,交易的风险也就越大。

(三)规避风险

利用衍生金融工具,可以转移和分散风险,这是衍生金融工具产生的初衷,也是其存在的根本意义。但是,如果没有投机者加入到交易中来,套期保值者就无法释放其风险。衍生工具的杠杆效应正具备了吸引投机者的条件,这种低成本高收益的特点使很多人甘冒风险一试身手。不论投机者的个人目的如何,他们确实成为金融工具市场不可缺少的角色,他们类似赌博的行为承担并分散了市场所集中的风险,为市场注入了活力,提高了市场的运作效率,使避险者能如愿以偿转移风险。

二、衍生金融工具的类型

衍生金融工具的不断发展,使其种类繁多,结构复杂,并且不断有新的成员进入。它们的品种复杂、交易方式新颖,对它们进行分类是件不容易的事情。但是,我们可以根据合约的类型、相关资产(原生资产)、金融产品的衍生次序、交易场所这四个标准对它们做大致的区分。

(一)按合约类型的标准分类

衍生金融工具在形式上均表现为一种合约,在合约上载明买卖双方意向的交易品种、价格、数量、交割时间及地点等。目前，较为流行的衍生金融工具合约主要为远期合约、期货合约、期权合约和互换合约四种类型。其他任何复杂的合约都是以此为基础演化而来的。

1. 远期合约（Fowards）

远期合约是相对而言最简单的一种金融衍生工具。合约双方约定在未来某一日期按约定的价格买卖约定数量的相关资产。远期合约通常是在两个金融机构之间或金融机构与其客户之间签署的。远期合约的交易一般在不规范的交易所内进行，目前金融市场上，远期合约主要有货币远期和利率远期两类。

在远期合约的有效期以内，合约的价值随相关资产市场价格的波动而变化。若合约到期以现金结清的话，当市场价格高于执行价格（合约约定价格）时，应由卖方向买方按价差支付结算金额；当市场价格低于执行价格，则由买方向卖方支付金额。按照这样一种交易方式，远期合约的买卖双方可能形成的收益或损失都是无限大的。

2. 期货合约（Futures）

期货合约与远期合约十分相似。它也是交易双方按约定价格在未来某一期间完成特定资产交易行为的一种方式；其收益曲线也与远期合约一致。两者的区别在于：远期合约交易一般规模较小，较为灵活，交易双方易于按照各自的愿望对合约条件进行磋商；而期货合约的交易是在有组织的交易所内完成的，合约的内容，如相关资产种类、数量、价格、交割时间、交割地点等，都有标准化的特点，这使得期货交易更规模化，也更便于管理。

无论是远期合约还是期货合约，都为交易人提供了一种避免因一段时期内价格波动带来风险的工具，也为投机人利用价格波动取得投机收入提供了手段。最早的远期合约、期货合约中相关资产是粮食。由于粮食市场的价格存在收获季节下降、非收获季节上升的季节性波动，为了避免由此给粮农带来收益的风险和给粮食买方带来货源不稳定的风险，产生了以粮食产品为内容的远期合约交易。17世纪以后，标准化的合约开始出现，也逐渐形成了完整的结算系统，期货交易得以发展。进入20世纪70年代，金融市场的风险和动荡催生出金融期货，如利率期货、外汇期货、股票价格指数期货等。

3. 期权合约（Options）

期权合约是指期权的买方有权在约定的时间或时期内，按照约定的价格买进或卖出一定数量的相关资产，也可以根据需要放弃行使这一权利，为了取得这一权利，期权合约的买方必须向卖方支付一定数额的费用，即期权费。按照相关资产的不同，金融期权可以有外汇期权、利率期权、股票期权、股票价格指数期权等。

期权分看涨期权和看跌期权两个基本类型。看涨期权的买方有权在某一确定的时间以确定的价格购买相关资产；看跌期权的买方则有权在某一确定时间以确定的价格出售相关资产。

按照期权执行时间的不同，期权又分美式期权和欧式期权。按照美式期权，买方可以在期权的有效期内任何时间行使权利或者放弃权利；按照欧式期权，期权买方只可以在合约到期时行使权利。由于美式期权赋予期权买方更大的选择空间，因此被较多的交易所采用。

期权这种衍生金融工具的最大魅力，在于可以使期权买方将风险锁定在一定范围之内。因此，期权是一种有助于规避风险的理想工具。当然，它也是投机者理想的操作手段。对于看涨期权的买方来说，当市场价格高于执行价格加期权费时，他会行使买的权利，当市场价格低于执行价格加期权费，他会放弃行使权利，所亏不过限于期权费；对于看跌期权买方来说，当市场价格低于执行价格加期权费，他会行使卖的权利，反之则放弃权利，所亏也仅限于期权费。因此，期权对于买方来说，可以实现有限的损失和无限的收益，对于期权的卖方则恰好相反，损失无限而收益有限。

4. 互换合约（Swaps）

互换合约也译为掉期或调期，是指交易双方约定在合约有效期内，以事先确定的名义本金额为依据，按约定的支付率（利率、股票指数收益率等）相互交换支付的约定。以最常见的利率互换为例，假设确定的名义本金额为1亿元，约定一方按期根据以本金额和某一固定利率计算的金额向对方支付，另一方按期根据本金额和浮动利率计算的金额向对方支付——当然实际只付差额。互换合约实质上可以分解为一系列远期合约组合，其收益曲线亦大致同远期合约。

（二）按相关资产的标准分类

按照衍生金融工具赖以生存的相关资产即原生资产分类，可以分为货币或汇率衍生工具、利率衍生工具、股票衍生工具。

1. 货币或汇率衍生工具

货币或汇率衍生工具包括远期外汇合约、外汇期货、外汇期权、货币互换。货币或汇率衍生工具的突出作用在于防范外汇风险。

2. 利率衍生工具

利率衍生工具包括短期利率期货、债券期货、债券期权、利率互换、互换期权、远期利率协议等。利率衍生工具的作用在于防范利率风险。

3. 股票衍生工具

股票衍生工具包括股票期权、股票价格指数期权、股票价格指数期货、认股权证、可转换债券、与股权相关的债券等。股票衍生工具的主要作用在于可以用来防范股票价格波动风险。

（三）按衍生次序的标准分类

衍生金融工具的繁复多样经过了一个由简至繁的演变过程。按照这种演变次序，衍生金融工具可以分为三类：一般衍生工具、混合衍生工具、复杂衍生工具。

1. 一般衍生工具

一般衍生工具是指由传统金融工具衍生出来的比较单纯的衍生工具，如远期、期货、简单互换等。一般衍生工具在20世纪80年代后期已经十分流行。由于激烈的市场竞争，这类金融工具的价格差异日益缩小，金融机构靠出售这种衍生金融工具所获得的利润有不断下降的趋势。

2. 混合衍生工具

混合衍生工具是指传统金融工具与一般衍生金融工具组合而成的，介于现货市场和衍生金融工具市场之间的产品。如可转换债券就是其中的一种。可转换债券是指可兑换成普通股股票的债券，在约定的期限内，其持有者有权将其转换（也可以不转换）为该发债公司的普通股股票。作为债券，它与普通债券一样；而具有是否转换为股票的权利，则是期权交易的性质。由于具有可转换的性质，债券利率低于普通债券，这有利于发行者降低筹资成本；也正是具有可转换的选择增加了投资者的兴趣。

3. 复杂衍生工具

复杂衍生工具是指以一般衍生工具为基础，经过改造或组合而形成的新工具，所以又称"衍生工具的衍生物"。主要包括：期货期权，即买进或卖出某种期货合约的期权；互换期权，即行使某种互换合约的期权；复合期权，即以期权方式买或卖某项期权合约；特种期权，即期权合约的各种条件，如相关资产、计价方法、有效期等均较为特殊的期权等。

（四）按交易场所的标准分类

按照衍生金融工具是否在交易所挂牌交易，可以将其分为场内交易衍生工具和场外交易（又称柜台交易）衍生工具。在场内交易的衍生金融工具主要有期货和期权，在场外交易的衍生金融工具主要有远期、期权和互换。特别需要强调的是，期货都是在交易所集中交易的，不存在场外交易的期货。

场内交易和场外交易的最大区别就在于前者的交易方式具有集中性、组织性和公开性的特点。

重要概念

股票 普通股 优先股 参与优先股 累积优先股 可转换优先股 可赎回优先股 除权 除息 复权价 除权价 复权 填权 贴权 债券 政府债券 金融债券 公司债券 到期一次还本付息债券 附息债券 贴现债券 固定利率债券 浮动利率债券 公募债券 私募债券 国内债券 国际债券 证券投资基金 契约型基金 公司型基金 封闭式基金 开放式基金 LOF ETF 成长型基金 收入型基金 平衡型基金 指数基金 分级基金 公募基金 私募基金 衍生金融工具 期货 远期 期权 互换

思考题

（1）股票有哪几种主要类型？
（2）和其他投资工具相比，股票有何显著特征？
（3）普通股股东一般享有哪些权益？
（4）和普通股相比，投资优先股有何优势？
（5）当上市公司向股东分红时，交易所为何要对股票价格进行除权（除息）处理？
（6）债券有哪些种类？
（7）债券与股票、银行存款有何区别？

（8）证券投资基金主要有哪几种类型？

（9）LOF、ETF和传统的开放式基金有何区别？

（10）什么是分级基金？分级基金中不同类型份额的收益风险特征有何差异？

（11）衍生金融工具的主要功能是什么？

（12）什么是期货与期权？这两种衍生金融工具的主要功能是什么？

第三章 证券市场

【学习目的】本章主要介绍了证券市场的相关内容，主要包括证券市场概述、一级市场和二级市场的相关内容。通过学习，要求学生掌握证券市场的基本特征、一般功能和运行机制；证券发行市场的功能、结构、证券发行制度与方式；证券交易制度的类型。

> **案例**
>
> ### 以一厘钱的价格买权证狂赚700倍
>
> 据《现代快报》报道，2007年2月28日，南京一股民张浩创造了股市有史以来的一大奇迹：挂1厘钱的买单，买到82万份收盘价近0.70元的海尔认沽权证，820元资金变56万元，收益近700倍。"这种机会只有一次，以后不可能再有了。"张浩告诉记者，他从去年8月1日出现市价委托规则后，就发现了这一规则存有漏洞，"市价委托就是当天必须要成交的，按市价交易，只要有人挂出了按市价委托的卖单，而大家恰恰都不买，没有什么买单，理论上我就有可能以1厘钱的价格买到权证。"从那以后，只要有空，张浩每个交易日都会挂出1厘钱的买单。2月28日，张浩用账户上1万元钱，挂出了海尔等10个认沽权证品种的买单，"今天只有10个认沽权证有可能挂到1厘钱的，事先都研究过，今天全挂了"。
>
> 1厘钱能买到权证的概率有多大？证券公司专业人士称，这样的概率简直就和中六合彩一样。"这种情况只有在一种情况下发生：那就是在9:25~9:30，首先要有人挂出按市价委托的卖单，卖单先进交易所，同时没有什么买单。然后张先生挂出了1厘钱的买单，买单后进交易所"。
>
> **案例点评：** 从事证券投资活动，首先必须了解证券市场的运行机制、市场结构和交易规则等。有时候充分利用市场的规则可能会取得不错的收益。然而，不清楚市场的交易规则，可能造成严重的后果。
>
> 资料来源：金融界网站，http://money1.jrj.com.cn/news/20070302/000000116583.htm，题目为编者自拟。

第一节 证券市场概述

一、证券市场的含义与特征

证券市场是有价证券发行与流通以及与此相适应的组织与管理方式的总称。证券市场作为资本市场的基础和主体,通常包括证券发行市场和证券流通市场。在发达的市场经济中,证券市场是完整的市场体系的重要组成部分,它不仅反映和调节货币资金的运动,而且对整个经济的运行具有重要影响。

与一般商品市场相比,证券市场具有以下三个显著特征:

(1)证券市场是价值直接交换的场所。有价证券都是价值的直接代表,它们实质上是价值的一种直接表现形式。虽然证券交易的对象是各种各样的有价证券,但由于它们是价值的直接表现形式,所以证券市场本质上是价值的直接交换场所。

(2)证券市场是财产权利直接交换的场所。证券市场上的交易对象是作为经济权益凭证的股票、债券、投资基金等有价证券,它们本身是一定量财产权利的代表,所以,代表着对一定数额财产的所有权或债权以及相关的收益权。证券市场实际上是财产权利的直接交换场所。

(3)证券市场是风险直接交换的场所。有价证券既是一定收益权利的代表,同时也是一定风险的代表。有价证券的交换在转让出一定收益权的同时,也把该有价证券所特有的风险转让出去。所以,从风险的角度分析,证券市场也是风险直接交换的场所。

二、证券市场的结构

证券市场的结构是指证券市场的构成及其各部分之间的量比关系。证券市场的结构可以有许多种,但较为重要的结构有以下四种划分方式。

(一)层次结构

层次结构通常指按证券进入市场的顺序而形成的结构关系。按这种顺序关系划分,证券市场的构成可分为发行市场和流通市场。证券发行市场又称一级市场或初级市场,是发行人以筹集资金为目的,按照一定的法律规定和发行程序,向投资者出售新证券所形成的市场。证券流通市场又称二级市场、交易市场或次级市场,是已发行的证券通过买卖交易实现流通转让的市场。

(二)多层次资本市场

除一级、二级市场区分外,证券市场的层次性还体现为区域分布、覆盖公司类型、上市交易制度以及监管要求的多样性。根据所服务和覆盖的上市公司类型,可分为全球性市场、全国性市场、区域性市场等类型；根据上市公司规模、监管要求等差异，可分为主板市场、二板市场（创业板或高新企业板）、三板市场等；根据交易方式的差异，可分为集中交易市场、柜台市场（或代办转让）等。

（三）品种结构

证券市场的品种结构是根据有价证券的品种差异而形成的结构关系。这种结构关系的构成主要有股票市场、债券市场、基金市场、金融衍生产品市场等。

（1）股票市场是股票发行和交易的场所。股票市场的发行人为股份有限公司。股份有限公司通过发行股票募集公司的股本，或是在公司营运过程中通过发行股票扩大公司的股本。股票市场交易的对象是股票，股票的市场价格除了与股份公司的经营状况和盈利水平有关外，还受到政治、社会、经济等其他多方面因素的综合影响，因此，股票价格经常处于波动之中。

（2）债券市场是债券发行和买卖交易的场所。债券的发行人有中央政府、地方政府、中央政府机构、金融机构、公司和企业。债券发行人通过发行债券筹集的资金一般都有期限，债券到期时，债务人必须按时归还本金并支付约定的利息。债券市场交易的对象是债券。债券因有固定的票面利率和期限，因此，相对于股票价格而言，其市场价格波动相对比较稳定。

（3）基金市场是基金份额发行和流通的市场。封闭式基金在证券交易所挂牌交易，开放式基金则通过投资者向基金管理公司申购和赎回实现流通转让。此外，近年来，全球各主要市场均开设了交易所交易基金或上市型开放式基金交易，使开放式基金也可以在交易所市场挂牌交易。

（4）金融衍生产品市场是各类金融衍生产品发行和交易的市场，随着金融创新在全球范围内的不断深化，金融衍生产品市场已经成为金融市场不可或缺的重要组成部分。

（四）交易场所结构

按交易活动是否在固定场所进行，证券市场可分为有形市场和无形市场。通常人们也把有形市场称为场内市场，是指有固定场所的证券交易所市场。该市场是有组织、制度化了的市场。有形市场的诞生是证券市场走向集中化的重要标志之一。一般而言，证券必须达到证券交易所规定的上市标准才能够在场内交易。有时人们也把无形市场称作场外市场，是指没有固定交易场所的市场。随着现代通信技术的发展和电子计算机网络的广泛应用、交易技术和交易组织形式的演进，越来越多的证券交易不在有形的场内市场进行，而是通过经纪人或交易商的电传、电报、电话、网络等洽谈成交。目前，场内市场与场外市场之间的截然划分已经不复存在，出现了多层次的证券市场结构。很多传统意义上的场外市场由于报价商和电子撮合系统的出现而具有了集中交易特征，而交易所市场也开始逐步推出兼容场外交易的交易组织形式。

三、证券市场的基本功能

证券市场是市场经济中一种高级的市场组织形态，是市场经济条件下资源合理配置的重要机制。世界经济发展的历史证明,它不仅可以推动一国经济的迅速发展,而且对国际经济一体化也具有深远的影响。目前,世界上不少证券市场已发展成为国际著名的金融中心,发挥着重要的作用。

(一) 证券市场是筹集资金的重要场所

在证券市场上进行证券投资,一般都能获得高于储蓄存款利息的收益,所以能吸引众多的投资者。对于证券发行者来说,通过证券市场发行有价证券可以筹集到一笔可观的资金,用这些资金或补充自有资金的不足,或开发新产品、上新项目,有利于迅速增强公司实力。更为重要的是,要在较短时间内迅速筹集到巨额资金,通过证券市场这个渠道来实现是最好的选择。

(二) 证券市场是资源合理配置的有效场所

证券市场的产生与发展适应了社会化商品经济发展的需要,同时也促进了社会化大生产的发展,它出现在很大程度上削弱了生产要素部门间转移的障碍。因为在证券市场中,企业产权已商品化、货币化、证券化,资产采取了有价证券的形式,可以在证券市场上自由买卖,这就打破了实物资产的凝固和封闭状态,使资产具有最大的流动性。一些效益好、有发展前途的企业可根据社会需要,通过控股、参股方式实行兼并和重组,发展资产一体化企业集团,开辟新的经营领域。另外,在证券市场上,通过发行债券和股票广泛吸收社会资金,其资金来源不受个别资本数额的限制,这就打破了个别资本有限从而难以进入一些产业部门的障碍,从而有条件也有可能筹措到进入某一产业部门最低限度的资金数额。这样,证券市场就为资本所有者自由选择投资方向和投资对象提供了十分便利的活动舞台,而资金需求者也冲破了自有资金的束缚和对银行等金融机构的绝对依赖,有可能在社会范围内广泛筹集资金。随着证券市场的不断深化发展,其对产业结构调整的作用将大大加强,同时得到发展的产业结构又转而成为证券市场组织结构、交易结构、规模结构的推动力,促进证券市场的发展。这种证券市场与产业结构调整的关系,就在于它使资产证券化,从而有助于生产要素在部门间的转移和重组,最终实现资源的优化配置。

(三) 证券市场有利于证券价格的统一和合理定价

证券交易价格是在证券市场上通过证券需求者和证券供给者的竞争所反映的证券供求状况所最终确定的。证券商的买卖活动不仅由其本身沟通使买卖双方成交,而且通过证券商的互相联系,构成一个紧密相连的活动网,使整个证券市场不但成交迅速,而且价格统一,使资金需求者所需要的资金与资金供给者提供的资金迅速找到出路。证券市场中买卖双方的竞争,易于获得均衡价格,这比场外个别私下成交公平得多。证券的价格统一、定价合理,是保障买卖双方合法权益的重要条件。

(四) 证券市场提供了风险管理的方法

资金和风险经常是"捆绑"在一起,同时通过金融体系转移的,所以资金通过证券市场的同时,风险也在转移。证券市场上还有一些金融产品,本身不是为了转移资金而更主要地是为了转移风险而设计,如期货、期权等衍生金融产品。证券市场具有强大的信息处理和资产定价功能,其交易的产品又具有良好的流动性、较低的交易成本、很高的财务杠杆、资金容量大等特性，可以很方便地构造各种投资组合，达到特定的风险管理目标。如果投资组合现金流是用来对冲原有资产风险暴露的现金流，构成的就是风险对冲组合；如果投资组合现金流进一步加大了原有资产的风险暴露，则构成的就是投机交易组合。

（五）证券市场是一国中央银行宏观调控的场所

从宏观经济角度看，证券市场不仅可以有效地筹集资金，而且还有资金"蓄水池"的作用和功能，这种"蓄水池"是可调的，而不是自发的。各国中央银行正是通过证券市场这种"蓄水池"的功能来实现其对货币流通量的宏观调节，以实现货币政策目标。

当社会投资规模过大、经济过热、货币供给量大大超过市场客观需要量时，中央银行可以通过在证券市场上卖出有价证券（主要是政府债券），以回笼货币，紧缩投资，平衡市场货币流通量，稳定币值；而当经济衰退、投资不足、市场流通因货币供给不足而呈现出萎缩状态时，中央银行则通过在证券市场上买进有价证券（主要是政府债券），以增加货币投放，扩大投资，刺激经济增长。

四、证券市场的参与者

（一）证券发行人

证券发行人是指为筹措资金而发行债券、股票等证券的政府及其机构、金融机构、公司和企业。证券发行人是证券发行的主体。证券发行是把证券向投资者销售的行为。证券发行可以由发行人直接办理，这种证券发行被称为自办发行或直接发行。自办发行是比较特殊的发行行为，也比较少见。20 世纪末以来，由于网络技术在发行中的应用，自办发行开始增多。

证券发行一般由证券发行人委托证券公司进行，又称承销或间接发行。按照发行风险的承担、所筹资金的划拨及手续费高低等因素划分，承销方式有包销和代销两种。

证券包销是指证券公司将发行人的证券按照协议全部购入，或者在承销期结束时将售后剩余证券全部自行购入的承销方式。包销可分为全额包销和余额包销两种。全额包销是指承销商先全额购买发行人该次发行的证券，再向投资者发售，由承销商承担全部风险的承销方式。余额包销是指承销商按照规定的发行额和发行条件，在约定的期限内向投资者发售证券，到销售截止日，如投资者实际认购总额低于预定发行总额，未售出的证券由承销商负责认购，并按约定时间向发行人支付全部证券款项的承销方式。

证券代销是指证券公司代发行人发售证券，在承销期结束时，将未售出的证券全部退还给发行人的承销方式。

（二）证券投资者

证券投资者是指通过证券而进行投资的各类机构法人和自然人。证券投资者是证券市场的资金供给者，也是金融工具的购买者。证券投资者类型甚多，投资的目的也各不相同。证券投资者可分为机构投资者和个人投资者两大类。

1. 机构投资者

机构投资者是指相对于中小投资者而言拥有资金、信息、人力等优势，能影响某个证券价格波动的投资者，主要有政府机构、金融机构、企业和事业法人及各类基金等。各类机构投资者的资金来源、投资目的、投资方向虽各不相同，但一般都具有投资的资金量大、收集和分析信息的能力强、注重投资的安全性、可通过有效的资产组合以分散投资风险、对市场影响大等特点。

2. 个人投资者

个人投资者是指从事证券投资的社会自然人，他们是证券市场最广泛的投资者。个人进行证券投资应具备一些基本条件，这些条件包括国家有关法律、法规关于个人投资者投资资格的规定和个人投资者必须具备一定的经济实力。为保护个人投资者利益，对于部分高风险证券产品的投资（如衍生产品、信托产品），监管法规还要求相关个人具有一定的产品知识并签署书面的知情同意书。

（三）证券市场中介机构

证券市场中介机构是指为证券的发行与交易提供服务的各类机构，包括证券公司和其他证券服务机构，通常把两者合称为证券中介机构。中介机构是连接证券投资者与筹资人的桥梁，证券市场功能的发挥，很大程度上取决于证券中介机构的活动。通过它们的经营服务活动，沟通了证券需求者与证券供应者之间的联系，不仅保证了各种证券的发行和交易，还起到维持证券市场秩序的作用。

1. 证券公司

证券公司又称证券商，是指依照《中华人民共和国公司法》的规定和经国务院证券监督管理机构批准经营证券业务的有限责任公司或股份有限公司。证券公司的主要业务有证券承销、经纪、自营、投资咨询以及购并、受托资产管理和基金管理等。过去，我国证券监督管理部门将证券公司分为综合类证券公司和经济类证券公司，并实行分类监管。随着资本市场的发展，分类监管划分模式已不能适应我国证券市场的专业化细分和规模化的发展方向。2006年1月1日起实行的《中华人民共和国证券法》将原有的分类管理的规定调整为按照证券经纪、证券投资咨询、财务顾问、证券承销和保荐、证券自营、证券资产管理、其他证券业务等业务类型进行管理，并按照审慎监管的原则，根据各项业务的风险程度，设定分类准入条件。

2. 证券登记结算机构

证券登记结算机构是为证券交易提供集中的登记、托管与结算服务的专门机构。根据《中华人民共和国证券法》规定，证券登记结算机构是不以营利为目的的法人。

3. 证券服务机构

证券服务机构是指依法设立的从事证券服务业务的法人机构，主要包括证券登记结算公司、证券投资咨询公司、会计师事务所、资产评估机构、律师事务所、证券信用评级机构等。

（四）自律性组织

自律性组织包括证券交易所和证券行业协会。

1. 证券交易所

根据《中华人民共和国证券法》的规定，证券交易所是为证券集中交易提供场所和设施，组织和监督证券交易，实行自律管理的法人。其主要职责有：提供交易场所与设施；制定交易规则；监管在该交易所上市的证券以及会员交易行为的合规性、合法性，确保市场的公开、公平和公正。

2. 证券业协会

证券业协会是证券行业的自律性组织，是社会团体法人。证券业协会的权力机构为由全体会员组成的会员大会。《中华人民共和国证券法》规定，证券公司应当加入证券业协会。证券业协会应当履行协助证券监督管理机构组织会员执行有关法律，维护会员的合法权益，为会员提供信息服务，制定规则，组织培训和开展业务交流，调解纠纷，就证券业的发展开展研究，监督、检查会员行为，以及证券监督管理机构赋予的其他职责。

（五）证券监管机构

在我国，证券监管机构是指中国证监会及其派出机构。中国证监会是国务院直属的证券管理监督机构，按照国务院授权和依照相关法律法规对证券市场进行集中、统一监管。它的主要职责是：依法制定有关证券市场监督管理的规章、规则，负责监督有关法律法规的执行，负责保护投资者的合法权益，对全国的证券发行、证券交易，中介机构的行为等依法实施全面监管，维持公平而有秩序的证券市场。

第二节 证券发行市场

一、证券发行市场的含义及作用

证券发行市场是指证券发行人向投资者出售证券以筹集资金的场所，又称初级市场或一级市场。证券发行市场是证券交易市场的基础和前提，有了发行市场的证券供应，才有交易市场的证券交易。证券发行市场与证券交易市场构成统一的证券市场整体，两者相辅相成、相互联系、相互依赖，是一个不可分割的整体。证券发行市场通常是一个无形市场，没有具体的固定场所。证券发行市场的作用主要表现在以下三个方面：

（1）为资金需求者提供筹措资金的渠道。证券发行市场拥有大量的运行成熟的证券商品供发行者选择，发行者可以参照各类证券的期限、收益水平、参与权、流通性、风险度、发行成本等不同特点，根据自己的需要和可能选择发行何种证券，并依据当时市场上的供求关系和价格行情来确定证券发行数量和价格。发行市场上还有众多的为发行者服务的中介机构，它们可以接受发行者的委托，利用自己的信誉、资金、人力、技术和网点等向公众推销证券，有助于发行者及时筹措到所需资金。发达的发行市场还可以冲破地区限制，为发行者扩大筹资范围和对象，在境内或境外面向各类投资者筹措资金，并通过市场竞争逐步使筹资成本合理化。

（2）为资金供应者提供投资的机会，实现储蓄向投资转化。政府、企业和个人在经济活动中可能出现暂时闲置的货币资金，证券发行市场通过证券的发行为闲置资金提供了多种多样的投资机会，实现社会储蓄向投资转化。储蓄转化为投资是社会再生产顺利进行的必要条件。

（3）形成资金流动的收益导向机制，促进资源配置的不断优化。在现代经济活动中，生产要素都跟随着资金流动，只有实现了货币资金的优化配置，才有可能实现社会资源的优化配置。证券发行市场通过市场机制选择发行证券的企业，那些产业前景好、经营业绩优良和具有发展潜力的企业更容易从证券市场筹集所需要的资金，从而使资金流入最能产生效益的行业和企业，达到促进资源优化的目的。

二、证券发行市场的构成

证券发行市场由证券发行人、证券投资者和证券中介机构三部分组成。证券发行人是资金的需求者和证券的供应者，证券投资者是资金的供应者和证券的需求者，证券中介机构则是联系发行人和投资者的专业性中介服务组织。

（一）证券发行人

证券发行人是指符合发行条件并且正在从事证券发行或者准备进行证券发行的政府组织、企业或者金融机构，它是构成证券发行市场的首要因素。为了保障社会投资者的利益，维护证券发行市场的秩序，防止各种欺诈舞弊行为，多数国家的证券法规都对证券发行人的主体资格、净资产额、经营业绩和发起人责任设有条件限制。《中华人民共和国证券法》（以下简称《证券法》）等相关法规对证券发行人也规定了严格的条件要求。

从证券发行的实践来看，证券发行人是证券中权利义务关系的当事人，是证券发行后果与责任的主要承担者。因此，发行人存续之合法性与确定性、发行人的初始资产力、发行人的原有经营业绩、发行人的违反记录、发行人的财产责任范围等事项，对投资人来说是至关重要的因素，也是确保发行人未来承担持续性义务与责任的基础。证券法规对于发行人设定主体条件要求的目的在于保障证券发行行为的安全与公平。

（二）证券投资者

证券发行市场的投资者是指根据发行人的招募要约，已经认购证券或者将要认购证券的个人或机构投资者，它是构成证券发行市场的另一基本要素。在证券发行实践中，投资者的构成较为复杂，它可以是个人，也可以是金融机构、基金组织、企业组织或其他机构投资人；它也可以是未来享有股权的投资者，也可以是持股代理人，或仅以承销为目的的中介人。

证券投资者也是证券中权利义务关系的当事人，在法律上应当具备主体资格之确定性与合法性。证券发行中投资者的认购行为具有完成双方法律行为的意义，具有承诺证券发行条件和相关法律文件（特别是发行人公司章程和招股说明书）的效力。在采取公司授权资本制的国家，认股行为仅使投资者负有缴纳股款之有限责任；但在采取公司实收资本制的国家，认股行为实际上要到投资人缴清股款时方告完成。

（三）证券中介机构

在证券发行市场上，证券中介机构主要包括证券公司、会计师事务所、律师事务所、资产评估事务所等为证券发行和投资服务的中立机构。它们是证券发行人和投资者之间的中介，在证券发行市场上占有重要地位。在现代证券发行中，发行人通常并非把证券直接销售给投资者，而是由证券承销人首先承诺全部或部分包销，即使是在发行人直接销售证券的情况下，往往也需要获得中介人的协助，也就是说，证券发行过程首先是发行人与证券承销人之间的交易，只是在这一交易条件确定的基础上，才可能由证券承销人将标准化的证券分售给社会投资人。应当说，证券承销人作为经营证券的中介机构，在证券市场上起着沟通买卖、连接供求的重要的桥梁作用。我国现行法律明确规定，股票与企业债券的公开发行应当由证券经营机构承销。

证券发行市场的各中介人虽然不一定是证券中权利义务关系的当事人，但是根据法律规定，它们负有对发行人经营状况、会计报表、资产定价、法律责任等各自进行尽职审查义务，并且对出具的相关法律文件之真实性、准确性和完整性负有连带责任。

三、证券发行制度

（一）注册制

证券发行注册制实行公开管理原则，实质上是一种发行公司的财务公开制度。它要求发行人提供关于证券发行本身以及和证券发行有关的一切信息。发行人不仅要完全公开有关信息，不得有重大遗漏，并且要对所提供信息的真实性、完整性和可靠性承担法律责任。发行人只要充分披露了有关信息，在注册申报后的规定时间内未被证券监管机构拒绝注册，就可以进行证券发行，无须再经过批准。实行证券发行注册制可以向投资者提供证券发行的有关资料，但并不保证发行的证券资质优良、价格适当。

（二）核准制

核准制是指发行人申请发行证券，不仅要公开披露与发行证券有关的信息，符合我国《公司法》和《证券法》所规定的条件，而且要求发行人将发行申请报请证券监管部门决定的审核制度。证券发行核准制实行实质管理原则，即证券发行人不仅要以真实状况的充分公开为条件，而且必须符合证券监管机构制定的若干适合于发行的实质条件。只有符合条件的发行人经证券监管机构的批准方可在证券市场上发行证券。实行核准制的目的在于证券监管部门能尽法律赋予的职能，保证发行的证券符合公众利益和证券市场稳定发展的需要。

我国《证券法》规定，公开发行股票、公司债券和国务院依法认定的其他证券，必须依法报经国务院证券监督管理机构或国务院授权部门核准。公开发行是指向不特定对象发行证券、向特定对象发行证券累计超过200人的以及法律、行政法规规定的其他发行行为。上市公司发行证券，可以向不特定对象公开发行，也可以向特定对象非公开发行。非公开发行是指上市公司采用非公开方式向特定对象发行证券的行为。

目前，我国的股票发行实行核准制。发行申请需由保荐人推荐和辅导，由发行审核委员会审核，中国证监会核准。发行人申请公开发行股票、可转换为股票的公司债券或公开发行法律、行政法规规定实行保荐制度的其他证券的，应当聘请具有保荐资格的机构担任保荐人。上市公司申请公开发行或者非公开发行新股，应当由保荐人保荐，并向中国证监会申报。保荐制度明确了保荐人和保荐代表人的责任，并建立了责任追究机制。保荐人及其保荐代表人应当遵循勤勉尽责、诚实守信的原则，认真履行审慎审核和辅导义务，并对其出具的发行保荐书的真实性、准确性、完整性负责。发行核准制度规定国务院证券监督管理机构设发行审核委员会（以下简称"发审委"）。发审委审核发行人股票发行申请和可转换公司债券等中国证监会认可的其他证券的发行申请。发审委依照《证券法》、《公司法》等法律、行政法规和中国证监会的规定，对发行人的股票发行申请文件和中国证监会有关职能部门的初审报告进行审核，提出审核意见。中国证监会依照法定条件和法定程序做出予以核准或者不予核准股票发行申请的决定，并出具相关文件。

四、证券发行方式

证券发行是指政府、企业为了财政的需要或筹集资本的需要，在一级市场按照法律规定的条件和程序，通过证券承销商向投资者发行证券的行为。

（一）证券发行方式的类别

1. 按发行对象不同，可分为私募发行和公募发行

（1）私募发行。私募发行是指仅向少数特定投资者发行证券的一种方式，也称内部发行。发行对象一般是与发行者有特定关系的投资者，如发行人的职工或与发行人有密切关系的金融机构、公司、企业等。发行者的资信情况为投资者所了解，不必像公募发行那样向社会公开内部信息，也没有必要取得证券资信级别评定。私募发行手续比较简单，可节省发行费用，但私募证券一般不允许上市流通。

（2）公募发行。公募发行是指向广泛的不特定的投资者公开发行证券的一种方式。公募发行涉及众多投资者，其社会责任和影响很大。为保证投资者的合法权益，政府对证券的公募发行控制严格，要求发行人具备较高的条件，如募集公司必须向社会提供各种财务报表及其他有关资料等。公募证券可以上市流通，具有较高的流动性，因而易于被广大投资者接受。公募发行提高了发行者在证券市场的知名度，扩大了社会影响，能够在较短的时间内筹集到大量资金，因而也有利于发行者。公募发行的不足之处是手续比较复杂，发行成本较高。

2. 按发行过程不同，可分为直接发行和间接发行

（1）直接发行。直接发行是指发行人不通过证券承销机构而自己发行证券的一种方

式。发行人自己直接发行股票，多是私募发行。如股份有限公司采用发起设立方式筹集股份，由于首次发行股票全部由发起人直接认购，属直接发行之列。另外，一些公司为了调整资本结构或积累资本，只需在公司内部以某种转化方式，无偿地发行新股，包括资本公积金转增股本、股票分红、股份分割以及债券股票化等，也都属于直接发行之列。当然，直接发行的股票不只局限于内部发行的股票。有些国家的股份公司从节约发行费用的角度出发，对公众发行的股票也采用直接发行的办法。直接发行证券有利亦有弊，一般而言，直接发行可节约证券发行成本，但发行风险完全由发行公司自行承担。这种发行方式并不普遍采用，一般仅适用于发行风险较小、手续较为简单、数额不多的股票发行。在国外主要由知名度高、有实力的公司向现有股东销售股票时采用。

（2）间接发行。间接发行亦称承销发行，是指发行人不直接参与证券的发行过程，而是委托给一家或几家证券承销机构承销的一种方式。证券承销机构一般为投资银行、证券公司、信托投资公司等。间接发行对于发行人来说，虽然要支付一定的发行费用，但是有利于提高发行人的知名度，筹资时间较短，发行人风险也较小。因此，一般情况下，证券发行大都采用间接发行方式。

根据我国《公司法》的规定，公司向社会公开发行股票，不论是募集设立时的首次发行股票还是设立后再次发行新股，均应当由依法设立的证券经营机构承销，即采用间接发行方式。具体而言，证券承销商承销证券的业务主要有代销和包销方式。证券代销是指证券承销商代发行人发售证券，在承销期结束时，将未售出的证券全部退还给发行人的承销方式。承销机构不负承购剩余证券的责任，而是将未售出的证券归还发行人，发行风险由发行公司自己承担。证券包销则是指证券承销商将发行人的证券按照协议全部购入，或者在承销期结束时将售后剩余证券全部自行购入的承销方式。包销方式可以使发行人不承担发行风险，但不利之处是实际付出的发行费用通常较高。

3. 按证券发行价格和票面面额的关系，可分为平价发行、溢价发行和折价发行

（1）平价发行，也称等额发行或面额发行，是指发行人以证券的票面面额作为发行价格。目前，平价发行在发达证券市场中用得很少，多在证券市场不发达的国家和地区采用。

（2）溢价发行，是指发行人按高于面额的价格发行股票。溢价发行又可以分为时价发行和中间价发行两种方式。时价发行也称市价发行，是指以同类证券的流通价格为基准来确定证券发行价格，股票公开发行通常采用这种形式。中间价发行是指介于面额和时价之间的价格来发行股票。

（3）折价发行，是指以低于面额的价格出售新股，即按面额打一定折扣后发行证券。很多债券，尤其是零息债券就采用折价发行的方式。

（二）股票发行方式

我国现行的有关法规规定，我国股份公司首次公开发行股票和上市后向社会公开募集股份（公募增发）采用对公众投资者上网发行和对机构投资者配售相结合的发行方式。根据《证券发行与承销管理办法》的规定，首次公开发行股票数量在4亿股以上的，

可以向战略投资者配售股票。战略投资者是与发行人业务联系紧密且欲长期持有发行人股票的机构投资者。战略投资者应当承诺获得配售的股票持有期不少于12个月。符合中国证监会规定条件的特定机构投资者（询价对象）及其管理的证券投资产品（股票配售对象）可以参与网下配售。询价对象可自主决定是否参与股票发行的初步询价，发行人及其主承销商应当向参与网下配售的询价对象配售股票，但未参与初步询价或虽参与初步询价但未有效报价的询价对象，不得参与累计投标询价和网下配售。询价对象应承诺获得网下配售的股票持有期限不少于3个月。发行人及其主承销商应在网下配售的同时对公众投资者进行网上发行。上网公开发行方式是指利用证券交易所的交易系统，主承销商在证券交易所开设股票发行专户并作为唯一的卖方，投资者在指定时间内，按现行委托买入股票的方式进行申购的发行方式。上海、深圳证券交易所现行的做法是采用资金申购上网公开发行股票方式。公众投资者可以使用其所持有的沪、深证券交易所证券账户在申购时间内通过与交易所联网的证券营业部，根据发行人公告规定的发行价格和申购数量全额存入申购款进行申购委托。若网上发行时发行价格尚未确定，参与网上申购的投资者应当按价格区间上限申购。主承销商根据有效申购量和该次股票的发行量配号，以摇号抽签方式决定中签的证券账户。

上市公司向不特定对象公开募集股份（增发）或发行可转换债券，主承销商可以对参与网下配售的机构投资者进行分类。对不同类别的机构投资者设定不同的配售比例进行配售，也可以全部或部分向原股东配售。

（三）债券发行方式

1. 定向发行

又称私募发行、私下发行，即面向少数特定投资者发行。一般由债券发行人与某些机构投资者，如人寿保险公司、养老基金、退休基金等直接洽谈发行条件和其他具体事务，属直接发行。

2. 承购包销

指发行人与由商业银行、证券公司等金融机构组成的承销团通过协商条件签订承购包销合同，由承销团分销拟发行债券的发行方式。

3. 招标发行

指通过招标方式确定债券承销商和发行条件的发行方式。根据标的物的不同，招标发行可分为价格招标、收益率招标和缴款期招标；根据中标规则不同，可分为荷兰式招标（单一价格中标）和美式招标（多种价格中标）。

第三节 证券交易市场

一、证券交易市场的定义

证券交易市场是为已经公开发行的证券提供流通转让机会的市场。证券交易市场通常分为证券交易所市场和场外交易市场。我国《证券法》规定,依法发行的股票、公司债券及其他证券应当在依法设立的证券交易所上市交易或者在国务院批准的其他证券交易场所转让。证券当事人依法买卖的证券,必须是依法发行并交付的证券。依法发行的股票、公司债券及其他证券,法律对其转让有限性规定的,在限定的期限内不得买卖。我国《证券法》规定,向不特定对象发行证券或向特定对象发行证券累计超过200人的,为公开发行,必须经国务院证券监督管理机构或者国务院授权的部门核准。据此,公开发行股票的股份公司为公众公司,其中,在证券交易所上市交易的股份公司称为上市公司;符合公开发行条件但未在证券交易所上市交易的股份公司称为非上市公司,非上市公众公司的股票将在柜台市场转手交易。

二、股票交易市场

股票交易市场是投资者之间买卖已发行股票的场所。这一市场为股票创造流动性,即能够迅速脱手换取现值。在"流动"的过程中,投资者将自己获得的有关信息反映在交易价格中,而一旦形成公认的价格,投资者凭此价格就能了解公司的经营概况,公司则知道投资者对其股票价值即经营业绩的判断,这样一个"价格发现过程"降低了交易成本。同时,流动也意味着控制权的重新配置,当公司经营状况不佳时大股东通过卖出股票放弃其控制权,这实质上是一个"用脚投票"的机制,它使股票价格下跌以"发现"公司的有关信息并改变控制权的分布状况,进而导致股东大会的直接干预或外部接管,而这两者都是"用手股票"行使控制权。由此可见,交易市场的另一个重要作用是优化控制权的配置从而保证权益合同的有效性。

交易市场通常可分为有组织的证券交易所和场外交易市场,但也出现了具有混合特征的第三市场和第四市场。

(一) 证券交易所

证券交易所(Stock Exchange)是由证券管理部门批准的,为证券的集中交易提供固定场所和有关设施,并制定各项规则以形成公正合理的价格和有条不紊的秩序的正式组织。

1. 证券交易所的组织形式

世界各国证券交易所的组织形式大致可分为两类：

（1）公司制证券交易所。公司制证交所是由银行、证券公司、投资信托机构及各类公司等共同投资入股建立起来的公司法人。

（2）会员制证券交易所。会员制证交所是以会员协会形式成立的不以盈利为目的的组织，主要由证券商组成。只有会员及享有特许权的经纪人才有资格在交易所中进行证券交易。会员对证交所的责任仅以其交纳的会费为限。我国的《证券交易所管理办法》规定：会员制证交所是不以盈利为目的，为证券的集中和有组织的交易提供场所、设施，并履行相关职责，实行自律性管理的会员制事业法人。

由于公司制证券交易所具有较为明显的优势，目前世界上越来越多的证券交易所实行公司制。

2. 证券交易所的上市制度

股票的上市是指赋予某种股票在某个证交所进行交易的资格。对上市公司来说，上市可增加其股票的流动性并提高公司的声望和知名度。股票上市后，公司经营者的责任也加重了。股票发行后并不一定就能上市，而要满足条件和程序后方可上市。各国的法律虽然很少直接对股票的上市条件做出明确规定，但各证交所为了提高在本证交所交易股票的质量，都要求各种股票在本证交所交易之前办理申请上市手续，经审查合格后，由股票的发行公司与交易所签订上市协议，缴纳上市费后，才能在本证交所交易。各证交所的上市标准大同小异，主要包括如下内容：①要有足够的规模；②要满足股票持有分布的要求，私募股票通常因无法满足这个标准而不能上市；③发行者的经营状况良好；等等。

3. 证券交易所的交易制度

（1）交易制度优劣的判别标准。交易制度是证券市场微观结构的重要组成部分，它对证券市场功能的发挥起着关键的作用。交易制度的优劣可从以下六个方面来考察：流动性、透明度、稳定性、效率、成本和安全性。

流动性是指以合理的价格迅速交易的能力，它包含两个方面：即时性和低价格影响。前者指投资者的交易愿望可以立即实现；后者指交易过程对证券价格影响很小。流动性的好坏具体可以如下三个指标来衡量：市场深度、市场广度和弹性。如果说在现行交易价格上下较小的幅度内有大量的买卖委托，则市场具有深度和广度。如果市场价格因供求不平衡而改变，而市场可以迅速吸引新的买卖力量使价格回到合理水平，则称市场具有弹性。

透明度指证券交易信息的透明，包括交易前信息透明、交易后信息透明和参与交易各方的身份确认。其核心要求是信息在时空分布上的无偏性。

稳定性是指证券价格的短期波动程度。证券价格的短期波动主要源于两个效应：信息效应和交易制度效应。合理的交易制度设计应使交易制度效应最小化，尽量减少证券价格在反映信息过程中的噪音。

交易制度的效率主要包括信息效率、价格决定效率和交易系统效率。信息效率指证券价格能否迅速、准确、充分反映所有可得的信息。价格决定效率指价格决定机制的效率，如做市商市场、竞价市场中价格决定的效率等。

证券交易成本包括直接成本和间接成本。前者指佣金、印花税、手续费、过户费等。后者包括买卖价差、搜索成本、迟延成本和市场影响成本等。

安全性主要指交易技术系统的安全。

（2）交易制度的类型。根据价格决定的特点，证券交易制度可以分为做市商交易制度和竞价交易制度。

做市商交易制度也称报价驱动制度。在典型的做市商制度下，证券交易的买卖价格均由做市商给出，买卖双方并不直接成交，而向做市商买进或卖出证券。做市商的利润主要来自买卖差价。但在买卖过程中，由于投资者的买卖需求不均等，做市商就会有证券存货（多头或空头），从而使自己面临价格变动的风险。做市商要根据买卖双方的需求状况、自己的存货水平以及其他做市商的竞争程度来不断调整买卖报价，从而决定了价格的涨跌。

竞价交易制度也称委托驱动制度。在此制度下，买卖双方直接进行交易或将委托通过各自的经纪商送到交易中心，由交易中心进行撮合成交。根据证券交易在时间上是否连续，竞价交易制度又分为间断性竞价交易制度和连续竞价交易制度。

间断性竞价交易制度也称集合竞价制度。在该制度下，交易中心将规定时段内收到的所有交易委托并不进行一一撮合成交，而是集中起来在该时段结束时进行。因此，集合竞价制度只有一个成交价格，所有委托价在成交价之上的买进委托和委托价在成交价之下的卖出委托都按该唯一的成交价格全部成交。成交价的确定原则通常是最大成交量原则，即在所确定的成交价格上满足成交条件的委托股数最多。集合竞价制度是一种多边交易制度，其最大优点在于信息集中功能，即把所有拥有不同信息的买卖者集中在一起共同决定价格。当市场意见分歧较大或不确定性较大时，这种交易制度的优势就较明显。因此，很多交易所在开盘、收盘和暂停交易后的重新开市都采用集合竞价制度。

连续竞价交易制度是指证券交易可在交易日的交易时间内连续进行。在连续竞价过程中，当新进入一笔买进委托时，若委托价大于或等于已有的卖出委托价，则按卖出委托价成交；当新进入一笔卖出委托时，若委托价小于或等于已有的买进委托价，则按买进委托价成交。若新进入的委托不能成交，则按"价格优先，时间优先"的顺序排队等待。这样循环往复，直至收市。连续竞价交易制度是一种双边交易制度，其优点是交易价格具有连续性。

目前，世界上大多数证券交易所都是实行混合的交易制度。如纽约证交所实行辅之以专家的竞价制度，伦敦证交所部分股票实行做市商制度，部分股票实行竞价制度。巴黎、布鲁塞尔、阿姆斯特丹证交所对交易活跃的股票实行连续竞价交易制度，对交易不活跃的股票实行集合竞价制度。包括我国在内的亚洲国家和新兴证券市场大多实行竞价交易制度。

对于大宗交易，各个证券交易所都实行了较特殊的交易制度，其中最常见的是拍卖和标购。在拍卖中，卖者只有一个，买者有很多竞争者；在标购中，买者只有一个，卖者则有很多竞争者。例如，上海证交所规定，参加拍买（标购）的应买（卖）证券商，其报价方式采用申报单方式公开表明买（卖）价及数量。参加应买的证券商所报的买入价在拍卖底价以上时，其中出最高买入价的证券商即为拍定人。拍定人有两人以上，而其申报应买的数量超过拍卖数量时，则按各拍定人申报数量的比例拍定。如应买证券商所报买价在拍卖底价以下时，均为无效。同样，凡参加应卖的证券商所报的卖价在标购底价以下时，以卖价最低者为标定人。标定人有两人以上，而所申报应卖的数量超过标购数量时，按各标定人申报买卖数量的比例标定。

（二）场外交易市场

场外交易是相对于证券交易所交易而言的，凡是在证券交易所之外的股票交易活动都可称作场外交易。由于这种交易起先主要是在各证券商的柜台上进行的，因而也称为柜台交易。

场外交易市场与证交所相比，没有固定集中的场所，而是分散于各地，规模有大有小，由自营商来组织交易。自营商与证交所的专营商作用类似，他们自己投入资金买入证券然后随时随地将自己的存货卖给客户，维持市场流动性和连续性，因而也被称作"做市商"，买卖差价可以看作自营商提供以上服务的价格。但是，自营商又不像交易所的特种会员一样有义务维持市场的稳定，在价格大幅波动的情况下，这些"做市商"将会停止交易以避免更大的损失。

场外交易市场无法实行公开竞价，其价格是通过商议达成的，一般是由自营商挂出各种证券的买入和卖出两种价格，如果某种证券的交易不活跃，只需一两个自营商作为市场组织者，当交易活动增加，更多的市场组织者会加入竞争，从而降低买卖差价。

场外交易比证交所上市所受的管制少，灵活方便，因而为中小型公司和具有发展潜质的新公司提供二级市场，特别是许多新科技型公司，如 Microsoft、Intel 都是在场外市场交易的。

（三）第三市场

第三市场是指原来在证交所上市的股票移到市场外进行交易而形成的市场，换言之，第三市场交易是既在证交所上市又在场外市场交易的股票，以区别于一般含义的柜台交易。

第三市场最早出现于 20 世纪 60 年代的美国。长期以来，美国的证交所都实行固定佣金制，而且未对大宗交易折扣佣金，导致买卖大宗上市股票的机构投资者（养老基金、保险公司、投资基金等）和一些个人投资者通过场外市场交易上市股票以降低交易费用，这种形式的交易随着 20 世纪 60 年代机构投资者的比重明显上升以及股票成交额的不断增大获得了迅速的发展，并形成专门的市场，该市场因佣金便宜、手续简单而备受投资者欢迎。

但在 1975 年 5 月 1 日，美国的证券交易委员会宣布取消固定佣金制，由交易所会员自行决定佣金，而且交易所内部积极改革，采用先进技术，提高服务质量，加快成交速度，从而使第三市场不像以前那样具有吸引力了。

（四）第四市场

第四市场是指大机构（和富有的个人）绕开通常的经纪人，彼此之间利用电子通信网络（Electronic Communication Networks，ECNs）直接进行的证券交易。这些网络允许会员直接将买卖委托挂在网上，并与其他投资者的委托自动配对成交。由于没有买卖价差，其交易费用非常便宜。而且有些ECNs允许用户进行匿名交易，从而满足了一些大机构投资者的需要。它的发展一方面对证交所和场外交易市场产生了巨大的竞争压力，从而促使这些市场降低佣金、改进服务；另一方面也对证券市场的管理提出了挑战。

三、债券交易市场

债券交易主要通过债券流通市场来实现。债券流通市场又称二级市场，指已发行债券买卖转让的市场。债券一经认购，即确立了一定期限的债权债务关系，但通过债券流通市场，投资者可以转让债权，把债券变现。目前，我国债券流通市场由三部分组成，即沪深证券交易所市场、银行间交易市场和证券经营机构柜台交易市场。

（一）沪深证券交易所市场

在证券交易所内买卖债券所形成的市场，就是场内交易市场，这种市场组织形式是债券流通市场较为规范的形式。交易所作为债券交易的组织者，本身不参加债券的买卖和价格的决定，只是为债券买卖双方创造条件，提供服务，并进行监管。

（二）银行间交易市场

银行间债券市场是指依托于中国外汇交易中心暨全国银行间同业拆借中心（以下简称"同业中心"）和中央国债登记结算公司（以下简称"中央登记公司"）的，包括商业银行、农村信用联社、保险公司、证券公司等金融机构进行债券买卖和回购的市场，其主要职能是：提供银行间外汇交易、人民币同业拆借、债券交易系统并组织市场交易；办理外汇交易的资金清算、交割，负责人民币同业拆借及债券交易的清算监督；提供网上票据报价系统；提供外汇市场、债券市场和货币市场的信息服务等。全国银行间债券市场成立于1997年6月6日，经过近几年的迅速发展，银行间债券市场目前已成为我国债券市场的主体部分。记账式国债的大部分、政策性金融债券都在该市场发行并上市交易。

银行间债券市场的债券交易包括债券回购和现券买卖两种。债券回购是交易双方进行的以债券为权利质押的短期资金融通业务，是指资金融入方（正回购方）在将债券出质给资金融出方（逆回购方）融入资金的同时，双方约定在将来某一日期由正回购方按约定回购利率计算的资金额向逆回购方返还资金，逆回购方向正回购方返还原出质债券的融资行为。现券买卖是指交易双方以约定的价格转让债券所有权的交易行为。

（三）证券经营机构柜台交易市场

柜台市场为场外交易市场的主体。许多证券经营机构都设有专门的证券柜台，通过柜台进行债券买卖。在柜台交易市场中，证券经营机构既是交易的组织者，又是交易的参与者，此外，场外交易市场还包括银行间交易市场，以及一些机构投资者通过电话、电脑等通信手段形成的市场等。

四、证券交易方式

早期证券交易主要采取现货交易方式,但随着商品经济及资本市场的发展,证券交易形式呈现出由低级向高级、由简单向复杂、由单一向复合的发展趋势。各国证券交易方式的分类标准出现多元化趋势,既可按单一标准分类,也可兼采多种标准分类,并形成了现货交易、期货交易和期权交易等并存的交易形式。

(一) 现货交易

现货交易是证券交易双方在成交后即时清算交割证券和价款的交易方式。现货交易双方,分别为持券待售者和持币待购者。持券待售者意欲将所持证券转变为现金,持币待购者则希望将所持货币转变为证券。现货交易最初是在成交后即时交割证券和钱款,为"一手交钱、一手交货"的典型形式。在现代现货交易中,证券成交与交割间通常都有一定时间间隔,时间间隔长短依证券交易所规定的交割日期确定。证券成交与交割日期可在同一日,也可不是同一日。在国际上,现货交易的成交与交割的时间间隔一般不超过20日。如依现行的 T+1 交割规则,证券经纪机构与投资者之间应在成交后的下一个营业日办理完毕交割事宜,如果该下一营业日正逢法定休假日,则交割日期顺延至该法定休假日开始后的第一个营业日。

证券交易所为了确保证券交易所和证券公司有合理时间处理财务事宜(包括准备证券交付和款项往来),都会对证券成交和交割的时间间隔做出规定。但为防止该时间间隔过长而影响交割安全性,交割日期主要有当日交割、次日交割和例行交割。当日交割,也称"T+0"交割,为成交当日进行交割;次日交割则称"T+1"交割,为成交完成后下一个营业日办理交割;例行交割,则依照交易所规定确定,往往是成交后5个营业日内进行交割。

在现货交易中,证券出卖人必须持有证券,证券购买人必须持有相应的货币,成交日期与交割日期相对比较接近,交割风险较低。从稳定交易秩序角度,现货交易应成为主要交易形式。现货交易作为历史上最古老的证券交易方式,适应信用制度相对落后和交易规则相对简单的社会环境,有助于减少交易风险,是一种较安全的证券交易形式,也是目前场内交易和场外交易中广泛采用的证券交易形式。

(二) 期货交易

在广义上,期货交易包括远期交易,与现货交易相对应。其特点是:

(1) 期货交易对象不是证券本身,而是期货合约,即未来购买或出卖证券并交割的合约。期货合约属于证券交易所制定的标准合约。根据期货合约,一方当事人应于交割期限内,向持有期货合约的另一方交付期货合约指定数量的金融资产。

(2) 期货合约期限通常比较长,有些金融资产的期货合约期限可能长达数月,甚至一年。在合约期限来临前,期货合约持有人可依公开市场价格向他人出售合约,并借此转让期货合约项下权利。所以,在合约期限来临前,合约持有人可因转让期货合约而发生若干变化。

（3）在证券交易所制定标准期货合约时，参考了该等证券资产当时的市场价格，但在期货合约期限内，证券资产的实物价格会发生变动，但在交割证券资产时，其期货价格可能已接近实物资产的市场价格。

由于期货交易具有预先成交、定期交割和价格独立的特点，买卖双方在达成证券期货合同时并无意等到指定日期到来时实际交割证券资产，而是企盼在买进期货合约后的适当时机再行卖出，以谋取利益或减少损失，从而出现"多头交易"和"空头交易"。多头交易与空头交易是站在对期货价格走势不同判断的基础上分别做出的称谓，但均属于低买高卖并借此谋利的交易行为。

在期货合约期限届满前，有一交割期限。在该期限内，期货合约持有人有权要求对方向其进行实物交割。证券交易所为保证信誉和交割安全性，会对此提供担保，并同时要求交割方存入需交割的证券或金钱。

（三）期权交易

证券期权交易是当事人为获得证券市场价格波动带来的利益，约定在一定时间内，以特定价格买进或卖出指定证券，或者放弃买进或卖出指定证券的交易。证券期权交易是以期权作为交易标的的交易形式。期权分为看涨期权和看跌期权两种基本类型。根据看涨期权，期权持有人有权在某一确定时间，以某一确定价格购买标的资产即有价证券。根据看跌期权，期权持有人有权在某一确定的时间，以某一确定价格出售标的资产。根据期权交易规则，看涨期权持有人可以在确定日期购买证券实物资产，也可在到期日放弃购买证券资产；看跌期权持有人可以在确定日期出售证券实物资产，也可拒绝出售证券资产而支付保证金。期权交易属选择权交易。

（四）融资融券交易

融资融券又称证券信用交易，是指投资者向具有融资融券业务资格的证券公司提供担保物，借入资金买入证券（融资交易）或借入证券并卖出（融券交易）的行为。包括券商对投资者的融资、融券和金融机构对券商的融资、融券。具体来说，融资是借钱买证券，证券公司借款给客户购买证券，客户到期偿还本息，客户向证券公司融资买进证券称为"买空"；融券是借证券来卖，然后以证券归还，证券公司出借证券给客户出售，客户到期返还相同种类和数量的证券并支付利息，客户向证券公司融券卖出称为"卖空"。

从世界范围来看，融资融券制度是一项基本的信用交易制度。

融资融券交易具有以下四方面的作用：①可以将更多信息融入证券价格，为市场提供方向相反的交易活动，当投资者认为股票价格过高和过低，可以通过融资的买入和融券的卖出促使股票价格趋于合理，有助于市场内在价格稳定机制的形成。②可以在一定程度上放大资金和证券供求，增加市场的交易量，从而活跃证券市场，增加证券市场的流动性。③可以为投资者提供新的交易方式，改变证券市场单边式的方式，为投资者规避市场风险。④可以拓宽证券公司业务范围，在一定程度上增加证券公司自有资金和自有证券的应用渠道，提高金融资产运用效率。

与普通证券交易相比，融资融券交易在许多方面有较大的区别，归纳起来主要有以下几点：

1. 保证金要求不同

投资者从事普通证券交易须提交100%的保证金，即买入证券须事先存入足额的资金，卖出证券须事先持有足额的证券。而从事融资融券交易则不同，投资者只需交纳一定的保证金，即可进行保证金一定倍数的买卖（买空卖空），在预测证券价格将要上涨而手头没有足够的资金时，可以向证券公司借入资金买入证券，并在高位卖出证券后归还借款；预测证券价格将要下跌而手头没有证券时，则可以向证券公司借入证券卖出，并在低位买入证券归还。

2. 法律关系不同

投资者从事普通证券交易时，其与证券公司之间只存在委托买卖的关系；而从事融资融券交易时，其与证券公司之间不仅存在委托买卖的关系，还存在资金或证券的借贷关系，因此还要事先以现金或证券的形式向证券公司交付一定比例的保证金，并将融资买入的证券和融券卖出所得资金交付证券公司一并作为担保物。投资者在偿还借贷的资金、证券及利息、费用，并扣除自己的保证金后有剩余的，即为投资收益（盈利）。

3. 风险承担和交易权利不同

投资者从事普通证券交易时，风险完全由其自行承担，所以几乎可以买卖所有在证券交易所上市交易的证券品种（少数特殊品种对参与交易的投资者有特别要求的除外）；而从事融资融券交易时，如不能按时、足额偿还资金或证券，还会给证券公司带来风险，所以投资者只能在证券公司确定的融资融券标的证券范围内买卖证券，而证券公司确定的融资融券标的证券均在证券交易所规定的标的证券范围之内，这些证券一般流动性较大、波动性相对较小、不易被操纵。

4. 财务杠杆效应不同

投资者通过向证券公司融资融券，可扩大交易规模，具有一定的财务杠杆效应，通过这种财务杠杆效应来获取收益。而普通证券交易则不存在财务杠杆效应。

5. 交易控制不同

投资者从事普通证券交易时，可以随意自由买卖证券，可以随意转入转出资金。而从事融资融券交易时，如存在未关闭的交易合约时，需保证融资融券账户内的担保品充裕，达到与券商签订融资融券合同时要求的担保比例，如担保比例过低，券商可以停止投资者融资融券交易及担保品交易，甚至对现有的合约进行部分或全部平仓。另外，投资者需要从融资融券账户上转出资金或者股份时，也必须保证维持担保比例超过规定水平时，才可提取保证金可用余额中的现金或充抵保证金的证券部分，且提取后维持担保比例不得低于规定水平。

五、交易所证券交易程序

证券交易程序是指证券在交易所买卖的过程。它包括开户、委托、价格确定、清算交割与过户等环节。

（一）开户

在我国，开户实际包括两层含义：一是开设证券交易专用账户；二是开设资金账户。证券交易专用账户是作为投资者买卖证券，实行清算交割的专户。从事股票交易者通常要在证券登记公司登记开设股票账户，目前我国证券交易实行无纸化交易，从交易至交割都由电脑完成，所有的手续都是以电子划账方式进行，每个投资者必须要拥有一个账户，才能大大简化交易手续，提高交易效率。每一位投资者只能在一个交易所申领一个A股或B股账户，重复申领者视为无效。

由于投资者从事证券交易都是间接进行，必须通过券商，因此投资者必须选定一家或数家证券公司为其经纪商，作为从事证券交易的受托人。为方便投资者与经纪商之间进行资金结算，就必须开设专门的资金账户。投资者必须在资金账户中存入定额资金，才能进行证券买卖委托。当投资者买入证券时，证券经纪商代为从账户中划出相应的资金与中央登记公司进行清算交割；当投资者卖出证券时，所得资金又由证券经纪商代为转入。投资者可以随时支取资金账户中的余额，也可以随时增加资金。上海证券交易所在指定交易推行后规定投资者不可同时在多处券商开户，转换券商时必须首先解除指定交易再重开资金账户，然后再申请设定指定交易。

目前，国内证券交易账户大致有股票账户、债券账户及基金账户三类。股票账户是指投资者在证券交易所开设的具有买卖股票功能的专用账户。股票账户为证交所登记发放，不同的证交所不能通用，要在几个证交所从事交易，必须分别开户。股票账户可以从事证交所开办的大部分交易活动，除股票外，也可以交易证交所挂牌的债券和基金等。根据股票交易和结算的币种不同，目前国内股票账户分为A股账户和B股账户，两者不可通用。债券账户是指专门从事债券交易活动的专用账户，可在证券公司凭个人身份证开立，但只能用于债券交易，不得从事股票交易。基金账户是指专门从事投资基金交易而设的专门账户，基金账户只对国内个人投资者开户，机构投资者不得介入，以保护中小投资者的利益。

资金账户可分为现金账户与保证金账户两类。现金账户是为以现货交易方式进行证券投资的客户开立的账户，投资者必须以现款在清算日结清买入证券的全部价款，而出售证券则必须在委托指令发出时即将所售证券冻结，待确定成交后即可在交割所售证券后划入全部券款。现金账户的投资者必须在交易前存入足够的资金，总资金不足，券商没有义务为其代垫差额。保证金账户是为以保证金交易方式进行证券投资的客户开立的账户。这种账户的开户手续很严格，客户还需和券商签订保证金契约。我国目前只在期货交易才实行保证金账户制度，证券交易是不允许保证金交易的。故在证券交易中我国的资金账户实际上是指现金账户。

开户是指客户为委托券商代为买卖证券而在其处开设的账户，在许多国家，除了上面说的现金账户和保证金账户之外，还有联合账户，它是夫妻或亲朋（两个或两个以上的人）共同开立的账户；授权账户，它是为执行客户的授权委托而开立的账户；信托账户，它是为解决客户未到法定年龄却持有证券这一事实而开立的账户，该账户的所有者是未成年人，但应以监护人的名义与券商往来。

（二）委托

投资者开户后，就可以通过券商进行证券交易。委托是投资者将证券交易的具体要求通知券商，券商受理后代为进场申报，参加竞价成交的指令传递过程。

1. 委托形式

在我国，投资者为买卖证券而向券商发出的委托指令可以通过电话、网络或亲自前往等多种形式进行。主要形式有：

（1）当面委托。当面委托一般是递单委托，由投资者填写委托单，携带身份证、股东账户卡与资金账户卡等证件亲自到券商的营业部，在柜台直接向公司业务员递交，业务员经审核确认后签章接收，然后由公司报单员通过电话将指令转至场内代表（红马夹），由场内代表将指令输入证交所电脑主机，经撮合后即可成交。当面委托是一种较为传统的委托方式，现已不多见。

（2）自助委托。自助委托是相对于柜台递单委托而由投资者自己操作输送委托指令的交易方式，现已被广泛采用，极大地方便了投资者。目前使用最普遍的自助委托方式有磁卡自助委托、电话委托和网上委托。①磁卡自助委托是在证券公司大厅设置多台电脑终端装置与主机联网，投资者使用专用的磁卡在刷卡机上刷过即可进入委托状态，经输入个人密码，即可接通个人账户，然后根据屏幕菜单提示，输入相应的资料和数据，待确认后即可进入证券公司主机，然后由报单员向场内交易员报送，场内交易员输入交易所主机，完成整个委托过程。电脑终端还可以显示证券交易的行情及盘内委托状况，对于投资者做出买卖判断有一定的帮助。采用磁卡委托的投资者必须到证券交易大厅才能使用自助终端。②电话委托是利用电话专线，通过语音提示，指导投资者输入委托指令。电话委托的所有过程均由证券公司的电脑主机控制，绝对可靠，差错率极低。投资者只要拥有双音频电话即可由电话机的键盘输入指令，即使远在外地，也可以用长途电话进行委托，方便程度相当高，但使用电话委托的投资者无法通过电话了解大盘现场走势。③网上委托是指证券公司通过互联网，向在本机构开户的投资者提供用于下达证券交易指令，获取成交结果的一种服务方式。网上证券交易发展迅猛，证监会为此发布了《网上证券委托暂行管理办法》。网上委托通过互联网使投资者的电脑和券商的服务器连在一起，可以享受券商提供的各种信息服务，包括即时行情、走势分析、成交概况等即时资料，更重要的是，可以进行场外报单，使大户室开设在家。网上委托改变了券商竞争的业态，单纯的增加营业部已无必要。网上委托的成本是几种委托形式中最低的。

目前，沪、深证交所均已推广了场外报单方式，证券公司的主机可以直接接驳证交所的主机，投资者的委托指令只要证券公司的主机确认接收，不需要再经由报单员、场内交易人员输入主机这一环节，而可直接进入证交所的主机，场内交易员实际上成了象征。场外报单从接受委托到进场、成交、回报只要3秒钟即可，效率提高了几十倍，且差错率几乎为零。

（3）其他委托方式。其他委托方式主要有电报、电传、信函等方式，现在已经不再采用。

2. 委托的种类

（1）以委托数量为标准，可分为整数委托和零数委托。整数委托的数量是交易所规定的交易单位或其整数倍。零数委托的数量则不足交易所规定的交易单位或不是其整数倍。在我国，委托卖出可以是零数委托，但委托买入必须是整数委托。

（2）以交易性质为标准，可分为买入委托和卖出委托。

（3）以委托的有效期长短为标准，可分为当日有效委托、当周有效委托、当月有效委托和撤销前有效委托。

（4）以委托的价格为标准，可分为市价委托和限价委托。市价委托是指客户委托券商按市场可能最佳价格为其立即成交。所谓的市场可能最佳价格是指在当时有效报价范围内，券商应尽其最大努力设法按买入报价为其买入客户成交，按卖出报价为其卖出客户成交，若情况实在不允许，则可以稍微提高买入价或者稍微降低卖出价。在西方证券市场上这是应用最多的委托方式。这种委托的优点是简单、快速、保证成交，绝不误时。它的缺点是，最终成交价格有不确定性。尤其在证券价格波动较大时，成交价格的偏差可能较大，投资者有较大的风险。

限价委托是指客户委托券商按其限定价格或者比其限定价格更好的价格为其完成委托。所谓限定价格更好的价格，卖出委托系指较限定价格为高的价格，买入价格系指较限定价格为低的价格。这种委托的优点是：委托者至少能以事先确定的满意的价格成交。其缺点是：最终能否成交是不确定的。我国目前只接受限价委托。

3. 特殊形式的委托

（1）停止损失委托。它是指客户委托经纪人在股价上升至其指定价位或其限度以上时，或在股价跌落至其指定价位或其限度以下时，为其按照市价买入与卖出的委托。因此，停损卖出委托的指定价格必在委托时市场已成交价格水平之下，停损买入委托的指定价格必在委托时市场已成交价格水平之上，即停损委托的成交价格必为市场上证券的未来价格。停损委托与保证金信用交易的关系密切。

（2）停止损失限价委托。它同时采用停止损失和限价两种委托，其目的在于一方面获取停损委托的利益，另一方面则可事先确定按何种价格买入或卖出证券。这种委托在保证金信用交易中运用广泛，一般为保证金信用交易的空方采用。

（3）授权委托。它是客户授权券商代为决定买卖的委托。可以分为完全授权委托和限制授权委托两种。完全授权委托是指投资者全权委托券商买卖证券，对买卖证券的种类、数量、价格以及时间等方面都不加限制。限制授权委托是对买卖证券的种类、数量、价格以及时间中的某些做出限制的委托。

（4）立即撤销委托。它是指券商必须按客户指定的价格立即成交，否则即告撤销的委托。

（5）撤销委托。它是指客户对其券商发出的撤销前次委托的委托。我国一般都习惯称其为撤单。

上述委托中，除撤单外，我国目前均未采用。

(三) 价格确定

在做市商市场上，证券交易的价格由做市商给出，投资者接受做市商的报价后，即可与做市商进行买卖，完成交易。

在竞价市场上，买卖双方的委托经由经纪商直接呈交到交易市场，市场的交易中心按照一定的规则进行撮合，在买卖委托匹配后即可达成交易。

1. 竞价

在证券交易所内，证券买卖双方通过公开竞价方式成交。这种公开竞价的过程完全透明，在时间优先、价格优先的原则下，任何一家券商的客户委托都必须通过这种方式申报，经各会员券商代表其客户公开出价，直到出现最合理的价格，否则竞价过程继续进行。

竞价曾有过很多方式，目前证交所使用最普遍的是"集中申报，连续竞价"和"集合竞价"方式。

（1）集中申报，连续竞价。这里指在证券交易所的开市时间里，各会员券商分别代理其客户就某一证券进行集中的买入和卖出申报，只要出现买入价与卖出价一致的机会，即可成交一笔，然后竞价继续进行。这样连续不断地继续竞价，构成了连续市场。这种竞价具体又可分"口头竞价"、"看板竞价"、"电脑竞价"等形式。在我国沪、深交易所所采用的是电脑竞价方式。

电脑竞价是买卖双方将委托申报价格指令输入电脑终端，各券商的委托指令在进入证交所电脑主机时自然按时间顺序排列申报。电脑主机在接受委托申报后，即按券种分类，每种证券类别中则按价位排列，在数量合适时，相同价位即可成交。成交的委托当即可在席位终端上显示，剩余的未成交委托可继续参加竞价，直到由电脑撮合成交。电脑竞价由于信息处理量大，可以允许证券商在开市期间代理客户的任何有效申报，而不必做到买入申报必须高于前手、卖出申报必须低于前手的规则，客户则能在较大范围内自主决定委托价格，以确保成交。

这种连续的竞价方式，使得在交易时间内，随时将买入委托与卖出委托进行撮合，满足成交条件的委托立即成交。这种方式决定的价格能够连续地反映供求关系的变动；由于随时都能成交，这种方式的交易效率最高，流动性最好。它的缺点是：成交价格受大宗委托的影响十分明显，价格容易受到资金实力雄厚的机构投资者的操纵。

（2）集合竞价。集合竞价也叫做定时竞价，即在每天规定的时刻将全部买入委托和卖出委托进行撮合，产生一个使成交量最大的价格作为成交价。所有高于成交价格的买入委托和低于成交价格的卖出委托均以统一的成交价格成交。

它是目前沪、深股市产生开盘价格的方式。在股市开盘前，由券商将接受的客户开盘竞价指令统一输入电脑主机，其后由电脑进行撮合，当某一券种在某一价位上买卖数量相等时，则此价位即为开盘价，凡开盘申报的买入价高于集合竞价价格者，均可以此价格成交，低于此价格的买入者不得成交，但可以参加正式开盘后的连续竞价；凡开盘申报的卖出价低于集合竞价价格者，均可以集合竞价价格成交，高于此价格的卖出者不得成交，要参加正式开盘后的连续竞价。

这种通过众多买主与卖主之间的竞争决定的价格，反映了当时的供求关系，因而是相对公平、合理的均衡价格。这种方式的缺点在于：由于将一段时间内的买卖委托集中起来参与竞价，造成两次定时竞价之间的交易中断；此外采用统一的价格成交，使两次定时竞价的成交价格呈跳跃式变动，不能反映供求之间的连续变化。

2. 证券成交规则及其成交方式

证券买卖双方通过券商的场内交易员分别出价委托，若买卖双方的价位与数量合适，交易即可达成，这个过程称为成交。券商以会员身份在证交所场内拥有一定的席位，各自代表其客户在场内申报、成交，其过程体现了公开、公正与公平原则，证券的成交也就必须按照一定的规则进行，整个过程都是公开的，成交价格也是公平合理的。

证券买卖的基本原则就是价格优先与时间优先。

价格优先原则是一级优先原则，就是在所有的委托中，委托买入价高的申报比委托买入价低的申报优先撮合成交；委托卖出价低的申报比委托卖出价高的申报优先撮合成交。市价委托的申报比限价委托的申报优先成交。

时间优先原则是二级优先原则，就是在价格优先的前提下，当委托价格相同时，申报在先的委托排列在前，申报在后的委托排列在后，先申报者优先撮合成交。在较原始的唱报竞价时代，场内经纪人提交申报严格按照时间顺序排列，以保证成交顺序。如果两份申报的价格相同，时间也相同，则可以采取数量优先的原则或者按比例分配的原则。前者按照交易数量大的申报优先成交；后者按照申报数量的比例分配成交。

(四) 清算、交割与过户

证券成交后，买卖双方必须办理清算、交割与过户手续。

1. 清算与交割

清算指的是证券买卖双方结清价款的过程。交割则是买卖双方交付实际成交的证券的过程。证券的清算与交割通常在交易结束后办理。经过了清算与交割，证券交易的全过程就基本完成了。

(1) 清算与交割的方法。①实物交收。指成交双方在清算与交割时当面点交证券实物。证券的卖出方必须按照成交的数量付清成交的证券实物，而买入方则在点收实物后付清相应的价款，或者办理记名证券的背书转让。这是实物证券清算与交割的一般方式。实物交收并不需要参加交易的客户亲自出面，只要双方的经纪人出面办理即可。在实行实物交收的证交所，客户的证券都托管在经纪人处，所有的清算与交割工作都由经纪人代理。②无纸交收。在证券无纸化条件下，证券的交易过程中没有实物可供流通。每个客户都在中央登记清算公司辟有专门的数据库，记录其持券状况。证券交易成交后，交易双方无须交付实物券种，只要在双方的账户上作相应的增减即可，价款也可直接在资金账户中划转。也有的交易所实行证券商托管制度，此时交割清算名义上只要各证券商与中央登记清算公司清算交收即可，然后再与各自的客户办理。我国的沪深交易所都采用无纸化交收方式。

(2) 清算与交割的形式。目前，证券交易基本上采用二级交割清算方式，即中央登记清算公司与各券商实行一级交割清算，券商则再与投资者实行二级交割清算。这种交割方式便于进行集中清算。所谓的集中清算是券商将每个交易日的净额（卖出证券后的应收价款与买入证券后的应付价款相抵后的净额）进行清算即可，而不必将买入与卖出的所有证券进行实际上的分别交收。这种制度大大地简化了交割清算的手续，提高了工作效率，使交易时间大大缩短。与此相对应的称为个别交割制度，即买卖双方必须面对面逐笔交割清算，费时费力，在大规模连续交易的今天，已经无法适应。集中交割由中央登记清算公司作为交割中介，大大地提高了效率，使券商只要统一与登记公司进行交割清算即可，券商之间并不需要发生直接关系。在无纸化交易条件下，券商只要将证券与资金的收付净额与中央登记清算公司进行划转，并同时将证券与资金变动资料与证券交易所清算部门的数据进行对接变更即可。

2. 过户

清算与交割后并不意味着证券交易程序的终结，对于记名证券来说，必须进行过户。过户是指买入记名股票的投资者到证券发行机构或者其指定的代理机构办理变更股东名册记载事项的手续。我国发行的股票都是记名股票。股票是股东权利的体现，股份公司以股东名册为依据，进行股利分配及参与公司决策。投资者在买入股票时，必须办理过户手续，才能保障其合法权益。在无纸化交易时，过户只存在形式上的意义，这一手续已经在清算与交割的时候由券商代为办理了，投资者不需要亲自去有关机构办理手续。

在公司分配股利或者是召开股东大会的时候，需要对股东名册进行重新清理，以免重复或者遗漏，然后将核准无误的股东名册交付证交所。在无纸化交易时，每笔过户都是由电脑自动完成，故清理较为简便，除权的登记是以前一交易日收盘资料为准，清理完了后即可将股东名册磁盘递交证交所。传统的登记工作需要一定时日，需要实现公告，冻结股东名册，期间不能办理任何过户手续，交易要受到一定的影响。

过户手续是股票交易的最后一个环节，办理结束后整个交易过程即告完成。

六、证券市场的行情指数

证券市场的行情指数主要有债券指数、基金指数、股票价格指数等。其中股票价格指数最为重要。

债券指数是反映债券市场价格总体走势的指标体系。和股票价格指数一样，债券指数是一个比值，其数值反映了当前市场的平均价格相对于基期市场平均价格的位置。

基金指数是深圳证券交易所和上海证券交易所，为反映基金市场的综合变动情况，均以现行的证券投资基金编制基金指数。

股票价格指数，简称股价指数，是衡量股票市场上股价综合变动方向和幅度的一种动态相对数，其基本功能是用平均值的变化来描述股票市场股价的动态。

世界各地的股票交易市场星罗棋布，已经成为一般资本市场的代表，股市行情不仅集中反映资本市场的动态，也是国家经济状况的重要参照。然而股票数量繁若群星，每种股票的价格又在随机变化，为了记录、衡量、分析股市行情的来龙去脉，经济学家以数学为工具编制了各种股票价格指数,以适应各类需要。

编制股价指数时通常采用以过去某一时刻(基期)部分有代表性的或全部上市公司的股票行情状况为标准参照值,将当期部分有代表性的或全部上市公司的股票行情状况与标准参照值相比的方法。具体计算时多用算术平均和加权平均两种方法。

算术平均数法:将采样股票的价格相加后除以采样股票种类数,计算得出股票价格的平均数。公式如下:

$$股票价格算术平均数 = \frac{采样股票每股股票价格总和}{采样股票种类数}$$

然后,将计算出来的平均数与同法得出的基期平均数相比后求百分比,得出当期的股票价格指数,即:

$$股票价格指数 = \frac{当期股价算术平均数}{基期股价算术平均数} \times 100$$

加权平均数法:以当期每种采样股票价格乘以当期发行数量的总和作为分子,以基期每种采样股票价格乘以基期发行数量的总和作为分母,所得百分比即为当期股票价格指数,即:

$$股票价格指数 = \frac{\sum(当期每种采样股票价格 \times 已发行数量)}{\sum(基期每种采样股票价格 \times 已发行数量)} \times 100$$

(一) 我国主要股票价格指数

1. 上证综合指数

上证综合指数最初是中国工商银行上海分行信托投资公司静安证券业务部根据上海股市的实际情况,参考国外股价指标的生成方法编制而成。上证指数以1990年12月19日为基期,1991年7月15日开始公布。

上证综合指数以上海股市的全部股票为计算对象,包括A股、B股。其计算公式如下:

$$股票指数 = \frac{当日股票市价总值}{基期股票市价总值} \times 100$$

由于采取全部股票进行计算,因此,上证指数可以较为贴切地反映上海股价的变化情况。

2. 深圳综合指数

深圳综合指数由深圳证券交易所编制。它以1991年4月3日为基期,基期为100点,以在深圳证券交易所上市交易的全部股票为计算对象,用每日各种股票的收盘价分别乘以其发行量后求和得到的市价总值,除以基期市价总值后乘以100求得,是反映深圳股价变动的有效统计数字。

3. 深圳成份指数

深圳成份指数是通过对所有上市公司进行考察,按一定标准选出一定数量有代表性的公司编制成份股指数,采用成份股的可流通股数作为权数,实施综合法进行编制。成份股指数按照股票种类分为 A 股指数和 B 股指数。成份股指数及其分类指数的基日为 1994 年 7 月 20 日。成份股指数的基日指数指定为 1000 点。

4. 沪深 300 指数

沪深 300 指数以 2004 年 12 月 31 日为基日，基日点位 1000 点。沪深 300 指数是由上海和深圳证券市场中选取 300 只 A 股作为样本，其中沪市 208 只，深市 92 只。样本选择标准为规模大、流动性好的股票。沪深 300 指数样本覆盖了沪深市场六成左右的市值，具有良好的市场代表性。

（二）国际主要股票价格指数简介

1. 道琼斯股票价格平均指数

道琼斯股票价格平均指数又称道氏指数，它采用不加权算术平均法计算。道氏指数包括：道氏工业平均指数，由 30 家工业公司的股票价格平均数构成；道氏公用事业平均指数，由 15 家公用事业公司的股票价格平均数构成；道氏运输业平均指数，由 20 家运输公司的股票价格平均数构成；道氏 65 种股票价格平均数，由上述工业、运输业、公用事业的 65 家公司的股票价格混合构成。道琼斯股票价格平均指数以 1928 年 10 月 1 日为基期，在纽约交易所交易时间每 30 分钟公布一次，用当日当时的股票价格算术平均数与基期的比值求得，是被西方新闻媒介引用最多的股票指数。

2. 标准普尔 500 指数

标准普尔 500 指数由美国标准普尔公司 1923 年开始编制发表，当时主要编制两种指数：一种是包括 90 种股票每日发表一次的指数，另一种是包括 480 种股票每月发表一次的指数。1957 年扩展为现行的以 500 种采样股票通过加权平均综合计算得出的指数，在开市时间每半小时公布一次。标准普尔指数以 1941~1943 年为基数，用每种股票的价格乘以已发行的数量的总和为分子，以基期的股价乘以股票发行数量的总和为分母相除后的百分数来表示。由于该指数是根据纽约证券交易所上市股票的绝大多数普通股股票的价格计算而得，能够灵活地对认购新股权、股份分红和股票分割等引起的价格变动做出调节，指数数值较精确，并且具有很好的连续性，所以往往比道琼斯指数具有更好的代表性。

3. 香港恒生指数

恒生指数是香港股市历史最久的一种股价指数，由香港恒生银行于 1969 年 11 月 24 日公布使用。现行恒生指数以 1996 年 7 月 31 日为基期，根据各行业在港上市股票中的 33 种具有代表性的股票价格加权计算编制而成。因为这 33 家公司的股票总值占全部在港上市股票总值的 65% 以上，所以恒生指数是目前香港股票市场最具权威性和代表性的股票价格指数。

4. 日经指数

日经指数是日本股票市场的股票价格指数。它是用近 500 种股票价格之和除以一个常数得出来的。由于日本经济在世界经济中的特殊地位，日经指数日益为世界金融市场重视。

5. 金融时报指数

金融时报指数的采样股票是根据在英国伦敦国际证券交易所上市的主要100家大公司的股票选定的，并以每分钟一次的频率更新。该指数采用算术加权法计算。

重要概念

证券市场　发行市场　流通市场　贴现　债券　证券　现货交易　证券交易所　公司制证券交易所　会员制证券交易所　用脚投票　流动性　透明度　稳定性　第三市场　第四市场　做市商交易制度　竞价交易制度　集合竞价制度　注册制　核准制　溢价发行　包销　全额包销　余额包销　代销　私募发行　公募发行　直接发行　间接发行　平价发行　溢价发行　折价发行　债券回购　现货交易　期货交易　期权交易　融资融券交易　股票价格指数

思考题

（1）证券市场有哪些特征？
（2）证券市场和金融市场有何关系？
（3）证券市场在哪些方面不同于一般商品市场？
（4）证券市场在金融市场中的地位及其金融功能如何？
（5）证券市场有哪些基本功能？你认为我国证券市场功能的发挥情况怎样？
（6）证券发行的注册制和核准制的本质区别是什么？
（7）中介机构在证券一级市场上发挥着怎样的功能？
（8）融资融券交易对于市场可能产生什么影响？
（9）如何判别证券交易制度的优劣？
（10）做市商制度比指令驱动制度的优势在哪里？
（11）股价指数有何功能？

第四章　证券投资的收益与风险

【学习目的】 本章重点介绍了证券投资的收益与风险的关系问题。通过本章的学习，要求学生掌握证券投资收益和风险的含义及其度量方法，证券投资风险的种类与来源，并深入理解收益与风险的关系及其对投资决策的重要意义。

> **案例**
>
> ### 美国各类金融资产的收益与风险对比
>
> 下表是美国金融市场1926~1997年各类金融资产的收益率与风险的对比，从中你可以看出收益和风险之间有何基本关系？
>
> | 金融资产类型 | 几何平均收益率（%） | 算术平均收益率（%） | 标准差（%） |
> | --- | --- | --- | --- |
> | 小公司股票 | 12.7 | 17.7 | 33.9 |
> | 大公司股票 | 11.0 | 13.0 | 20.3 |
> | 长期公司债券 | 5.7 | 6.1 | 8.7 |
> | 长期政府债券 | 5.2 | 5.6 | 9.2 |
> | 中期政府债券 | 5.3 | 5.4 | 5.7 |
> | 短期国库券 | 3.8 | 3.8 | 3.2 |
>
> **案例点评**：投资的收益和风险是广大证券投资者最为关心的永恒话题。作为理性的投资者，人们在主观上都希望获取最大化的收益，但收益和风险往往是一对矛盾，投资决策的核心就是如何在二者之间进行权衡，以实现投资者效用的最大化。

第一节 收益的含义与度量

一、收益的含义

证券投资收益是指投资者在购买、持有和出售某证券的全过程中所获投资回报超过投资本金的部分。它由两部分构成，一部分是利息收入，亦即在投资期间取得的债券利息收入和股票股息红利收入；另一部分是资本利得收入，即由证券价格的变化，投资者买卖证券所获得的差价收入。第一项收益主要是由证券发售者的财务经营状况和分红派息政策决定。在正常情况下，一般证券通常拥有这一项收益。第二项收益主要取决于买卖证券时的市场状况，具有不稳定性，但投资者总是希望并努力获得这项收益。

由于投资收益的多少受本金多少的影响，所以在评价这项收益时，一般以收益额与投资额的百分比表示，其比率称为收益率。

二、收益的度量

收益常用收益率度量，收益率的一个重要用途是用来比较不同投资的获利能力。对投资者来说，用百分比的形式而不是用收益总量的形式来表示其投资证券的获利能力是合乎规定和标准的做法。因为以百分比表示的获利能力使我们能够比较不同投资额度下的资产和收益情况。例如我们将通过比较投资于 A 股票中的收益和投资于 B 股票中的收益来说明我们是怎样决定两种投资中哪一种更具有获利能力。假设在 A 股票上可获得收益 200 元，在 B 股票上可获得收益 100 元，这样是否说明投资于 A 股票比投资于 B 股票好呢？答案是不一定的。如果为了 A 股票上获得 200 元而必须投资 1000 元，而为了在 B 股票上获得 100 元只需要投资 200 元，那么投资于 B 股票则要强得多。这一结论完全可以通过比较百分比形式的收益率得出。A 股票的收益率是 $200 \div 1000 = 20\%$，B 股票的收益率是 $100 \div 200 = 50\%$，显然 B 股票的收益能力要强。在计算一给定投资收益率时，有下面几种不同的方法。

（一）期间收益率（百分比收益率）

期间收益率（HPR）是收益率的一种基本形式，它是将相应投资期间所获得的所有利润（包括价格上涨，即通常所讲的资本利得或资本增益），除以初始投资额所得到的收益率，其表达式为：

$$R = \frac{P_t - P_0 + D}{P_0} \times 100\% \tag{4-1}$$

式中，R 是期间收益率；P_t 是期末证券市场价值；P_0 是期初证券市场价值；D 是投资者在该期间得到的收入（如股票红利）。

例 4-1：某位投资者在年初投资购买了 10000 元的股票，到年底卖出股票收回现金 15000 元，期间他收到分红 100 元。显然，一年里他投资的期间收益率为：

$$R = \frac{15000 - 10000 + 100}{10000} \times 100\% = 51\%$$

期间收益率并不考虑投资者在期间得到分红的时间价值，而是仅仅把它当成是在期末分配的。

期间收益率是最基本的收益率表达形式，在现实生活中，通货膨胀都会影响期间收益率的计算。

（二）实际收益率

前文所计算的收益率实为名义收益率，即忽略通货膨胀影响的收益率。例如，假定在投资期间物价上涨 10%，起初 100 元的东西到了期末必须支付 110 元才能买到，也就是说当投资者在将来出售其拥有的资产，并希望用其收入来购买商品和劳务时，通货膨胀会使他们拥有的资金失去一部分购买力。为了反映通货膨胀对收益率的影响，我们必须计算实际收益率。所谓实际收益率是指从名义收益率中扣除通货膨胀率后的收益率。其计算公式为：

$$R_r = \frac{1+R}{1+h} - 1 \tag{4-2}$$

式中，R_r 是实际收益率；R 是名义收益率；h 是通货膨胀率。

例 4-2：续例 4-1，假定这一年物价上涨 10%，那么实际收益率为：

$$R_r = \frac{1+51\%}{1+10\%} - 1 = 37.27\%$$

显然，物价的上涨使得实际收益率小于名义收益率。由以上关系可以得出两条性质：①如果通货膨胀率为零，实际收益率便等于名义收益率；②如果名义收益率与通货膨胀率相等，实际收益率便等于零。

实际收益率还可以近似地写成名义收益率减去通货膨胀率，即：

$$R_r \approx R - h \tag{4-3}$$

该式即为美国经济学家欧文·费雪提出的著名的费雪关系式。

（三）对数收益率

我们通常所指单期收益率和多期收益率均为百分比收益率，它的含义直观且计算简单，但它存在一些缺点：

（1）在金融研究中，我们总是假定证券的收益率（近似）服从正态分布，但是百分比收益率的概率密度函数一般并不服从这一假定。这是因为，对于投资者而言，其最大的损失就是他的全部投资，不可能再多，即所谓有限责任。这样，对证券持有者而言，最坏的情形是证券的价格跌为 0，这就意味着收益率的变动范围是 $(-100\%) \sim (+\infty)$，这与正态分布规定不符。

（2）如果假定单期收益率服从正态分布，那么多期收益率的乘积也不一定均符合正态分布。因为虽然 n 个正态分布的随机变量的和仍然服从正态分布,但是 n 个正态分布随机变量的乘积却不服从正态分布。

尽管我们可以认为百分比收益率近似描述了证券价格行为,但其理论性质却令人难以满意。尤其是计算跨期复合收益率时,问题会变得很突出,这的确是一个很大的缺陷。为此,我们引入对数收益率的概念,使收益率具有满意的统计性质,从而有效的应用于金融建模过程中。

对数收益率的计算方法如下:

$$R = \ln(P_t) - \ln(P_0) \tag{4-4}$$

式(4-4)中各字母的含义同式(4-1)。

利用自然对数所计算出来的收益率其实是一个连续复利的概念,在学术研究中,经常运用对数收益率来刻画金融资产的收益水平。

(四) 时间权重收益率

时间权重收益率不同于期间收益率,它充分考虑了资金(如股息)的时间价值。时间权重收益率的计算方法假定投资者在实现现金流入(如收到现金股息)时,立即将这部分现金再投资到现存的证券上。这样,计算收益率最为准确的方法就是:先计算证券在现金流入之日的市场价值,再计算下一个时期的期间收益率,然后将各个时期的期间收益率综合起来考虑即可得到整个期间的收益率。

时间权重收益率假定在某一时期内收到的任何收入立即在获得收入的当天被再投资到现存证券上。其计算公式如下:

$$R_{TW} = [(1 + R_1)(1 + R_2)\cdots(1 + R_n)] - 1 \tag{4-5}$$

式中,R_{TW} 是时间权重收益率;R_n 是各期的期间收益率;n 是时期数。

例 4-3:A 公司股票的有关情况如表 4-1 所示。

表 4-1 A 公司股票情况

单位:美元

日期	当日发放每股现金股息	当日股票价格
1月1日		100
2月15日	2	80
5月15日	2	95
8月15日	2	105
11月15日	2	120
12月31日		100

首先我们计算出从 1 月 1 日到 2 月 15 日,即第 1 期的期间收益率是:(80 - 100 + 2)÷ 100 = -0.18;从 2 月 15 日至 5 月 15 日,即第 2 期的期间收益率是:(95 - 80 + 2)÷ 80 = 0.2125。这样,在 1 月 1 日至 5 月 15 日这段时间内 A 公司股票的时间权重收益率就是:(1 - 0.18)×(1 + 0.2125) - 1 = -0.0057。

同样我们可以计算出全年的时间权重收益率,如表 4-2 所示。

表 4–2　时间权重收益率的计算

日期	时期	期间收益率	时间权重收益率
1月1日			
2月15日	1	−0.18	−0.18
5月15日	2	0.2125	−0.0057
8月15日	3	0.1263	0.1198
11月15日	4	0.1619	0.3011
12月31日	5	−0.1667	0.0842

如果我们忽略资金的时间价值，即忽略股息发放的时期，仅计算这一年的期间收益率，则为：（100 − 100 + 2 × 4）÷ 100 = 8%。它与我们计算出的时间权重收益率是不同的。

（五）平均收益率

期间收益率与时间权重收益率衡量的是投资者在一段时期的投资收益率，它们没有把时间单位化。也就是说，如果要比较两种金融资产的期间收益率或时间权重收益率，其持有期长短必须相同，否则是无法比较的。这时，需要用平均法计算收益率，也就是要算出每一期（例如 1 年）的平均收益，便于比较。

1. 算术平均收益率

算术平均法是将各历史时期已经实现了的收益率加起来，然后再除以时期数，得到的平均收益率，即：

$$\overline{R}_A = \frac{\sum_{i=1}^{n} R_i}{n} \tag{4-6}$$

式中，$\overline{R}_A$ 是算术平均收益率；R_i 是第 i 期的收益率（可能为期间收益率，也可能为时间权重收益率）；n 是指期数。

一般来讲，时期都是取 1 年。

例 4–4：假设投资于 A 公司股票第 1、2、3、4 年的收益率分别为 8%、7.6%、9%、11.5%，那么平均每年的收益率为：

$$\overline{R}_A = \frac{8\% + 7.6\% + 9\% + 11.5\%}{4} \times 100\% = 9.025\%$$

当各期收益出现巨大波动时，算术平均收益率会呈明显的上偏倾向。所以，算术平均法适用于各期收益率差别不大的情况，如果各期收益率差别很大的话，这样计算出来的收益率会由于个别偏差较大的收益率而歪曲投资的实际结果。

2. 几何平均收益率

几何平均收益率与时间权重收益率都使用了复利思想的计算方法，即考虑了资金的时间价值，也就是说，在第一期期初所投资的 1 元，到第一期期末它将是 (1 + R_1) 元。几何平均法假定，投资者在第二期会将这 (1 + R_1) 元再投资，第二期末投资将为 (1 + R_1)(1 + R_2) 元，这样下去，在第一期期初投资的 1 元，在第 n 期期末它将为 (1 + R_1)(1 + R_2)⋯(1 + R_n) 元，再将这个总收益开 n 次算数根，得到几何平均值，用数学式表达为：

$$\bar{R}_G = \left[\prod_{i=1}^{n}1+R_i\right]^{\frac{1}{n}} - 1 \tag{4-7}$$

式中，$\bar{R}_G$ 是几何平均收益率。

利用例4-4来计算每年的几何平均收益率为：

$$\bar{R}_G = \left[(1+8\%)\times(1+7.6\%)\times(1+9\%)\times(1+11.5\%)\right]^{\frac{1}{4}} - 1 = 9.01\%$$

从上面的例子我们可以看出，几何平均法和算术平均法计算出的平均收益率是不同的，那哪一个更科学呢？让我们来看一个例子。假设一只股票没有支付股息，初始价格是每股100元，在第一年年末，该股票价格是每股50元，第二年年末是每股100元，该股票第一年的收益率是 $[(50-100)\div100]=-0.50$，即损失50%。第二年的收益率是 $[(100-50)\div50]=1.0$，即收益率100%。那么，算数平均收益率是 $(-0.5+1.0)\div2=25\%$，几何平均收益率是 $[(1-0.5)\times(1+1.0)]^{\frac{1}{2}}-1=0$。哪一个平均收益是正确的？如果投资者的原始投资额是100元，两年之后，还是100元，很明显，他不赚不赔，即收益率是0，所以几何平均收益率真实地反映了该投资者资产价值的变化，而算术平均收益率在本例中则毫无意义。这并不是说算术平均法就毫无用处了，当我们考察某一特定行业的多种证券的平均收益率时，使用算术平均法则是可行的。例如我们想评估汽车行业的股票在过去一年中的业绩情况，那么就可以使用汽车行业各种股票的算术平均收益率。

算术平均收益的上偏倾向使得它总是高于几何平均收益，而且收益波动的幅度越大，这种偏差就越明显。反过来，假如算术平均收益与几何平均收益之间出现了较大差异，这说明市场上的投资收益波动非常剧烈。只有在整个投资期间各期的收益率都是相同的情况下，两种平均收益率才可能一致。

第二节 风险的含义与度量

一、风险的含义

风险，简单地说是指未来收益的不确定性，不确定性的程度越高，风险就越大。从风险的定义来看，证券投资的风险是指在证券投资的过程中，投资的收益与本金遭受损失的可能性。不过，值得注意的是，证券投资中的风险与保险中所指的风险是有区别的。保险理论一般关注纯风险，即损失有或没有的可能性。如地震、海啸、雪崩等自然灾害一旦发生，就引致损失，不发生就没有损失。而证券投资所关注的是"投机性风险"，即在遭受损失的同时也有盈利的可能，且遭受损失与获得收益的机会服从一定的概率分布。

二、风险的度量

上面已经介绍了风险的含义,在了解了风险的含义之后,风险的度量就成了必要。在组合理论中风险一般是以方差或标准差来度量的。上面讲到风险时给我们的印象可能是风险带来的只是损失,但是如果我们利用方差或标准差来度量风险,这个指标就不仅仅代表损失,它表示的是收益的波动性。

(一) 标准差法

1. 期望收益率

如果把投资收益率的每一种可能出现的结果与各自发生的概率进行加权平均,所得到的平均数就是收益率的期望值,一般称为期望收益率。它虽然只是根据估计计算的平均数,但要比不用概率所做的估计准确很多。期望收益率的计算公式为:

$$E(r_i) = \sum_{i=1}^{n} r_i p_i \tag{4-8}$$

式中,$E(r_i)$ 为期望值收益率;r_i 为可能出现的结果;p_i 为某种可能结果出现的概率。

2. 收益率的方差和标准差

投资收益率是一个变量,变量的每一个具体数值一般不会等于期望值,但总是在期望值上下波动。在评价一个期望值的代表性强弱时,要根据投资收益率的具体数值对期望值的偏离程度来确定。偏离程度越大,代表性就越弱;偏离程度越小,代表性就越强。这种偏离程度即衡量的是投资的风险程度。所以,一般来说,偏离程度越大,风险就越大;反之,风险就越小。当证券存在多种可能和不同概率的未来收益率时,就意味着投资该证券是存在风险的;当考虑到风险因素后,选择最佳证券投资品种就不能仅仅考虑期望收益率了;通常用投资后收益率的各种可能情况计算证券收益率的方差或标准差来刻画风险。方差和标准差就是来刻画这种偏离程度的。

收益率方差的计算公式为:

$$VAR(r) = \sigma^2 = \sum_{i=1}^{n} p_i [r_i - E(r_i)]^2 \tag{4-9}$$

式中,$VAR(r)$ 为方差;σ 为标准差;p_i 为概率;r_i 为可能出现的结果;$E(r_i)$ 为期望值收益率。

收益率标准差的计算公式为:

$$\sigma = \sqrt{VAR(r)} = \sqrt{\sum_{i=1}^{n} p_i [r_i - E(r_i)]^2} \tag{4-10}$$

投资的实际收益率与其期望值的偏离程度代表着投资项目的风险大小。投资收益率的标准差(方差)就是表示变量的各种具体数值与期望值波动程度的统计量,所以标准差的大小就代表投资项目风险的大小。但标准差的大小与投资收益率的绝对水平有关,必须是在期望值相等或接近相等的情况下比较标准差的大小，才能准确判定风险的大小。

投资收益率的波动程度代表着证券投资项目的风险大小，证券投资项目预期的投资收益率的概率分布越集中，也就是方差和标准差越小，风险就越小；反之风险则越大。

例4-5：某金融产品的收益率可能结果如表4-3所示：

表4-3 某金融产品的收益率和概率分布

状态	收益率（%）	概率	状态	收益率（%）	概率
1	10	0.2	4	−15	0.2
2	15	0.2	5	0	0.2
3	20	0.2			

由已知可以得到：

$E(r) = 0.2 \times 10\% + 0.2 \times 15\% + 0.2 \times 20\% - 0.2 \times 15\% + 0.2 \times 0 = 6\%$

$\sigma^2 = \sum_{i=1}^{n} p_i [r_i - E(r)]^2$

$= 0.2 \times (10\% - 6\%)^2 + 0.2 \times (15\% - 6\%)^2 + 0.2 \times (20\% - 6\%)^2 + 0.2 \times (-15\% - 6\%)^2 + 0.2 \times (0 - 6\%)^2$

$= 1.54\%$

方差在计算过程中，其数量单位是收益率的平方单位，这在使用时不方便，为了使波动的单位和收益率相同，将方差开方得到标准差：$\sigma = \sqrt{\sigma^2}$，故可以得出例4-5中的金融产品的标准差为：$\sigma = \sqrt{1.54\%} = 12.41\%$。

（二）变异系数

用标准差（方差）度量风险的一个缺点就是期望值的大小会影响标准差，从概率分布得到的另一个统计量是标准差系数，也叫变异系数或变差系数，它也是衡量风险的一个指标，其计算方法为：

$$CV_i = \frac{\sigma_i}{E(r_i)} \tag{4-11}$$

式中，CV_i为标准差系数即变异系数；σ_i为标准差；$E(r_i)$为期望值收益率。

要比较两个或两个以上证券投资项目的风险程度，如期望相同且量纲单位也相同时，利用标准差来衡量风险是适当的。但是，如果两个投资项目的期望值不同，或是使用的量纲单位不同时，只用标准差来衡量风险就不合适了。

例4-6：若i，j两个证券投资收益率的标准差分别为2%和1%，但期望收益率分别是30%和10%。

在这种情况下比较两个项目的风险程度，就不能认为标准差为2%的项目比标准差为1%的项目风险大。因为期望值不同，则要用变异系数来衡量风险。

本例中的两个证券的变异系数为：

$CV_i = \frac{\sigma_i}{E(r_i)} = \frac{2\%}{30\%} = 0.067$

$$CV_j = \frac{\sigma_j}{E(r_j)} = \frac{1\%}{10\%} = 0.1$$

因为证券 j 的变异系数大于证券 i 的变异系数,所以在此种衡量标准下,证券 j 的风险更大些。

衡量风险大小的原则是期望值越高风险越小,变异系数越小风险越小。在期望收益率相同的情况下,用标准差(方差)大小衡量风险;在期望收益率不同的情况下,用变异系数来衡量风险。因为变异系数是相对数,它避免了收益率绝对值大小对标准差的影响,同时也避免了投资项目的使用单位不便比较的缺点。

但是,有些投资者持有不同的看法,他们宁愿冒较大的风险,以求得较高的收益率;另外一些投资者不愿意冒较大的风险,宁可收益率低一些,也选择风险较小的项目。

第三节 风险的来源与种类

证券投资是一种高度复杂而又充满风险的金融活动。人们进行投资的直接目的是获得投资收益,但收益与投资之间存在时间上的滞后,这种滞后导致收益受许多未来不确定因素的影响,使投资者得不到预期的收益甚至是亏损,这使得投资存在着风险。证券投资风险是指投资者在投资期内不能获得预期收益甚至是遭受损失的可能性。与证券投资相关的所有风险称为总风险,总风险可以分为系统性风险和非系统性风险两大类。系统性风险是上市企业外部因素变化引起的,是上市公司所无法控制的。系统性风险将对所有企业、所有投资项目产生相似的影响,如战争、通货膨胀、经济萧条、利率变动等都会使所有企业的经营状况和投资者的收益发生变化。

由于非系统性风险只与个别上市企业或个别证券相联系,因此,当投资的证券数量增加时,不同的证券收益的变化相互抵消,彼此制约,从而使总投资的非系统性风险减小甚至消失;而系统性风险反映了所有投资活动构成的总的经济活动的运动状况和运动趋势,是无法通过分散化来消除的。投资的总风险可以用以下公式来表示:

总风险 = 系统性风险 + 非系统性风险

一、系统性风险

系统性风险是指由于某种全局性的共同性因素引起的投资收益的可能变动,这种因素以同样的方式对所有证券收益产生影响。在现实生活中,所有的企业都受到全局性因素的影响,这些因素包括社会、政治、经济等各个方面。由于这些因素来自企业外部,是单一证券无法抗拒和回避的,因此称为不可回避风险。这些共同的因素会对所有企业产生不同程度的影响,不能通过多样化投资而分散,因此又称为不可分散风险。系统性风险的具体来源包括政策风险、经济周期波动风险、利率风险、购买力风险、汇率风险等。

(一) 政策风险

政策风险是指政府有关证券市场的政策发生重大变化或是有重要的法规、举措出台，引起证券价格的波动，从而给投资者带来的风险。

政府对本国证券市场的发展通常有一定的规划和政策，借以指导市场的发展和加强对市场的管理。证券市场政策应当是在尊重证券市场发展规律的基础上，充分考虑证券市场在本国经济中的地位、与社会经济其他部门的联系、整体经济的发展水平、证券市场的发展现状及对投资者的保护等多方面因素后制定的。政府关于证券市场发展的规划和政策应该是长期稳定的，在规划和政策制定的前提条件下，政府应运用法律手段、经济手段和必要的行政管理手段引导证券市场健康、有序的发展。但是，在某些特殊情况下，政府也可能会改变发展证券市场的战略部署，出台一些扶持或抑制市场发展的政策，制定出新的法令和规章，从而改变市场原先的运行轨迹。特别是在证券市场发展初期，对证券市场发展的规律认识不足、法规体系不健全、管理手段不充分，更容易较多地使用政策来干预市场。由于证券市场政策是政府指导、管理整个证券市场的手段，一旦出现政策风险，几乎所有的证券都会受到影响，故而属于系统性风险。

(二) 经济周期波动风险

经济周期波动风险是指证券市场行情周期性变动而引起的风险。这种行情变动不是指证券价格的日常波动和中级波动，而是指证券行情长期趋势的改变。

证券行情受多种因素的影响，但决定性的因素是经济周期的变动。经济周期是指社会经济阶段性的循环或波动，是经济发展的客观规律。经济周期的变化决定了企业的景气和效益从而从根本上决定了证券市场行情，特别是股票行情的变动趋势。证券市场行情随经济周期的循环而起伏变化，总的趋势可以称为看涨市场或者是多头市场（牛市），以及看跌市场或称空头市场（熊市）两大类型。在看涨市场，随着经济的回升，股票价格从低谷逐渐回升，随着交易量的扩大，交易日渐活跃，股票价格持续上升并可以维持较长一段时间。待股票价格升至很高水平，资金大量涌入并进一步推动股价上升，但成交量不能进一步放大时，股票价格开始盘旋并逐渐下降，标志着看涨市场的结束。看跌市场从经济繁荣的后期开始，伴随着经济的衰退，股票价格也从高点开始一直呈下跌趋势，并达到某个低点时结束。看涨市场和看跌市场是指股票行情的大趋势。实际上，在看涨市场中，股价并非直线上升，而是大涨小跌，不断出现盘整和回档行情；在看跌市场中，股票也并非直线下降，而是小涨大跌，不断出现盘整和反弹行情。但在这两个变动趋势中，一个重要的特征是：在整个看涨行市中，几乎所有的股票价格都会上涨；在整个看跌行市中，几乎所有的股票价格都不可避免的有所下降，只是涨跌程度不同而已。

(三) 利率风险

利率风险是指市场利率变动引起证券投资收益变动的可能性。市场利率的变化会引起证券价格的变动，并进一步引起证券收益的不确定性变化。利率与证券价格呈反方向变化关系，即利率提高，证券价格水平下跌；利率下降，证券价格水平上涨。利率一般从两方面影响证券价格：一是改变资金流向。当市场利率提高时，会吸引一部分资金流向银行储蓄、商业票据等其他金融资产，减少对证券的需求，使证券价格下降；当市场利率下降时，一部分资金流向证券市场，增加对证券的需求，刺激证券价格上涨。二是影响公司盈利。利率提高时，公司融资成本提高，在其他条件不变的情况下，公司净盈利下降，派发的股息减少，引起股票价格下降；利率下降时，公司融资成本下降，净盈利和股息相应增加，引起股票价格上涨。

(四) 购买力风险

购买力风险又称通货膨胀风险，是指由于通货膨胀、货币贬值给投资者带来的实际收益水平下降的风险。在通货膨胀的情况下，物价普遍上涨，社会经济运行秩序混乱，企业生产经营外部条件恶化，证券市场也难免深受其害，所以购买力风险是难以回避的。在通货膨胀的情况下，随着商品价格的上涨，证券价格也会上涨，投资者的货币收入有所增加，会使他们忽视购买力风险的存在并产生一种货币幻觉。其实，由于货币贬值，货币购买力水平下降，投资者的实际收益不仅没有增加，反而有所减少。

购买力风险对不同的证券影响是不相同的，最容易受其影响的是固定收益证券，如优先股和债券。因为它们的名义收益率都是固定的，当通货膨胀率升高时，其实际收益率就会明显下降，所以固定股息率和利息率的证券面临的购买力风险较大；同样是债券，长期债券的购买力风险又比短期债券大。相比之下，浮动利率债券或保值贴补债券的购买力风险较小。普通股的购买力风险也相对较小，这是因为当发生通货膨胀时，由于公司产品价格也随之上涨，公司的名义收益会增加，特别是当公司产品价格上涨幅度大于生产费用的涨幅时，公司净盈利会增加，此时股息会增加，股票价格也会随之提高，普通股股东可以得到较高的收益，可部分减轻通货膨胀带来的损失。

需要指出的是，购买力风险对不同的股票影响是不同的，在通货膨胀不同阶段，对股票的影响也是不同的。这是因为公司的盈利水平受多种因素的影响，产品价格仅仅是其中的一个因素。在通货膨胀情况下，由于不同公司产品价格上涨幅度不同，上涨时间先后不同，对生产成本上升的消化能力受国家有关政策的控制程度不同等原因，会出现相同通货膨胀水平下不同股票的购买力风险不尽相同的情况。一般来说，率先涨价的商品、上游商品、热销或供不应求的商品的公司股票面临的购买力风险较小，而属于公用事业、基础产业和生产下游商品等公司股票面临的购买力风险则较大。在通货膨胀初期，企业消化生产费用上涨能力较强，又能利用人们的货币幻觉提高产品价格，股票购买力风险相对较小些。当出现严重通货膨胀时各种商品价格轮番上涨，社会经济秩序紊乱，企业承受能力下降，盈利和股息难以增加，股价即使上涨也很难赶上物价上涨水平，此时的股票很难抵挡购买力下降的风险。

(五) 汇率风险

汇率风险是指由外国货币与本国货币之间的汇率变动所造成的证券投资收益的变动。汇率是各国间货币兑换比率，它联系着各国之间的货币关系，反映各国之间的价格对比，以及各国生产成本与收益的比较。两国货币之间的汇率，主要以两国之间的相对货币购买力来决定，因而可反映两国之间的物价相对变化。各国通货膨胀率的差异是决定汇率变化的基础。此外，国际收支状况、利率水平、金融政策以及政治军事等因素都会影响到汇率的波动。若投资者投资于外国资产，汇率变动会给其带来外汇收益或外汇损失。所以,投资于外国资产的收益要通过汇率变动予以调整。

实际投资收益率 =(1±名义投资收益率)×(1±汇率变动)

实际收益率小于名义收益率表明外汇损失;反之,实际收益率大于名义收益率表明外汇收益。

二、非系统性风险

非系统性风险是指只对某个行业或个别公司的证券产生影响的风险,它通常由某一特殊因素引起,与整个证券市场的价格不存在系统、全面的联系,而只对个别或少数证券收益产生影响。这是因为行业或企业自身因素改变而带来的证券价格变化与其他证券价格、收益没有必然的内在联系,不会因此影响其他证券的收益。这种风险可以通过分散化投资来相互抵消。若投资者持有多样化的不同证券,当某些证券价格下跌、收益减少时,另一些证券价格正好上升、收益增加,这样其非系统性风险就可以相互抵消。非系统性风险是可以抵消、回避的,因此又称为可分散风险或可回避风险。非系统性风险因素主要包括信用风险、经营风险、财务风险等。

(一) 信用风险

信用风险又称违约风险,是指证券到期时无法还本付息而使投资者遭受损失的风险。证券发行人如果不能按期支付债券利息、优先股股息或偿还本金,哪怕仅仅是延期支付,都会影响投资者的利益,使投资者失去再投资和投资获利机会,遭受损失。信用风险实际上揭示了财务状况不佳时出现违约或破产的可能,它主要受证券发行人的经营能力、盈利水平、事业稳定程度及规模大小风险的影响。债券、优先股、普通股都可能有信用风险,但程度有所不同。债券的信用风险就是债券不能到期还本付息的风险。信用风险是债券的主要风险,因为债券是需要按时还本付息的要约债券。政府债券的信用风险最小,一般认为中央政府的债券几乎没有信用风险,其他债券的信用风险从低到高依次排序为地方政府债券、金融债券、公司债券,但大金融机构或跨国公司债券的信用风险有时会低于某些政局不稳定的国家政府债券。投资于政府债券首先要考虑的就是信用风险,产品市场需求的改变、成本变动、融资条件变化等都可能削弱公司的偿债能力,特别是公司资不抵债、面临破产时,债券的利息或本金都可能化为泡影。股票没有还本要求,普通股股息红利也不确定,但仍有信用风险。不仅优先股股息有缓付、少付甚至不付的可能,而且如公司不能按期偿还债务,即会影响股票的市场价格,更不用说当公司破产时,该公司的股票价格会接近零,无信用可言。在债券和优先股发行时,要进行信用评级,投资者回避信用风险最好的办法是参考证券信用评级的结果。信用级别高的证券信用风险小;信用级别越低,违约可能性越大。

(二) 经营风险

经营风险是指公司的决策人员与管理人员在经营管理过程中出现失误而导致公司盈利水平的变化,从而使投资者预期收益下降的可能。

经营风险来自公司内部和外部两个方面因素。公司内部的因素主要有:①项目投资决策失误，造成重大损失。②不注意技术更新，使企业在行业中的竞争地位下降。③不注意市场调查，不注意开发新产品，仅满足于目前公司产品的市场占有率和竞争力，满足于目前的利润水平和经济效益。④销售决策失误，过分依赖大客户、老客户，没有注重开拓新市场，寻找新的销售渠道。其他还有公司主要的管理者因循守旧、不思进取、机构臃肿、人浮于事，对可能出现的天灾人祸没有采取必要的防范措施等。外部因素是公司以外的客观因素，如政府产业政策的调整、竞争对手实力的变化使公司处于相对劣势的地位等，引起公司盈利水平的下降。但经营风险还是主要来自公司内部的决策失误或者管理不善。

公司的经营状况最终表现为盈利水平的变化和资产价值的变化，经营风险主要通过盈利变化产生影响，对不同证券的影响程度也有所不同。经营风险是普通股股票的主要风险，公司盈利变化既会影响股息收入，又会影响股票价格。当公司盈利增加时，股息增加，股价上涨；当公司盈利下降时，股息减少，股价下降。经营风险对优先股的影响要小些，因为优先股的股息是固定的，盈利水平的变化对价格影响有限。公司债券的还本付息受法律保障，除非公司破产清算，一般情况下不受企业经营状况的影响，但公司盈利变化同样可能使公司债券的价格呈同方向变化，因为盈利增加使公司的债务偿还更有保障，信用提高，债券价格也相应上升。

(三) 财务风险

财务风险是指发行证券的公司或企业财务强度变动，由此引起投资者报酬的变动。企业经营一般要借助财务杠杆，即使用债务以扩大权益资本收益。财务风险就是由于企业举债筹资而产生的。公司的财务强度也就是财务实力，它反映公司的财务状况。公司偿债能力越强，财务强度越大，财务风险越小；反之，公司的偿债能力越弱，财务强度越小，财务风险也越高。公司财务强度会影响债权人能否按期收回本金和利息，股东能否按期获得股息和其他利得及利得大小。因此，公司的财务强度发生变动时，公司所发行的证券的市场价格也必然随着发生波动，证券投资者获取的报酬也发生相应变动。

另外，财务强度是指支付要求的强度，即证券持有者要求公司支付证券报酬先后的权利。支付要求的强度大，表明证券持有者具有较优先的权利。支付强度的大小，可以从发行公司破产清算的支付次序中体现出来。一般而言，债券的支付要求权优于股票，股票中优先股要优先于普通股支付要求权。

第四节 收益与风险的关系

在证券投资中，收益和风险形影相随，收益以风险为代价，风险用收益来补偿。投资者投资的目的是为了获得收益，但是同时，必然不可避免地面临着风险，证券投资成功的关键是把握好风险与收益之间的关系。如何处理这两者的关系几乎是所有证券投资理论与实战技巧试图解决的核心问题。

收益和风险的基本关系是：收益和风险相匹配。也就是说，风险较大的证券，投资者要求的收益率也相对较高；反之，低风险的证券其提供的收益率也较低。但是，绝不能因为收益与风险有着这样的基本关系，就盲目地认为风险较大的证券其收益就一定越高。收益与风险相对应的原理只是揭示收益与风险的这种内在本质关系：收益与风险共生共存，承担风险是获取风险收益的前提。收益与风险上述本质联系可以用下式表示：

预期收益率 = 无风险收益率 + 风险报酬率 (4-12)

式（4-12）表明，投资的预期收益率由两部分构成：一部分是无风险收益率，它是指投资者把资金投资于无风险证券而能得到的基本收益率，是货币时间价值的代表；另一部分是风险报酬率，其大小主要取决于投资对象的风险高低。投资对象的风险越高，其补偿额越高。

上面提到的无风险证券在现实生活中是不可能存在的，它仅仅是一种人们假想中的理想证券。但在投资实践中，我们一般把政府发行的短期国库券看成是无风险证券的理想替代物，将其收益率看成是无风险收益率。这是因为，短期国库券是由政府发行的，其还本付息以政府的财政信用做后盾，其信用风险可以忽略不计。同时，在短期内，市场利率和通货膨胀发生大幅变化的可能性较小，因此短期国库券的利率风险和通货膨胀风险也较小，可以忽略不计。短期国库券的利率很低，其利息可以视为投资者牺牲目前消费、让渡货币使用权的补偿。

再考虑各种风险投资（如投资于股票等风险证券）所获得的风险补偿即所谓的风险报酬，它是相对于无风险证券而言的。无风险收益是投资于无风险证券所获得的基本收益，风险报酬是投资者因承担风险而获得的超额报酬。各种证券的风险程度不同，风险溢价也不相同。在一般情况下，风险收益与风险程度成正比，风险程度越高，风险报酬也就越大。证券投资的总预期收益扣除无风险收益的差额即为风险收益，风险收益称为超额收益。风险收益率为风险收益与风险成本的比率，是证券总投资收益率与无风险收益率的差额。在证券投资活动中，人们主观上一方面总希望能够回避风险，或者承受最小的风险，或者能将风险转移出去；另一方面则希望获得最大的投资收益。投资行为目标的双重性体现在决策中为这样两条原则：①在某一预期风险水平上，尽量去挑选预期收益最大的方案。②在某一预期收益水准上，尽量挑选风险最小的方案。但是，在客观现实中选择风险小而投资收益高的投资方案往往是困难的，因为既然风险低的投资领域大家都愿意去，该领域的投资收益就可能低；相反，风险高的领域大家都不愿意投资，该领域的投资收益就可能高。因而，收益和风险之间存在一种同向递增的关系，较高的收益一般也伴随较大的风险。

大致来讲，普通股的风险最大，优先股次之，公司债券再次之，政府债券的风险最小。即投资收益和风险：普通股>优先股>公司债券>政府债券。各种证券收益与风险的关系如图4-1所示。

在无风险利率的基础上，我们可以发现收益与风险之间的一些其他关系：

（1）同一种类型的债券，长期债券利率比短期债券利率高。这是对利率风险的补偿。如同是政府债券，都没有信用风险和财务风险，但长期债券的利率要高于短期债

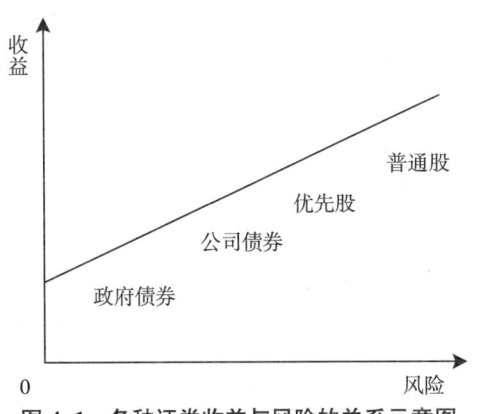

图 4-1 各种证券收益与风险的关系示意图

券,这是因为短期债券没有利率风险,而长期债券却可能受到利率变动的影响,二者之间利率的差额就是对利率风险的补偿。

(2) 不同主体发行的债券其利率不同,这是对信用风险的补偿。通常,在期限相同的情况下,政府债券的利率最低,地方政府债券的利率稍高,其他依次是金融债券和公司债券。在公司债券中,信用级别高的债券利率较低,信用级别低的债券利率较高,这是因为它们的信用风险不同。

(3) 在通货膨胀严重的情况下,债券的票面利率会提高或是会发行浮动利率债券。这种情况是对购买力风险的补偿。

(4) 股票的收益率一般高于债券收益率,这是因为股票投资者面临的经营风险、财务风险和经济周期波动风险比债券投资者大得多,必须给股票投资者相应的补偿。

当然,收益与风险的关系并非如此简单。投资者除了面临以上几种主要风险以外,还可能面临其他次要风险,同时,引起风险的因素以及风险的大小程度也在不断变化之中。所以,这种收益率对风险的替代只能是粗略地、近似地反映二者之间的关系,更进一步说,只有加上证券价格的变化才能更好地反映二者的动态替代关系。

重要概念

证券投资收益 期间收益率 名义收益率 真实收益率 百分比收益率 对数收益率 时间权重收益率 算术平均收益率 几何平均收益率 证券投资风险 期望收益率 变异系数 系统性风险 非系统性风险

思考题

(1) 为什么在投资决策中要同时考察证券投资的收益与风险?
(2) 什么是系统性风险与非系统性风险?各自主要包括哪些风险因素?这两种风险有何异同?
(3) 为什么在有效市场中想获得高收益而不承担高风险是不可能的?
(4) 投资的收益与风险之间有何关系?

(5) 假设年初你以 25 元的价格购入 A 公司普通股股票 1000 股，5 月份，A 公司按 1 股换成 3 股的比例进行股票分割，全年没有发放股利，年底 A 股票的交易价格为每股 10 元。求今年的期间收益率。

(6) 假定你在 1 月 1 日以 50 元的价格购买了 100 股某公司的股票。在 3 月 15 日，公司发放每股红利 2.3 元，此时其股票价格为 55 元。在 5 月 30 日，公司决定按 2 股换成 3 股的比例进行股票分割，此时股票的市场价格为每股 60 元。如果 12 月 31 日的市场价格为每股 35 元，求时间权重收益率。

(7) 一位分析师发现某只股票的收益率概率分布如下：

状态	概率	收益
1	0.25	0.08
2	0.5	0.12
3	0.25	0.16

求该股票的期望收益率、标准差和变异系数。

第五章 债券定价与风险分析

【学习目的】 债券是资本市场上重要的投资工具之一,债券的投资价值受到众多因素的影响。掌握债券的收益率计算和定价原理,明确主要风险因素与债券价值变动之间的关系,对于债券投资决策具有重要的意义。本章主要介绍了债券收益率的计算、债券的估值与定价原理、债券的久期与凸性、收益率曲线和利率期限结构等内容。通过本章的学习,要求学生掌握债券投资分析的基本原理和方法,并在债券投资实践中能利用所学的知识进行科学的投资决策。

案例

交易所国债行情收益表

下表是我国交易所国债行情收益表(2010年2月1日),你是否能看懂其中的每项信息的含义?根据该表信息,如何进行债券投资决策?

国债名称	年利率(%)	期限(年)	剩余期限(年)	净价(元)	应计天数(天)	应计利息(元)	全价(元)	付息方式	到期收益率(%)	修正久期	凸性
国债917	4.26	20	11.50	103.99	186	2.17	106.16	年付	3.82	9.08	98.85
国债912	3.05	10	1.74	100.98	95	0.79	101.77	年付	2.46	1.67	4.44
国债904	2.87	10	0.30	100.50	255	2.01	102.51	年付	1.17	0.30	0.18
国债0928	1.44	1	0.78	99.93	82	0.32	100.25	年付	1.52	0.77	1.17
国债0921	1.46	1	0.59	99.96	152	0.61	100.57	年付	1.51	0.58	0.67
国债0908	0.89	1	0.28	99.99	264	0.64	100.63	年付	0.91	0.28	0.15
国债0711	3.53	3	0.45	101.15	201	1.94	103.09	年付	0.94	0.45	0.40
国债0505	3.37	7	2.31	101.00	253	2.34	103.34	年付	2.91	2.15	6.85
国债0503	3.30	5	0.23	100.70	282	2.55	103.25	年付	0.21	0.23	0.10
国债0501	4.44	10	5.07	104.29	158	1.91	106.20	半年付	3.51	4.45	23.55
国债0410	4.86	7	1.81	105.10	69	0.92	106.02	年付	1.96	1.73	4.74
国债0407	4.71	7	1.56	104.49	161	2.08	106.57	年付	1.76	1.49	3.72
国债0404	4.89	7	1.31	103.99	253	3.39	107.38	年付	1.77	1.24	2.80
国债0311	3.50	7	0.80	102.98	75	0.72	103.70	年付	-0.24	0.80	1.27

续表

国债名称	年利率(%)	期限(年)	剩余期限(年)	净价(元)	应计天数(天)	应计利息(元)	全价(元)	付息方式	到期收益率(%)	修正久期	凸性
国债0308	3.02	10	3.63	100.88	138	1.14	102.02	年付	2.76	3.36	14.90
国债0307	2.66	7	0.55	100.20	166	1.21	101.41	年付	2.25	0.54	0.58
国债0303	3.40	20	13.21	95.27	108	1.01	96.28	半年付	3.86	10.36	129.13
国债0301	2.66	7	0.05	100.50	348	2.54	103.04	年付	−7.40	0.05	0.00
国债0213	2.60	15	7.64	92.86	135	0.97	93.83	半年付	3.68	6.74	52.08
国债0203	2.54	10	2.21	103.46	290	2.02	105.48	年付	0.95	2.11	6.67

案例点评：作为最为重要的投资品种之一的债券，是众多机构和个人投资者纳入投资组合的重要对象。如何评判一个债券的投资价值高低与风险特征？我们必须学会看懂债券行情信息表。

资料来源：和讯网债券频道，http://bond.money.hexun.com/data/new_income.aspx。

第一节 债券收益率

债券收益率是衡量债券投资收益通常使用的一个指标，是债券收益与其投入本金的比率，它是投资者购买债券时考虑的重要因素之一。且根据不同的目的，一般有五种衡量债券收益率的计算方法，具体分述如下。

一、名义收益率

债券名义收益率又称票面收益率，即息票率，是指债券票面上的固定利率，即年利息收入与债券面额之比率。投资者按面额买入持有到期满，其投资收益率将与票面收益率一致。如一张票面利率为8%的债券，它的名义收益率就为8%。名义收益率仅仅描述了债券每期提供的利息特征，通常情况下并不能准确描述某一债券的真实收益水平。

二、现期收益率

现期收益率又称本期收益率，是根据债券利息和债券市场价格计算出来的，是债券的现期利息收入与债券价格之比。其计算公式如下：

$$CY = \frac{C_i}{P_m} \tag{5-1}$$

式中，CY 为现期收益率；C_i 为债券的年支付利息；P_m 为债券的市场价格。

例 5-1：某债券面额为 1000 元，三年期限，到期一次还本付息，票面利率为 10%，投资者以 1020 元的发行价购入，则该债券的现期收益率为：

$$CY = \frac{1000 \times 10\%}{1020} = 9.8\%$$

现期收益率容易计算，但该指标只部分反映了债券的收益水平。由于债券的价格随市场条件的变化而变化，各期的价格完全有可能相差悬殊，但它并没考虑债券价格变化带来的资本利得收益。因此，对于希望获得资本利得的投资者来说，现期收益率并不能准确地反映其实际收益水平。

三、到期收益率

到期收益率又称最终收益率，是投资购买债券的内部收益率，即使得投资者购买债券获得的未来现金流量的现值恰好等于债券当前市场价格的贴现率。它相当于投资者按照当前市场价格购买债券并且一直持有到满期时可以获得的年平均收益率，其中隐含了每期的投资收入现金流均可以按照到期收益率进行再投资。

到期收益率的计算公式为：

$$P_m = \sum_{t=1}^{n} \frac{C_i}{(1+i)^t} + \frac{P_p}{(1+i)^n} \tag{5-2}$$

式中，P_m 为债券的市场价格；C_i 为债券的年支付利息；P_p 为债券的面值。

解：式（5-2）中的 i 即为债券的到期收益率。

例 5-2：某债券面值为 100 元，票面利率为 8%，且每年付息一次，期限为 10 年，当前的市场价格为 107.02 元。那么其到期收益率为多少？

根据到期收益率的计算公式，则有：

$$107.02 = \sum_{t=1}^{10} \frac{8}{(1+i)^t} + \frac{100}{(1+i)^{10}}$$

从中可以解出 i = 7%，即该债券的到期收益率为 7%。

零息债券由于到期前并无任何利息支付，在到期日提供一次相当于面值的现金流入。对于这样的债券，其到期收益率的计算可通过下面的公式求出：

$$P_m = \frac{P_p}{(1+i)^n} \tag{5-3}$$

例 5-3：一个期限为 10 年，票面值为 1000 元的零息债券的市场价格为 311.80 元，求其到期收益率？

即：

$$311.80 = \frac{1000}{(1+i)^{10}}$$

解：该零息债券的到期收益率 i = 12%。

四、赎回收益率

有些债券在发行时附有赎回条款,在市场利率下跌时,这些债券的发行者为了利用更低的市场利率来改善自己的财务状况,一般不等原先发行的债券到期就提前赎回,这样计算到期收益率的前提就被破坏了,这时我们就需要一个赎回收益率:

$$P_m = \sum_{t=1}^{nc} \frac{C_i}{(1+i)^t} + \frac{P_c}{(1+i)^{nc}} \quad (5-4)$$

式中,C_i 为债券的年支付利息;P_m 为债券的市场价格;P_c 为债券的赎回价格;nc 为赎回日前的持有期。

解:式(5-4)中的 i 即为债券的赎回收益率。

五、已实现收益率

已实现收益率描述的是投资者在债券到期之前就把债券卖出时的收益率,这时投资者的持有期是小于债券的期限的。其收益的计算可通过下式计算:

$$P_m = \sum_{t=1}^{np} \frac{C_i}{(1+i)^t} + \frac{P_f}{(1+i)^{np}} \quad (5-5)$$

式中,C_i 为债券的年支付利息;P_m 为债券的市场价格;P_f 为债券在远期的卖出价格;np 为赎回日前的持有期。

解:(5-5)的方程,求出的 i 即为已实现收益率。

第二节 债券估值与定价原理

一、货币时间价值

对任何一种金融工具进行分析时,都应当考虑到货币的时间价值。货币具有时间价值是因为使用货币按照某种利率进行投资的机会是有价值的,考虑货币有时间价值,也可以说是使用货币的机会成本。货币的时间价值主要有两种表现形式:终值和现值。

(一)终值和现值

终值又称复利未来值或本利和,是指现期投入一定量的资金,若干期后可以得到的本金和利息的总和。终值应采用复利来计算。我国居民储蓄还本付息时长期采用单利公式,不承认利息可以产生利息,也就是否认了作为利息的货币与作为本金的货币一样具有时间价值。这种单利的计息方式在研究债券定价时是不可取的。考虑复利的终值计算公式为：

$$P_n = P_0(1+r)^n \tag{5-6}$$

式中，n 是时期数；P_n 是从现在开始 n 个时期的未来价值，即终值；P_0 是初始的本金；r 是每个时期的利率。

代数式 $(1+r)^n$ 表示今天投入一个单位货币，按照复利 r 在 n 个时期后的价值。

例 5-4：每年支付一次利息的五年期债券，年利率为 8%，面值为 1000 元，那么这张债券 5 年后的终值应为多少元？

即：

$$P_n = 1000 \times (1+0.08)^5 = 1496.32 \text{（元）}$$

通过上述终值的计算公式可知，如果利率越高，复利计算的期数越多，一定量投资的未来值将越大。

现值是终值计算的逆运算，是指未来年份的收入或支出的现在价值，即在未来年份取得一定量的收入或支出一定量的资金相当于现在取得多少收入或支出多少资金量。

投资决策在许多时候都需要在现在的货币和未来的货币之间做出选择，也就是将来所获得的现金流量折现与目前的投资额相比较来测算盈亏。由终值求现值的过程叫做折现，在折现时所用的利息率叫折现率。现值的计算公式为：

$$P_0 = \frac{P_n}{(1+r)^n} \tag{5-7}$$

如果用 PV 表示现值代替 P_0，公式可重写为：

$$PV = \frac{P_n}{(1+r)^n} \tag{5-8}$$

由于计算现值的过程叫贴现，所以现值也常被称为贴现值，其利率 r 被称为贴现率，代数式 $1/(1+r)^n$ 被称为现值利息因子。

例 5-5：假设一位投资经理约定 6 年后要向投资人支付 100 万元，同时，此经理有把握每年实现 12% 投资收益率，那么他现在要向投资人要求的初始投资额最少应为多少？

这里，r = 12%，n = 6，P_n = 1000000，则有：

$$PV = \frac{1000000}{(1+12\%)^6} = 506631.12 \text{（元）}$$

也就是说，只有投资人现在出资 506631.12 元，由投资经理以每年 12% 的收益率经营 6 年后，投资人才有可能获得 100 万元的价值回报。

由上述的现值计算公式可知，当贴现率提高，收取未来货币的机会成本提高，现值会下降；同样，收到货币的未来时间越远，它今天的价值就越小。

（二）普通年金的价值

在了解了终值和现值的计算之后，再引入年金的概念。年金一般指在一定期数的时期中，每期相等的系列现金流量。比较常见的年金支付形式是支付发生在每期末，这种年金称为普通年金。现举例说明年金价值的计算。

例 5-6：一位退休工人获得一笔每期 1000 元的三年期年金，每年都以 9% 的年利率进行再投资，在第三年末，这笔年金将价值多少？表 5-1 的计算可以回答这个问题。

表 5-1　按年利率 9% 计算的三年期 1000 元年金的未来值

	年金额×$(1+r)^n$	未来值（元）
第 1 年	$1000\times(1+0.09)^2$	1188.10
第 2 年	$1000\times(1+0.09)$	1090.00
第 3 年	1000	1000.00
合计		3278.10

从表 5-1 可以看出，每一笔年金的未来值，实际上是对一个等比数列求和。根据等比数列求和公式，一笔普通年金的未来值的计算公式为：

$$P_n = \frac{A[(1+r)^n - 1]}{r} \tag{5-9}$$

式中，A 为每期年金额；r 为再投资收益率；n 为从支付日到期末所余年数。

一笔年金的现值正好等于每一次各笔支付的现值之和，因此，例 5-6 中三年期年金的现值可以通过分别计算未来 3 年中每年末分别收到的 1000 元的现值之和得到，如表 5-2 所示。

表 5-2　按年利率 9% 计算三年期 1000 元年金的现值

	年金额÷$(1+r)^n$	现值（元）
第 1 年	$1000\div(1+0.09)$	917.40
第 2 年	$1000\div(1+0.09)^2$	841.70
第 3 年	$1000\div(1+0.09)^3$	722.20
合计		2481.30

一笔年金的现值是对一个未来价值序列的贴现，公式为：

$$PV = \sum_{t=1}^{n} \frac{P_t}{(1+r)^t} \tag{5-10}$$

再运用等比数列求和公式，可得到一笔普通年金现值的公式：

$$PV = \frac{A\left[1 - \dfrac{1}{(1+r)^n}\right]}{r} \tag{5-11}$$

式中，A 为每期年金额；r 为贴现率；n 为从支付日到期末所余年数。

二、债券的估价

在评价债券的价值时，有两种方法：①以债券现值来表示，即现值模型，它是以一

第五章 债券定价与风险分析

个单一的贴现率来计算债券的现值。②以债券的收益率来表示，即收益率模型，它是利用债券的现行价格来计算它能提供的收益率。

（一）现值模型

现值模型是将债券所提供的现金流以一个贴现率进行折现，所得的现值总和即为此债券的价值。债券所提供的现金流包括每期支付的利息和到期支付的本金，贴现率即为市场上该种债券现行的到期收益率。

为了简化分析，我们先做三个假设：①债券每年付息一次。②下一次支付利息恰好是从现在起 12 个月后收到。③在债券期限内票面利率是固定不变的。在这些条件下，债券现值模型的表达式为：

$$P_m = \sum_{t=1}^{n} \frac{C_i}{(1+i)^t} + \frac{P_p}{(1+i)^n} \qquad (5-12)$$

式中，C_i 为债券的年支付利息额；P_m 为债券的估值（或理论价格）；i 为年贴现率；n 为债券的期限（年）；P_p 为债券的面值。

这种估价方法要求债券的持有期等于债券的期限，即投资者要持有该债券直到到期为止。由式（5-12）可以看出债券的理论价格由两部分构成：一是各期所支付利息的贴现值；二是到期归还本金的现值。

如果上述假设条件改为每半年支付一次利息，且下一次支付利息是从现在起六个月后收到，其他假设条件不变，则在此条件下，债券现值模型的表达式将变为：

$$P_m = \sum_{t=1}^{2n} \frac{C_i/2}{(1+i/2)^t} + \frac{P_p}{(1+i/2)^{2n}} \qquad (5-13)$$

例 5-7：某一债券的面值为 1000 元，票面利率为 8%，每半年支付利息 40 元，期限为 20 年，市场上到期收益率为 10%（作为折现率），投资者将持有到期，那么该债券的合理估值为：

$$P_m = \sum_{t=1}^{40} \frac{80 \div 2}{(1+0.1 \div 2)^t} + \frac{1000}{(1+0.1 \div 2)^{40}} = 686.36 + 142.00 = 828.36 \text{（元）}$$

如果市场上该债券的到期收益率变了，那么其价值也将随之发生变化，此时需要用变化后的到期收益率作为折现率重新评价债券的投资价值。表 5-3 反映了在不同的折现率水平下债券价格的变化情形。

表 5-3 到期收益率与债券价格

市场上的到期收益率（%）	债券价格（元）	市场上的到期收益率（%）	债券价格（元）
2	1985.09	10	828.36
4	1547.12	12	699.05
6	1231.19	14	600.07
8	1000.00	16	522.98

根据表 5-3 可以得到债券价格与到期收益率之间关系的曲线，如图 5-1 所示，该图反映了债券价格与到期收益率（折现率）之间反向变化的一个基本关系。

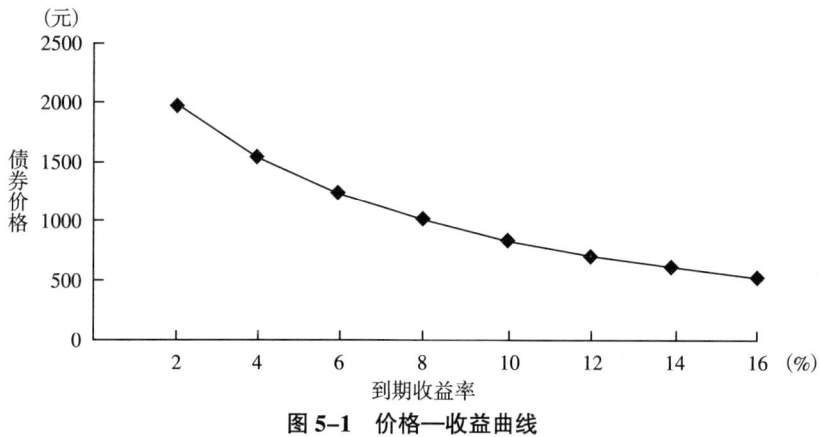

图 5-1 价格—收益曲线

(二) 收益率模型

收益率模型就是利用债券的现行价格和它提供的未来的现金流来计算该债券的预期收益率,来评价此种债券的投资价值。

对于每年付息一次的债券而言,其预期收益率的计算公式如下:

$$P_m = \sum_{t=1}^{n} \frac{C_i}{(1+i)^t} + \frac{P_p}{(1+i)^n} \tag{5-14}$$

而对于每半年支付一次利息的债券,其预期收益率的计算公式如下:

$$P_m = \sum_{t=1}^{2n} \frac{C_i/2}{(1+i/2)^t} + \frac{P_p}{(1+i/2)^{2n}} \tag{5-15}$$

式中,P_m、P_p 和 C_i 是已知的,因此计算出 i 即可。这里 i 的含义是使未来现金流贴现值等于该债券现在的市场价格的贴现率。得出相应的预期收益率后,投资者会把这个预期收益率与其心理期望的预期收益率相比较,如果计算出的收益率等于或大于他所期望的预期收益率时,他会购买这种债券,若计算出的收益率小于他所期望的预期收益率时,他就会放弃对这种债券的投资。

三、债券定价原理

由债券价格的决定可以看出,债券的到期收益率与债券价格、票面利率、到期期限等因素有密切关系。马凯尔(B.G.Malkiel,1962)在对债券价格、债券利息率、到期年限以及到期收益率之间的关系进行研究后,提出了债券定价的五个定理。至今,这五个定理仍被视为债券定价理论的经典,现分述如下:

定理一:债券的市场价格与到期收益率呈反比。即到期收益率上升时,债券价格下降;反之,到期收益率下降时,债券价格上升。

定理二:当债券的收益率不变,即债券的息票率与收益率之间的差额固定不变时,债券的到期时间与债券价格的波动幅度之间呈正比。即到期时间越长,价格波动幅度越

第五章 债券定价与风险分析

大；反之，到期时间越短，价格波动幅度越小。

定理三：随着债券到期时间的临近，债券价格的波动幅度减少，并且是以递增的速度减少；反之，到期时间越长，债券价格波动幅度增加，并且是以递减的速度增加。

定理四：对于期限既定的债券，由收益率下降导致的债券价格上升的幅度大于同等幅度的收益率上升导致的债券价格下降的幅度。

定理五：对于给定的收益率变动幅度，债券的息票率与债券价格的波动幅度之间呈反比关系。即息票率越高，债券价格的波动幅度越小。

现将举一实例来进一步说明以上五大定理的含义。

假设有三种债券，面值均为 100 元，且半年付息一次，但到期日与票面利率各有不同，在不同的收益率下三种债券各自的价格如表 5-4 所示。

表 5-4 不同收益率下三种债券价格的计算

市场上的到期收益率 (%)	债券 1 的价格 （5 年期债券票面利率为 6%）（元）	债券 2 的价格 （5 年期债券票面利率为 8%）（元）	债券 3 的价格 （10 年期债券票面利率为 6%）（元）
5.0	104.376	113.128	107.795
6.0	100.00	108.530	100.000
6.5	97.894	106.317	96.365
7.0	95.842	104.158	92.894
7.5	93.840	102.053	89.578
8.0	91.889	100.000	86.410
8.5	89.986	97.997	83.328

根据表 5-4 的计算结果，我们进一步来检验马凯尔债券价格的五大定理。

第一定理：由表 5-4 可以看出，无论哪一种债券，如同价格—收益曲线表现的那样，其价格与到期收益率呈反比，因此符合马凯尔债券价格的第一定理。

第二定理：债券 1 与债券 3 只有到期日不同，但当收益率由 7% 跌为 6.5% 时，债券 1 的价格上扬了 2.14%［(97.894 - 95.842) ÷ 95.842］，而债券 3 的价格则上涨了 3.74%［(96.365 - 92.894) ÷ 92.894］，也符合第二定理。

第三定理：同第二定理，收益率从 7% 跌为 6.5% 时，债券 3 的到期时间虽是债券 1 的两倍，但前者价格上涨的幅度（3.74%）却只有后者（2.14%）的 1.7477 倍，符合第三定理。

第四定理：以债券 1 为例，当收益率由 7% 下跌为 6.5% 时，其价格上涨了 2.14%；当收益率由 7% 上扬至 7.5% 时，价格却只下跌了 2.09%，与第四定理吻合。

第五定理：债券 1 与债券 2 只有票面利率不同，债券 2 较高，当收益率从 7% 跌为 6.5% 时，前者价格上涨 2.14%，而后者价格却只上涨了 2.07%，也符合第五定理。

第三节 债券久期与凸性

一、债券久期

由于决定债券价格利率风险大小的因素主要包括偿还期和息票利率,因此需要找到某种简单的方法,准确直观地反映出债券价格的利率风险程度。经过长期研究,人们提出"久期"(Duration)的概念,把所有影响利率风险的因素全部考虑进去。这一概念最早是由经济学家麦考勒(F.R.Macaulay,1938)提出的。他在研究债券与利率之间的关系时发现,到期期限(或剩余期限)并不是影响利率风险的唯一因素,事实上票面利率、利息支付方式、市场利率等因素都会影响利率风险。基于这样的考虑,麦考勒提出了一个综合了以上四个因素的利率风险衡量指标,并称其为久期,用 D 表示,单位以"年"来表示。

久期表示了债券或债券组合的平均还款期限,它是每次支付现金所用时间的加权平均值,权重为每次支付的现金流的现值占现金流现值总和的比率。久期越短,债券对利率的敏感性越低,风险越低;反之,久期越长,债券对利率的敏感性越高,风险越高。

久期在金融资产管理中被广泛地用来进行资产风险的分散化管理,其主要应用可归纳为以下三个方面:①当利率发生变化时,对债券价格变化或对债券资产组合的价格变化迅速做出大致的估计。②对债券的现金流量特征,如息票、期限和收益率等的影响进行总体的评估,从而提出债券价格相对易变性的估计值。③达到获取某种特定的债券资产组合的目标,如消除利率变动对资产组合的不利影响(如构造免疫策略)。下面我们重点介绍麦考勒久期及其简单应用。

(一)麦考勒久期的计算

麦考勒久期提供了一种比债券期限更恰当的衡量债券偿还期特征的指标,其表达式为:

$$D = \sum_{t=1}^{n} \frac{C_t/(1+i)^t}{P_m} \cdot t \tag{5-16}$$

式中,D 是麦考勒久期;C_t 是第 t 期支付的利息或本金;t 是债券利息或本金支付所需等待的期限(单位为年);i 是到期收益率;P_m 是债券的市场价格。

从式(5-16)可以看出,麦考勒久期是现金流入时间的加权平均数,权重是每期现金流入现值占债券价格的比例。麦考勒久期不仅考虑了最后本金的偿还时间,而且还考虑了债券到期前的利息支付,所以它反映了债券的平均偿还期限。

麦考勒久期有以下几种特性:一是零息债券的麦考勒久期等于它的期限。因为这种债券只在期末提供一次现金流。与之不同的是,附息债券的麦考勒久期小于它的期限,因为债券在到期前就开始支付利息了。二是麦考勒久期与债券的票面利率呈反比。三是麦考勒久期与到期收益率呈反比。

（二）麦考勒久期与债券价格的关系

对于给定的收益率变动幅度，麦考勒久期越大，债券价格的波动幅度越大。麦考勒久期与债券价格变动之间的关系可用式（5-17）表示。

$$\frac{\Delta P}{P} \approx -D \times \frac{\Delta i}{1+i} \tag{5-17}$$

式中，P为债券价格，ΔP 为债券价格的变化量，D为麦考勒久期，i为到期收益率，Δi 为到期收益率的变化量。

（三）修正久期

修正久期是对麦考勒久期稍加变动后得到的。对于给定的到期收益率的微小变动，债券价格的相对变动与麦考利久期呈比例关系。当然，这种比例关系只是一种近似的比例关系，它的成立是以债券的到期收益率很小为前提的。为了更精确地描述债券价格对于到期收益率变动的灵敏性，我们引入修正久期，用它来衡量债券的利率敏感性，修正久期与久期的换算关系为：

$$D_{mod} = \frac{D}{1+i/m} \tag{5-18}$$

式中，D_{mod} 为修正久期；D为麦考勒久期；i为到期收益率；m为债券一年中支付利息次数。

（四）修正久期与债券价格变动

在到期收益率变化较小的情况下，我们可以用修正久期来计算价格的变化。债券价格变动，到期收益率变动和修正久期存在以下关系：

$$\frac{\Delta P}{P} = -D_{mod} \times \Delta_i \tag{5-19}$$

式中，ΔP 为债券价格的变化量；P为债券初始价格；Δ_i 为到期收益率的变化。

这里需要注意的是，当到期收益率变化较小时，利用修正久期来测算债券的价格还是比较准确的，但是当到期收益率的变化较大时，以此方法测算债券价格的变动其误差就较大。此时，我们需要使用债券凸性指标来更为精确地度量债券的利率风险。

二、债券凸性

（一）债券凸性的含义

大多数债券价格与收益率的关系都可以用一条向下弯曲的曲线来表示，凸性就是对债券价格曲线弯曲程度的一种度量。由于存在凸性，债券价格随着利率变化而变化的关系就接近一条凸函数而不是线性函数。并且凸性越大，债券价格曲线弯曲程度就越大。

凸性的引入是因为当收益率变动时，用修正久期来计算的债券价格变动与实际的价格变动总是存在误差。当收益率降低时，估算的价格上升幅度小于实际的价格上升幅度；当收益率上升时，估算的价格下降幅度小于实际的价格下跌幅度。凸性的作用在于可以弥补债券价格计算的误差，更准确的度量债券价格对收益率变化的敏感度。

通过债券定价公式对到期收益率的二阶求导可以得到债券凸性的表达式为：

$$CV = \frac{d^2P}{di^2}/P = \frac{\sum_{t=1}^{n}\frac{C_t}{(1+i)^t}(t^2+t)}{(1+i)^2}/P \tag{5-20}$$

式中，CV 为凸性；P 为债券初始价格；t 为债券的到期期限。

（二）凸性与债券价格变动

在了解了凸性的含义之后，那么债券凸性对债券价格变化的影响可以通过下式计算出来：

$$\Delta P = \frac{1}{2} \times P \times CV \times \Delta i^2 \tag{5-21}$$

式中，ΔP 为凸性带来的价格变化；P 为债券现在的市场价格；CV 为凸性；Δi 为到期收益率变化。

现在我们知道了到期收益率变化引起的债券价格的变化可以大致分为两个部分：一是由于久期的不同带来的；二是由于凸性的不同带来的。把这两种影响合并起来我们就能知道，当到期收益率变化时，债券价格大概会变化多少。

例 5-8：期限为 18 年，票面利率为 12% 的债券，当前价格为 126.50 元，到期收益率为 9%，修正久期为 8.38，凸性为 107.70。假设现在到期收益率下降到 8%，那么该债券的价格将变为多少？

第一步：计算由久期带来的价格变化为：$-8.38 \times (8\% - 9\%) \times 126.50 = 10.60$（元）
第二步：计算由凸性带来的价格变化为：$1/2 \times 126.50 \times 107.70 \times 1\%^2 = 0.68$（元）
所以，债券的价格将变为：126.50 + 10.60 + 0.68 = 137.78（元）

在债券投资实践中，对于久期相同的债券，投资者一般偏好凸性高的债券。这是因为当到期收益率下降时，凸性高的债券的价格上涨幅度比凸性低的债券的价格上涨幅度更大；而当到期收益率上涨时，凸性高的债券的价格下跌幅度比凸性低的债券的下跌幅度更小。

为了方便地理解这点，我们考虑两个假想的债券：债券 1 是面值为 1000 元、票面利率为 100%、每年发息一次还有三年到期的附息债券。假定现在该债券的到期收益率为 100%，根据式（5-15）和式（5-18）得到该债券的久期为 1.75，凸性为 1.375。债券 2 是还有 1.75 年到期的零息债券，当前债券 2 的到期收益率也为 100%，零息债券的面值为 $1000 \times (1+100\%)^{1.75}$，因此，债券 1 和债券 2 目前的市场价格相同，都是 1000 元。因为零息债券的到期期限就是它的久期，所以，两个债券具有相同的久期，但债券 2 的凸性为 1.0231，小于债券 1 的凸性。图 5-2 显示了当到期收益率变化时两种债券的价格变化情况。

图 5-2 显示出债券 1 具有更大的凸性，因此，其价格—收益曲线比债券 2 更弯曲。因此当到期收益率下降时，凸性高的债券 1 的价格上涨幅度比凸性低的债券 2 的价格上

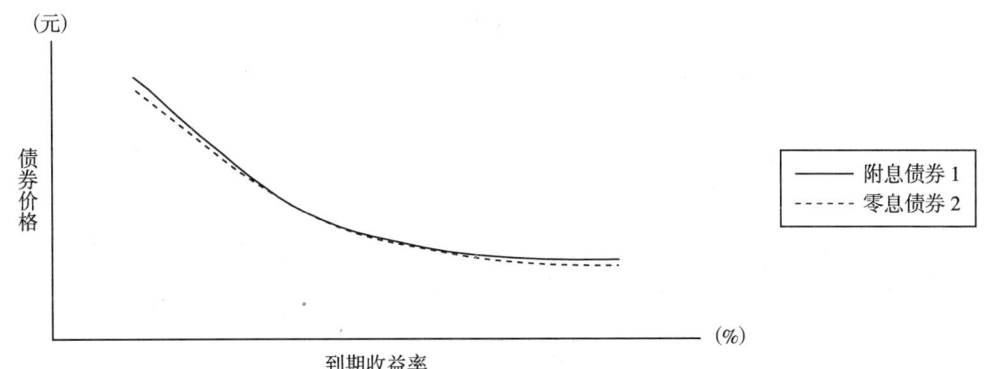

图 5-2 相同久期但凸性不同的债券对到期收益率变化的敏感程度

涨幅度更大;而当到期收益率上涨时,债券 1 的价格下跌幅度比债券 2 的下跌幅度更小。所以当到期收益率变化时,具有相同久期的债券,凸性更大的债券对投资者具有更大的吸引力。

三、久期和凸性在债券投资实践中的应用

通过对久期和凸性的介绍可知,久期和凸性是度量债券价格对收益率变化的敏感度的重要指标,因此投资者在进行债券投资决策时通常会考虑债券的久期和凸性。

表 5-5 是和讯网债券频道提供的 2010 年 3 月 24 日的交易所国债每日行情收益列表。下面我们以其中的两种债券为例来说明久期和凸性对债券价格的影响。

表 5-5 交易所债券每日行情收益列表

国债名称	代码	年利率(%)	期限(年)	剩余期限(年)	净价(元)	应计天数(天)	应计利息(元)	全价(元)	付息方式	到期收益率(%)	修正久期	凸性
国债 0505	100505	3.37	7	2.17	100.66	304	2.81	103.47	年付	3.05	2.01	6.13
国债 0410	100410	4.86	7	1.67	105.45	120	1.60	107.05	年付	1.53	1.60	4.19
国债 0501	100501	4.44	10	4.93	105.80	25	0.31	106.11	半年付	3.16	4.42	22.86
国债 0407	100407	4.71	7	1.42	104.01	212	2.74	106.75	年付	1.81	1.35	3.19
国债 0404	100404	4.89	7	1.17	103.90	304	4.07	107.97	年付	1.49	1.11	2.35
国债 0311	100311	3.50	7	0.66	101.50	126	1.21	102.71	年付	1.17	0.65	0.84
国债 0308	100308	3.02	10	3.49	102.20	189	1.56	103.76	年付	2.35	3.24	13.99
国债 0307	100307	2.66	7	0.41	100.78	217	1.58	102.36	年付	0.71	0.40	0.33
国债 0303	100303	3.40	20	13.07	96.32	159	1.49	97.81	半年付	3.76	10.25	126.62

以国债 0505 和国债 0410 为例,两国债均为 7 年期固息债,都是每年付息一次。而且相比之下国债 0410 具有较小的修正久期和凸性。如果到期收益率上涨 1%,两者的价格变动幅度分别为:

国债0505：由久期带来的价格变化为：$-2.01 \times 1\% \times 103.47 = -2.08$（元）

由凸性带来的价格变化为：$0.5 \times 103.47 \times 6.13 \times 1\%^2 = 0.03$（元）

所以，国债0505的价格总变化为：$-2.08 + 0.03 = -2.05$（元）

国债0410：由久期带来的价格变化为：$-1.60 \times 1\% \times 107.05 = -1.71$（元）

由凸性带来的价格变化为：$0.5 \times 107.05 \times 4.19 \times 1\%^2 = 0.02$（元）

所以，国债0410的价格总变化为：$-1.71 + 0.02 = -1.69$（元）

由上述结果可知，当收益率上涨1%时，国债0505的价格下跌幅度要大于国债0410的价格下跌幅度。

可见，经过对久期和凸性的简单计算，可以比较直观地衡量债券的价格对收益率变动的敏感程度以及债券的风险程度，从而为投资决策提供帮助。但是，当如上述例子中收益率仅变化1%，凸性对债券价格的影响几乎可以忽略，即当收益率变动幅度不大时，修正久期可作为度量债券的价格对收益率变动的敏感度以及债券风险的近似指标。

第四节 收益率曲线与利率期限结构理论

一、收益率曲线的含义

收益率曲线表示的是债券的到期收益率与其偿还期之间关系的曲线。收益率曲线的纵轴代表收益率，横轴则是距离到期的时间。一般来说，市场上所用的收益率曲线都是对国债市场的价格和收益率进行观察形成的。之所以如此，有两个原因：其一，国债一般被认为是无风险资产，信用等级没有什么差别，没有因信用的差异而对收益率产生影响；其二，国债市场是最活跃的债券市场，它具有最强的流动性，很高的交易频率，价格发现机制最完善。从现实的作用来看国债收益率曲线的主要功能是作为基准给债券定价和其他的债券市场设置收益率标准，例如银行贷款、公司债、抵押债券和国际债券等。

从历史数据中观察到的收益率曲线有三种形状：一是上升的收益率曲线，其收益率与其到期期限成正比，即到期日越长，到期收益率越高；相反，到期日越短，到期收益率越低。这是一种最为基本的类型。二是下降的收益率曲线，其到期收益率与期限成反比，即到期日越长，到期收益率越低；到期日越短，到期收益率越高。三是水平收益率曲线，这种情形无论期限多长，到期收益率不变。三种情形的收益率曲线如图5-3所示。

值得指出的是，现实中的债券收益率远比这三种类型复杂。由于税负待遇等方面存在差异，债券的市场价格可能变化，现实的国债收益率不会与这三种收益率曲线完全一致。

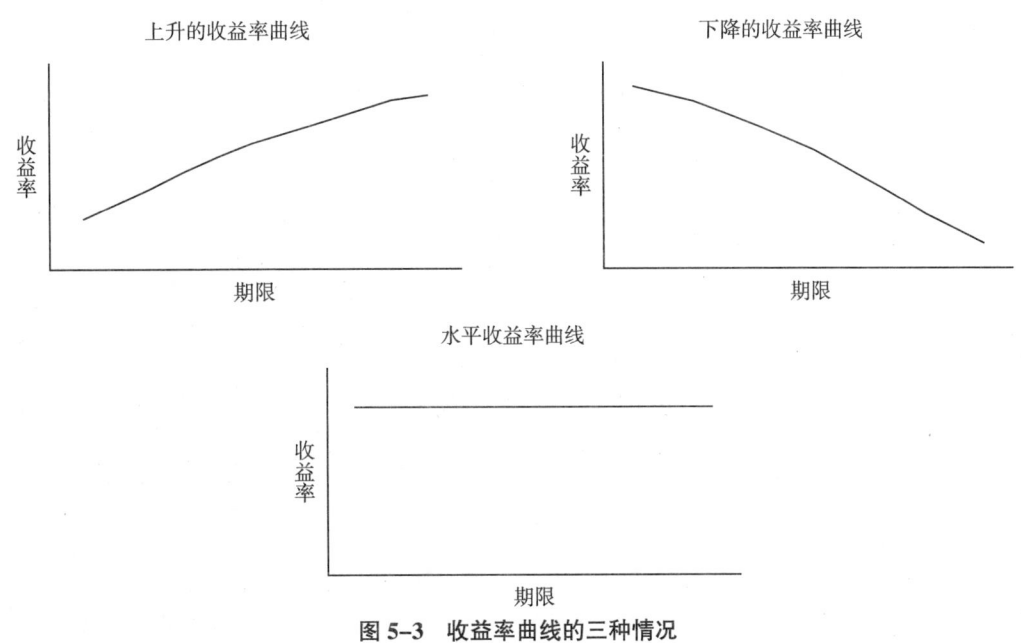

图 5-3 收益率曲线的三种情况

收益率曲线主要有三个方面的作用：①可以根据收益率曲线对固定收益证券进行估值。②可以作为企业确定债券发行价格的参考。③可以根据收益率曲线的变化，观测市场利率的趋势。例如，收益率曲线向下倾斜得非常陡峭，表明人们对未来短期利率的预期可能降低；相反，收益率曲线急剧向上倾斜，表明人们对未来短期利率的预期可能攀升。

二、收益率曲线的构建

任何债券都可以被看作零息债券的组合，因为附息债券的现金流可以用一系列零息债券来复制，这样债券价格就应等于所有零息债券的和。如果这一点不成立，对于市场参与者来说，就能通过套利交易来获取无风险收益。要确定每一零息债券的价值，就有必要知道具有相同到期期限的零息国债的收益率，这一收益率就是即期利率。即期利率的具体概念是指把未来某一特定时点上的一笔现金流折现到现在的贴现率，显而易见的是，零息债券的到期收益率就是即期利率，而描绘即期利率和期限之间关系的曲线就被称为即期利率曲线。由于零息国债的期限不会大于 1，不存在一年以上期限即期利率相对应的国库券，所以不可能只对国库券市场的观察来构建即期利率曲线，而只能从对国债实际交易收益率中从理论上推出即期收益率曲线，因此这一收益率曲线被称为理论即期收益率曲线。

下面我们举例说明如何构建一个 10 年期的即期收益率曲线，即要计算 20 个半年期的即期收益率。

例 5-9：假定债券面值均为 100 元，此刻我们从市场中观察到 20 个假想国债的期限与到期收益率，如表5-6所示。

表5-6 20种期限国债的到期收益率

期间	期限（年）	到期收益率/票面利率（%）	期间	期限（年）	到期收益率/票面利率（%）
1	0.5	5.25	11	5.5	7.15
2	1.0	5.50	12	6.0	7.20
3	1.5	5.75	13	6.5	7.30
4	2.0	6.00	14	7.0	7.35
5	2.5	6.25	15	7.5	7.40
6	3.0	6.50	16	8.0	7.50
7	3.5	6.75	17	8.5	7.60
8	4.0	6.80	18	9.0	7.60
9	4.5	7.00	19	9.5	7.70
10	5.0	7.10	20	10.0	7.80

由于半年期和1年期债券都是零息债券，且其价格小于面值。正如前面所指出的，短期债券是零息债券，因而其年收益率5.25%就是半年期的即期利率。同样的，对于1年期国库券，5.5%就是其1年期即期利率。给定两个期限的即期利率，我们可计算出1.5年期的零息国债的理论即期利率，1.5年期国债票面利率为5.755%，票面价值为100元，则其现金流量是：

0.5年，$0.0575 \times 100 \times 0.5 = 2.875$（元）

1.0年，$0.0575 \times 100 \times 0.5 = 2.875$（元）

1.5年，$0.0575 \times 100 \times 0.5 + 100 = 102.875$（元）

债券的价值，也就是现金流量的现值为：

$2.875/(1+R_1) + 2.875/(1+R_2)^2 + 102.875/(1+R_3)^3$

其中：$R_1 =$ 半年期理论即期利率的1/2。

$R_2 = $ 1年期理论即期利率的1/2。

$R_3 = $ 1.5年期理论即期利率的1/2。

因为半年期即期利率和1年期即期利率分别是5.25%和5.50%，则：

$R_1 = 0.02625\%$ $R_2 = 0.0275\%$

1.5年期附息国债现值，也就是它的价格为：

$2.875/1.02625 + 2.875/(1.0275)^2 + 102.875/(1+R_3)^3$

由于1.5年期附息国债的市场价格为100元（这个价格是我们假定的，利用市场真实价格同样可以，其原理是一样的），则下面的关系成立：

$100 = 2.875/1.02625 + 2.875/(1.0275)^2 + 102.875/(1+R_3)^3$

从而解出1.5年期债券理论即期利率的1/2如下：

$1.028798 = (1+R_3)^3$

得到 $R_3 = 0.028798$

将这一收益率乘以2，则得到1.5年期理论即期利率为0.0576或5.76%。如果这种证券在现实中存在，则这一利率便是市场所认可的 1.5 年期零息国债利率。

我们计算出了 1.5 年期理论即期利率，进而利用同样的方法就可以得到其余 17 个半年期理论即期利率，如表 5-7 所示。

表 5-7 理论即期利率

期间	期限（年）	即期利率（%）	期间	期限（年）	即期利率（%）
1	0.5	5.25	11	5.5	7.26
2	1.0	5.50	12	6.0	7.31
3	1.5	5.76	13	6.5	7.43
4	2.0	6.02	14	7.0	7.48
5	2.5	6.28	15	7.5	7.54
6	3.0	6.55	16	8.0	7.67
7	3.5	6.82	17	8.5	7.80
8	4.0	6.87	18	9.0	7.89
9	4.5	7.09	19	9.5	7.93
10	5.0	7.20	20	10.0	8.07

我们把它绘制在坐标系中就为理论即期利率曲线，如图 5-4 所示。

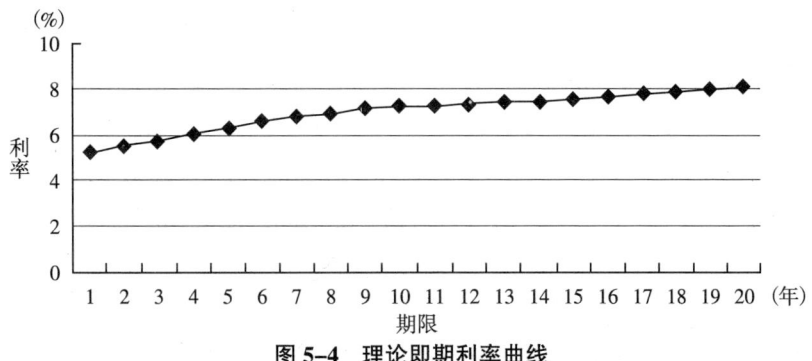

图 5-4 理论即期利率曲线

在债券投资实践中，可以借助于软件构造出收益率曲线图。图 5-5 是和讯网提供的银行间固定利率市场的两幅国债收益率曲线图。其中，图 5-5 是 2013 年 6 月"钱荒"期间的收益率曲线图，图 5-6 是 2013 年 7 月正常的收益率曲线图。

三、利率期限结构理论

利率期限结构是指某个时点不同期限的即期利率与到期期限的关系及变化规律。它特指零息国债的收益与偿还期之间的关系。由于附息债券可以被零息债券组合来替代，所以利率期限结构理论可以用来解释收益率曲线会有不同的形状。同时在任一时点上，有三种可能影响利率期限结构之形状的因素：一是对未来利率变动方向的市场预期；二是债券预期收益率中可能存在的流动性溢价；三是市场效率低下或资金从长期（短期）

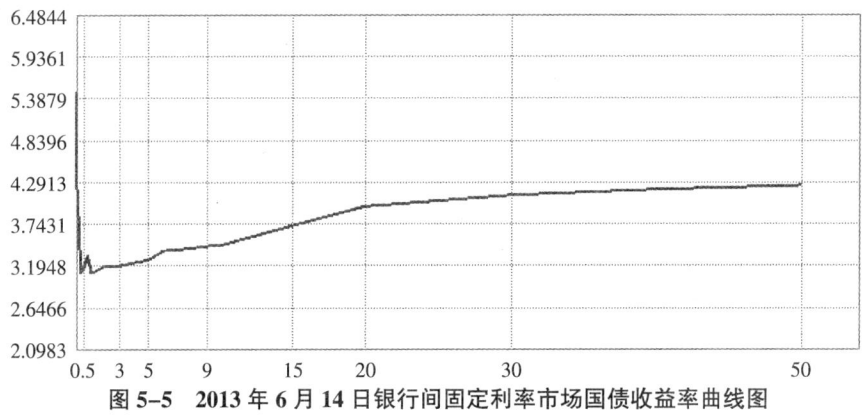

图 5-5 2013 年 6 月 14 日银行间固定利率市场国债收益率曲线图

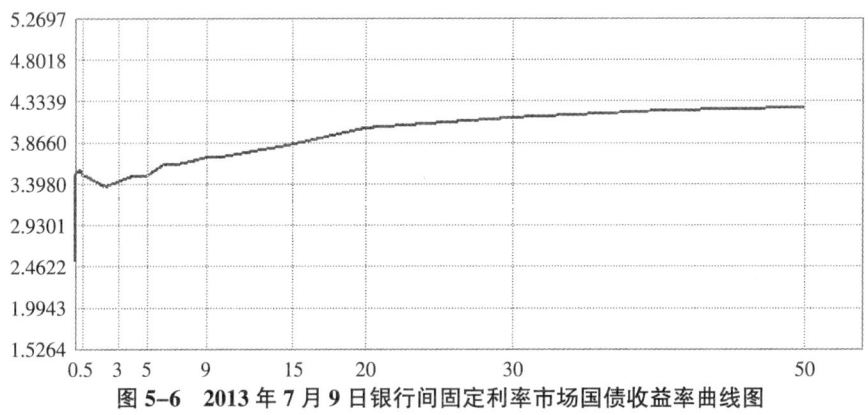

图 5-6 2013 年 7 月 9 日银行间固定利率市场国债收益率曲线图

市场流向短期（长期）市场可能存在的障碍。围绕上述因素，人们分别提出了偏向不同因素的理论来解释收益率曲线形状的差异。下面主要介绍无偏差预期理论、流动性偏好理论以及市场分割理论的基本思想。

（一）无偏差预期理论

该理论认为，利率期限结构产生于投资者对未来市场利率变动的预期，即把当前对未来利率的预期作为决定当前利率期限结构的关键因素。该理论认为，远期利率代表了对所考虑的未来即期利率预期的平均意见，这样即期利率曲线上升可解释为投资者普遍相信未来的即期利率上升；反过来，一个递减的即期利率曲线可解释为市场预期未来的即期利率将下跌。

我们以上升的收益率曲线为例。在这种情况下，期限较长的即期利率要大于期限较短的即期利率。假设一年期即期利率为 7%，两年期即期利率为 8%，根据远期利率的计算，我们得到一年后一年期的远期利率为 9.01%。为什么这两个即期利率会不同？为什么收益率曲线向上倾斜，即为什么两年期的即期利率大于一年期的即期利率？

投资者可以采用到期策略，即直接投资两年期债券，那么他在两年后得到 1.1664 元（$1 \times 1.08 \times 1.08$）。投资者也可以采取滚动策略，即将 1 元先以 7% 的即期利率投资一年，一年后他将有 1.07 元（1×1.07），然后再将其投资一年，如果投资者预期一年以后的一年期即期利率是 10%，则他的 1 元投资在两年后的预期为 1.177 元（1×1.07×1.10）。在这种情况下，投资者将选择滚动投资策略，而不是到期策略，因为这样做他在两年末将期望获得更多的收入（1.177 元＞1.1664 元）。

但 10% 不是市场的均衡状态，因为如果市场上每个投资者都预期一年以后的一年期即期利率为 10%，就不会有人投资于两年期债券，而只投资于一年期国债，这样两年期债券需求的下降将导致利率上升，而一年期债券需求的上升将导致利率下降。

与之对应，如果市场预期的未来即期利率为 6% 而不是 10%。按照滚动策略，投资者预期投资 1 元在两年末将得到 1.1342 元（1×1.07×1.06），因为它小于直接投资两年期国债的收益率（1.1342 元＜1.1664 元），情形正好与上面情况相反，投资者就不会投资于一年期债券，而转而投资于两年期国债，所以 6% 也不是均衡状态。

最后投资者会发现如果他们的预期是 9.01%，在两年期末，以滚动投资策略投资的 1 元将获得 1.1664 元（1×1.07×1.0901），而直接投资于两年期债券，两年后也得到 1.1664 元，这两种策略就没有了差异性。在这种情况下，交易市场将实现均衡。

而无偏差预期理论即揭示了在市场有效率的前提下，无论是进行债券的长期投资，还是进行滚动式投资，在某一时点上，其年收益应是相同的，不存在套利机会。因此无论进行短期滚动式投资，还是长期投资，其年收益率相等。

因而无偏差预期理论认为预期未来即期利率等于远期利率。在上述例子中，当前一年期即期利率为 7%，而根据这一理论，市场普遍认为一年后它将上升至 9.01%，预期的一年期即期利率的上升导致了利率期限结构上倾，这就表现为两年期即期利率 8% 大于一年期即期利率 7%，同样曲线下倾的原因是投资者预期未来即期利率下跌。这一理论可同时解释呈下降趋势和水平趋势的利率期限结构。不同的利率期限结构只不过是反映市场对未来即期利率的不同变化预期。

无偏差预期理论表明，在均衡状态下，预期的未来即期利率等于远期利率，可用公式表示为：

$$ER = f \qquad (5-22)$$

式中，ER 是预期的未来的即期利率；f 是远期利率。这可解释为到期策略得到的预期收益等于滚动策略得到的预期收益。

那么，什么因素促使投资者形成上升或下降的预期呢？人们对未来即期利率预期的变化主要源自人们对通货膨胀率预期的变化，所以当较高的现行通货膨胀率造成短期利率过高时，人们对未来通货膨胀率的预期就会下降，利率的期限结构就会呈下降趋势；反之，就会呈上升趋势。历史数据也比较支持上述观点。

然而同样是从历史数据的基础去考虑，却暴露出无偏差预期理论中不合逻辑的地方。因为利率的变动呈现出明显的周期性特征，周期性运动的特性是上升时期所用时间和下降时期基本相等，但实际情况却是利率期限结构呈上升趋势的时间要多于下降趋势的时间。这一现象的事实存在为流动性偏好理论的产生建立了基础。

（二）流动性偏好理论

此理论是解释利率结构形成原因的另一种理论。其基本观点是，考虑到资金需求的不确定性和风险产生的不可精确预知性，投资者在同样的收益率下，更偏好购买短期债券，即在上例中更倾向"结转再投"的方式。这一偏好的存在迫使长期资金需求者需要提高收益率才能吸引投资者购买两年期债券。在现实操作中，长期资金的需求者也愿意支付这笔流动性升水，原因是短期债券的发行次数频繁，必然增大融资成本。

流动性偏好理论在解释不同形态的期限结构时，同样以未来即期利率为基础的，它与无偏差预期理论之间的区别仅在于曲线弯曲的幅度大小不同。在利率期限结构呈上升态势时，由于流动性升水的存在，流动性偏好理论认为未来即期利率的上升幅度会大于运用无偏差预期理论所计算的上升幅度；同样也是因为流动性升水的存在，当市场预期未来即期利率保持不变，甚至是轻微下降时，利率期限结构也会出现轻微向上倾斜的态势。这种情况的存在，使流动性偏好理论可以解释期限结构上升时期多于下降时期这一现实。

（三）市场分割理论

此理论从另外一个角度来解释利率期限结构的成因。该理论认为，由于存在法律上、偏好上或其他因素的限制，证券市场的供需双方不能无成本的实现资金在不同期限证券之间转移。证券市场不是一个整体，而是被分割为长、中、短期市场。在这种分割状态下，不同期限债券的即期利率取决于各市场独立的资金需求。即使不同市场理论上出现了套利的机会，但由于跨市场转移的成本过高，所以资金不会在不同市场之间转移。

按照这种理论，呈上升趋势的利率期限结构是因为长期债券市场资金供需的均衡利率高于短期市场的均衡利率；反之，当短期均衡利率高于长期均衡利率时，利率期限结构就会呈下降趋势。

考察现行市场的利率期限结构呈何种状态，并精确地估算不同期限债券的即期利率是非常重要的，它是决定未来现金流量现值大小和贴现率的基础。

重要概念

到期收益率　赎回收益率　终值　现值　即期利率　远期利率　债券久期　修正久期　债券凸性　收益率曲线　利率期限结构

思考题

（1）小明现在有一选择机会：现在获得100万元或两年后获得110万元，请问小明将如何选择？并说明在何种情况下，这两种选择无差异。

（2）简述马凯尔债券价格的五大定理的基本含义。

（3）本章介绍了三种收益率曲线的形状，请问各种形式背后的形成原因是什么？

（4）结合收益率曲线来说明流动性偏好理论的基本思想，并对利率期限结构三种理论的思想进行比较。

（5）当前 1 年期零息债券的到期收益率为 7%，两年期零息债券到期收益率为 8%。财政部计划发行两年期债券，票面利率为 9%，每年付息一次，债券面值 100 美元。请回答以下问题：

a. 该债券售价为多少？

b. 该债券的到期收益率为多少？

（6）Philip Morris 公司每年发行每半年支付利息的债券，特征如下：

票面利率（%）	到期收益率（%）	期限（年）	麦考勒久期（年）
8	8	15	10

a. 利用上表的数据计算该债券的久期和修正久期。

b. 解释为什么利用修正久期比利用麦考勒久期更能衡量债券对利率的敏感性。

c. 指出修正久期的变化，如果：

①债券的票面利率为 4%，而不是 8%。

②债券的麦考勒久期为 7 年，而不是 10 年。

d. 解释凸性的概念，并指出如果给定一个利率变化，那么该如何利用久期和凸性来大概计算债券价格的变化。

第六章　普通股估值

【学习目的】 普通股作为资本市场最为常见品种之一，其市场价格的波动是非常频繁的。对一个理性投资者而言，是什么决定普通股的价格，当前的股价是否合理、是否值得投资、未来股价将如何变化？对这些问题的科学、准确地判断将直接决定投资的成败。其实，股票与一般商品类似，其价格与内在价值的高低直接相关，并随内在价值的变化而变化。本章将重点介绍普通股内在价值的评估模型，主要包括红利贴现模型、市盈率模型和公司财务与自由现金流模型。通过本章的学习，要求学生掌握常见的普通股估值的基本原理和方法，并能结合影响股票价格变动的因素科学地进行股票投资决策。

案例

巴菲特的股票投资理念

近年来华尔街流传着一个故事，说在美国总统雕像山的对面，应当再树立一座山，山上刻上一座雕像，献给世界上最伟大的投资者——沃伦·巴菲特。巴菲特被誉为"当今世界最伟大的投资者"，他创造了投资史上的神话。石油大王洛克菲勒、钢铁大王卡内基、软件大王比尔·盖茨等有一个共同的特点，那就是他们的财富来自产品的创新或发明，而巴菲特却与众不同，他纯粹是通过股票投资，从100美元起家最后成为资产500多亿美元的世界第二富人。现在，作为天宝公司的投资部经理张先生，面临着如何将公司的闲置资金通过股票投资来获取收益的问题，他也非常想知道巴菲特的成功之道。事实上，巴菲特是这么说的："我们的投资应当建立在股票内在价值的基础上，而不是随波逐流，股票内在价值为评估投资和企业的相对吸引力提供了唯一的逻辑手段。以大大低于内在价值的价格集中投资于优秀企业的股票并长期持有，给我们提供了走向成功的真正唯一机会！""真正伟大的投资理念常常用一句简单的话就可以概括，那就是以40美分购买价值1美元的股票！"可见，巴菲特股票投资的关键是找出股票的内在价值。

案例点评："股神"巴菲特的成功源自其独特的价值投资理念。然而如何衡量股票的内在价值才是取得股票投资成功的关键。

第一节 股票价格与内在价值

一般来说,投资者在买卖股票前,都要评估一下股票的价值,也就是要准确掌握自己可能买卖的股票的内在价值,以便得到该股票市场价值是否合理、是否具有投资价值的判断。如果股票价值超过市场价格,就说明该股票价格被低估,具有上涨的潜力;反之,就可能下跌。因此,股票的价格受内在价值的制约,同时也受其他因素的影响。

一、股票的价值

有关股票的价值有多种提法,它们在不同的场合有不同的含义,需要加以区分。

(一)票面价值

股票的票面价值又称面值,即股票票面上标明的金额。只有有金额的股票才有票面价值,无金额的股票即无票面价值。股票票面金额的作用:①在于确定每一股份的金额及其应缴付的股金,是发行公司筹集资本的依据。②确定每一股份对企业财产占有权的比例。③依票面价值确定每股的红利率。尽管如此,但对普通股来说,票面价值已无多大意义。股票的票面价值仅在初次发行时有一定意义,如果股票以面值发行,则股票面值的总和即为公司的资本金总额。随着时间的推移,公司的资产会发生变化,股票的市场价格会逐渐背离面值。股票的票面价值也逐渐失去原来的意义。但对优先股股票来说,票面价值较为重要,因为其固定股息是按票面价值计算的。

(二)账面价值

账面价值又称股票净值或每股净资产,是指每股股票所代表的实际资产的价值。账面价值是一个会计概念,是公司按照其会计分录所反映的价值,通过从总资产中扣除一切负债来计算的,余额代表总账面价值。总账面价值也称为净资产。在公司报表中,账面价值通常以股份为单位来表示,若某公司总账面价值是人民币 30 万元,且该公司已发行 1 万股股票,则其账面价值就是每股人民币 30 元。普通股的账面价值可按式(6-1)确定:

$$普通股股票账面价值 = \frac{公司净资产 - 优先股股票总面额}{普通股股份数} \quad (6-1)$$

不过运用每股账面价值来进行股票估价存在缺陷。因为,一方面,账面内的资产项目,如厂房、机器设备、土地等固定资产项目,其账面价值通常并不等于其市价;另一方面,每股账面价值是运用会计准则,将资产的购置成本分摊到一定年限的结果,而股票的市场价值则是把公司当做一个持续经营的实体,反映出公司预期的未来现金流量的贴现值。因此,在通常情况下,每股账面价值与每股市场价值是不相等的。如果某公司股票的市场价格高于其账面价值,并不代表该公司股票被高估了,还应该仔细研究一下该公司股票的内在价值，并将其与市价进行比较。

有些投资者可能会把每股账面价值当做股票价格的底线，但实际情况是否如此呢？在很多情况下，公司股票的市场价格会高于其每股账面价值。但是并非所有股票的市场价格都会高于其每股账面价值，市场中还是会出现一些例外的情况，因此，每股账面价值并不总是股票市场价格的底线。

（三）清算价值

股票的清算价值是指在公司撤销或解散时，公司清理后每一股份所代表的实际价值。公司清理时要变卖全部资产，其变卖收入在清理全部债务后的余额，再支付优先股的股金，其剩余部分除以全部普通股股份，二者之商便是股票的清算价值。

从理论上讲，股票的清算价值应与账面价值一致，实际上并非如此简单。只有当清算时资产实际出售额与财务报表所反映的账面价值一致时，每一股的清算价值才会和账面价值一致。在公司清算时，由于资产的专有性等原因，其资产往往只能压低价格出售，再加上必要的清算成本，大多数公司的实际清算价值总是低于账面价值。

相对于每股账面价值来说，每股清算价值则能更好地反映公司股票市场价格的底线。因为如果公司的清算价值高于其市值，该公司通常会成为被收购接管的目标。公司并购者可以收购该公司的大量股票，取得该公司的控股权，进而直接清算该公司，从中获利。

（四）内在价值

股票的内在价值又称预期价值，是一种理论价值，它是人们经过分析后得出的股票所能真正代表的价值，即人们通过对公司财务状况、盈利前景及其他影响公司增长的因素的分析，并对其进行评估之后确定的股票价值。

股票的内在价值是决定其市场价格高低的基础。股票的市场价格总是围绕股票的内在价值波动。一般来说，投资者总是购买那些内在价值大于市场价格的股票，而抛售内在价值等于或小于市场价格的股票。

二、股票的市场价格

股票的市场价格是指股票在二级市场上的买卖价格，也即股票的实际成交价格。股票的市场价格受多种因素影响，从公司内部看，主要受公司净资产、公司盈利水平、公司的股利政策、股份分割、增资和减资、公司资产重组等因素影响；从公司外部看，则受宏观因素、行业因素、市场因素的影响。在这些影响因素中，有的是影响股市长期发展的基本因素，有的只是影响股价短期波动的暂时因素。

（一）公司经营状况

股份公司的经营状况是股票投资价值存在与否的基石，从理论上讲，公司经济状况与股票价格成正比。其经营状况可以从以下指标进行判断：

1. 公司净资产

公司净资产是公司总资产减去总负债的净值。股票作为投资的凭证，每一股代表一定数量的净值，通常来说，净值增加，股价上涨，净值减少，股价下跌。但有时两者可能出现脱节现象。

2. 盈利水平

公司的盈利水平是影响股票价格的基本因素之一。一般情况下，公司盈利增加，股息也会相应增加，股票的市场价格上涨；反之，则下降。通常，股价的变化要先于盈利的变化，股价的变动幅度要大于盈利的变动幅度。

3. 公司的股利政策

公司的股利政策反映了公司的经营作风和发展潜力，对股票价格具有直接的影响。不同的股利政策会对各期的股息收入等产生不同的影响。

4. 股份分割

股份分割又称为拆股、拆细，是将公司原有的一股股票均等地拆分成若干股的行为。股份分割通常会刺激股价上升。

5. 增资和减资

通常情况下，增发新股，会促使股价下跌。但对于那些业绩优良、财务结构健全、具有发展潜力的公司来说，可能会促使股价上涨。当公司宣布减资时，一般会导致股价大幅下跌。

6. 销售收入

销售收入增加，说明公司销售能力增强，利润增加，一般会促使股价随之上涨。但具体的上涨程度需要根据成本、费用和负债情况进行综合分析。

7. 原材料供应及价格变化

原材料供应情况及价格变化会影响股价的变化。如石油价格的上涨会引起世界各国股价的下跌。

8. 主要经营者更换

公司主要经营者更换会引起投资者的猜测，改变对公司的信任程度，从而引起股价的涨跌。

9. 公司改组或合并

公司的改组或合并一般会引起股价剧烈波动。

10. 意外灾害

当发生不可预料和不可抗力的自然灾害或不幸事件并给公司带来重大的财产损失又得不到相应赔偿时，公司股价一般会下跌。

(二) 宏观经济因素

宏观经济的发展水平和状况决定了股票市场行情发展的基本态势，也是影响股票投资价值的重要因素，这种影响的特点是波及范围广、干扰程度深、作用机制复杂和股价波动幅度较大。对宏观经济因素进行分析时，可以通过对经济增长水平、经济景气循环、货币政策、财政政策、利率变动、通货膨胀水平、汇率变化、国际收支状况等指标的分析加以考察。

股票的市场价格由股票的价值决定，同时受上述多种因素的影响，其中，供求关系是最直接的影响因素，其他因素都是通过作用于供求关系而间接影响股票价格的。而且，这些因素的影响程度几乎是不可预测的。正是由于影响股票价格的因素是复杂多变的，所以，股票价格也是经常起伏波动、变化不定的。但是股票市场价格的高低总是围绕其内在价值而上下波动的。合理地分析和预测股票的内在价值及其变动是投资决策的基础。常见的评价股票内在价值的估值模型有红利贴现模型、市盈率模型和自由现金流贴现模型等，下文将逐一加以介绍。

第二节 红利贴现模型

一、红利贴现的基本模型

红利贴现模型是运用收入资本化原理来决定普通股内在价值的方法。按照收入资本化原理，任何资产的内在价值取决于持有该资产期望带来的未来净现金流入的现值之和。由于未来的现金流取决于投资者的预期，其价值采用未来值的形式，所以需要用贴现率将未来现金流调整为它们的现值。因此，可以将收入资本化原理运用于股票价值分析中，持有股票预期可获得的未来现金流包括红利现金流和资本利得（即股票买卖差价），将其按照一定的贴现率转化为现值并加总即可得到对股票内在价值的估值。投资者将股票市价与按照模型估算的内在价值进行对比，即可做出理智的投资决策。

对于永久拥有某种股票的股东来说，公司提供给他的是一系列的红利流量直到永远，所以股票价值对他而言就是一系列无穷的红利流量的现值之和。但对于大多数投资者而言，持有股票的时间总是有限的。即使投资者有限持有股票也不会改变以上对股票价值的判断，因为未来股票的售价取决于股票未来可产生的预期红利的现值总和，所以对于投资者而言，他购买股票一段时间后卖出，其所得到的现金流量就包含了红利和股票售价两个部分。因此，不管投资者是否永远拥有股票，红利贴现模型都可以用来评价股票的内在价值，除非公司被清算、终止营业。因此，股票在期初的内在价值与该股票的投资人在未来是否出售股票无关。

（一）红利贴现模型的一般表达式

假设某投资者购买了某公司股票，计划持有一年，那么该股票的内在价值就等于第一年末收到的红利 D_1 和预期的出售价格 P_1 的折现值，用公式表示就是：

$$V_0 = \frac{D_1 + P_1}{1+k} \tag{6-2}$$

式中，V_0 为股票的内在价值；D_1 为第一年末可以获得的红利；P_1 为第一年末预期的出售价格；k 为预期贴现率，是一定风险条件下现金流的合适贴现率，它也是股票的必要收益率，即大多数投资者预期的投资收益率，通常称为市场资本化比率，为了简化问题，一般假定贴现率在未来各期均相等。

同样地，第一年末股票的内在价值是：

$$V_1 = \frac{D_2 + P_2}{1+k} \tag{6-3}$$

如果假设第一年末股票的出售价格等于其内在价值，即 $P_1 = V_1$，那么，公式就可以改写为式 (6-4)：

$$V_0 = \frac{D_1 + V_1}{1+k} = \frac{D_1}{1+k} + \frac{D_2 + P_2}{(1+k)^2} \tag{6-4}$$

式 (6-4) 表示的是股票的内在价值等于持有该股票前两年的股利所得与第二年末出售该股票的价格所得的折现值之和。

同样地，可以求出第二年的股票内在价值，并假设第三年末的股票出售价格等于其内在价值。按这种思路推导下去，可以得到：

$$V_0 = \frac{D_1}{1+k} + \frac{D_2}{(1+k)^2} + \frac{D_3}{(1+k)^3} + \cdots = \sum_{t=1}^{\infty} \frac{D_t}{(1+k)^t} \tag{6-5}$$

式 (6-5) 表明股票的内在价值由其未来所有的红利现值所决定，等于所有预期红利的现值之和。该公式被称为红利贴现模型。

由式 (6-5) 可以推出净现值法和内部收益率法两种进行股票投资决策的方法。

1. 净现值法

净现值等于股票的内在价值 V 与 t = 0 时股票市场价格 (P) 之差，用公式表示为：

$$NPV = V - P = \sum_{t=1}^{\infty} \frac{D_t}{(1+k)^t} - P \tag{6-6}$$

如果 NPV > 0，意味着股票的价值被低估，即所预期的现金流的净现值之和大于投资成本，因此，此种股票的价格是可以接受的，应当购买或继续持有。

如果 NPV < 0，意味着股票的价值被高估，即所预期的现金流的净现值之和小于投资成本，因此，此种股票的价格是不能接受的，不应当购买或卖出。

2. 内部收益率法

内部收益率是股票的未来红利现值之和恰好等于当前股票市场价格时的贴现率，它是进行股票投资决策的另一种方法。

用 k^* 代表内部收益率，代入式 (6-6) 中，并令等式的右侧等于零，则有：

$$\sum_{t=1}^{\infty} \frac{D_t}{(1+k^*)^t} - P = 0$$

变形后得：$P = \sum_{t=1}^{\infty} \frac{D_t}{(1+k^*)^t} \tag{6-7}$

从式 (6-7) 中解出内部收益率 k^*，将 k^* 与具有同等风险水平股票的必要收益率 k 相比较可以评判一个股票是否值得去投资。

如果 $k^* > k$，则表明该股票的价值被低估，值得买进；如果 $k^* < k$，则表明该股票的

价值被高估，不值得买进。

(二) 红利贴现模型的具体应用

式 (6-5) 是红利贴现模型的一般表达式，在股票内在价值的评估实践中，其应用性并不强。因为它要求预测所有未来时期红利的支付水平，这是一件相当困难的事情。所以，通常分析师会根据所考察公司的发展特征的不同，对未来无穷多个时期的红利流做一些假定，以便简化问题，这些假定通常是用红利增长率 g 来进行的。一般来说，在时点 t 的红利可以表示为：

$$D_t = D_{t-1}(1 + g_t) \tag{6-8}$$

其中，$g_t = \dfrac{D_t - D_{t-1}}{D_{t-1}}$ (6-9)

不同红利增长率的假定派生出了不同类型的贴现现金流模型，下文将加以详细介绍。

二、零增长模型

零增长模型是红利贴现模型的一种特殊形式，也是最为简单的一种。假定未来每期的红利是固定不变的，即红利的增长率 g 为零，则有 $D_0 = D_1 = D_2 = \cdots = D_\infty$，代入式 (6-5) 可得：

$$V_0 = \sum_{t=1}^{\infty} \frac{D_t}{(1+k)^t} = D_0 \sum_{t=1}^{\infty} \frac{1}{(1+k)^t} \tag{6-10}$$

因为，折现率 k 通常大于零，按照数学中无穷级数的性质，可知：

$$\sum_{t=1}^{\infty} \frac{1}{(1+k)^t} = \frac{1}{k}$$

因此，可得到零增长模型的表达式为：

$$V_0 = \frac{D_0}{k} \tag{6-11}$$

其中，V_0 为股票的内在价值；D_0 为在未来每期支付的股息红利水平；k 为贴现率。

例 6-1：某投资者预期某公司每年支付的股利将永久性地固定在每股 1.1 元，假设该公司的市场资本化比率为 12.5%，那么，该公司股票的内在价值为：

$$V_0 = \frac{1.1}{12.5\%} = 8.8 \text{（元）}$$

如果该公司股票当前的市场价格为 11 元，说明该公司股价被高估了，投资者应减持该公司股票或者卖空该公司股票；如果该公司股票当前的市场价格为 7 元，那么就说明该公司的股票被低估了，投资者可以追加对该股票的投资。

零增长模型的应用似乎受到相当的限制，毕竟假定对某一种股票永远支付固定的红利是不合理的，但在特定的情况下，对于决定普通股股票的价值仍然是有用的。而在决定优先股的内在价值时，这种模型相当有用，这是因为大多数优先股支付的红利是固定的。

三、固定增长模型

(一) 固定增长模型的假定与推导

固定增长模型是红利贴现模型的第二种特殊形式，由于该模型是由戈登推广普及，因此又称为戈登模型。戈登模型隐含着下列几个假设：

(1) 红利增长率是一个常数。
(2) 所评估的股票会支付红利，并且是永久性的。
(3) 市场资本化比率（k）保持不变，且必须大于红利增长率，即 k > g。

根据以上三个假设，并由式（6-5）得出固定增长模型为：

$$V_0 = \frac{D_1}{1+k} + \frac{D_2}{(1+k)^2} + \frac{D_3}{(1+k)^3} + \cdots = \frac{D_0(1+g)}{k-g} \tag{6-12}$$

其中，D_0 为上一年支付的红利。

例 6-2：ABC 公司的红利增长速度 g = 0.05，最近一期的红利支付 D_0 = 3.81 元，则未来每期红利的预期值为：

$D_1 = D_0(1+g) = 3.81 \times 1.05 = 4.00$（元）
$D_2 = D_0(1+g)^2 = 3.81 \times (1.05)^2 = 4.20$（元）
$D_3 = D_0(1+g)^3 = 3.81 \times (1.05)^3 = 4.41$（元）
……

如果 ABC 公司的市场资本化率为 12%，现在可以根据式（6-12）计算出 ABC 公司股票的每股内在价值为：

$4 \div (0.12 - 0.05) = 57.14$（元）

根据式（6-12）可知，当红利增长率 g 等于零时，固定增长模型就变成零增长模型，因此，零增长模型是固定增长模型的一种特殊形式。

另外，根据公式可知股票的内在价值由以下三个因素决定：最近一期的预期红利 D_0，市场资本化率 k，预期的红利增长率 g。这些因素对股票内在价值有以下影响：在其他因素不变的情况下，预期的未来每股红利越多，股票的内在价值越高；公司的市场资本化比率越低，股票的内在价值越高；红利增长率越高，股票的内在价值就越高。

(二) 应用固定增长模型需要注意的事项

使用戈登模型评测股票的内在价值需要满足上述三个假定，但是这三个假定的使用都有一定的局限性。

第一个假定对于成熟型的公司，比如公用事业公司来说是合理的，这些公司的现金流比较稳定，红利的增长比较稳定，可以假设红利是按固定增长速度增长的。但对于成长型的公司来说，比如互联网业和通信业就不太合适了，因为这些公司现在的红利很低，甚至没有红利，但是，这些公司未来的盈利增长潜力很大，未来的红利增长率会比较高。因此，固定增长率的假设一般不符合对成长型公司的估值。

第二个假定意味着公司被假定是永续经营的，在所有权和经营权分开之后，公司的经营不会因为所有者的消亡而消亡。持续经营假设为评估公司价值奠定了基础，公司的价值是未来永续经营期内产生的现金流的净现值。但是，很少有公司能够存活100年以上，在美国纳斯达克上市的公司有50%以上存活不到5年。如果公司不能够永续经营，投资者得到的红利就是有限的而不是无限的。显然，这个模型不适合评估陷入财务困境中的公司的股票内在价值。

第三个假定是折现率必须大于红利增长率，否则无法得到股票的估值，这在理论上没有意义。但在实际中，如果我们考察诸如微软、雅虎等公司的增长率，就会发现在一定时期，公司的增长率可能高达30%以上，增长率远远超出了必要回报率。因此，对于高增长的公司，固定增长率的红利折现模型也是不适用的。

四、多阶段增长模型

前面介绍的戈登模型有一个重要的假设，那就是红利增长率是一个常数，这使得戈登模型只适用于对红利呈固定增长的公司进行估价。而公司（行业）是存在生命周期的，在生命周期的不同阶段，公司的红利政策会存在或大或小的差异。一般来说，在公司的早期，因为有广阔的高收益的再投资机会，公司的红利发放率会比较低，但此时的红利增长率却相当的高；当公司进入成熟阶段，随着竞争对手的不断加入，市场需求趋于饱和，公司很难发现比较好的再投资机会，此时公司就会提高红利发放率，红利水平也会有相应的提高，但因投资机会较少，红利增长率比较小。

表6-1给出了美国价值线公司对半导体行业和电器行业的一些样本公司的资产收益率、红利分派率和3年期每股盈利增长率的预测。由表6-1可知，这组半导体公司的平均预期资产收益率是15.6%，相应地，它们的再投资率也很高，其中许多公司根本就不分派红利。高资产收益率与高再投资率造成了高速的增长率，这一组公司平均每股盈利增长率预期值为20.2%。可见，这组半导体公司仍然有很吸引人的投资机会。相反，电器公司更加具有成熟公司的特征，它们的资产收益率较低，为7.2%；红利分派率较高，为55.6%；平均增长率也较低，为6.5%。

表6-1 两个行业的财务比率

单位：%

	资产收益率	红利分派率	盈利增长率
半导体行业			
Analog Devices	15.5	0	21.7
Cirrus Logic	11	0	11.5
Intel	20	8	20.1
Lsi Logic Corp.	18	0	23
Micron Technologies	12.5	0	22.5

续表

	资产收益率	红利分派率	盈利增长率
National Semiconductor	15.5	0	18.5
Nvidia	20	0	21.5
Semtech	17	0	18.5
Texas Instruments	11	9	24.6
平均值	15.6	1.9	20.2
电器行业			
Allegheny Energy	6	78	5
Central Vermont	8	48	11.2
Consolidated Edison	7.5	68	2
Energy East	6.5	51	5.8
Green Mountain Power	7.5	35	5
Northeast Utilities	6	39	18.6
Nstar	8	62	3.8
Public Services Enter	8.5	50	2.4
United Illuminating	6.5	69	4.4
平均值	7.2	55.6	6.5

注：2003年某些半导体行业公司的盈利为负，这会使增长率失去意义。在此，我们使用来自价值线公司的长期增长估计。

资料来源：Value Line Investment Survey, 2003.

从上面的分析中可以看出，当公司处在生命周期的不同阶段时，其所采用的股利政策会有所不同。因此，为了评估具有暂时高增长率的公司，分析专家使用多阶段红利贴现模型。预测早先高增长时期的红利，并计算它们综合的贴现值。然后，一旦预计公司进入稳定增长阶段，就用固定增长的红利贴现模型来对剩下的红利流估价。

（一）两阶段增长模型

考虑到公司在早期通常都具有较高收益的投资机会，具有较高的增长率，两阶段红利贴现模型假设公司最初几年呈现较高的增长率 g_1，之后增长率稳定在一个比较低的水平 g_2 上。因此，两阶段红利贴现模型的公式可以表示如下：

$$P_0 = \sum_{t=1}^{n} \frac{D_t}{(1+k)^t} + \sum_{t=n+1}^{\infty} \frac{D_t}{(1+k)^t}$$

$$= \sum_{t=1}^{n} \frac{D_0(1+g_1)^t}{(1+k)^t} + \sum_{t=n+1}^{\infty} \frac{D_n(1+g_2)^{t-n}}{(1+k)^t} \tag{6-13}$$

式中，n 表示公司以较高的比率 g_1 增长的年份，g_n 表示 n 年后稳定增长的比率。因此，式（6-13）右边中的第一项是公司在前 n 年以较高比率 g_1 增长的价值，第二项是 n 年以后以 g_2 稳定增长的公司价值。其实，第二项也就是公司在第 n 年的现值再折现到当前的现值，因此：

$$\sum_{t=n+1}^{\infty} \frac{D_n(1+g_2)^{t-n}}{(1+k)^t} = \frac{1}{(1+k)^n} \times \frac{D_{n+1}}{k-g_t}$$

从而，式（6-13）可以转化成：

$$P_0 = \sum \frac{D_n(1+g_t)^t}{(1+k)^t} + \frac{1}{(1+k)^n} \times \frac{D_{n+1}}{k-g_t} \tag{6-14}$$

例 6-3：假设 A 公司最近一期的红利是 0.5 元，该公司现在处于超常增长期，增长率为 15%，估计这个增长率可以保持 5 年，5 年以后的增长率回落到 5%，根据分析师的估计，公司合理的折现率为 10%，那么根据两阶段红利贴现模型，该股票的内在价值是多少？

$$P_0 = \sum_{t=1}^{5} \frac{0.5 \times (1+15\%)^t}{(1+10\%)^t} + \frac{0.5 \times (1+15\%)^5(1+5\%)}{(1+10\%)^5(10\%-5\%)}$$

$$= 3.03 + 13.31$$

$$= 16.34（元）$$

假设公司没有增长机会，按照红利无增长的红利贴现模型，股票的内在价值为 0.5÷10% = 5 元，公司的增长机会带来的价值为 16.34 - 5 = 11.34 元，这 11.34 元也被称为增长机会的现值，它反映了盈利增长对股票价格的贡献。

例 6-4：假设 ABC 公司每年支付红利的增长模式如图 6-1 所示。设 ABC 公司在其生命周期的前 10 年红利增长率为 20%，此后的年份保持 8% 的增长率。ABC 公司第一年支付红利 1 元，投资者要求适当的回报率为 12%，求 ABC 公司的内在价值。

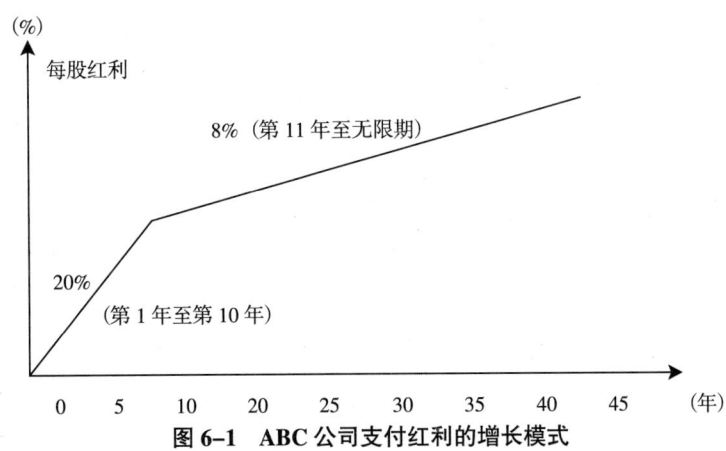

图 6-1 ABC 公司支付红利的增长模式

这个问题可以分两个区间分别计算，然后相加。前 10 年股利的现值可以逐项算出，再累加。第 11 年至无限期的股利现值可以使用常数增长模型求出现值。我们便能得到答案。

前 10 年红利的现值如表 6-2 所示。

表 6-2 红利现值表

单位：元

	红利（元） （20%增长率）	现值因子 （12%贴现率）	红利现值
第 1 年	1	0.893	0.89
第 2 年	1.2	0.797	0.96
第 3 年	1.44	0.712	1.03
第 4 年	1.73	0.636	1.1
第 5 年	2.07	0.567	1.17
第 6 年	2.48	0.507	1.26
第 7 年	2.98	0.452	1.35
第 8 年	3.58	0.404	1.45
第 9 年	4.29	0.361	1.55
第 10 年	5.15	0.322	1.66
前 10 年红利现值合计			12.42

然后我们计算第 10 年以后的红利现值。第 11 年末的红利是 5.56 元（5.15×1.08），因为从第 11 年起，余下的红利流是无限的，便可使用戈登公式计算第 10 年后红利流的现值 P_{10}。

$$P_{10} = \frac{D_{10}}{K_e - g} = \frac{5.56}{0.12 - 0.08} = \frac{5.56}{0.04} = 139.00 \text{（元）}$$

这个结果表明，一个投资者在第 10 年末将对第 11 年至无限期的未来红利流支付 139 元，这是第 10 年末的价格，它必须贴现到目前的现值，贴现率是 12%，贴现时间是 10 年，计算如下：

$$P_0 = \frac{P_{10}}{(1+K_e)^{10}} = \frac{139}{(1+0.12)^{10}} = \frac{139}{1.12^{10}} = 139 \times 0.322 = 44.76 \text{（元）}$$

两部分现值相加为：

12.42 + 44.76 = 57.18（元）

所以，ABC 公司普通股的内在价值是 57.18 元。

（二）三阶段增长模型

虽然两阶段增长模型相对来说比固定增长模型有更强的适用性，但两阶段增长模型也存在着缺陷。两阶段模型假设公司的红利在前面 n 年以较高的比率 g_1 增长，而从第 n+1 年起，增长率直接从 g_1 下降到稳定增长率 g_2，而不是在几年的时间里逐步下降到 g_2。为了使红利贴现模型能更适用于一些公司的红利实际增长情况，可以对其做进一步修正。三阶段增长模型将红利增长分为了三个不同的阶段：在期限为 n_1 年的第一个阶段，红利以比率 g_1 增长；在第二个阶段，即 n_1 年之后，红利增长率从 g_1 以线性方式下降至 n_2 年；在第三个阶段，红利以一个稳定的比率 g_2 永久性地增长。这种模型适用于最初呈快速增长、最终呈稳定的红利增长，而中间或过渡期的红利增长，则从最初的快速增长下降到较低的可持续增长的状态。这种三阶段模型如图 6-2 所示。

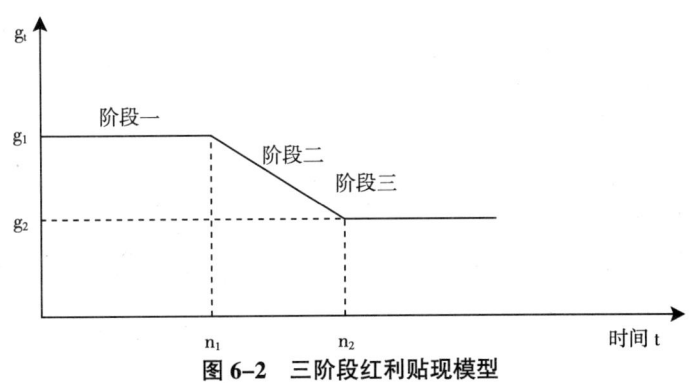

图 6-2 三阶段红利贴现模型

而在 n_1 和 n_2 年间的红利增长率 g_t 可以由式（6-15）来计算：

$$g_t = g_1 - (g_1 - g_2) \times \frac{t - n_1}{n_2 - n_1} \tag{6-15}$$

其中，$n_1 \leq t \leq n_2$。当 $t = n_1$ 时，红利增长率为 g_1；当 $t = n_2$ 时，红利增长率为 g_2。

如果公司红利增长满足三阶段模型的假设条件，并且 g_1、g_2、n_1、n_2 及 D_0 都是已知，就可以计算出所有各期的红利水平，从而计算出公司股票的内在价值。三阶段增长模型的计算公式如下：

$$V_0 = D_0 \sum_{t=1}^{n_1} \left(\frac{1+g_t}{1+k}\right)^t + \sum_{t=n_1+1}^{n_2-1} \frac{D_{t-1}(1+g_t)}{(1+k)^t} + \frac{D_{n_2}(1+g_2)}{(1+k)^{n_2}(k-g_2)} \tag{6-16}$$

公式右边的三项分别对应于红利增长中的三个阶段。

例 6-5：有某种股票其红利在最近两年内将以 6% 的比率增长，而在之后 3 年中增长率将以每年递减 1% 的速度减至 3%，并保持不变。经估计，适当的折现率为 8%。这样我们有 $g_a = 6\%$，$A = 2$，$g_n = 3\%$，$B = 5$，$r = 8\%$，假定股票上年的红利为 1 元，则每一年的增长率与红利估计结果如表 6-3 所示。

表 6-3 红利增长变动资料

		增长率（%）	红利（元）
阶段一	第 1 年	6	1 × 1.06 = 1.06
	第 2 年	6	1.06 × 1.06 = 1.124
阶段二	第 3 年	5	1.124 × 1.05 = 1.18
	第 4 年	4	1.18 × 1.04 = 1.227
	第 5 年	3	1.227 × 1.03 = 1.264
阶段三	第 6 年	3	1.264 × 1.03 = 1.302

由式（6-16），可得：

$$g_3 = 6\% - (6\% - 3\%) \times \frac{3-2}{5-2} = 5\%$$

根据表 6-3 的各期红利及折扣率 8%，可以求出预期红利的现在价值为：

$$P_0 = \frac{1.06}{1.08} + \cdots + \frac{1.264}{(1.08)^5} + \frac{1.302}{(1.08)^5(0.08-0.03)} = 22.36\ (元)$$

用该值与即期股票价格进行比较，可以确定该股票是被高估还是被低估。

阶段三红利贴现模型的优点在于分析者只要做出四个变量（g_a、A、g_n、B）的估计，便可以计算出公司的全部红利流量；缺点就在于如果第二阶段超过2~3年，则手工计算就比较麻烦，此外，即使给定股票的即期价格及估计价格，也不能从模型中直接求解贴现率k，正因为这样，有人又提出了改进模型，称为H模型，由于篇幅限制，本书就不再具体讲解。

第三节 市盈率模型

市盈率模型是一种较为常用的比例估价法。市盈率为每股市价与每股收益之比，反映了投资者愿意为每单位盈利所支付的价格。

公式：市盈率 = $\dfrac{每股市价}{每股盈利}$

转换公式：股价 = 市盈率 × 每股盈利

现实中，经常有部分公司不支付红利或者投资者对红利的未来变化很难估计，在这种情况下，对股票估计的简便方法可用市盈率估计法，即首先给公司确定一个大致合理的市盈率，然后用公司目前的每股盈余乘以这个市盈率来评估该公司的股票价格，将评估得到的股票价格与股票的市场价格进行对比，或者是通过对某股票正常市盈率与实际市盈率进行比较，投资者也就知道该股票是高估还是低估，从而决定是否买入。

一、关于股价与投资机会的分析

考虑有两家公司，现金牛公司与增长前景公司。它们未来1年的预期每股盈利都是5美元。两家公司在原则上都可以将所有盈利当做红利分派，以保持5美元的永续红利流。如果市场的应得收益率 k = 12.5%，两家公司的价值都将是 $D_1 \div k = 5 \div 0.125 = 40$（美元/股），没有一家公司会增值，因为在所有盈利都被作为红利分派的情况下，没有盈利被用做公司再投资，两家公司的资本与盈利能力将保持不变，盈利与红利将不会增长。

现在，假设增长前景公司致力于一些投资收益率为15%的项目，这比应得收益率k = 12.5%要大，这样的公司如果将所有盈利都当做红利分派是很不明智的。如果增长前景公司将一些盈利留存下来，投入高盈利项目，就可以为股东挣得15%的收入，但如果把盈利全部用做红利分派，它只有放弃这些项目，而股东只有用红利去投资另一些只能得到市场利率为12.5%的机会。所以，我们假设增长前景公司将红利分派率（红利占盈利的百分比）从100%降为40%，从而维持了60%的再投资率（再投资资金占盈利的百分比，也被称为收益留存率）。此时，公司红利将是 2 美元（盈利 5 美元的 40%），而不是 5 美元。虽然在盈利再投资政策影响下，红利一开始会下降，但是由于再投资利润引起的公司资产增长将使未来的红利增加，而这将从现在的股价中得到反映。低投资率计划允许公司开始分派更高的初始红利，但是这造成了较低的红利增长率。而高投资率计划最终可以提供更多的红利。如果再投资盈利产生的红利增长率足够高，在高投资策略下该股票将升值。

此种情况下，公司会产生多高的增长率？假设增长前景公司最初的厂房与设备的价值为 1 亿美元，而且所有资金都是通过融资获得的。如果投资或股权收益率（ROE）为 15%，则盈利 = 股权收益率 × 1 亿美元 = 0.15 × 1 亿美元 = 1500 万美元。假设市场上共有流通股 300 万股，每股盈利是 5 美元，如果收益的 60% 用于再投资，那么公司股票的资本价值将会增加为 0.60 × 1500 万美元 = 900 万美元，或 9%。股票资本增加的百分比等于股权收益率（ROE）乘以再投资率（用 b 表示）。由于增加了 9% 的股本，公司将多挣 9% 的收入，并多分派 9% 的红利。所以红利增长率等于：

$g = $ 股权收益率 $(E) \times b = 0.15 \times 0.60 = 0.09$

如果股价等于它的内在价值，则按戈登模型股价为：

$P_0 = D_1 \div (r - g) = 2 \div (0.125 - 0.09) = 57.14$（美元）

当增长前景公司采用零增长政策，将所有盈利当做红利分派，股价则仅为 40 美元。当公司减少当前的红利，并把它用于再投资，就会有足够的增长率，从而股价也会增加。

零增长政策下，股价为 40 美元，而实际股价为 57.14 美元。两者的差异应该归因于公司有极好的投资机会。一种考虑公司价值的方法就是将股价描述为零增长政策下的价值（每股 E_1 的永续年金的价值）加上增长机会的贴现值（用 PVGO 表示）。在本例中，增长机会的贴现值为 17.14。而：

股价 = 无增长每股值 + 增长机会的贴现值

$P_0 = E_1/r + \text{PVGO}$ (6-17)

也就是 57.14 = 40 + 17.14

但是投资者真正想要的并不是公司股本的增长，仅仅当公司拥有高利润率（即股权收益率 > r）的投资机会时，公司的价值才会提高。让我们来看这是为什么。

假设现金牛公司的股权收益率仅有 12.5%，与应得收益率 r 相等，投资机会的净现值为 0。在零增长策略下，$b = 0$，$g = 0$，现金牛公司的股票价值是 $E_1/r = 5 \div 0.125 = 40$（美元/股）。现在假定现金牛公司与增长前景公司相同，选择再投资率 $b = 0.60$，则 g 将增加到 $g = \text{ROE} \times b = 0.125 \times 0.60 = 0.075$，此时的股价为：

$P_0 = D_1/(r - g) = 2 \div (0.125 - 0.075) = 40$（美元）

这和零增长策略的情况相同。对于现金牛公司而言，为再投资节省下的红利仅仅产生了维持股价原有水平的增长，这说明了"增长"与增长机会不一样。只有项目的预期收益比股东所能发现的更高时，公司再投资才是正确的。现金牛公司的增长机会的贴现值（PVGO）：$\text{PVGO} = P_0 - E_1/r = 40 - 40 = 0$。当股权收益率（ROE）= r 时，将资金再注入公司并不能带来任何好处。事实上，这也正是为什么那些拥有相当多现金流，而投资前景却十分有限的公司被称作"现金牛"的原因。这些公司产生的现金最好被取出或被"榨干"。

二、关于市盈率比率与投资机会的分析

现在，我们在第一部分分析的基础上继续讨论说明为什么股市分析家看重市盈率（P/E）比率。现金牛与增长前景这两家公司每股预期收益都是5美元，但是增长前景公司将盈利的60%用于投资股权收益率为15%的项目，而现金牛公司把所有盈利都作为红利分派。现金牛公司的股价为40美元，市盈率比率等于 40÷5 = 8.0，而增长前景公司的股价为57.14美元，市盈率比率等于 57.14÷5 = 11.4。

这说明市盈率比率也许充当了增长机会的有效指示器。如果对式（6–17）进行变形，将公式两边都除以 E_1，那么就可以得到：

$$\frac{P_0}{E_1} = \frac{1}{k}\left[1 + \frac{PVGO}{E_1/k}\right] \tag{6–18}$$

其中，因子 $\frac{PVGO}{E_1/k}$ 表示的是公司价值中由成长机会贡献的部分与由现有资产贡献的部分（即零增长时的公司价值）的比率。根据该公式，当 PVGO = 0 时，就有 $\frac{P_0}{E_1} = \frac{1}{k}$，即当公司的成长现值为零（相应地，收益增长率也为零）时，公司股票的市盈率就为该公司市场资本化比率的倒数；当成长现值逐渐增大时，公司股票的市盈率就会有较大的上升。或者，高市盈率意味着公司享有足够的成长机会。

实际上，高市盈率是市场对公司成长前景持有乐观态度这一状况的反映。投资者在运用市盈率时，必须首先确定自己对公司成长前景所持的态度是比市场乐观还是比市场悲观，如果比市场乐观，那么就可以购买该公司股票；如果比市场悲观，则应该放弃对该公司股票的投资。

为了进一步理解这一点，可以回顾一下固定增长的红利贴现模型，其公式为：$P_0 = \frac{D_1}{k-g}$。另外，我们知道，红利贴现模型中的红利就是公司收益中未留存的那部分，即 $D_1 = E_1(1-b)$，红利增长率 $g = ROE \times b$。因此，固定增长的红利贴现模型可以转换成：

$$P_0 = \frac{D_1}{k-g} = \frac{E_1}{k - ROE \times b}$$

从而，可以得到：

$$\frac{P_0}{E_1} = \frac{1-b}{k - ROE \times b} = \frac{1-b}{k-g} \tag{6–19}$$

由于红利贴现模型中要求 $g < k$，因此式（6–19）中要求 $ROE \times b < k$。从式（6–19）可以看出，市盈率随着股权收益率的增长而增长，因为股权收益率高，表明公司有更

好的成长机会，从而推动市盈率的增长；当股权收益率 ROE 大于市场资本化比率 k 时，市盈率将随着收益留存率 b 的增加而增长，因为 ROE > k 表明公司有好的投资机会，这时提高收益留存率，将更多的公司收益用于再投资，那么市场必然报之以更高的市盈率。

需要注意的一点是，对于投资者来说，增长率本身并没有多大的意义。表 6-4 列出了与不同的 ROE 和 b 组合相对应的增长率与市盈率。从表中可以看出，不管 ROE 取什么值，公司增长率都会随着收益留存率的增加而增加，但市盈率却并非如此。如果公司的股权收益率为 11%，当收益留存率由 0 增加到 0.3 再增加到 0.6 时，公司收益增长率也相应地从 0 增加到 3.3% 再增加到 6.6%；这种公司收益增长率随着收益率的增加而增长的情况同样适用于股权收益率为 13.5% 与 17% 的公司。但对于公司市盈率来说，如果公司股权收益率为 11%，当收益留存率由 0 增加到 0.3 再增加到 0.6 时，公司市盈率却从 7.41 下降到 6.86 再下降到 5.80；如果公司股权收益率为 17%，当收益留存率发生同样的变化时，公司市盈率先从 7.41 上升到 8.33，最后上升到 12.12；如果股权收益率为 13.5%，则市盈率不随收益留存率的变化而变化。出现这种情况的原因在于，当市场预测的公司股权收益率小于其市场资本化比率时，投资者更愿意公司将收益作为红利发放，而不是进行再投资，因此，收益留存率的提高会降低公司的价值。如果公司股权收益率高于其市场资本化比率，那么情况则相反，由于公司可以提供更有利的投资机会，公司留存更多的收益进行再投资就会提高公司的价值。如果公司股权收益率与其市场资本化比率相等，公司只拥有正常的投资机会，投资者对于公司收益是进行留存再投资还是当做红利发放就不怎么关心了。

表 6-4 ROE 和收益留存率对公司增长率与市盈率的影响

项目	收益留存率（b）		
	0	0.3	0.6
股权收益率 ROE（%）	公司收益增长率（%）		
11	0	3.3	6.6
13.5	0	4.05	8.1
17	0	5.1	10.2
股权收益率 ROE（%）	公司市盈率		
11	7.41	6.86	5.8
13.5	7.41	7.41	7.41
17	7.41	8.33	12.12

由此可见，公司的收益留存率越高，其收益增长率就越高，但这并不意味着公司的市盈率就越高。只有当公司股权收益率超过其市场资本化比率时，提高收益留存率才能提高公司市盈率；如果公司股权收益率低于其市场资本化比率，那么提高收益留存率只会导致公司市盈率降低。

例 6-6：ABC 公司是一个无负债的公司，每股账面值年初是 5 元，ROE 是 15%，投资者要求的回报率（k）是10%。在无增长的情况下，该公司的市盈率是多少，股票价值是多少？当公司采取增长发展战略时，在20%和60%的保留盈余比率下，该公司股票的市盈率分别是多少？如果将公司利润全部留存下来，用于再投资，公司的股票价格是多少？这可能实现吗？

对上面的问题分析如下：

该公司的每股盈利为：$5 \times 15\% = 0.75$（元）

在没有增长的情况下，股票的价格为 $0.75 \div 0.1 = 7.5$（元），市盈率为10倍。

当保留盈余的比率为20%的时候，盈利的增长率为 $20\% \times 15\% = 3\%$，这时股票的价格为：

$$P = \frac{E \times (1-b)}{k - b \times ROE} = \frac{0.75 \times (1 - 20\%)}{10\% - 20\% \times 15\%} = 8.57 \text{（元）}$$

此时的市盈率为11.43倍。

当保留盈余的比率为60%的时候，盈利的增长率为 $60\% \times 15\% = 9\%$，这时股票的价格为：

$$P = \frac{E \times (1-b)}{k - b \times ROE} = \frac{0.75 \times (1 - 60\%)}{10\% - 60\% \times 15\%} = 30 \text{（元）}$$

此时的市盈率为40倍。

可见当ROE高于k的时候，保留盈余的比率越高，增长率就越高，股票的价格就越高，市盈率也就越高。如果公司把所有的留存都用来再投资，公司的增长率就等于净资产回报率15%了。15%的净资产报酬率大于10%的折现率，红利贴现模型就不适用了。

如果在这个例子里面，净资产的报酬率不是15%，而是8%，低于股东要求的贴现率10%，我们再来看一下保留盈余用于扩大再生产会对公司的价值产生什么影响。当保留盈余的比率为20%的时候，盈利的增长率为 $20\% \times 8\% = 1.6\%$，这时股票的价格为：

$$P = \frac{E \times (1-b)}{k - b \times ROE} = \frac{0.75 \times (1 - 20\%)}{10\% - 20\% \times 8\%} = 7.14 \text{（元）}$$

如果保留盈余的比率为60%，这时盈利的增长率为 $60\% \times 8\% = 4.8\%$，股票的价格为：

$$P = \frac{E \times (1-b)}{k - b \times ROE} = \frac{0.75 \times (1 - 60\%)}{10\% - 60\% \times 8\%} = 5.77 \text{（元）}$$

当公司把全部盈余都作为红利分配，增长率为零的时候，股票的价格为7.5元。如果再投资的回报率低于股东要求的贴现率，那么，当公司保持增长的时候，股东的价值反而会降低。例如公司的增长率为1.6%的时候，股票的价格为7.14元；而当增长率为4.8%的时候，股票的价格为5.77元。说明在这种情况下，越是扩大投资，股东的损失越大。增长能不能为公司创造价值，要取决于再投资的回报率。现实中有一些公司盲目追求规模的扩张，净资产的回报率很低，甚至低于无风险的回报率，这样的公司就不值得投资者投资。

三、关于市盈率与股票风险的分析

根据股票估值模型可以看出，在其他条件相同的情况下，股票面临的风险越高，其市盈率就越低。可以从两方面来解释这一现象：一方面，对于任何预期收益和红利流，当人们认为风险较大时，其现金流的现值就小，所以股价以及股价与收益的比率也低；另一方面，通过式（6-19）可以看出，公司的风险越高，那么投资者对该公司所要求的应得收益率也就越高，因此 k 的值相应也就会越大，从而使得市盈率越小。

然而，如果反过来说市盈率越高就表明股票的风险就越小，这种说法就不一定成立。因为，在股票市场我们经常会发现有许多刚刚起步的小型、有风险的公司，它们的市盈率很高。其实这种情况跟我们前面所说的并不矛盾，因为市盈率比较高只是表明市场预期这些公司有较高的成长率。这就是为什么我们说，在其他条件不变的情况下，高风险公司的市盈率比率低。如果对增长率的预期保持不变，对风险的预期较高时，市盈率比率就低。

四、用市盈率模型来估计股票价格与投资机会的例子

实际上，在利用红利贴现模型对股票进行估价时，可以结合市盈率一起进行分析。分析师可以先预测股票收益，进而利用市盈率估计某一投资期限结束时的股票价格。

例 6-7：某投资者预测摩托罗拉公司 2004~2007 年的红利分别为 0.21 美元、0.24 美元、0.28 美元、0.32 美元，2007 年的每股收益为 3.5 美元，市盈率为 24 倍。假设市场资本化比率为 13.5%，试计算摩托罗拉公司股票的内在价值。

根据预测的 2007 年的每股收益与市盈率，可以计算出 2007 年的股票价格为：$3.5 \times 24 = 84$（美元）。那么，根据红利贴现模型，可以得到摩托罗拉公司股票的内在价值为：

$$V = \frac{0.21}{1+0.135} + \frac{0.24}{(1+0.135)^2} + \frac{0.28}{(1+0.135)^3} + \frac{0.32+84}{(1+0.135)^4} = 51.37 \text{（美元）}$$

例 6-8：已经知道一家上市公司的再投资率 $b = 0.5$，应得收益率 $k = 0.12$，股权收益增长率 $g = 0.09$，开始的每股盈利 $E_0 = 2$ 美元，股票当前的市场价格为 35 美元。问：该公司股票是否值得投资？

由式（6-19）有：

$P/E = (1-b)/(k-g) = 0.50 \div 0.03 = 16.7$

由每股盈利 $E_0 = 2$ 美元以及股权收益增长率 $g = 0.09$，可以推算出 $E_1 = 2.18$，则按 16.7 倍的市盈率预期此上市公司的股票价值为：

$V = 16.7 \times 2.18 = 36.41$（美元）

此上市公司当前的股票市场价格为 35 美元，所以该公司股票价格被低估，值得投资。

五、对市盈率模型的评价

虽然红利贴现模型是评估股价投资价值的最基本方法,但人们更愿意使用市盈率评估法。这种方法的优点是:①计算简便;②它不仅考虑红利分配状况,而且注意公司的创利能力;③即使对多年不派发现金股利的公司,也可对其股票价值进行评估。

不过,市盈率模型也有很多缺陷,主要表现为以下两个方面:

(一)市盈率与通货膨胀

首先,由于市盈率的分母是会计收益,这就使得市盈率在某种程度上受会计准则的影响。例如,采用不同的折旧方法和存货估价方法就会对会计收益产生影响。在高通货膨胀时期,用历史成本计算的折旧与存货成本会低估真实经济价值,因为货物与资产设备的重置成本都将随一般物价水平上升。而折旧的低估会相应地虚增公司的收益,降低公司市盈率。这反映对这些时期盈利的估价"质量低劣",被通货膨胀歪曲,造成了较低的市盈率比率。

假设某公司 C,在不存在通货膨胀的情况下,每股收益为 2.5 美元,并且全部作为股利发放给股东(即不存在增长)。假设该公司的市场资本化比率为 12.5%,那么该公司股票的内在价值为:$V_0 = \frac{D_1}{k-g} = \frac{2.5}{0.125} = 20$(美元);假设该公司共有 100 万股的普通股,上年的市盈率为:$\frac{P}{E} = \frac{20}{2.5} = 8$。在今年发生通货膨胀的情况下,由于公司股票的价格保持不变,仍然为 20 美元,但公司账面收益却每股高达 3.85 美元,此时市盈率为:$\frac{P}{E} = \frac{20}{3.85} = 5.19$。因此,当发生通货膨胀时,股票的市盈率会有所下降。原因在于,通货膨胀会虚增公司的账面收益,夸大实际收益。

(二)市盈率与经济周期

我们计算市盈率时采用的是公司财务报表上的会计收益。在推导红利贴现模型时用的是扣除折旧后的收益,即在不损害公司生产能力的前提下所能获得的最大价值的现金流。而公司财务报表中的收益是根据通用会计准则计算出来的,与公司的经济收益并不相一致。此外,市盈率的概念隐含了盈利以固定速度上升,或者说,变动曲线平滑。然而现实中,财务报表中的盈利往往随着商业周期的进程围绕一个趋势上下剧烈波动。关于这一点,我们可以换个角度来说。用式(6-19)计算市盈率时,是当前的股票价格与未来收益的比率;而投资者通常所看到的市盈率是股票价格与最近一期的会计收益的比率。实际情况是,当前的会计收益可能与未来的经济收益存在很大的差别。这就使得在现实经济中,用最近一期会计收益计算出来的市盈率会产生较大的波动。

需要注意的是,不同行业的市盈率水平有较大的差别,而且不同年份的市盈率水平也存在着较大的区别。

第四节 公司财务与自由现金流模型

一、自由现金流贴现模型的理论基础

（一）自由现金流的财务解释

资产价值等于其全部预期收益的现值之和，是堪称当代财务学基石的现值恒等式。现值恒等式的形式是完美而对称的，它说明为了得到现值，必须估计预期收益和贴现率。人们估计预期收益的努力遇到了两个需要首先回答的问题：如何选取能够恰当代表预期收益的指标，以及如何预测这些指标。

这些问题肯定有不止一个答案。本节的回答是：现金流时常在估价中作为预期收益的替代。我们在前面介绍的红利贴现模型中，红利是一种实际发生的现金流，虽然估计红利比较容易，但是由于红利政策在很大程度上被公司管理层的主观意志所左右，因此红利贴现模型在大多数情况下并不能得到正确的结论。

（二）MM 定理

红利贴现模型和市盈率模型都隐含着一个前提假设，即留存收益是公司唯一的融资渠道。如果允许对新项目进行外部融资，包括发行新股和负债，那么公司的价值就会发生变化。米勒（Miller）和莫迪利安尼（Modiliani）的 MM 定理认为，在完美的市场条件下，公司资本结构的组成或变化及公司的红利政策都不会对公司的价值产生影响，但是当存在赋税和交易成本的时候，却会影响公司的价值。因为，一个公司股票的内在价值就是由股东能够获得的由公司现有资产所能产生的现金流的现值以及公司未来投资所能产生的净现值这两部分价值所组成。在给定公司现有资产和未来投资的情况下，公司的红利政策与融资政策都只能影响股东获得投资回报的方式（即是以红利方式获得还是以资本利得方式获得），而不会影响投资回报的现值。此外，根据 MM 理论，红利贴现模型和市盈率模型以及本节所要介绍的自由现金流贴现模型，这三个模型在评估一个公司的股票价值时其效果是一样的。

二、自由现金流

（一）自由现金流的含义

自由现金流（Free Cash Flow，FCF）就是企业产生的、在满足了再投资需要之后剩余的现金流量，这部分现金流量是在不影响公司持续发展的前提下可供分配给企业资本供应者的最大现金额。简单地说，自由现金流是指企业经营活动产生的现金流量扣除资本性支出（Capital Expenditures，CE）的差额。

这里，资本性支出是指取得的财产或劳务的效益可以给予多个会计期间所发生的那些支出。因此，这类支出应予以资本化，先计入资产类科目，然后再分期按所得到的效益，转入适当的费用科目。在企业的经营活动中，供长期使用的、其经济寿命将经历许多会计期间的资产，如固定资产、无形资产、递延资产等都要作为资本性支出，即先将其资本化，形成固定资产、无形资产、递延资产等，而后随着他们为企业提供的效益，在各个会计期间转销为费用，如固定资产的折旧、无形资产、递延资产的摊销等。[①]

自由现金流表示的是公司可以自由支配的现金。如果自由现金流丰富，则公司可以偿还债务、开发新产品、回购股票、增加股息支付。同时，丰富的自由现金流也使得公司成为并购对象。

（二）自由现金流的计算

科普兰教授（1990）比较详尽地阐述了自由现金流量的计算方法："自由现金流量等于企业的税后净营业利润（即将公司不包括利息收支的营业利润扣除实付所得税税金之后的数额）加上折旧及摊销等非现金支出，再减去营运资本的追加和物业厂房设备及其他资产方面的投资。它是公司所产生的税后现金流量总额，可以提供给公司资本的所有供应者，包括债权人和股东。"可以表示为：

自由现金流量 =（税后净营业利润 + 折旧及摊销）-（资本支出 + 营运资本增加）

(6-20)

（三）自由现金流量的两种表现形式

自由现金流量可分为股权自由现金流量（Free Cash Flow of Equity，FCFE）和公司自由现金流量（Free Cash Flow of Firm，FCFF）。

FCFE 是公司支付所有营运费用、再投资支出、所得税和净债务支付（即利息、本金支付减发行新债务的净额）后可分配给公司股东的剩余现金流量，其计算公式为：

FCFE = 净收益 + 折旧 - 资本性支出 - 营运资本追加额 - 债务本金偿还 + 新发行债务

(6-21)

FCFF 是公司支付了所有营运费用、进行了必需的固定资产与营运资产投资后可以向所有投资者分派的税后现金流量。FCFF 是公司所有权利要求者，包括普通股股东、优先股股东和债权人的现金流总和，其计算公式为：

FCFF = 息税前利润 ×（1 - 税率）+ 折旧 - 资本性支出 - 追加营运资本   (6-22)

为了对这个概念有更深刻的理解，下面举例加以说明。

例 6-9：假设某公司当年的税前营业现金流为 200 万美元，预计今后会以 7% 的速度增长。为了保持这个增长速度，公司需要将每年税前利润的 20% 进行再投资。假定该公司的税率为 33%，当年的折旧额为 20 万美元，并预计今后折旧的增长速度与营业现金流的增长速度相同，该公司的市场资本化比率为 12%，当前债务为 400 万美元。那么

[①] 与资本性支出相对应的是收益性支出，又叫期间费用。我国《企业会计准则》第二十条规定："会计核算应合理划分收益性支出与资本性支出。凡支出的效益与本会计年度相关的，应当作为收益性支出；凡支出的效益与几个会计年度相关的，应当作为资本性支出。"

该公司的自由现金流可以计算如表 6-5 所示：

表 6-5　公司财务与自由现金流计算

单位：美元

项　　目	金　　额
税前营业现金流	2000000
折旧额	200000
应税所得	1800000
应缴税款（税率33%）	594000
税后收益	1206000
税后营业现金流（税后收益+折旧）	1406000
追加的投资（税后营业现金流的20%）	400000
自由现金流（税后营业现金流-新的投资）	1006000

三、自由净现金流贴现模型

在自由净现金流贴现模型下，公司的价值就是公司在未来永续经营期间产生的所有新增现金流的净现值之和。这些价值减去债权人所拥有的价值，就是股东的价值，也就是公司权益资本的总价值。这些价值除以公司股本总数，就可以得到每股的理论价值。这种估计股票理论价值的方法被称为基于自由净现金的股票估值方法，它强调了公司的价值等于公司未来所有自由净现金之和。

基于自由净现金流贴现模型，公司的内在价值就是公司永续经营期内产生的自由净现金的净现值。用公式表示：

$$V_0 = \sum_{t=1}^{\infty} \frac{FCF_t}{(1+k)^t} \tag{6-23}$$

式中，FCF_t 为公司未来第 t 年的自由现金流；k 为市场资本化比率。

如果公司未来自由现金流以一固定比率 g 增长（$FCF_t = FCF_0 \times (1+g)^t$），那么式 (6-23) 则可以表示为：

$$V_0 = \frac{FCF_1}{k-g} = \frac{FCF_0(1+g)}{k-g} \tag{6-24}$$

用这个模型估计股票的内在价值，需要做以下几方面工作：

（1）估计公司的自由净现金。
（2）估计公司的贴现率，即市场资本化率。
（3）把公司未来的现金流折算成现值加总，得到公司的总体价值（内在价值）。
（4）公司的总价值减去公司债务的价值就是公司权益资本的价值。
（5）公司的权益价值除以公司的股本数就得到每股的内在价值。

例 6-10：继续以例 6-9 中数据来考察，$FCF_0 = 1006000$ 美元，g = 7%，k = 12%，并假设该公司现有的普通股为 1000000 股。那么该公司的总体价值为：

$$V_0 = \frac{FCF_0(1+g)}{k-g} = \frac{1006000 \times (1+0.07)}{0.12-0.07} = 21528400 \text{（美元）}$$

由于现有债务为 4000000 美元，因此该公司的股权价值为：21528400 – 4000000 = 17528400（美元），每股价值为 17.53 美元。

需要强调的一点是，自由现金流贴现模型中的市场资本化比率与红利贴现模型、市盈率模型中的市场资本化比率有所不同。前者适用于评估无负债时的权益，而后者适用于评估存在负债情况下的权益。由于杠杆比率会影响公司股票的 β 系数，因此这两个市场资本化比率会存在差异。

重要概念

股票面值　股票账面价值　股票清算价值　股票内在价值　股票市场价格　红利贴现模型　净现值　内部收益率　零增长模型　固定增长模型　两阶段增长模型　三阶段增长模型　市盈率　自由现金流　公司自由现金流　股权自由现金流

思考题

（1）以每股账面价值对股票进行估价有什么不足？

（2）股票市场价格与内在价值之间有何逻辑关系？

（3）戈登模型的隐含假设是什么？

（4）比较红利贴现模型、市盈率模型和自由现金流贴现模型在评估股票内在价值方面的差异。

（5）假定某公司股票去年支付的每股红利为 2 元，预计红利增长率将永久地维持在 5% 的水平上，贴现率为 11%，问该公司股票的内在价值为多少？

（6）假设某上市公司最近一次支付的红利为 3.5 美元。某投资者预计未来 3 年公司处于快速增长阶段，红利年增长率为 25%，之后（第 4 年起）公司增长率稳定在 13% 的水平上。如果该公司的市场资本化比率为 17%，试计算该公司的股票内在价值。假设公司从第 4 年开始，红利增长率以线性方式逐步下降，第 7 年起维持在稳定的增长率 13% 上。那么该公司股票的内在价值又为多少？

（7）假定某公司股票现在的市场价格为 18 元，每股红利为 2 元，并且该公司每年将全部利润用于发放红利，贴现率为 5%，请用市盈率模型来分析投资者是否应该购买这种股票。

（8）某投资者预测 B 公司 2008 年的每股收益为 4.5 美元，市盈率为 26，并且 2004~2008 年的红利分别为 0.32 美元、0.38 美元、0.45 美元、0.52 美元、0.61 美元。假设 B 公司市场资本化比率为 15%，试计算 B 公司股票的内在价值。

（9）C 公司去年的税前营业现金流为 3000000 美元，预计今后会以 8% 的速度增长。为了保持这个增长速度，公司将每年税前利润的 25% 进行再投资。假定该公司的税率为 33%，这一年的折旧额为 250000 美元，预计今后每年增长 8%。假设 C 公司的市场资本化比率为 14%，当前债务为 3000000 美元。求 C 公司股票的内在价值。如果 C 公司现有普通股 1200000 股,那么每股价值为多少?

(10) 阅读下面的案例并回答问题。

巴菲特投资可口可乐

作为当今世界最伟大的投资大师,巴菲特创造了投资史上的神话。他通过股票投资,从100美元起家最后成为亿万富翁。他曾经用最简单的一句话来概括他的成功之道:"以40美分购买价值1美元的股票!"那么在实际中,巴菲特是如何实践这句话的呢?可口可乐公司股票是巴菲特投资规模最大、获利最多、最成功的投资,我们不妨看看他是怎么利用价值分析法来投资可口可乐公司股票的。

巴菲特首次购买可口可乐公司股票是在1988年,当时该股票的市盈率为15倍,巴菲特根据其所掌握的资料,运用现金流贴现模型对该股票的内在价值进行了估计。1988年可口可乐股票总的净现金流为8.28亿美元,他预期在未来的10年净现金流将以15%的速度增长(前7年的实际增长率为17.8%),从第11年起,增长率下调为5%,同时以1988年的30年期美国国债的收益率9%作为贴现率,由此计算得出可口可乐公司股票的内在价值(总值)为483.77亿美元。估计得保守一点,巴菲特又将前10年的净现金流增长率分别下调为12%和10%,计算得出的股票内在价值分别为381.63亿美元和324.97亿美元。再保守一点,巴菲特索性将净现金流增长率从一开始就设定为5%并保持不变,由此计算出的股票内在价值为207亿美元。当时可口可乐公司股票的总市值为148亿美元,要比内在价值低得多。因此巴菲特决定大举购入。

巴菲特在1988~1999年以平均每股43.81美元的价格分批买入2335万股,总成本为10.23亿美元。1992年可口可乐股票拆细后,巴菲特持有9340万股,1994年增持至1亿股,总的买入成本为12.99亿美元。之后至2003年巴菲特持有可口可乐公司的股份毫无变化,只是拆细为2亿股,总的买入成本仍为12.99亿美元。在2003年底,巴菲特持有可口可乐股票的市值为101.50亿美元,15年投资增值681%,投资盈利88.51亿美元。其收益分析如表6-6所示。

表6-6 巴菲特投资可口可乐股票的收益分析

年份	持股数 (百万股)	成本 (百万美元)	市值 (百万美元)	投资收益 (百万美元)	投资收益率 (%)
1988	14.1725	592.54	632.448	39.908	6.74
1989	23.35	1023.92	1803.787	779.867	76.16
1990	46.7	1023.92	2171.55	1147.63	112.08
1991	46.7	1023.92	3747.675	2723.755	266.01
1992	93.4	1023.92	3911.125	2887.205	281.98
1993	93.4	1023.92	4167.975	3144.055	307.06
1994	100	1298.888	5150	3851.112	296.49
1995	100	1298.9	7425	6126.1	471.64
1996	200	1298.9	10525	9226.1	710.30

续表

年份	持股数 (百万股)	成本 (百万美元)	市值 (百万美元)	投资收益 (百万美元)	投资收益率 (%)
1997	200	1298.9	1337.5	12038.6	926.83
1998	200	1299	13400	12101	931.56
1999	200	1299	11650	10351	796.84
2000	200	1299	12188	10889	838.26
2001	200	1299	9430	8131	625.94
2002	200	1299	8768	7469	574.98
2003	200	1299	10150	8851	681.37

资料来源：伯克希尔公司1988~2003年年报。

讨论：通过这个案例，你能从巴菲特身上学到什么样的股票投资秘诀呢？

第七章　证券投资基本分析

【学习目的】本章主要介绍了证券投资基本分析方法及其应用。通过本章的学习，要求学生掌握证券投资基本分析的含义和主要内容。学会如何运用宏观经济政策分析、行业分析、公司分析方法对股票的内在价值和长期发展前景进行分析预测，并能做出合理科学的投资判断和选择。

> **案例**
>
> ### 神奇的巴菲特是如何选择投资对象的？
>
> "股神"巴菲特投资可口可乐 13 亿美元关注的是什么？拥有 120 年历史的可口可乐成长神话，卖的不是饮料而是品牌。领导可口可乐的是全世界的天才经理人，12 年回购 25%股份的惊人之举，一罐只赚半美分但一天销售 10 亿罐，净利润 7 年翻一番，1 美元留存收益创造 9.51 美元市值，高成长才能创造高价值。可口可乐的高成长性使得"股神"盈利 70 亿美元。
>
> 在巴菲特的投资法则中有这样两条：①要看未来；②坚持投资能对竞争者构成巨大"屏障"的公司。巴菲特总是有意识地去辨别公司是否有好的发展前途，能不能在今后 25 年里继续保持成功。巴菲特常说，要透过窗户向前看，不能看后视镜。预测公司未来发展的一个办法，是计算公司未来的预期现金收入在今天值多少钱。这是巴菲特评估公司内在价值的办法。然后他会寻找那些严重偏离这一价值、低价出售的公司。当然预测未来必定会有风险，因此巴菲特偏爱那些能对竞争者构成巨大"经济屏障"的公司。这不一定意味着他所投资的公司一定独占某种产品或某个市场。例如，可口可乐公司从来就不缺竞争对手。但巴菲特总是寻找那些具有长期竞争优势、使他对公司价值的预测更安全的公司。
>
> 巴菲特独特的投资理念，让他在投资中获得许多财富。在 2008 年的《福布斯》排行榜上财富超过比尔·盖茨，成为世界首富。
>
> **案例点评：**巴菲特的投资很少是以资本利得即赚取差价为目的。从案例中巴菲特投资法则的两点，我们知道公司分析和行业分析是多么重要。而这两点都是证券投资基本分析中的内容。本章将要介绍证券投资的基本分析，让您了解基本的宏观分析、行业分析和公司分析。
>
> 资料来源：参考百度百科沃伦·巴菲特。案例题目作者自拟，根据原文稍作修改。

第一节　证券投资基本分析概述

一、证券投资基本分析的定义

证券投资基本分析法是分析影响证券未来收益的基本经济要素的相互关系和发展趋势，据此预测证券的收益和风险，并最终判断证券内在价值的一种分析方法。其理论基础是证券是具有内在价值的，证券起伏不定的价格最终围绕其内在价值而波动，证券价格与其内在价值经常不相符，但迟早会向它的内在价值调整。证券内在价值的高低主要取决于发行公司的获利能力等基本因素。基本分析就是对证券内在价值和未来成长性的分析，通过理论价值与市场价格相比较，确定交易时机和交易对象。基本分析方法认为证券的内在价值表现为向投资者提供未来的收益，因而这种方法完全建立在对未来的基本经济要素及其供求关系的预测基础上。基本分析方法认为公司的业绩取决于公司运营的经济环境，取决于各种投入资源的供求价格，取决于公司产品或服务的供求价格。因此基本分析的内容包括宏观、中观和微观三个层次的系统分析，即宏观、行业和公司的系统分析。

基本分析法遵循自上而下和自下而上两种程序。多数基本分析遵循自上而下的程序，分析人员首先要对整个国民经济做出预测，然后是行业，最后是公司。行业预测是以整个经济的预测为基础的，接下来的公司预测是以它所处行业和整个经济预测为基础的。少数基本分析法采取自下而上的程序，从对公司前景的估计开始，然后建立对行业和最终整个经济前景的估计。

在实践中，人们常将两种方法结合使用。例如，按自上而下方法对经济进行预测，然后把这种预测结果又提供给为个别公司进行自下而上预测的分析师作参考。单个公司预测的综合应当与总的国民经济预测相吻合。否则，人们将要重复做这一工作，以保证达到这两种方法之间的一致性。

二、基本分析的主要内容

基本分析一般包括以下三方面的内容：

（一）宏观经济分析

宏观经济，即总量经济活动，是指整个国民经济或国民经济总体及其经济活动和运行状态，如总供给与总需求、国民经济的总值及其增长速度、国民经济中的主要比例关系、物价的总水平、劳动就业的总水平与失业率、货币发行的总规模与增长速度、进出口贸易的总规模及其变动等。

宏观经济分析就是研究国家的经济政策（货币政策、财政政策、税收政策、产业政策等）和经济指标（国内生产总值、失业率、通货膨胀率、利率、汇率等）对股票市场的影响。我们只有通过对宏观经济中的各因素的变化分析，尤其是财政政策和货币政策方面的宏观分析，才能准确地把握证券市场的总体方向，才能对股市的风雨变化做出及时的反应，才能把握市场先机并充分地发挥我们的主观能动性做出有利的投资决策。

在市场经济条件下，金融市场的发展与国家的宏观经济政策有着密不可分的关系。一方面，在充分发挥市场的作用下，国家通过相关的经济政策引导金融市场朝着正确的方向发展；另一方面，金融市场的健康发展也影响着国家经济政策的制定。因此，在平时我们要多加留意国家宏观经济政策，对之加以研究分析，把握其对证券市场的影响力度与方向，以便自己做出正确的投资选择。

（二）行业分析

行业分析是指我们利用不同的经济分析工具对我们经济的运行情况、产供销过程、消费环节、技术革新、行业竞争力、行业政策等行业要素进行详尽的分析，寻找行业运行的内在经济规律，进而进一步预测未来行业发展的趋势。

行业分析是介于宏观经济分析与公司分析之间的中观层次的分析。行业分析是公司分析的前提，通过行业分析可以发现近期增长最快的行业，发现目前没有被市场认识，但是未来相当长一段时间能够保持高速稳步增长的行业等。行业分析对我们了解公司的运作和进行投资选择有着很重要的现实指导意义。

（三）公司分析

在实际投资活动中，投资者对于上市公司的了解是必要的，否则其收益将面临很大的风险。因此，无论是进行判断投资环境的宏观经济分析，还是进行选择投资领域的中观行业分析，对于具体投资对象的选择最终都将落实在微观层面的上市公司分析上（市场指数投资除外）。

公司分析主要包括这几方面：分析公司的背景和历史沿革、分析公司的经营管理、分析公司的市场营销、分析公司的研究与开发、分析公司的融资与投资、分析公司所属产业。其中最主要的是分析公司的财务状况。财务报表通常被认为是最能够获取有关公司信息的工具。在信息披露规范的前提下，已公布的财务报表是上市公司投资价值预测与证券定价的重要信息来源。投资者对真实、完整、详细的财务报表的分析，是其预测公司股东收益和现金流的各项因素的基础，也是其做出具体投资建议的直接依据之一。因此，通过对所选定行业中的各公司进行分析，选出最合适投资的公司和企业，获得最佳投资效益。

第二节 宏观分析

一、宏观政治因素分析

一国的政局是否稳定对证券市场有着直接的影响。一般而言，政局稳定则证券市场稳定运行；相反，政局不稳定则常常引起证券市场价格下跌。政治因素包括的内容十分广泛，诸如政府更迭、国内战争、民族冲突、国内罢工、政治丑闻、重要政府官员的更换等。

二、宏观经济因素分析

证券市场与宏观经济密切相关，尤其是股票市场素有宏观经济"晴雨表"之称，所以宏观经济分析对证券投资来说非常重要。宏观经济因素对证券市场的影响具有根本性、全局性和长期性。所以，要成功地进行证券投资，首先必须认真研究宏观经济状况及其走向，进行宏观经济因素分析。影响证券市场的宏观经济因素主要有国内生产总值、通货膨胀率、失业率、利率、汇率、国际收支等。

（一）国内生产总值

国内生产总值指按市场价格计算的一个国家（或地区）所有常住单位在一定时期内生产活动的最终成果。以收入法进行计算，国内生产总值主要由个人消费支出、国内私人总投资、政府支出和净出口四个部分构成。GDP 的增长速度一般用来衡量经济增长率，这是反映一定时期经济发展水平变化程度的动态指标，也是反映一个国家经济是否具有活力的基本指标，因此，在宏观经济分析中，国内生产总值占有非常重要的地位，具有十分广泛的用途，而国内生产总值的持续稳定增长是任何政府不断追求的目标。

（二）通货膨胀率

通货膨胀指的是社会经济生活中一般物价水平在比较长的时期内持续以比较高的幅度上涨。就计量指标来说，衡量通货膨胀时可选取消费物价指数、批发物价指数和 GDP 平减指数这三种，一般消费物价指数应用得最多，因为该指标统计比较及时，对通货膨胀反应也比较敏感。通货膨胀对股票价格走势的影响比较复杂，既有刺激股票价格上涨的作用，又有抑制股票价格的作用。一般来说，在适度通货膨胀的情况下（一般认为，通货膨胀率小于 10%），股票具有保值功能。适度的通货膨胀还可以造成有支付能力的有效需求增加，从而刺激生产的发展和证券投资的活跃。但是，通货膨胀达到一定限度就会损害经济的发展，严重的通货膨胀会导致货币加速贬值，人们将资金用于囤积商品保值，这时人们对经济发展的前景不会乐观，对政府提高利率以抑制通货膨胀的预期增强，许多证券投资者可能退出证券市场，这样就导致市价下跌。同时，企业成本上升，盈利水平下降，企业破产数量增多，经济形势进一步恶化，导致社会恐慌心理加重，从而加深了证券市场不景气的状况。

（三）失业率

充分就业也是经济社会追求的一个主要目标，失业率是与就业率相对的概念，是指劳动力人口中失业人数所占的比重，但并不包括有劳动能力却不寻找工作的自愿失业情况。就业率的变动反映了整个经济活力的变动，当就业率较低时，大量资源被白白浪费，人们的收入和生活水平就会降低，从而引发一系列社会问题，失业率也成为评价政府宏观经济管理能力的重要指标。

（四）利率

利率又称利息率，是指在借贷期内资金贷入方向贷出方承担利息额占所贷资金的比率，一般以一年为期，这时又称为年利率。利率直接反映的是信用关系中债务人支付给债权人的资金使用代价，也就是资金的价格。从宏观角度看，利率反映了整个资金市场的需求状况：当经济繁荣增长时，资金需求增加，利率提高；反之，利率下降。从另一个角度来说，利率特别是基准利率，也是政府货币政策的目标，政府通过扩张性的货币政策来压低利率并以此刺激经济增长。利率水平也是债券价格的主要决定因素。

（五）汇率

汇率是外汇市场上一国货币与其他国货币相互交换的比率。也可以将其看作以一国货币表示的另一国货币的价格。由于世界经济一体化趋势逐步增强，包括证券市场在内的各国金融市场上的相互影响日益加深，一国汇率的波动也会影响其证券市场价格。汇率上升，本币贬值，将导致资本流出本国，于是本国证券市场需求减少，价格下跌。另外，汇率上升，本币贬值，本国产品的竞争力增强，出口型企业将受益，因而此类公司的证券价格就会上扬；相反，进口型企业将因成本增加而受损，此类公司的证券价格就会下跌。但是，这种影响对国际性程度较低的证券市场来说比较小。

（六）国际收支

国际收支是指一国居民在一定时期（通常是一年）内与非居民各项交易的货币价值总和，主要包括：一国与他国之间的商品、劳务和收益等交易行为；该国持有的货币、黄金、特别提款权的变化，以及与他国债权、债务关系的变化；凡不需要偿还的单方面转移项目和相应的科目，以及由于会计上必须用来平衡的尚未抵消的交易。国际收支综合地记录了一国对外经济活动的概况。

值得注意的是，经济发展水平还受到消费者与生产者的心理因素的影响，即他们对经济采取的是悲观态度，还是乐观态度。一些机构对消费者信心指数和景气指数这样的经济指标进行统计，其目的就是要了解经济中供求双方的心理预期及其变化。除了上面介绍的几种反映宏观经济状况指标以外，还有投资指标、金融指标、消费指标和财政指标等部门指标。在做宏观经济分析的时候，必须把握宏观经济运行发展的重点和热点，并据以选取最有解释能力和预测能力的指标。

三、宏观经济周期分析

经济从来不是单向性地运动，而是在波动性的经济周期中运动。这种周期性即为宏观经济周期，可以定义为经济生产或再生产过程中周期性出现的经济扩张和经济萧条交替更迭的一种现象。宏观经济周期一般经历四个阶段，即复苏、繁荣、衰退、萧条。从证券市场的情况来看，证券价格的变动大体和经济周期一致。一般来说，经济繁荣，证券价格上涨；经济衰退，证券价格下跌。但是，不同行业受经济周期影响的程度会有差异，有些行业（如钢铁、能源、耐用消费品等）受经济周期影响比较明显，而有些行业（如公共事业、生活必需品行业等）受经济周期影响较小。

用经济周期性来预测股票市场的变化必须建立在总体经济的扩张时期和收缩时期都可辨别这个前提的基础上，为了达到这个目的，可以按照指标波动与经济周期波动发生的关系，将经济指标分为领先指标、同步指标、滞后指标和其他指标等经济周期指标并对宏观经济周期进行分析。

领先指标指那些通常在总体经济活动达到高峰或低谷前，先达到高峰或低谷的经济时间序列，如股票指数、货币供应量、消费者信心指数、制造业平均每天开工时间数等。这类指标可以对将来经济状况提供预示性的信息，因为所有的信息中对未来的信息是最宝贵的，因此，这类指标也最有分析价值。

同步指标指那些高峰和低谷与经济周期的高峰和低谷几乎同步的经济时间序列。由于这些指标反映的国民经济转折状况基本上与总体经济活动发生转变的时间相同，政府和一些科研机构甚至用这些指标序列来帮助定义经济周期的不同阶段。

滞后指标指那些高峰和低谷都滞后于总体经济的高峰和低谷的经济时间序列。一般滞后期都在3个月到半年之间。

还有一类指标是其他序列，这些指标没有明显的周期性，但却对宏观经济运行有重要影响，例如国际收支状况、财政收支状况等。

但是必须指出的是，周期性指标在分析宏观经济周期时还存在不少局限性，其中最大的局限性就是周期性指标会发出错误的信号。

四、宏观经济政策分析

宏观经济政策指的是政府有意识有计划地运用一定的政策工具，调节控制宏观经济运行，以达到充分就业、经济增长、物价稳定和国际收支平衡等政策目标。由于宏观经济政策会影响到经济运行，也就不可避免地对证券市场产生影响，宏观经济政策分析也就成了证券投资分析的主要内容。宏观经济政策分析的目的就在于通过研究当前政策环境及其对总体经济运行的影响，来预测宏观经济走势对证券市场的影响，帮助投资者确定基本投资策略，并为下一步行业投资分析打好基础。下面就财政政策和货币政策这两大宏观经济政策进行分析。

（一）财政政策分析

财政政策是政府依据客观经济规律制定的指导财政工作和处理财政关系的一系列方针、准则和措施的总称，也是当代市场经济条件下国家干预经济的重要手段。财政政策分为短期、中期、长期财政政策，并各有目标，其中短期目标是促进经济稳定增长，而中长期目标是实现资源的合理分配，并实现收入的公平分配和社会和谐发展。财政政策的手段一般包括财政预算、税收、国债、财政补贴、财政管理体制、转移支付制度等。这些手段可以单独使用，也可以配合协调使用。

1. 政府支出与证券投资

扩大财政支出，加大财政赤字。这将会直接扩大对商品和劳务的总需求，刺激企业增加投资，提高产出水平，改善经营业绩；同时还可以增加居民收入，使其投资和消费能力增强，进一步促进国内经济发展，此时上市公司的股价也趋于上涨。

2. 税收政策与证券投资

减少税收，降低税率，扩大减免税范围。这将会直接增加微观经济主体的收入，促进消费和投资需求，从而促进国内经济的发展，改善公司的经营业绩，进而推动股价的上涨。

3. 转移支付与证券投资

对企业的转移支付增加，导致企业利润上升，有利于证券价格上升；对居民的转移支付增加，导致居民可支配收入上升，增加某类产品的需求，导致公司业绩上升，证券价格上扬。

4. 发行国债与证券投资

国债发行导致证券供给增加，对其他证券价格产生影响；减少国债发行（或回购部分短期国债），使市场供给量减少，导致更多的资金转向股票，推动上市公司股价的上涨。另外，国债利率的升降会影响其他证券的价格。

总而言之，扩张性财政政策有助于证券价格上升；紧缩性财政政策有助于证券价格下跌；财政政策对证券市场的影响较为缓慢而且持久。

（二）货币政策分析

货币政策是指政府为实现一定的宏观经济目标所制定的关于货币供应和货币流通组织管理的基本方针和基本准则，一般由一国的货币当局实施。更具体地说，货币政策是指通过控制货币的供应量而影响宏观经济的政策。货币政策的目标主要是通过影响利率而实现的，货币供应量的加大会使短期利率下降，并最终刺激投资需求和消费需求。

中央银行主要通过三大货币政策工具来实现对宏观经济的调控，即法定存款准备金、再贴现率和公开市场业务。当国家为了防止经济衰退、刺激经济发展而实行扩张性货币政策时，中央银行就会通过降低法定存款准备金率、降低中央银行的再贴现率或在公开市场上买入国债的方式来增加货币供应量，扩大社会的有效需求。当经济持续高涨、通货膨胀压力较重时，国家往往采用适当紧缩的货币政策。此时，中央银行就可通过提高法定存款准备金率、提高中央银行的再贴现率或在公开市场上卖出国债来减少货币供应量，紧缩信用，以实现社会总需求和总供给大体保持平衡。除了以上三大工具外,中央银行还有优惠利率、消费信用管制和间接信用指导等选择性的货币政策工具。

货币政策对证券市场的影响是通过投资者和上市公司两方面因素来实现的。对投资者来说,当增加货币供应量时,一方面证券市场的资金增多,另一方面通货膨胀时人们为了保值而购买证券,从而推动证券价格上扬;反之,当减少货币供应量时,证券市场的资金减少,价格的回落又使人们对购买证券保值的欲望降低,从而使证券市场价格呈回落的趋势。对上市公司来说,宽松的货币政策一方面为企业发展提供了充足的资金,另一方面扩大了社会总需求,刺激了生产发展,提高了上市公司的业绩,证券市场价格上升;反之,紧缩的货币政策使上市公司的运营成本上升,社会总需求不足,上市公司业绩下降,证券市场价格也随之下跌。从具体的政策手段来看,中央银行对再贴现率的调整将直接影响市场基准利率,对证券市场的影响最为显著。

五、突发事件分析

突发事件是指突然发生造成或者可能造成严重社会危害,需要采取应急处置措施予以应对的自然灾害、事故灾难、公共卫生事件和社会安全事件,从广义上可以理解为突然发生的事件。突发事件包含两层含义:①指突发事件的发生、发展速度很快,出乎意料。②突发事件的发生一般都难以应对,必须采取非常规方法来处理。

按照突发事件对社会危害程度、影响范围等因素,可以将自然灾害、事故灾难、公共卫生事件分为特别重大、重大、较大和一般四级。突发事件的分级标准由国务院或者国务院确定的部门制定。突发事件的发生都会导致我们的股市出现巨大的波动,不同程度的事故对股市的影响方式不一样。股市对不同程度的灾难的反应时间有长有短,而且不同的灾难对市场的影响力也不一样。

例如,2000 年发生的协和空难,当时一架法国飞往美国的协和飞机在起飞后不久坠毁,法国巴黎 CAC 指数应声而落,随后几乎整个欧洲的航空运输业和航空制造业股票都随之下跌,而欧元也在随后的时间里小幅下跌,但是由于飞机的坠毁并未造成更多的灾难,所以这件事几天后就过去了。2003 年非典型肺炎(SARS)事件爆发,一时间股指跳水,机构和股民纷纷抛售股票,除了医药板块有较好的表现,其他板块均走出了一波下跌行情。2010 年 4 月,冰岛火山爆发,火山灰覆盖了大半个欧洲,导致欧洲的航空运输受到了非常大的影响,几乎所有的航空公司都停航了,一时间这些航空公司的股票大幅下滑。

六、政变和战争对证券市场的影响分析

政变和战争都会导致本国的货币贬值,也会导致周边国家的货币贬值,由于政变或者战争的规模和程度不同,其影响力也有大有小。通常情况下,导致货币贬值的最直接原因是由于政变和战争造成了经济政策的不稳定和社会经济的停滞,特别是战争,会导致基础设施的损坏和大量的难民,这会使得周边国家的经济也陷入危机,从而使得本国

的证券市场和周边国家的证券市场也会随之出现巨大的波动，不过，随着政权的稳定，证券市场又会形成新的稳定的局面。

七、国家其他政策分析

各国根据本国内各阶段的发展特点和国际经济形势变化，一般都会适时地出台一些重大的经济政策。随着政策的出台，股票市场相关行业板块都会出现新一轮的波动。例如，在2008年爆发金融危机后，我国为了让本国经济尽快地从金融危机的阴影中摆脱出来，制定了钢铁业、汽车业、纺织工业、装备制造业、船舶工业等十大产业规划，从而引起了相关板块和概念股的新一轮行情。

第三节 行业分析

行业分析又称产业分析。行业或产业是介于宏观和微观之间的重要经济因素，它位于一个中间层次，因此可称为中观分析。行业分析有助于投资人了解所投资的证券所在行业的前景。

一、行业的定义及其分类

行业是指一个企业群体，在这个企业群体中，各成员企业由于其产品在很大程度上的可相互替代性而处于一种彼此紧密联系的状态，并且由于产品可替代性的差异而与其他企业群体相区别。

行业分析的第一步是对行业进行分类，进行行业分析的主要目的是预测其发展前景，而行业的发展前景又与多方面的因素有关，因此，行业的分类方法也有多重标准：

(1) 按对国民经济周期性变化的反应可分为成长性、周期性和防御性。成长性行业基本不受宏观经济周期性变动的影响，可实现持续成长。周期性行业的运动状态直接与经济周期相关，具有较高需求收入弹性。防御性行业的运动状态并不受经济周期的影响，产业的销售收入和利润均呈缓慢的成长态势或变化不大。

(2) 按行业生命周期分类，行业可划分为初创期、成长期、成熟期和衰退期四个阶段。初创期行业产品的市场接受度值得怀疑，商业战略的实施并不清晰，存在高风险和许多破产事件。成长期行业的产品已被接受，业务拓展开始，销售额和盈利加速增长，商业战略的正确实施仍是一个问题。成熟期行业的行业趋势与总体经济趋势相同，参与者在稳定的行业中争夺市场份额。衰退期行业特征是消费偏好的改变和新技术的出现使产品的需求逐步减少。

(3) 按行业要素的集约度，行业可分为资本密集型行业、劳动密集型行业和技术密集型行业。

（4）根据行业未来可预测的发展前景可分为朝阳行业和夕阳行业。朝阳行业是指未来发展前景看好的产业。夕阳行业是指未来发展前景不乐观的产业。这种划分具有一定的相对性，一个国家或地区的夕阳行业在另一个国家或地区则可能是朝阳行业。

（5）根据行业所采用的技术先进程度，行业可划分为新兴行业和传统行业。新兴行业采用新技术进行生产，产品技术含量高，如电子业。传统行业采用传统技术进行生产，产品技术含量低，如资源型行业。

根据市场结构可以将行业分为完全竞争、完全垄断、垄断竞争和寡头垄断四种类型。

二、行业竞争性分析

行业竞争性分析更注重特定行业内公司的获利能力，因为盈利的增长比销售增长更能刺激投资收益率的提高，竞争战略之父迈克尔·波特指出，行业盈利的增长潜力取决于行业的竞争激烈程度，他提出的"五力"模型已经成为行业竞争策略分析的经典。即由五股力量决定了一个行业的竞争结构，而不同行业之间五股力量的作用强度是不同的。

（一）现有厂商的竞争

这里主要分析的是行业内竞争激烈程度是趋于激烈还是缓和。当业内厂商的市场份额差别不大时，由于他们力图扩大各自的市场份额，于是在市场中就会出现价格战，从而降低边际利润。如果行业本身销售增长缓慢，这些竞争就会更加激烈，因为此时扩张就意味着掠夺竞争对手的市场份额。高固定成本也会对降价产生压力，因为固定成本将促使公司利用其完全的生产能力来进行生产。如果企业之间生产几乎相同的产品，那么它们就会承受相当的价格压力，因为此时公司就不能在区分产品的基础上进行竞争。

（二）潜在进入者

当行业被较少的厂商垄断或者有领导型厂商时，其竞争态势会比较稳定，但这并不意味行业内厂商就能获得稳定的收益。新的进入者会对市场价格和利润形成压力，甚至潜在的进入者也会对现有的价格和利润形成压力，因为高价和高利润率会驱使新的竞争者加入这个行业。所以，进入壁垒是行业获利能力的重要决定因素。高盈利低壁垒的行业将吸引大量的新厂商，加剧竞争，最终行业利润率和投资回报率必然降低。

（三）替代产品

如果一个行业的产品存在替代品，那么就意味着它将面临与相关行业进行竞争的压力。替代品的存在对厂商向消费者索取高价做了无形的限制，过高的定价会令消费者选择替代品。替代品价格下降也会对行业产生降价的压力，甚至行业衰退的威胁。根据替代程度的不同，替代品的范围也有差别，替代程度越大的产品对行业的威胁就越大。

（四）需求方议价能力

如果一个采购者购买了某一行业的大部分产品，那么他就会掌握很大的谈判主动权，进而压低购买价格，要求提高质量和提供更好的售后服务，这些行为都会降低企业的盈利能力。如果需求方对行业有较充分的价格、成本等信息，他们的要价会更低。

(五) 供给方议价能力

如果关键投入品的供给厂商在行业中处于垄断地位，他就能对这件产品索取高价，进而从需求方行业中赚取高额利润，当供给方的产品是主要的投入要素时，情况会变得对需求方更不利。决定供给者谈判能力的关键因素是需求方能否得到相关的替代品。如果替代品存在而且可以被需求者获得，供给者就失去了讨价还价的资本，因此，也就难以向需求方索取高价，反之供应方会有很强的议价能力。

三、行业生命周期分析

行业生命周期分析就是将行业发展的整个过程划分为几个不同时期，并对各阶段的行业销售增长趋势、股利政策等特点进行分析。生命周期一般是划分 4~5 个阶段，这里以五分法进行介绍。按照销售量的增长状况，将行业发展的过程划分为初步发展、高速增长、稳定增长、成熟稳定和衰退下降五个阶段。

(一) 初步发展阶段

在行业的初创阶段，由于产品和技术刚诞生不久，行业创立投资和产品的研究、开发费用比较高，而由于大众缺乏了解使得产品市场需求小、销售低，因此这些创业公司在账面上可能不仅没有盈利，反而出现亏损。这时在行业中选择特定的公司进行投资具有相当高的风险。

(二) 高速增长阶段

在初创阶段后期，随着产业生产技术的提高、生产成本的降低和市场需求的扩大，新产业便逐步进入高风险高收益的成长期。这个时期行业的产品已经建立了较稳定的市场，行业中出现了规模较大、资本结构比较稳定的企业，其市场份额也比较容易预测。

(三) 稳定增长阶段

经过高速增长阶段以后，行业产品和服务的大部分市场需求已经被满足，因此，在第三阶段的销售增长率虽然超出平均水平，但却不再是递增的。由于市场需求日趋饱和，业内厂商不能单纯地依靠扩大产量、提高市场的份额来增加收入，而必须依靠提高生产技术，降低成本，以及研制和开发新产品的方法来争取竞争优势并维持企业生存。上述两个阶段是企业的成长期，此时的行业增长有较强的可预测性，不确定因素的影响比较少，产业的整体波动也比较少。投资者分享行业增长带来收益的可能性大大提高。

(四) 成熟稳定阶段

在成长阶段的后期，竞争使行业内厂商数量趋于稳定，由于市场需求基本饱和，产品的销售增长率放慢，迅速赚取利润的机会减少，整个行业开始进入成熟期。

(五) 衰退下降阶段

在经过一段较长时间的稳定阶段后，由于市场需求下降、新产品不断涌现，原行业产品的销量开始下降，业内厂商的获利能力也逐步萎缩，甚至出现不少亏损。最终，正常利润无法弥补固定资产的折旧，投资者开始将他们的资金向前景更好的行业转移，一个行业在度过其生命周期的最后阶段后开始慢慢解体。

上述对行业生命周期的五个阶段的描述只是针对一般的情况，一般可以由以下影响因素来判断行业所处的实际生命周期的阶段。①行业规模变化趋势，行业的市场容量和行业资产规模总会经历一个"小—大—小"的阶段。②产出增长率，该指标在产业成长期较高而在成熟期和衰退期较低。③技术进步率、技术熟练程度和开工率，随着行业的兴衰，行业的创新能力有一个强增长到逐步衰弱的过程，技术熟练程度有一个"高—低—老化"的过程，而开工率的高低与行业发展景气程度正相关。④利润水平，该指标是一个行业兴衰过程的综合反映，在整个生命周期中，行业的利润水平会经历一个"低—高—稳定—低—亏损"的过程。⑤资本进退，行业生命周期中的每个阶段都会有企业的进退发生。⑥其他非经济因素，一个行业的发展很大程度上也取决于其所处的环境。通常所指的行业环境，不仅包括经济环境，还有社会环境、技术环境和政策环境。

四、行业特性与证券投资的选择

顺应产业结构演进的趋势，选择有潜力的产业进行投资。对于处在生命周期不同阶段的产业，不同的投资者、不同性质的资金应有不同的选择。正确理解国家的产业政策，把握投资机会。

第四节 公司分析

公司分析即微观层面的分析，主要包括公司基本素质和公司财务报表分析等具体内容。

一、公司基本素质分析

公司基本素质分析是对公司的综合素质进行评价，为证券投资人提供信息，帮助他们了解企业的现状、发展趋势以及未来可能的发展潜力，是明确公司最重要的利润产出点和最主要的业务风险所在。具体的分析内容包括：获利能力分析和竞争战略分析。

（一）获利能力分析

投资者投资企业的目的是为了获利盈利，因此公司的盈利能力强弱是投资者进行投资抉择首先要考虑的因素。获利能力越高，资产成本越低，公司投资价值应该就越高。一般而言，决定一个公司的获利能力，首先取决于公司所属行业的选择。前面在行业竞争分析中介绍的行业竞争五力模型的五股力量都是行业内公司获利能力的重要因素。

（二）竞争战略分析

公司竞争战略所涉及的问题是在给定的一个业务或行业内，经营单位如何竞争取胜的问题。企业要在行业中保持盈利，就要有持久的竞争优势。竞争优势的两种基本形式即低成本或差异性。这两种基本形式与企业寻求获取这种优势的活动范围相结合,就可以得到企业在行业中的三个基本竞争战略:成本领先战略、差异化战略和集聚化战略。企业采用任何一种战略都能获得竞争优势,但实现不同战略的途径和范围是不一样的。成本领先战略和差异化战略在整个行业的广阔范围内寻求优势,而集聚化战略在某个行业狭窄的细分市场中寻求成本优势或差异化。在不同的行业中,可行的基本战略是不相同的,并且推行每一种战略所要求的具体实施步骤也因行业的不同而差别很大。

公司竞争战略分析一般可采用SWOT分析法来进行。SWOT分析法又称态势分析法,它是由旧金山大学的管理学教授于20世纪80年代初提出来的,S、W、O、T四个英文字母分别代表优势(Strength)、劣势(Weakness)、机会(Opportunity)、威胁(Threat),它是将与研究对象密切相关的各种主要内部优势、劣势和外部的机会和威胁等,通过调查列举出来,并依照矩阵形式排列,然后用一些系统分析的方法,把各种因素相互匹配起来加以分析,从中得出一系列相应的结论,而结论通常带有一定的决策性。从而将公司的战略与公司内部资源、外部环境有机结合。因此,清楚地确定公司的资源优势和缺陷,了解公司所面临的机会和挑战。

1. 竞争优势

竞争优势是指一个企业超越其竞争对手的能力,或者指公司所特有的能提高公司竞争力的东西。例如,当两个企业处在同一市场或者说它们都有能力向同一顾客群体提供产品和服务时,如果其中一个企业有更高的盈利率,那么,我们就认为这个企业比另外一个企业更具有竞争优势。竞争优势表现在以下几个方面:①生产成本优势。低成本生产方法,领先的革新能力,雄厚的技术实力,完善的质量控制体系,丰富的营销经验,上乘的客户服务,卓越的大规模采购技能使得企业能够充分利用这种优势形成非常优秀的竞争能力。②人才优势。现代企业的竞争实质是人才的竞争,对技术产业而言,这一点尤为突出。企业要向科技要效益,就必须向人才要效益,就必须充分发挥人才的优势效用。关键领域必须拥有具有专长、积极上进的员工,拥有很强的组织学习能力,丰富的经验,这样的企业具有很强的人才储备资源,随时可以把人的潜力发挥出来,转化成现实的生产力。③组织架构优势。公司具有高质量的控制体系,完善的信息管理系统,忠诚的客户群,强大的融资能力。④资产优势。包括有形资产优势和无形资产优势,如先进的生产流水线、现代化车间和设备、拥有丰富的自然资源储存和吸引人的不动产、充足的资金、完备的资料信息、优秀的品牌形象、良好的商业信用和积极进取的公司文化。

2. 竞争劣势

竞争劣势是指公司缺少或做得不好的东西,或指某种会使公司处于劣势的条件。可能导致内部弱势的因素有:技术上的落后,缺乏有竞争力的有形资产、无形资产、人力资源。竞争劣势如果不能得到根本的扭转,公司的股价就不可能发生根本性的变化。

3. 潜在机会

市场机会是影响公司战略的重大因素。公司管理者应当确认每一个机会,评价每一个机会的成长和利润前景,选取那些可与公司财务和组织资源匹配、使公司获得竞争优势的潜力最大的最佳机会。潜在的机会包括收购上游和下游的企业、进入壁垒的降低、市场的扩大、获得能力的提高。

4. 外部威胁

在公司的外部环境中，总是存在某些对公司的盈利能力和市场地位构成威胁的因素。公司管理者应当及时确认危及公司未来利益的威胁，做出评价并采取相应的战略行动来抵消或减轻它们所产生的影响。公司的外部威胁可能来源于以下几方面：①出现将进入市场的强大的新竞争对手。②替代品抢占公司销售额。③主要产品市场增长率下降。④汇率和外贸政策的不利变动。⑤人口特征、社会消费方式的不利变动。⑥客户或供应商的谈判能力提高。⑦市场需求减少。⑧容易受到经济萧条和业务周期的冲击等。

(三) 公司技术水平分析

决定公司竞争地位的首要因素在于公司的技术水平。对公司技术水平高低的分析可以从分析技术硬件和技术软件两部分进行。评价技术硬件部分主要考察机械设备、单机或成套设备；软件部分考察的主要内容有：生产工艺技术、工业产权、专利设备制造技术和经营管理技术，具备了何等生产能力和达到什么样的生产规模，企业扩大再生产的能力如何，给企业创造多少经济效益等。另外，企业如拥有较多的掌握技术的高级工程师、专业技术人员等，那么就能生产质优价廉、适销对路的产品，就会有很强的竞争能力。上市公司拥有技术水平的高低决定了这家上市公司股价未来能够走多远和能够走到什么高度。

(四) 公司产品市场分析

对公司产品的市场进行分析时，一般用波士顿矩阵进行分析，如图 7-1 所示。

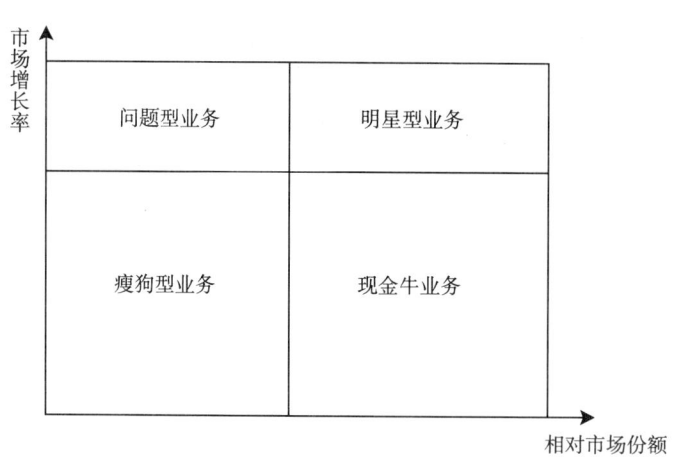

图 7-1 波士顿矩阵

1. 问题型业务

问题型业务指高增长、低市场份额。处在这个领域中的是一些投机性产品。这些产品可能有高利润率但占有的市场份额很小。公司必须慎重回答"是否继续投资业务"这个问题。只有那些符合企业发展长远目标、具有竞争优势、能够增强企业核心竞争力的业务才得到肯定的回答。

2. 现金牛业务

现金牛业务指低增长、高市场份额。处在这个领域中的产品产生大量的现金，但未来的增长前景是有限的。这是成熟市场中的领导者，它是企业现金的来源。由于市场已经成熟，企业不必大量投资来扩展市场规模，同时作为市场中的领导者，该业务享有规模经济和高边际利润的优势，因而给企业带来大量现金流。企业往往用现金牛业务来支付账款并支持其他三种需大量现金的业务。

3. 明星型业务

明星型业务指高增长、高市场份额。这个领域中的产品处于快速增长的市场中并且占有支配地位的市场份额，但也许会或也许不会产生正现金流，这取决于新工厂、设备和产品开发对投资的需要量。明星型业务是由问题型业务继续投资发展起来的，可以视为高速成长市场中的领导者，它将成为公司未来的现金牛业务。但这并不意味着明星型业务一定可以给企业带来源源不断的现金流，因为市场还在高速成长，企业必须继续投资，以保持与市场同步增长，并击退竞争对手。企业如果没有明星型业务，就失去了希望，但群星闪烁也可能会闪花企业高层管理者的眼睛，导致做出错误的决策。这时必须具备识别行星和恒星的能力，将企业有限的资源投在能够发展成为现金牛的恒星上。同样的，明星型业务要发展成为现金牛业务适合于采用增长战略。

4. 瘦狗型业务

瘦狗型业务是指低市场成长率、低相对市场份额的业务，即鸡肋"食之无味，弃之可惜"。由于瘦狗型业务的潜在市场份额都比较小，经营该类业务只能给企业带来极微小甚至负值的利润。对于这种瘦狗型业务，企业常规的策略是：果断采取缩小其规模直至清算、放弃的策略。

通过波士顿矩阵分析，可以对公司的业务有一个比较清晰的了解，可以对上市公司未来的业务发展做一个准确分析预测，从而为我们投资做好准备。

二、公司财务报表分析

（一）公司财务报表的主要内容

财务报表是公司根据财务标准或准则向股东、高层管理者、政府（如税务部门）或债权人（如银行）提供或报告公司在一段时期以来的有关经营和财务信息的正式文件。公司财务报表分析是公司分析中最具体、最重要的分析工作，它最能量化地反映出公司真实的经营状况，是证券投资分析中最为重要的一环。现行的财务会计制度中规定，公司完整的财务会计报表中，一般包括资产负债表、损益表、现金流量表。

资产负债表反映的是公司在某一个特定时点的全部资产、负债和所有者权益的状况，从而反映公司投资的资产价值情况（资产方）和投资回报的索取权价值（负债和所有者权益方）。编制原理为：资产＝负债＋所有者权益，其基本目标是报告股东某时点在公司净投资的账面价值或会计价值。其一般与市场价值有差距，这种差距是因为投资者根据企业未来发展预期的判断所引起的。

损益表反映公司在一段时期内使用资产从事经营活动所产生的净利润或净亏损。编制原理为：销售收入－销售成本－经营费用－管理费用－财务费用－所得税＝税后利润。所以，净利润增加了投资者的价值，而净亏损减少了投资者的价值。编制依据是权责发生制，因此，利润不等于现金。假定其他因素不变，如果"应收账款"太多，盈利的企业可能没有现金；如果"应付账款"增加，亏损的企业不一定没有现金。

现金流量表报告公司在一段时期内从事经营活动、投资活动和筹资活动所产生的现金流量。来自经营性活动的现金净流入量简称"净营业现金流"，它是由企业正常的经营活动产生的，与企业"出售资产"、"银行借款"、"发行股票"或"发行债券"无关。因此，净营业现金流是企业现金流量表的最重要组成部分，其信息的含义对企业高层经理、投资者、银行和政府主管机关，都具有重要的政策启示。

（二）财务报表分析内容

财务报表分析的主要内容是分析公司的偿债能力、经营管理能力、盈利能力等。

1. 偿债能力比率

（1）流动比率分析。流动比率分析是在会计报表分析中，对短期偿债能力的评价。随着市场经济的发展，企业吸纳不同投资者的资产进行运作盈利，而投资者利用会计报表掌握一定的经营信息，最为关心的是企业短期偿债能力。为了评价企业短期偿债能力，才产生并发展了流动比率分析这一技术。其计算公式为：

流动比率＝流动资产÷流动负债

流动比率高，一般认为偿债保障程度较强，但并不一定有足够的现金或银行存款偿债，因为流动资产除了货币资金以外，还有存货、应收账款、待摊费用等项目。有可能出现虽流动比率高，但真正用来偿债的现金和存款却严重短缺的现象，所以分析流动比率时，还需进一步分析流动资产的构成项目。

（2）速动比率。流动比率虽然可以用来评价流动资产总体的变现能力，但流动资产中包含像存货这类变现能力较差的资产，如能将其剔除，其所反映的短期偿债能力更加令人可信，这个指标就是速动比率。速动比率代表企业以速动资产偿还流动负债的综合能力。其计算公式为：

速动比率＝（流动资产－存货）÷流动负债

速动资产是指从流动资产中扣除变现速度最慢的存货等资产后，可以直接用于偿还流动负债的那部分流动资产，包括货币资金、短期投资、应收票据、应收账款、其他应收款等。而流动资产中存货、预付账款、待摊费用等则不应计入。

传统经验认为，速动比率维持在1∶1较为正常，它表明企业的每1元流动负债就有1元易于变现的流动资产来抵偿，短期偿债能力有可靠的保证。速动比率过低，则企业的短期偿债风险较大，速动比率过高，企业在速动资产上占用资金过多，会增加企业投资的机会成本。假如某个上市公司有5000万元的资产，第一种情况是资产全部为设备；第二种情况是60%的资产为实物资产，其他为各类金融资产。假想，有一天该公司资金发生周转困难，公司的资产中急需有一部分去兑现偿债时，哪一种情况更能迅速实现兑现呢？理所当然的是第二种情况。因为流动资产比固定资产的流动性大，而更重要的是有价证券便于到证券市场上出售，各种票据也容易到贴现市场上去贴现。许多公司倒闭，问题往往不在于公司资产额太小，而在于资金周转不过来，不能及时清偿债务。

（3）资产负债率与产权比率。资产负债率是一项衡量公司利用债权人资金进行经营活动能力的指标，也反映债权人发放贷款的安全程度。其计算公式为：

资产负债率 = 负债总额 ÷ 资产总额

这个比率对于债权人来说越低越好。因为公司的所有者（股东）一般只承担有限责任，而一旦公司破产清算，资产变现所得很可能低于其账面价值。所以如果此指标过高，债权人可能遭受损失。当资产负债率大于100%，表明公司已经资不抵债，对于债权人来说风险非常大。从积极的角度来看，资产负债率偏低表明公司的财务成本较低，风险较小，偿债能力强，经营较为稳健，对于投资行为的态度比较慎重。但是，也有专业人士认为，资产负债率的普遍偏低说明企业的经营趋于谨慎。从会计的角度来看，资产负债率过低或过高均属不太正常，如果过低则表明企业的经营非常保守或对于自己的行业看淡。

产权比率是负债总额与所有者权益总额的比率。是指股份制企业，股东权益总额与企业资产总额的比率，是为评估资金结构合理性的一种指标。其计算公式为：

产权比率 = 负债总额 ÷ 所有者权益总额

产权比率越高，说明企业偿还长期债务的能力越弱；产权比率越低，说明企业偿还长期债务的能力越强。

产权比率用来表明由债权人提供的和由投资者提供的资金来源的相对关系，反映企业基本财务结构是否稳定。一般来说，所有者提供的资本大于借入资本为好，但也不能一概而论。该指标同时也表明债权人投入的资本受到所有者权益保障的程度，或者说是企业清算时对债权人利益的保障程度。

2. 经营管理能力比率

（1）存货周转率。存货周转率是指一定时期内企业销售成本与存货平均资金占用额的比率，是衡量和评价企业购入存货、投入生产、销售收回等各环节管理效率的综合性指标。其计算公式为：

存货周转率 = 销货成本 ÷ 存货平均余额

存货平均余额 = （期初存货 + 期末存货）÷ 2

存货周转天数 = 360 ÷ 存货周转率

存货周转率指标的高低，不仅影响到企业的短期偿债能力，而且是整个企业管理的一项重要内容。因此，存货周转率越高，说明企业经营效率高，库存存货适度，存货转化为现金的速度就快；存货周转率越低，则说明产品积压或采购过量，应及时采取措施加以处理。

例7-1：A公司的主营业务成本为300万元，年初存货为100万元，年末存货为10万元。按照上述公式计算如下：

平均存货 = (100 + 10) ÷ 2 = 55（万元）
存货周转率 = 300 ÷ 55 = 5.45（次）
存货周转天数 = 360 ÷ 5.45 ≈ 66（天）

一般情况下，该指标（周转次数）越高，表示企业资产由于销售顺畅而具有较高的流动性，存货转换为现金或应收账款的速度快，存货占用水平低。

（2）应收账款周转率。应收账款周转率就是反映公司应收账款周转速度的比率，它说明一定期间内公司应收账款转为现金的平均次数。用时间表示的应收账款周转速度为应收款账周转天数，也称平均应收账款回收期。它表示公司从获得应收账款的权利到收回款项、变成现金所需要的时间。

$$应收账款周转率（次）= \frac{销售收入}{平均应收账款}$$

$$应收账款周转天数 = \frac{360}{应收账款周转率} = \frac{平均应收账款 \times 360}{销售收入}$$

$$其中，平均应收账款 = \frac{期初应收账款 + 期末应收账款}{2}$$

一般来说，应收账款周转率越高，平均收账期越短，说明应收账款的收回越快。否则，企业的营运资金会过多地呆滞在应收账款上，影响正常的资金周转。存在一些影响该指标正确计算的因素：季节性经营的企业使用这个指标时不能反映实际情况；大量使用分期付款结算方式；大量地使用现金结算的销售；年末大量销售或年末销售大幅度下降。这些因素都会对计算结果产生较大的影响。

3. 盈利能力比率

（1）毛利率。毛利率是指公司的销售毛利与销售净额的比率。销售毛利是指销售净额减去销售成本的余额。销售净额为销售收入扣除销售退回、销售折扣及折让的差额。

$$毛利率 = \frac{销售毛利}{销售净额} = \frac{销售净额 - 销售成本}{销售净额}$$

毛利率是商品流通企业和制造业反映商品或产品销售获利能力的重要财务指标。商品流通企业商品的销售成本为商品的进价成本，而在制造业则为产品的生产或制造成本。当毛利扣除经营期间费用后即为经营利润。可见，毛利率反映了公司产品或商品销售的初始获利能力，保持一定的毛利率对公司利润实现是相当重要的。

（2）销售利润率。销售利润率是企业利润总额与净销售收入的比率。销售利润率是衡量企业销售收入的收益水平的指标。属于盈利能力类指标。

销售利润率 = 利润额 ÷ 销售收入净额

销售利润率俗称毛利率，只是口头上的一种表述。实际上，销售利润率与销售毛利率是不同的两个指标，因为前者已剔除了期间费用，后者仍包含期间费用（如管理费用、财务费用等）。

（3）投资利润率。投资利润率是公司年利润或年均利润与投资总额的比值。

投资利润率 = 年利润或年均利润/投资总额

投资利润率能反映企业的综合盈利能力，且由于剔除了因投资额不同而导致的利润差异的不可比因素，因而具有横向可比性，有利于判断各投资中心经营业绩的优劣。此外，投资利润率可以作为选择投资机会的依据，有利于优化资源配置。

（4）股东权益报酬率。股东权益报酬率反映股东账面投资额的盈利能力。

股东权益报酬率 = 税后净利/股东权益
　　　　　　　 = 销售净利率×总资产周转率×权益乘数
　　　　　　　 = 投资利润率×权益乘数

高的股东权益报酬率通常说明公司有好的投资价值，但如果公司运用了较高的财务杠杆水平，则高的股东权益报酬率可能是过高的财务风险导致的。

4. 现金流量分析

在货币经济条件下，公司经营、投资和筹资活动必然有与之相伴随的现金流，现金流量表是公司经营、投资和筹资活动的综合反映。通过对现金流量表的分析，可以较全面地了解公司经营、投资和筹资活动的效率。

各国现金流量的分类不同，现金流量表的编制方法也不尽相同。我国的会计准则将现金流量分为三类：经营活动所产生的现金流、投资活动所产生的现金流以及筹资活动所产生的现金流。公司三大活动所产生的现金流量项目如表7-1所示。

表 7-1 现金流量项目

项目	经营活动所产生的现金流量	投资活动所产生的现金流量	筹资活动所产生的现金流量
现金流入	销售商品、提供劳务收到的现金 收到的租金 收到的增值税销项税额和退回的租金 收到的除增值税以外的其他税收返还 收到的其他与经营活动有关的现金	收回投资所收到的现金 分得股利或利润所收到的现金 取得债券利息收入所收到的现金 处置固定资产、无形资产和其他长期资产所收到的现金净额 收到的其他与投资活动有关的现金	吸收权益性投资所收到的现金 发行债券所收到的现金 借款所收到的现金 收到的其他与筹资活动有关的现金
现金流出	购买商品、接受劳务支付的现金 经营租赁所支付的现金 支付给职工及为职工支付的现金 支付的增值税款 支付的所得税款 支付的其他税费 支付的其他与经营活动有关的现金	购建固定资产、无形资产和其他长期资产所支付的现金 权益性投资所支付的现金 债权性投资所支付的现金 支付的其他与投资活动有关的现金	偿还债务所支付的现金 发生筹资费用所支付的现金 分配股利或利润支付的现金 偿付利息所支付的现金 融资租赁所支付的现金 减少注册资本所支付的现金 支付的其他与筹资活动有关的现金

公司现金流量分析重点应注意如下几个问题：

（1）公司经营活动所产生的现金流入量与流出量相减后为净流入还是净流出。在正常情况下，公司经营活动所产生的现金流入量减去流出量后应为净流入，且净流入越大，表明企业财务状况越好。如果出现净流出则需查明其原因，一种情况是公司处于成长期，公司为扩大下年度的经营和销售规模，在存货、广告和人员工资上支出较多，其缺口资金通常要由借入债务资金来弥补；另一种情况则是公司出现了经营亏损。

(2) 公司经营活动所产生的现金流量与净收益的关系。净收益采用权责发生制计算，包括应收账款扣除成本后可能形成的净收益，而现金流量是当期公司收到的现金，不含应收账款。如果公司的现金流量与净收益之间存在较大的差额，可能是应收账款增加所致。还有可能是由出售对外投资股权、处置固定资产以及资产评估增值所引起的。这些原因形成的净收益增加是一次性的，不能反映公司经营的长期趋势，在公司的价值评估和业绩预测中应予剔除。

(3) 公司经营活动所产生的净流量与利息支出的关系。如果公司经营活动所产生的净流量大于当期利息支出额，表明公司具有较强的偿债能力；否则，表明企业偿还债务存在困难。

(4) 公司投资的流向。公司投资的流向应与发展战略以及招股说明书中所声明的资金用途相一致。

(5) 公司投资的来源。公司的投资主要来源于内部积累，表明公司的发展能力强；否则，表明公司的发展能力较弱。

(6) 公司筹资的资本结构。一般而言，公司投资中债权资金比重高，财务风险较大；但如果公司的盈利能力较强，可以提高股权资金的收益率。

(三) 财务报表分析方法

财务报表分析方法主要有比率分析法、结构分析法和因素分析法。

1. 比率分析法

比率分析法首先建立一系列财务指标，全面描述企业的资产流动性、负债管理能力、资产使用效率、盈利能力、价值创造、市场表现。然后将这些财务指标与企业历史上的财务指标、行业的平均数和行业的先进企业的相关指标进行对比，最后综合判断企业的经营业绩、存在问题和财务健康状况。财务比率分析应注意结合实际情况，如行业特点、季节性趋势和通货膨胀等。结合财务报表后的"附注"或"注释"部分，以防止企业的"盈利操纵"。

2. 结构分析法

结构分析法是计算某一时期各年"三表"中各项账目的比例，然后与本企业历史财务指标、行业的平均数或先进企业的指标或相关比例进行对比，综合判断企业的经营业绩、存在问题和财务健康状况。主要有历史比较和结构分析、行业平均数比较、行业先进指标比较。

3. 因素分析法

因素分析法主要采用杜邦分析法，其作用是解释指标变动的原因和变动趋势，为采取措施指明方向。

比如对股东权益报酬率可进行如下分解：

$$股东权益报酬率 = \frac{税后净利}{平均股东权益} \times \frac{平均总资产}{平均总资产} \times \frac{销售收入}{销售收入}$$

第七章 证券投资基本分析

$$= \frac{税后净利}{销售收入} \times \frac{销售收入}{平均总资产} \times \frac{平均总资产}{平均股东权益}$$

$$= 销售利润率 \times 总资产周转率 \times 权益乘数$$

通过上面的分解可以看出,决定股东权益报酬率高低的因素有销售利润率、总资产周转率和权益乘数。销售利润率越高,净资产收益率也越高。影响销售净利率的因素是销售额和销售成本。销售额高而销售成本低,则销售利润率高;销售额低而销售成本高,则销售利润率低。总资产周转率是反映公司运用资产以产生销售收入能力的指标。对总资产周转率的分析,需要对影响资产周转的各因素进行分析,以判明影响公司资产周转的主要问题在哪里。权益乘数反映了公司利用财务杠杆进行经营活动的程度。权益乘数大,说明公司负债程度高,公司会有较多的杠杆利益,但风险也高;反之,权益乘数小,说明公司负债程度低,公司会有较少的杠杆利益,但相应所承担的风险也低。

重要概念

基本分析 宏观经济分析 行业分析 公司分析 经济周期 宏观经济政策 财政政策 货币政策 存款准备金 再贴现 公开市场业务 突发事件行业 行业生命周期 SWOT分析法 波士顿矩阵 财务报表 资产负债表 损益表 现金流量表 流动比率 速动比率 资产负债率 产权比率 存货周转率 应收账款周转率 毛利率 销售利润率 投资利润率 股东权益报酬率 现金流量 比率分析法 结构分析法 杜邦分析法

思考题

(1)证券投资基本分析方法主要包括哪些内容?

(2)股票市场的走势有时和宏观经济的走势并不一致,你认为出现这种状况的原因是什么?

(3)自上而下和自下而上的基本分析方法对投资决策有何影响?

(4)经济周期与股票价格变动的关系怎样?

(5)在中央银行宣布升息后,股价指数并未上涨,你认为出现这种情况的原因是什么?

(6)财政政策和货币政策的调整对股市的影响有何不同?

(7)影响行业竞争程度的因素有哪些?

(8)根据行业生命周期的特点,你对投资者有怎样的投资建议?

(9)为何要对公司的现金流量进行分析?进行现金流量分析时应注意哪些事项?

(10)从投资者的角度来看,对于目标公司的财务指标应重点分析什么?

第八章 证券投资技术分析

【学习目的】本章主要介绍了证券投资技术分析的基本理论和方法。通过本章的学习，要求学生理解证券投资技术分析的假设条件、基础理论；掌握K线图分析、趋势分析、形态分析等基本方法；掌握常用技术指标的编制原理及应用；能综合应用各类技术分析方法为投资决策服务。

案例

一位技术分析大师的交易策略

戴若·顾比（Daryl Guppy）是全球金融市场十大技术分析大师之一，是享有国际声誉的证券投资技术分析大师，澳大利亚全职交易商，国际技术分析协会会员及澳大利亚和新加坡技术分析协会会员，被新加坡股票交易所、澳大利亚股票交易所和马来西亚股票交易所职业经纪人及交易者尊为教父级的人物。他开发了 Guppy Multiple Moving Average Indicator（Guppy 复合移动平均指标），担任悉尼期货市场杂志 Your Trading Edge、美国股票和商品交易技术分析杂志长期撰稿人，著有《股票交易》、《交易策略》、《熊市交易》等多本畅销书。令一些投资者对戴若·顾比"顶礼膜拜"的不是他在海外的诸多头衔，也不是 2005 年中国股市将由此进入大牛市的成功预言，而是他全球金融市场十大技术分析大师之一或世界级投资大师的盛名，以及其三年用 2000 美元狂赚 15 万美元的成功投资纪录。

作为一名资深的技术型交易员，顾比主要凭借图线与市场动态信息做出交易决策。他的交易策略非常简单：寻找上升趋势的股票买入，然后一直持有，直到开始下跌时再将它们卖出。顾比更多是通过价格本身的信息去理解市场，通过图线分析，去理解其他投资者正在想什么，从而发现交易机会。顾比坚信，"价格走势图能够告诉我投资大众的心态和情绪。它虽然不可能告诉我公司基本面是否具有真实价值、公司经营管理及产品和服务质量如何等。而股价走势图却能表明，市场中的投资者和投机者是如何判断上述基本面信息的"。当被问到技术分析是否真的有用时，顾比坚定认为答案是肯定的，"技术分析有个神奇的作用，就是能指出什么时候价格正在走弱，什么时候市场得知了我们还没有听说的消息，给出随后显示是正确的指导信号"。

> **案例点评**：技术分析是证券投资分析的一大基本方法。上百年来，众多的证券投资者在证券投资的实践中，总结出来的多种技术分析方法，在今天仍然具有较强的指导意义。掌握一定的技术分析理念和方法并加以合理应用，在投资实践中是有可能取得成功的。

第一节 技术分析概述

一、技术分析的含义

证券投资分析主要分为基本分析和技术分析。技术分析是指直接对证券市场的市场行为所作的分析，其特点是通过对市场过去和现在的行为，应用数学和逻辑的方法，探索出一些典型的规律并据此预测证券市场的未来变化趋势。

二、技术分析的三大假设

技术分析的理论基础是基于以下三项合理的市场假设：

（一）市场行为涵盖一切信息

市场行为涵盖一切信息的假设是进行技术分析的基础。其主要的思想是认为影响股票价格的每一个因素（包括内在的和外在的）都反映在市场行为中，不必对影响股票价格的因素具体是什么做过多的关心。如果不承认这一前提条件，技术分析所作的任何结论都是无效的。这条假设是有一定合理性的。任何一个因素对股票市场的影响最终都必然体现在股票价格的变动上。如果某一消息一公布，股票价格同以前一样没有大的变动，说明这个消息不是影响股票市场的因素。如果有一天我们看到，价格向上跳空开盘，成交量急剧增加，那么一定是出了什么利多的消息，具体是什么消息，完全没有必要过问，它已经体现在市场行为中了；反之，向下跳空开盘，成交量大增，也一定出了什么利空消息，并且这个消息在股票市场行为中得到了反映。再比如，某一天，别的股票大多持平或下跌，唯有少数几只股票上涨。这时，我们自然要打听这几只股票出了什么好消息。这说明，我们已经意识到外部的消息已经在价格的变动和反常的趋势中得到了表现。外在的、内在的、基础的、政策的和心理的因素，以及别的影响股票价格的所有因素，都已经在市场的行为中得到了反映。作为技术分析人员，只关心这些因素对市场行为的影响效果，而不关心具体导致这些变化的原因究竟是什么。

(二) 价格沿趋势移动

价格沿趋势移动的假设是进行技术分析最根本、最核心的因素。其主要思想是股票价格的变动是按一定规律进行的，股票价格有保持原来方向运动的惯性。正是由于这一条，技术分析师才花费大量心血，试图找出股票价格变动的规律。一般说来，一段时间内股票价格一直是持续上涨或下跌，那么，今后一段时间，如果不出意外，股票价格也会按这一方向继续上涨或下跌，没有理由改变这一既定的运动方向。"顺势而为"是股票市场中的一条名言，如果股价没有掉头的内部和外部因素，没有必要逆大势而为。一个股票投资者之所以要卖掉手中的股票，是因为他认为目前的价格已经到顶，马上将往下跌，或者即使上涨，涨的幅度也有限，不会太多了。他这种悲观的观点是不会立刻改变的。一小时前认为要跌，一小时后，没有任何外在影响就改变自己的看法，认为会涨，这种现象是不多见的，也是不合情理的。这种悲观的观点会一直影响这个人，直到悲观的观点得到改变。众多的悲观者就会影响股价的趋势，使其继续下跌。这是第二条假设合理的又一理由。否认了第二条假设，即认为即使没有外部因素影响，股票价格也可以改变原来的运动方向，技术分析就没有了立根之本。股价的变动是遵循一定规律的，我们运用技术分析这个工具找到这些规律，才能对今后的股票买卖活动进行有效的指导。

(三) 历史会重演

历史会重演的假设是从人的心理因素方面考虑的。市场中进行具体买卖的是人，是由人决定最终的操作行为。人不是机器，他必然要受到人类心理学中某些规律的制约。一个人在某一场合，得到某种结果，那么，下一次碰到相同或相似的场合，这个人就认为会得到相同的结果。股市也一样。在某种情况下，按一种方法进行操作取得成功，那么以后遇到相同或相似的情况，就会按同一方法进行操作；如果前一次失败了，后面这一次就不会按前一次的方法操作。股票市场的某个市场行为给投资者留下的阴影或快乐是会长期存在的。在进行技术分析时，一旦遇到与过去某一时期相同或相似的情况，应该与过去的结果比较。过去的结果是已知的，这个已知的结果应该是现在对未来作预测的参考。

在三大假设之下，技术分析有了自己的理论基础。第一条肯定了研究市场行为就意味着全面考虑了影响股价的所有因素；第二条和第三条使得我们找到的规律能够应用于股票市场的实际操作之中。当然，对这三大假设本身的合理性一直存在争论，不同的人有不同的看法。例如，第一条假设说市场行为包括了一切信息，但市场行为反映的信息只体现在股票价格的变动之中，同原始的信息毕竟有差异，损失信息是必然的。正因为如此，在进行技术分析的同时，还应该适当进行一些基本分析和别的方面分析，以弥补不足。再如，第三条假设为历史会重演，但股票市场的市场行为是千变万化的，不可能有完全相同的情况重复出现，差异总是或多或少地存在。

三、证券投资技术分析和基本分析的异同

基本分析的目的是为了判断股票现行价位是否合理并描绘出它长远的发展空间，而技术分析主要是预测短期内股价涨跌的趋势。通过基本分析我们可以了解应购买何种股票，而技术分析则让我们把握具体购买的时机。在时间上，技术分析法注重短期分析，在预测旧趋势结束和新趋势开始方面优于基本分析法，但在预测较长期趋势方面则不如后者。大多数成功的股票投资者都是把两种分析方法结合起来加以运用。他们用基本分析法预测较长期趋势，而用技术分析法判断短期走势和确定买卖的时机。

证券投资技术分析和基本分析都认为股价是由供求关系所决定。基本分析主要是根据对影响供需关系种种因素的分析来预测股价走势，而技术分析则是根据股价本身的变化来预测股价走势。技术分析的基本观点是：所有股票的实际供需量及其背后起引导作用的种种因素，包括股票市场上每个人对未来的希望、担心、恐惧等，都集中反映在股票的价格和交易量上。

四、盘面信息的识别

（一）指数走势盘面分析

盘面信息识别是技术分析基础。下面我们以上证指数为例，简要介绍即时行情盘面的分析（见图 8-1）。

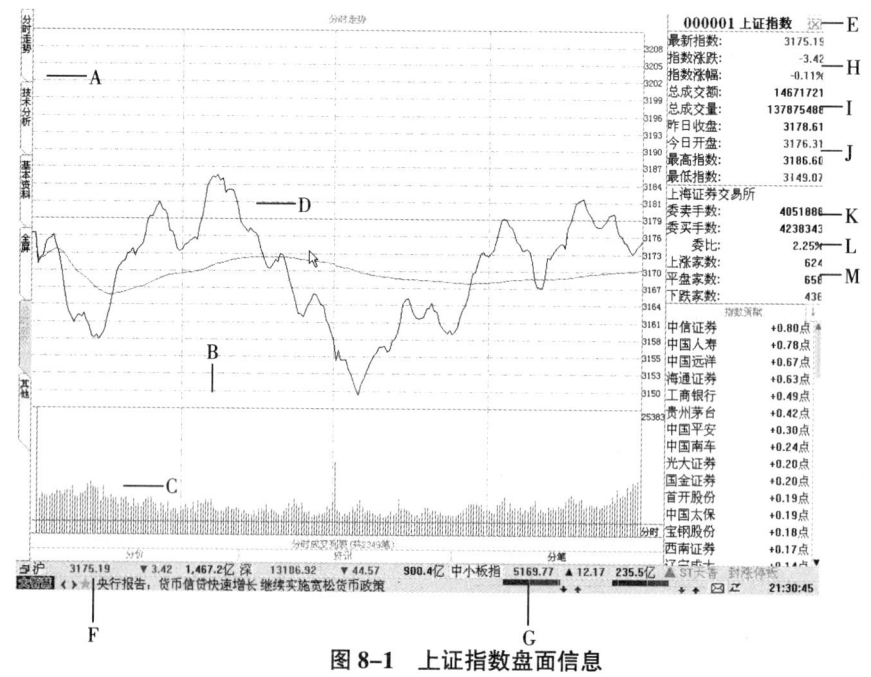

图 8-1　上证指数盘面信息

图 8-1 中各项信息的含义为:

A: 指数坐标。

B: 成交量坐标。

C: 成交量线。

D: 指数即时走势线。

E: 指数或股票名称。

F: 指数栏,左边为上证指数,右边为深证指数。每个指数均显示涨跌指数、成交金额。

G: 显示市场买卖气势。

H: 上证指数及其涨跌。

I: 上证 A 股的成交总额及成交手数。

J: 上证指数开盘、最高、最低值。

K: 委买手数 = 现在所有各股委托买入下三档手数的总和

委卖手数 = 现在所有各股委托卖出上三档手数的总和

L: 委比 = (委买手数 − 委卖手数) ÷ (委买手数 + 委卖手数)

M: 上证市场上涨股票数量、下跌股票数量、与昨天收盘价平盘的股票数量。左边为此时的数量,右边为前一分钟的数值。

(二) 个股盘面分析

下面以中信证券即时走势图为例来说明个股盘面信息的含义,如图 8-2 所示。

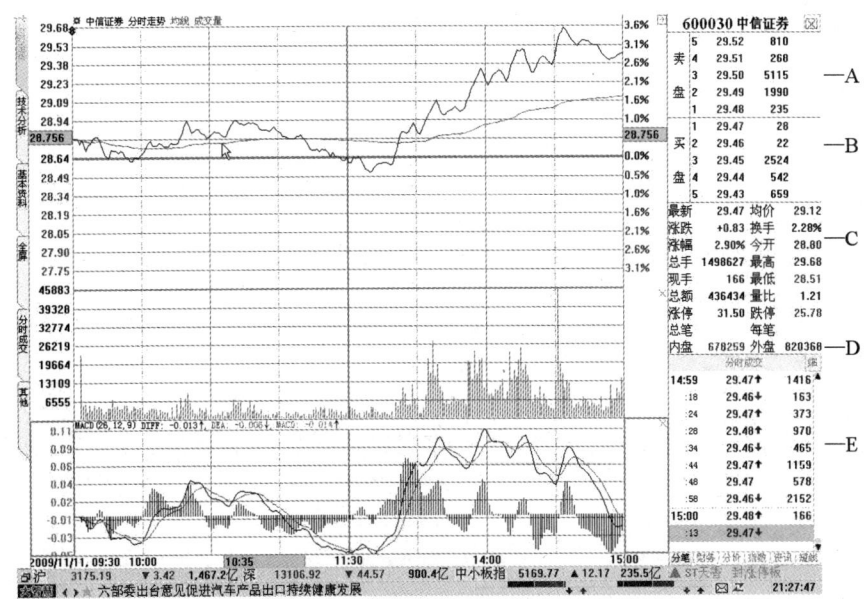

图 8-2 中信证券个股盘面信息

下面对图 8-2 中的内容进行解释。

A：只列出所有卖出价中最低的三个价位及对应的待成交手数，依自上往下顺序，价格从高向低排列。计算委比指标时需要用到委卖手数，它等于这三个待成交手数之和。

B：只列出所有买入价中最高的三个价位及对应的待成交手数，依自下往上顺序，价格由低向高排列。计算委比指标时需要用到委买手数，它等于这三个待成交手数之和。

C：涨跌是指现在的价格比昨天收盘价高出多少或低出多少。它被限制在±10%的涨跌停板范围内。总手指开盘到现在成交的总手数。现手指刚成交的一笔交易的手数，从总手及现手可以看出该股票是散户行情还是大户行情。

$$量比 = \frac{现在总手}{5日平均总手 \div 240 \times 目前已开市多少分钟}$$

量比指标的应用为：

若量比大于1，表示现在成交总手放大了，这时若价涨则好，若价跌则不好；

若量比小于1，表示现在成交总手萎缩了，表示大家都在观望，此时若价处于在头部，是不好现象；若价处于底部，是好现象。

均价，表示此时买卖某股的平均价。其计算公式为：

$$均价 = \frac{\sum(分时成交量 \times 成交价)}{总成交股数}$$

若现在股价在均价以上，表示以前买进股票的都赚了，否则都亏了。

D：外盘，表示成交价在卖出价一方的成交手数；内盘，表示成交价在买入价一方的成交手数。

外盘的应用：当外盘累计数比内盘累计数大很多，而股价上涨时，表示很多人在抢盘买进股票。

内盘的应用：当内盘累计数比外盘累计数大很多，而股价下跌时，表示很多人在抛盘卖出股票。

E：显示分时成交价及手数。

五、价量关系分析

价量关系分析，是指根据股指或股价的变化与股票成交量的变化之间存在的内在联系来分析和判断股市走势的方法。这种方法的主要特点是直观性强，易于掌握和运用。

人们对股市的不同判断，决定股票的供、求形势，并在成交量上表现出来，进而决定股价的走势。所以要准确把握股价走势，仅分析股价本身还不够，必须注重成交量的变化，把股价与成交量放在一起进行综合分析。成交量的变动，直接表现市场交投是否活跃，人气是否旺盛。因此，在股价涨跌中往往是"先见量，后见价"。

在长期的实践中，一些研究人员和投资者通过对股市中价量关系的研究分析，得出了一系列经验性结论，这些结论构成了价量关系分析的主要内容。

（一）价涨量增

这主要有三种情形：

（1）在股指或股价呈上升走势的初期，如果随着价格上升，成交量也稳步增大，则表明股市将有一段上涨行情，此时，是投资购股的重要时机。

（2）在股指或股价上涨一段时间后，成交量突然放大，而股指或股价并未进一步上升，则表明多头实力已经转弱，空头压力增大，由此，股市的走势可能发生变化，此时，应考虑卖出股票。

（3）在股指或股价突破前期波峰时，若成交量并没有突破前期波峰处的成交量，则这种突破的有效性值得怀疑。

（二）价涨量减

这主要有两种情形：

（1）股价上涨而成交量减少。这在一定程度上意味着股价偏高，投资者购股意愿不强，此时，应对随后几日的价量（尤其是成交量）变化认真观察。如果股指或股价继续上涨，而成交量也随之增加，则表明"价涨量缩"是由惜售导致的；如果股指或股价继续上涨，而成交量基本没有增加，则表明空头压力增强，为此，应考虑减少手中持有的股票。

（2）股价上涨而成交量基本不变。这在一定程度上意味着多空双方的某种试探性行为，其后市究竟如何，尚难判定，因此，投资购股应慎重选择。

（三）价稳量变

这主要有三种情形：

（1）股价趋稳而成交量减少。这种情形表明，绝大多数投资者仍在等待观望，因此，不论是买入还是卖出都应慎重选择。如果这种情形发生在下降行情中，则预示着股市下行正进入"筑底"阶段；如果这种情形发生在上升行情中，则预示着股市上行正进入"筑台"阶段。

（2）股价趋稳而成交量增大。如果这种情形发生在上升行情的初期，则表明多头实力开始增强，后市可能继续呈上升走势；如果这种情形发生在上升行情的过程中，则可能预示着空头压力增大，后市可能呈下落走势。如果这种情形发生在下落行情的初期，则表明空头实力增强，后市将继续呈下落走势；如果这种情形发生在下落行情过程中，则可能预示着多头实力增强，后市可能转为上升走势。

（3）股价趋稳而成交量基本持平。这种情形表明，多空双方势均力敌，后市将呈盘整行情。

（四）价跌量增

这主要有三种情形：

（1）在股指或股价连跌数日后，若股指或股价轻微续跌而成交量剧增，则意味着股指或股价已落入底部，此时，是旋转投资购股的时机。

（2）在股指或股价开始下跌时，成交量放大，同时，收盘时往往还留有上影线，则意味着后市将继续下跌。

（3）在上涨行情中，如果发生价跌量增，则意味着走势反转，后市将呈下跌走势。

（五）价跌量减

这主要有两种情形：

（1）在下降走势的初期，如果发生股指或股价下落而成交量减少，则预示着后市继续下跌。

（2）在下降行情持续一段时间后，若股指或股价下落，但跌幅减弱，成交量也已严重萎缩，则预示着行情将止跌回稳或止跌回升。

第二节 技术分析的基础理论

一、道氏理论

道氏理论是所有市场技术研究的鼻祖。道氏理论的形成经历了几十年。1902年，在查尔斯·道去世以后，威廉姆·皮特·汉密尔顿（William Peter Hamilton）和罗伯特·雷亚（Robert Rhea）继承了道氏理论，并在其后有关股市的评论写作过程中，加以组织与归纳而成为今天我们所见到的理论。他们所著的《股市晴雨表》、《道氏理论》成为后人研究道氏理论的经典著作。

（一）道氏的理论基础

道氏理论有极其重要的三个假设，与人们平常所看到的技术分析理论的三大假设有相似的地方，不过，在这里，道氏理论更侧重于对市场含义的理解。

假设一：人为操作（Manipulation）。指数或证券每天、每星期的波动可能受到人为操作，次级折返走势（Second Reactions）也可能受到这方面有限的影响，如常见的调整走势，但主要趋势（Primary Trend）不会受到人为的操作。

有人也许会说，庄家能操作证券的主要趋势。就短期而言，他如果不操作，这种适合操作的证券的内质也会受到他人的操作；就长期而言，公司基本面的变化不断创造出适合操作证券的条件。总的来说，公司的主要趋势仍是无法人为操作，只是证券换了不同的机构投资者和不同的操作条件而已。

假设二：市场指数会反映每一条信息。每一位对金融事务有所了解的市场人士，他所有的希望、失望与知识，都会反映在上证指数与深圳指数或其他指数每天的收盘价波动中；因此，市场指数永远会适当地预期未来事件的影响。如果发生火灾、地震、战争等灾难，市场指数也会迅速地加以评估。

在市场中，人们每天对于诸如财经政策、扩容、领导人讲话、机构违规、创业板等层出不尽的题材不断地加以评估和判断，并不断将自己的心理因素反映到市场的决策中。因此，对大多数人来说市场总是看起来难以把握和理解。

假设三：道氏理论是客观化的分析理论。成功利用它协助投机或投资行为，需要深入研究，并客观判断。当主观使用它时，就会不断犯错，不断亏损。这里再告诉大家一个秘密：市场中95%的投资者运用的是主观化操作，这95%的投资者绝大多数属于"七赔二平一赚"中的那"七赔"人士。

(二) 道氏理论的五个"定理"

定理一：道氏的三种走势。

股票指数与任何市场都有三种趋势：短期趋势，持续数天至数个星期；中期趋势，持续数个星期至数个月；长期趋势，持续数个月至数年。任何市场中，这三种趋势必然同时存在，彼此的方向可能相反。

长期趋势最为重要，也最容易被辨认、归类与了解。它是投资者主要的考量，对于投机者较为次要。中期与短期趋势都在长期趋势之中，唯有明白它们在长期趋势中的位置，才可以充分了解它们，并从中获利。

中期趋势对于投资者较为次要，但却是投机者的主要考虑因素。它与长期趋势的方向可能相同，也可能相反。如果中期趋势严重背离长期趋势，则被视为次级的折返走势或修正（Correction）。次级折返走势必须谨慎评估，不可将其误认为是长期趋势的改变。

短期趋势最难预测，唯有交易者才会随时考虑它。投机者与投资者仅在少数情况下，才会关心短期趋势：在短期趋势中寻找适当的买进或卖出时机，以追求最大的获利，或尽可能减少损失。

定理二：主要走势。

主要走势（Primary Movements）。主要走势代表整体的基本趋势，通常称为多头或空头市场，持续时间可能在一年以内，乃至于数年之久。正确判断主要走势的方向，是投机行为成功与否的最重要因素。没有任何已知的方法可以预测主要走势的持续期限。

了解长期趋势（主要趋势）是成功投机或投资的最起码条件。一位投机者如果对长期趋势有信心，只要在进场时机上有适当的判断，便可以赚取相当不错的获利。有关主要趋势的幅度大小与期限长度，虽然没有明确的预测方法，但可以利用历史上的价格走势资料，以统计方法归纳主要趋势与次级折返走势。

定理三：主要的空头市场。

主要的空头市场（Primary Bear Markets）是长期向下的走势，其间夹杂着重要的反弹。它来自各种不利的经济因素，唯有股票价格充分反映可能出现的最糟情况后，这种走势才会结束。

空头市场会历经三个主要的阶段：第一阶段，市场参与者不再期待股票可以维持过度膨胀的价格。第二阶段，此时的卖压是反映经济状况与企业盈余的衰退。第三阶段，来自健全股票的失望性卖压，不论价值如何，许多人急于求现一部分的股票。

定理四：主要的多头市场。

主要的多头市场（Primary Bull Markets）是一种整体性的上涨走势，其中夹杂次级折返走势，平均的持续期间长于两年。在此期间，由于经济情况好转与投机活动转盛，所以投资性与投机性的需求增加，并因此推高股票价格。

多头市场有三个阶段：第一阶段，人们对于未来的景气恢复信心；第二阶段，股票对于已知的公司盈余改善产生反应；第三阶段，投机热潮转炽而股价明显膨胀。这阶段的股价上涨是基于期待与希望。

定理五：次级折返走势。

次级折返走势是多头市场中重要的下跌走势，或空头市场中重要的上涨走势，持续的时间通常在三个星期至数个月；此期间内折返的幅度为前一次级折返走势结束之后主要走势幅度的33%~66%。次级折返走势经常被误以为是主要走势的改变，因为多头市场的初期走势，显然可能仅是空头市场的次级折返走势，相反的情况则会发生在多头市场出现顶部后。

次级折返走势是一种重要的中期走势，它是逆于主要趋势的重大折返走势。判断何者是逆于主要趋势的"重要"中期走势，这是道氏理论中最微妙与困难的一环；对于信用高度扩张的投机者来说，任何的误判都可能造成严重的财务后果。

（三）道氏理论的实质

值得一提的是，道氏理论的创始者——查尔斯·道，声称其理论并不是用于预测股市，甚至不是用于指导投资者，而是一种反映市场总体趋势的"晴雨表"。大多数人将道氏理论当做一种技术分析手段——这是非常遗憾的一种观点。其实，道氏理论的最伟大之处在于其宝贵的哲学思想，这是它全部的精髓。雷亚在所有相关著述中都强调，道氏理论在设计上是一种提升投机者或投资者知识的配备或工具，并不是可以脱离经济基本条件与市场现况的一种全方位的严格技术理论。根据定义，道氏理论是一种技术理论。换言之，它是根据价格模式的研究，推测未来价格行为的一种方法。

二、空中楼阁理论

（一）空中楼阁理论的提出

空中楼阁理论的倡导者是凯恩斯，其1936年在《就业、利息和货币通论》中专门论述了投资者预期对于股票价格决定的重要性。凯恩斯认为，股票价值虽然在理论上取决于其未来收益，但由于进行长期预期相当困难和不准确，故投资大众应把长期预期划分为一连串短期预期。而一般大众在预测未来时都遵守一条成规：除非有特殊理由预测未来会有改变，否则即假定现存状况将无定期继续下去。于是，投资者不必为不知道10年以后其投资将值几何而失眠，他只要相信这条成规不被打破，使他常有机会在时间过得不多、改变还不太大时就可以修改其判断，变换其投资，则他就觉得他的投资在短期内相当安全，因此在一连串短期内（不论有多少）也相当安全。一般投资者如此，专业投资者也只好如此，这些专业投资人士最关心的，不是比常人高出一筹预测某一投资品在其整个寿命中所产生的收益如何，而在于比一般群众稍早一些预测在此成规下市场对新的变化会有什么反应。

凯恩斯把此种行为比作选美比赛：报刊上发表100张照片，要求参赛者选出其中最美的6个，选择结果与得票率最高的6个相符者获奖。在这种竞赛规则下，每一参赛者为了获胜都不会根据自己的审美标准而会根据他对别人审美观点的推断来选美。每个人为了获奖，都必须遵从大众的喜好。

同样，专业人士要想在投资中获利，也必须遵从一般投资大众的思维方式。一项投资对投资者来说值一定的价格，是因为他期望能以更高的价格卖给别人。

于是投资就成了搏傻游戏：每个人购买股票时都不必研究该股票值多少钱，或者说会为他带来多少长期收益，而只关心有没有比他更傻的傻瓜愿意以更高的价格向他买进；每个人在购买股票时都愿意充当暂时的傻瓜，只要他相信会有更傻的傻瓜来接替他的傻瓜职务，他就可以晋升为聪明人了。这种游戏一直继续下去直至找到最后的傻瓜为止，此时股价开始下跌，于是傻瓜们又开始了"割肉比赛"。

基于以上分析，凯恩斯认为，"股票价格乃代表证券市场的平均预期"，"循此成规所得市价，只是一群无知无识者群众心理之产物，自会因群意之骤变而剧烈波动"。

（二）空中楼阁理论的要点

（1）股票价格并不是由其内在价值决定的，而是由投资者心理决定的，故此理论被称为空中楼阁理论，以示其虚幻的一面。

（2）人类受知识和经验所限，对长期预期的准确性缺乏信心，加上人生短暂造成的短期行为，使一般投资大众用一连串的短期预期取代长期预期。

（3）占少数的专业人士面对占绝大多数的一般投资大众的行为模式只好采取顺应的策略，导致股价取决于市场的平均预期。

（4）心理预期会受乐观和悲观情绪的影响而骤变，从而引起股价的剧烈波动。

（5）投资者想要在股市中取胜，必须先发制人，智夺群众。而斗智的对象，不是预期股票能带来多少长期收益，而在于预期短期之后，股价会因投资者的心理预期变化而有何变化。

（6）只要投资者认为未来价格会上涨，他就可以不必追究该股票内在价值有几何而一味追高购买，而当投资者认为未来价格会下跌时，他也不顾市场价格远低于内在价值而杀跌抛出，于是股票投资成为搏傻游戏，成为投机者的天堂。

三、波浪理论

波浪理论是技术分析大师艾略特（R.E.Elliot）所发明的一种价格趋势分析工具，它是一套完全靠观察而得来的规律，可用以分析股市指数、价格的走势，它也是世界股市分析上运用最多，而又最难以了解和精通的分析工具。

艾略特认为，不管是股票还是商品价格的波动，都与大自然的潮汐、波浪一样，一浪跟着一波，周而复始，具有相当程度的规律性，展现出周期循环的特点，任何波动均有迹可循。因此，投资者可以根据这些规律性的波动预测价格未来的走势，在买卖策略上实施使用。

（一）波浪理论的基本特点

（1）股价指数的上升和下跌将会交替进行。

（2）推动浪和调整浪是价格波动两个最基本形态，而推动浪（即与大市走向一致的波浪）可以再分割成五个小浪，一般用第1浪、第2浪、第3浪、第4浪、第5浪来表示，调整浪也可以划分成三个小浪，通常用A浪、B浪、C浪表示。

（3）在上述八个波浪（五上三落）完毕之后，一个循环即告完成，走势将进入下一个八波浪循环。

（4）时间的长短不会改变波浪的形态，因为市场仍会依照其基本形态发展。波浪可以拉长，也可以缩短，但其基本形态永恒不变。

总之，波浪理论可以用一句话来概括，即"八浪循环"。

（二）波浪的形态

那么，如何来划分上升五浪和下跌三浪呢？一般说来，八个浪各有不同的表现和特性：

第1浪：①几乎半数以上的第1浪，是属于营造底部形态的第一部分，第1浪是循环的开始，由于这段行情的上升出现在空头市场跌势后的反弹和反转，买方力量并不强大，加上空头继续存在卖压，因此，在此类第1浪上升之后出现第2浪调整回落时，其回档的幅度往往很深；②另外半数的第1浪，出现在长期盘整完成之后，在这类第1浪中，其行情上升幅度较大，经验看来，第1浪的涨幅通常是5浪中最短的行情。

第2浪：这一浪是下跌浪，由于市场人士误以为熊市尚未结束，其调整下跌的幅度相当大，几乎吃掉第1浪的升幅，当行情在此浪中跌至接近底部（第1浪起点）时，市场出现惜售心理，抛售压力逐渐衰竭，成交量也逐渐缩小时，第2浪调整才会宣告结束，在此浪中经常出现图表中的转向形态，如头底、双底等。

第3浪：第3浪的涨势往往是最大、最有爆发力的上升浪，这段行情持续的时间与幅度，经常是最长的，市场投资者信心恢复，成交量大幅上升，常出现传统图表中的突破信号，例如裂口跳升等，这段行情走势非常激烈，一些图形上的关卡，非常轻易地被穿破，尤其在突破第1浪的高点时，是最强烈的买进信号，由于第3浪涨势激烈，经常出现"延长波浪"的现象。

第4浪：第4浪是行情大幅劲升后调整浪，通常以较复杂的形态出现，经常出现"倾斜三角形"的走势，但第4浪的底点不会低于第1浪的顶点。

第5浪：在股市中第5浪的涨势通常小于第3浪，且经常出现失败的情况，在第5浪中，二三类股票通常是市场内的主导力量，其涨幅常常大于一类股（绩优蓝筹股、大型股），即投资人士常说的"鸡犬升天"，此期市场情绪表现相当乐观。

A浪：在A浪中，市场投资人士大多数认为上升行情尚未逆转，此时仅为一个暂时的回档现象,实际上,A 浪的下跌,在第 5 浪中通常已有警告信号,如成交量与价格走势背离或技术指标上的背离等,但由于此时市场仍较为乐观,A 浪有时出现平势调整或者"之"字形态运行。

B 浪:B 浪表现经常是成交量不大,一般而言是多头的逃命线,然而由于是一段上升行情,很容易让投资者误以为是另一波段的涨势,形成"多头陷阱",许多人士在此期惨遭套牢。

C 浪:是一段破坏力较强的下跌浪,跌势较为强劲,跌幅大,持续的时间较长,而且出现全面性下跌。

从以上看来,波浪理论似乎颇为简单和容易运用,实际上,由于其每一个上升/下跌的完整过程中均包含有一个八浪循环,大循环中有小循环,小循环中有更小的循环,即大浪中有小浪,小浪中有细浪,因此,使数浪变得相当繁杂和难以把握,再加上其推动浪和调整浪经常出现延伸浪等变化形态和复杂形态,使得对浪的准确划分更加难以界定,这两点构成了波浪理论实际运用的最大难点。

(三)波浪之间的比例

波浪理论推测股市的升幅和跌幅采取黄金分割率和神秘数字去计算。一个上升浪可以是上一次高点的 1.618,另一个高点又再乘以 1.618,以此类推。

另外,下跌浪也是这样,一般常见的回吐幅度比率有 0.236(0.382×0.618)、0.382、0.5、0.618 等。

(四)波浪理论的基本要点

(1)一个完整的循环包括八个波浪,五上三落。

(2)波浪可合并为高一级的浪,亦可以再分割为低一级的小浪。

(3)跟随主流行走的波浪可以分割为低一级的五个小浪。

(4)第 1、3、5 三个推浪中,第 3 浪不可以是最短的一个波浪。

(5)假如三个推动浪中的任何一个浪成为延伸浪,其余两个波浪的运行时间及幅度会趋一致。

(6)调整浪通常以三个浪的形态运行。

(7)黄金分割率奇异数字组合是波浪理论的数据基础。

(8)经常遇见的回吐比率为 0.382、0.5 及 0.618。

(9)第 4 浪的底不可以低于第 1 浪的顶。

(10)波浪理论包括三部分:形态、比率及时间,其重要性以排行先后为序。

(11)波浪理论主要反映群众心理。越多人参与的市场,其准确性越高。

一个完整的波浪及次级波数目如图 8-3 所示。

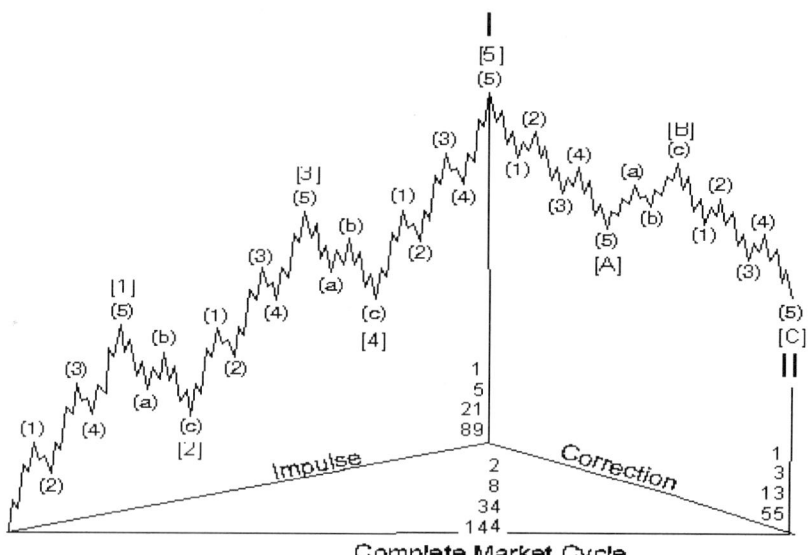

图 8-3 完整的波浪及次级波数目

第三节 K 线图分析

一、K 线的含义及画法

K 线分析是世界上最古老的图表分析方法。K 线又称日本线、阴阳线、蜡烛线等。K 线发源于日本的德川幕府时代,是大阪米市一位叫酒井的商人用它来记录一天或一周当中市场米价行情的价格波动变化,后传至美国,被称为远东的分析方法。K 线虽然古老,但至今仍是技术分析最常用的工具之一。

就股票市场整体来说,买方与卖方永远站在对立的两边,投资者为确保个人利益,需要预测买卖双方在次日、在下周或在下个月谁会占优势,以便决定站在买方阵线或加入卖方行列,K 线就是将买卖双方实战结果用图形表示出来,揭示买卖双方力量的增减与转变过程。

K 线图中,横轴代表时间,每一格可代表一个时间单位,可以是五分钟、十分钟、三十分钟,也可以是一天、一周,甚至一个月、一年,根据分析者的意图和分析时间的长短而定。竖轴则代表指数或价位。

通常一根 K 线包含了四个价位:开盘价、收盘价、最高价与最低价。开盘价是指每一交易时段的第一笔成交价格。收盘价是指每一交易时段的最后一笔成交价格,是多空双方经过一个交易时段的争斗最终达成的共识,也是供需双方一个交易时段最后的暂时平衡点，具有指明目前价格的非常重要的功能。最高价与最低价是每个交易时段交易品种的最高成交价格和最低成交价格，它们反映股票价格上下波动幅度的大小。最高价与最低价如果相差很大，说明该股票交易活跃，买卖双方斗争激烈。

K线分为阴线和阳线两种，收盘价高于开盘价的K线，称为阳线，实体用空心或红色表示；收盘价低于开盘价的K线，称为阴线，实体用黑色或蓝色表示。

K线由三个部分组成：中间部分称为实体，从实体上部到最高价部分为上影线，从实体下部到最低价部分为下影线。大致上来说，当日开盘价高开或低开，是买卖双方经过前一天交易后预期心理的反应。从前一天的收市之后到当日的开市，这当中随着时间的推移，市场所处环境所发生的变动，都可能让投资者重新考虑自己的买卖决策。

每当新的一天交易开始后，市场上看涨的多头不断地买进，形成买力大于卖力，一路将价格往上推动，以至于收市时价格比开市价高，或收在最高价，此时就会在K线图上形成阳线。反之，当日在市场上看跌的空头不断卖出，形成卖力大于买力，一路将价格杀低，以至于收市时价格比开市价低，或收于最低价，此时在K线图上则形成了阴线。因此，可以说收市价是一天交易中，多空双方力量对比的结果。通过研究K线图，可以从收市价上研判多头与空头的力量。K线的基本形状如图8-4所示。

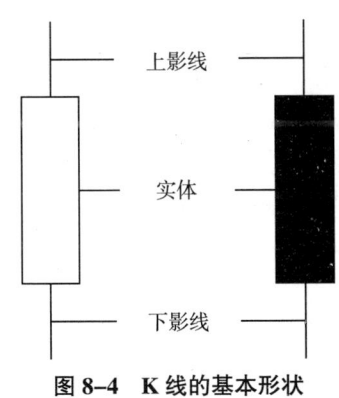

图8-4　K线的基本形状

二、K线图分析法的应用

（一）单根K线的市场含义

从K线的实体与影线不同的组合，产生出了不同的K线。

1. 大阳线

上下均无影线的长阳线，是买方力量最强的表现，尤其在盘局末期或反转初期出现时，表明买方已占上风。大阳线如图8-5(1)所示。

2. 大阴线

上下均无影线的长阴线，表示卖方在多空争斗中占绝对优势，尤其当大阴线出现在盘局末期或反转初期，表示买方力量已完全败退。大阴线如图8-5(2)所示。

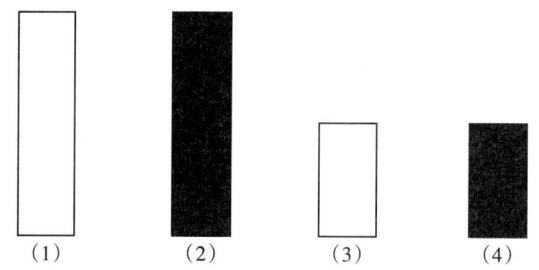

图 8-5　大阳线、大阴线、无上下影线的小阳线与小阴线

3. 无上下影线的小阳线

此种图形的上下价位波动有限。它出现于盘局时，表示买方力量增加，但是由于时机未成熟，买方不敢深入攻击，只是缓慢将股价向上推高，而卖方在当日虽被击败，但仍有反攻的力量与可能性。无上下影线的小阳线如图 8-5(3) 所示。

4. 无上下影线的小阴线

此种图形的价格波动小，它出现于盘局机会较多，表示卖方力量加强，以最低价收盘，但是因买方仍在抵抗，卖方仅能将股价逐渐向下压，买方在当日作战失败，但仍有发动反攻的力量与可能性。无上下影线的小阴线如图 8-5(4) 所示。

5. 带上影线的阳线

此种图形是上升抵抗型，买方力量受卖方压力，使股价上升遭遇阻力，买方力量强弱需看实体与上影线的长度比较。此类线可细分为三种：①实体长于上影线［见图 8-6(1)］，表示买方虽受挫折，但仍在当日较量中占上风。②实体与上影线几乎等长［见图 8-6(2)］，表示买方向高价位推进，卖方压力在迅速增强。③上影线长于实体［见图 8-6(3)］，表示买方力量受到严峻考验，在当日多空争斗结束后，卖方已准备在第二天全力向买方发动攻击。

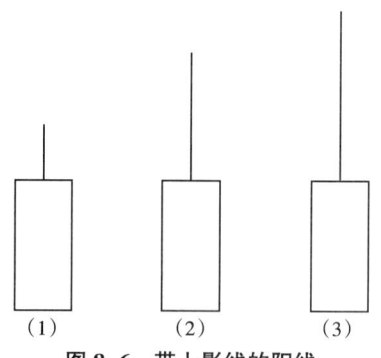

图 8-6　带上影线的阳线

6. 带上影线的阴线

此种图形是先涨后跌型，卖方力量充分发挥，使买方陷入困境，但卖方力量需由阴线实体来决定。此种线可分为：①实体长于上影线［见图 8-7(1)］，表示买方虽欲发起攻击，但受到卖方的压制，以当日最低价收盘，卖方势力强大。②实体与上影线基本等

长［见图8-7(2)］，表示卖方居于主动地位，局势对卖方有利。③上影线长于实体［见图8-7(3)］，表示卖方虽以高价位将买方击退，但是在全天交锋中，卖方仅占少许优势，次日若买方全力反攻，则卖方的阴线实体很容易被攻破。

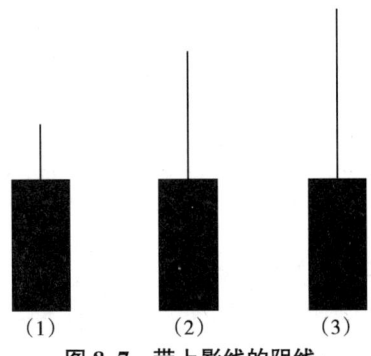

图8-7 带上影线的阴线

7. 带下影线的阳线

此种图形是先跌后涨型，在低价位获买方支撑，卖方已受挫折。依买方实力强弱，依次可分为：①实体长于下影线［见图8-8(1)］；②实体与下影线等长［见图8-8(2)］；③下影线长于实体［见图8-8(3)］。

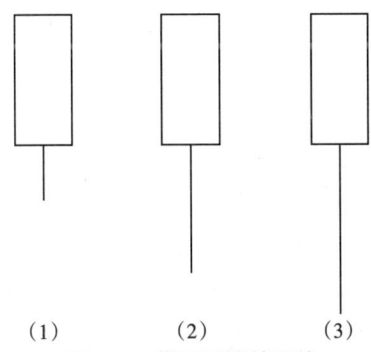

图8-8 带下影线的阳线

8. 带下影线的阴线

此种图形是下跌抵抗型，卖方力量强大，但在低价位遭遇买方抵抗，也同样依次可分为三种：①实体长于下影线［见图8-9(1)］；②实体与下影线等长［见图8-9(2)］；③下影线长于实体［见图8-9(3)］。

9. 上下均带影线的阳线

此种图形反映买卖双方在全天的交易中没有一方完全控制局势。股价在高价位无法站稳，回落到低价位，以低于开盘价成交，但收盘时仍较开盘价高。此种图形又可分为：①上影线长于下影线，包括两种：一是实体长于影线［见图8-10(1)］，表示买方虽受挫折，仍占优势；二是影线长于实体［见图8-10(2)］，表示在高位买方力量受到卖方的阻击，只能退却。②下影线长于上影线，亦可分为两种：一是实体长于影线［见图

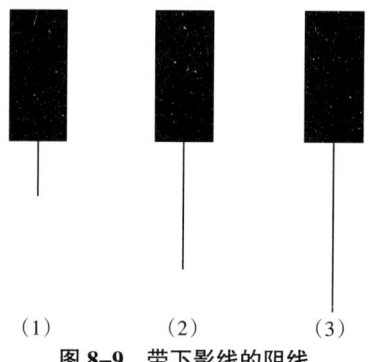

(1)　　　(2)　　　(3)

图 8-9　带下影线的阴线

8-10(3)]，表示买方受挫折，但仍居于主动地位；二是影线长于实体 [见图 8-10(4)]，表示买方力量仍有待观察，其多空力量之比可参照上下影线与实体的比例。

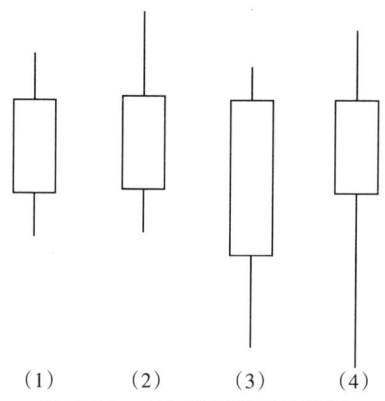

(1)　　(2)　　(3)　　(4)

图 8-10　上下均带影线的阳线

10. 上下均带影线的阴线

此种图形反映股价曾在开盘价之上成交，但卖方渐渐占据主动，股价跌至开盘价以下，但收盘前买方力量转强，最终未以最低价收盘。具体可分为：①上影线长于下影线，包括实体长于影线 [见图 8-11(1)] 与影线长于实体 [见图 8-11(2)] 两种图形。②下影线长于上影线，亦可分为两种图形 [见图 8-11(3)、图 8-11(4)]。其走势的强弱同样可视影线与实体之比而定。

11. 十字线

此种图形反映交易过程中，股价出现高于及低于开盘价成交，收盘价却与开盘价相同，可分为上影线长于下影线 [见图 8-12(1)] 和下影线长于上影线 [见图 8-12(2)] 两种图形。

12. T 字线

此种图形反映开盘价与收盘价相同，当日交易都在开盘以下的价位成交，而以当日最高价（即开盘价）收盘，表示卖方力量有限。T 字线如图 8-13(1) 所示。

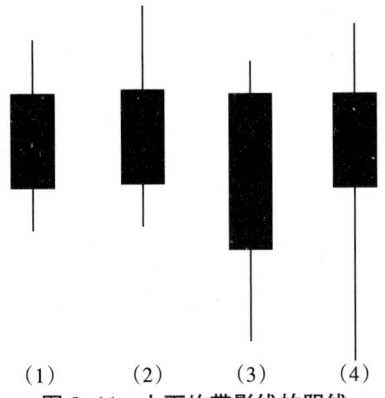

图 8-11 上下均带影线的阴线

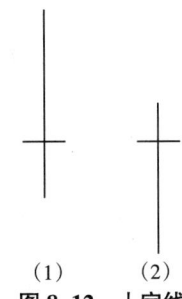

图 8-12 十字线

13. 倒 T 字线

此种图形反映开盘价与收盘价相同，当日交易都在开盘以上价位成交，而以当日最低价（即开盘价）收盘，表示买方无力推升股票价格。倒 T 字线如图 8-13(2) 所示。

14. "一"字线

此种图形较少见，只出现于交易非常冷清的时候，全日交易只有一档价位成交。在我国股市实行涨跌幅度限制时，有些股票由于突发的利空或利多达到跌停板或者涨停板时，常出现这种情形。通常此种情形表示当日成交数量很小。"一"字线如图 8-13(3) 所示。

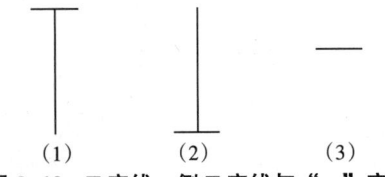

图 8-13 T 字线、倒 T 字线与"一"字线

以上介绍的多种 K 线所包含的对市场行为的反映，可以概括为：①实体表明一方的实力，实体越大，实力越强。阴线实体越长，越有利于下跌，阳线实体越长，越有利于上涨。②影线反映股票价格向这个方向变动的难易程度，指向一个方向的影线越长，越不利于股票价格今后朝这个方向变动。即上影线越长表明上档阻力越大，下影线越长表明下档支撑越强。

（二）多根K线组合的市场含义

在K线组合分析中，有些组合的含义是可以通过别的组合的含义推测出来的，只需掌握几种特定的组合形态，然后举一反三，就可得知别的组合的含义。无论是两根K线还是两根以上的K线组合，都是以两根K线的相对位置的高低和阴阳来推测行情的。简单地说，第二天多空双方争斗的区域相对于前一天的K线越高，多方力量越强，越有利于上涨；越低，空方力量越强，越有利于下降。

对于实际操作来说，如果能利用K线图把握趋势的转折，意义是巨大的。下面重点介绍在K线图中的各种转势信号。

1. "星"形的转势信号

（1）早晨之星。早晨之星（见图8-14）通常出现在一段跌势之后，可先见到连续的中阴线或长阴线，由于空方抛售的力量逐渐衰竭，紧随最后一根大阴线后的第二日，在大阴线下端拉出一根实体很小的阴线或阳线，多空双方暂时取得平衡。然后，第三日拉出一根长阳线或中阳线，显示多方经过蓄势调整后，以新的力量向空头发起进攻。上述K线形成的特殊组合即是早晨之星，代表后市可能见底回升。

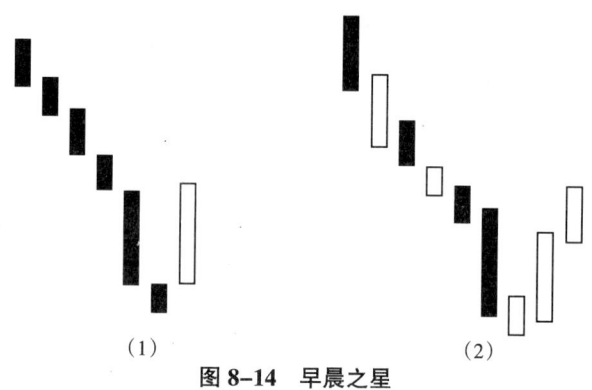

图8-14 早晨之星

（2）黄昏之星。黄昏之星（见图8-15）同早晨之星正好相反。黄昏之星的形态如同倒置的早晨之星，先在一段升势中，最后出现一根较长的阳线，由于空方抛压沉重，第二日多方无力上推，拉出一根小阳线或小阴线，第三日多方抵挡不住空方进攻，当日拉出一根中阴或长阴线，这便构成了黄昏之星的图形。黄昏之星的出现往往暗示股价可能自此见顶回落。

早晨之星或黄昏之星出现时，如再同时出现下列三个特征，则"星"形转势的准确率将进一步提高：①左右两根K线与星形部分出现缺口；②第三根K线的收盘价已探到第一根K线的实体部分；③第一根K线的成交量萎缩，而第三根K线的成交量明显增加，代表多空双方经过角逐，已经分出高下。

（3）十字之星。十字之星（见图8-16）是由于当日开市价与收市价持平，所以K线实体部分呈现一条横线，配合上下影线，便形成一颗类似十字架的星。十字星单独出现，就已经有转向的含义，至少说明上升或下跌的力量已明显地减弱，波动幅度减少，

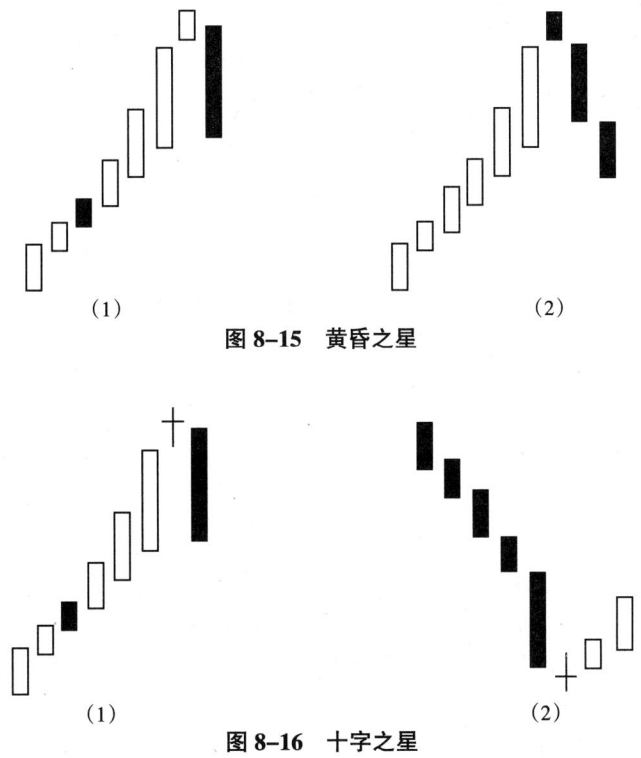

图 8-15　黄昏之星

图 8-16　十字之星

市场等待新的力量出现，再决定后市走向。在一个上升的波段如出现十字星，第二日又拉出向下突破的阴线，其下跌趋向就较为可信，此形态可称为黄昏十字星，相反趋向的则称为早晨十字星，属于见底回升的形态。

（4）射击之星。射击之星（见图 8-17）是反映大市即将见顶回落的信号。单独一颗射击之星的可靠性远不及黄昏之星，只是暗示升势可能已受阻的警戒信号。射击之星的特征是实体较小，而上影线却偏长，反映当日股价曾一度上攻，然后又回落至开盘价附近收市，说明上档抛压已出现。如果射击之星与前一根 K 线形成跳空缺口，则可靠性更高。

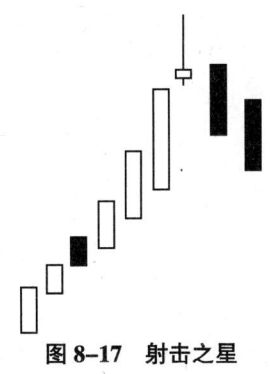

图 8-17　射击之星

2. 锤头转势信号

（1）正置锤头。正置锤头（见图8-18）是指实体短小、下影线特别长的K线，实体部分阴线或阳线均可。观察锤头的有效性，主要是看当时所处的位置，如果走势正处低位区域，锤头就代表了市势可能见底回升。

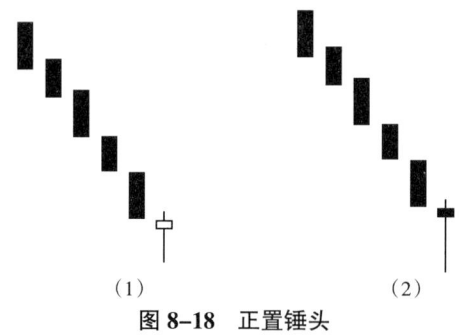

图8-18 正置锤头

锤头形态的成立，需要以下三个要素：①其实体部分在近期股价的底部出现，如果伴随一个消耗性的缺口，通常其反弹的力度也就更强。②下影线部分至少为实体部分的两倍以上，锤头的下影越长，实体部分越小，其威力越大。锤头如果是阳线，后市转向的可能性也就越大。③上影线必须极短。如果完全没有上影线，则图形更为典型。

（2）倒转锤头。倒转锤头（见图8-19）属于见底回升的转势形态之一，介于射击之星与锤头之间。倒转锤头的特点：一是具有较长的上影线；二是实体部分较小，在近日股价的底部出现。倒转锤头的形态其实便是倒置的射击之星，射击之星在顶部出现，倒转锤头则在底部出现，均为走势转向的信号。辨别倒转锤头可注意两点：一是次日开市价与上日收市价会有跳空缺口出现，即倒转锤头出现的第二天，两根线的实体部分出现缺口；二是第二天的K线是阳线。如果两根K线并未出现缺口，只要次日是阳线，且收市价比上日高，同样可看作即将回升的信号。

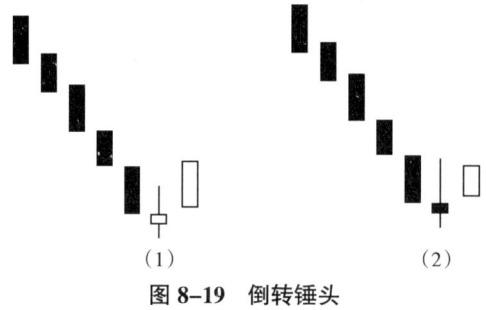

图8-19 倒转锤头

3. 吊颈的转势信号

吊颈形态（见图8-20）与锤头相同，也是实体短小、下影线特别长，实体部分阴线或阳线均可，与锤头的区分只在它们所处的位置不同。当走势正处于连续上升的高位区域，则吊颈的出现即是见顶回落的信号。吊颈形态的成立，需要三个条件：①其实体部分在近期股价的顶部出现。②下影线部分至少为实体部分的两倍以上。③上影线必须极短，如果完全没有上影线，则图形更为典型。吊颈也可以悬空，因为在吊颈图形出现之后，隔日股价常常低开，不仅与吊颈形成缺口，并且次日又拉出长阴线，反映上日买入者全部被架空，手上持有股票者被全数套牢。吊颈出现后，即使第二根 K 线并未低开而形成缺口，只要第二根 K 线是阴线，并且收市价低于吊颈图形，同样预示后市即将回落。

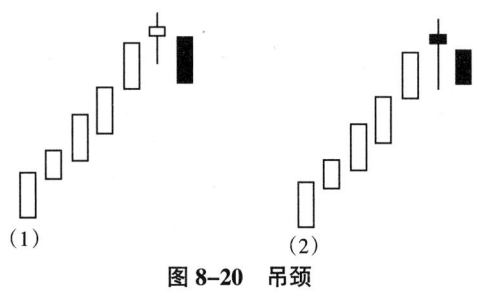

图 8-20　吊颈

4. 穿头破脚

穿头破脚（见图 8-21）就是一根 K 线对另一根 K 线从头到脚全部包容，所以穿头破脚的形态由两根 K 线组成。穿头破脚形态的确认，必须具备两个条件：①应有一个明显上升或下跌的波段，短期的升势和跌势也可以考虑进去。②第二根 K 线的长度必须足以包含第一根 K 线的实体部分，但上下影线可以不考虑进去。

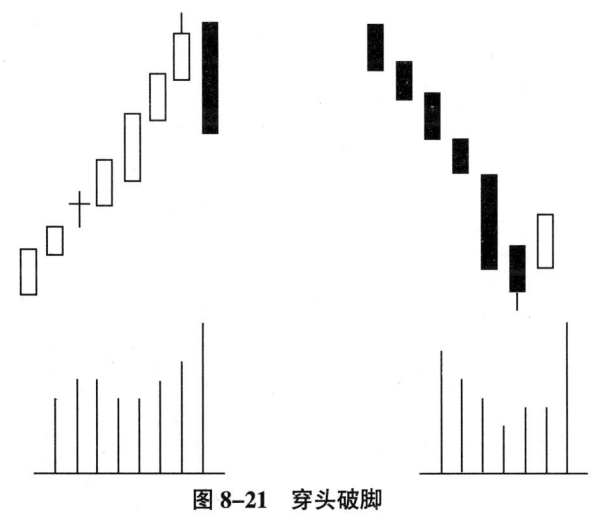

图 8-21　穿头破脚

根据传统的形态分析，股价走势图上单日转向是与穿头破脚的形态较为接近的例子，但单日转向必须在创出新高或新低之后，出现转向才算符合要求，因此穿头破脚的形态不仅更为常见，灵敏度也比单日转向来得高。

假如穿头破脚的形态出现下列情形，其转向的力度可能增强：①两根 K 线之间大小的比例愈悬殊，其转向的力度愈强。②如果第二根 K 线的成交量愈多，其转向的机会愈大。③第二根 K 线因有足够的长度，不仅包容了前一日的 K 线，并且包容了前几日的 K 线，那么，所包含的 K 线数量愈多，则力度愈强。

5. 乌云盖顶

乌云盖顶（见图 8-22）由两根 K 线组合而成。第一根属于强劲的长阳线，第二根的开盘价比上一日最高价还要高，但收盘价却在当日股价波动幅度的底部，而且已盖过第一根长阳线一半以上的幅度。所以，一根长阳线与一根长阴线的组合，通常组合成一种见顶回落的看淡形态。研判乌云盖顶的形态时，需注意的要点有：①次日阴线收盘价必须低于长阳线实体部分的一半以上，才有足够力量使大势转向，阴线收得愈低，吃掉上日长阳线的部分愈多，则回落的可能愈大。②次日阴线在开盘时曾冲过较明显的阻力区域，然后回头下落，就构成乌云盖顶的形态，表示多头已不能控制大局，大市见顶回落的机会大大增加。③必须注意次日阴线开市阶段的成交量，成交量越大，表示卖出的投资者越多，走势转向的机会也就越大。

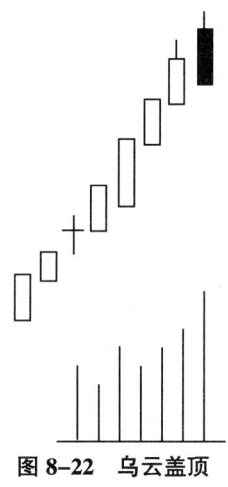

图 8-22　乌云盖顶

6. 曙光初现

曙光初现（见图 8-23）通常出现在一段大跌势之后，可先见连续的中阴线或长阴线，由于空方力量逐渐消化，紧随最末一根大阴线之后，第二天在大阴线下端拉出一根中阳线或长阳线，显示多空双方攻守转换，多方调整好新的力量之后开始发起进攻。因此，曙光初现的定义即指在两个交易日中，有两根 K 线形成一种组合，表示后市可能见底回升。

曙光初现的形成过程中，如再同时出现以下两个特征，则转势的准确率将大大提高：①第二根 K 线的收市价，高于第一根 K 线的实体部分一半以上；②第二根 K 线的实体部分越长，表示上升力度越强。

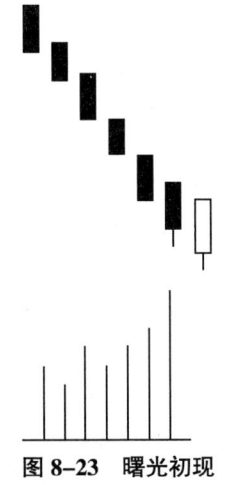

图 8-23　曙光初现

第四节　趋势分析

一、趋势的含义

趋势是指价格波动的方向。当上升或下降的趋势被确定之后，只要市场环境不发生根本改变，价格的波动必然会朝着原有的方向运动。在价格沿着上升趋势运动中，经常会出现回档，甚至回档的幅度还较大。通过回调，多头力量重新聚集，继续沿着原有方向运行，股价不断创出新高。在价格沿着下降趋势运动中，情况则相反，有时会出现反弹，甚至是很有力度的反弹，但终究无法改变原有趋势的运行方向，股价不断创出新低。

股价运动趋势的方向一般分为三种，即上升方向、下降方向和水平方向（见图8-24）。

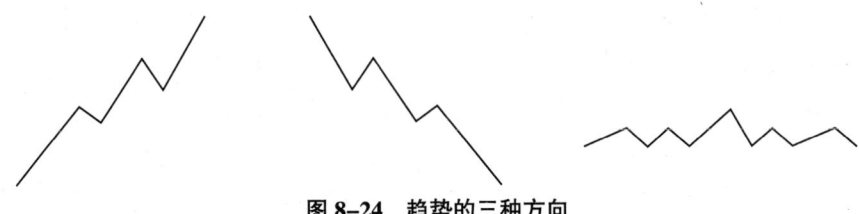

图 8-24　趋势的三种方向

上升方向是指价格的底部逐步抬高，后面出现的每一个峰顶和谷底都高于前面的峰顶和谷底，形成一底比一底高的上升运动趋势。

下降方向是指价格的顶部逐渐降低，后面出现的每一个峰顶和谷底都低于前面的峰顶和谷底，形成一顶比一顶低的下降运动趋势。

水平方向是指价格前后的峰和底没有明显的高低之分，价格在变化中呈水平方向延伸，构成趋势的水平方向。

二、支撑和阻力

（一）支撑线

1. 支撑线的概念

在股价下降过程中，当价格下降到某个价位附近时，股价停止下跌，甚至回升，该价位为股价的支撑点。然后，将两个支撑点连接成线，并向前顺延或将一个支撑点向前顺延一条线，就构成一条支撑线（见图8-25）。

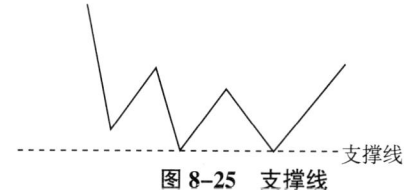

图8-25　支撑线

2. 支撑线的功能

支撑线阻止或暂时阻止股价继续下跌，使股价改变或暂时改变原有的运动方向。股价之所以遇到支撑线停止下跌，是因为股价下跌到某一价位时，多头进场买入，而空头没有继续杀跌。

3. 支撑线的运用

股价在下跌过程中遇到支撑线后，后市有两种可能：一是形成支撑，反弹上升；二是跌破支撑线，股价继续向下。如果形成支撑就应做多买进，如果不能形成支撑而破位向下就应做空卖出。

支撑线在实际操作中有指导意义，它有助于投资者做出正确的买卖决策，但在具体运用时要注意以下几点：

（1）上升趋势的回档过程中，接近支撑线时，成交量萎缩，而后阳线迅速吃掉阴线，股价再上升，这是有效的支撑。

（2）上升趋势的回档过程中，K线组合中频频出现阴线，空头势力增加，即使在支撑线附近略作反弹，接手乏力，股价终将跌破支撑线，支撑无效。

（3）在支撑线附近形成盘局，经过一段时间整理，出现长阳线，支撑仍然有效。

（4）在支撑线附近形成盘局，经过整理却出现一根长阴线，支撑无效，股价将继续下跌。

（5）股价由上向下跌破支撑线，说明行情将由上升趋势转换为下降趋势。一般来说，在上升大趋势中，出现中级下降趋势，若行情跌破中级下降趋势的支撑线，则说明上升大趋势已结束，在中级上升趋势中，出现次级下降趋势，若行情跌破次级下降趋势的支撑线，则说明中级上升趋势已结束，股价将按原下降大趋势继续下行。

（6）股价由上向下接触支撑线，但未能跌破而掉头回升，若有大成交量配合，则当再出现下降调整时，即可买入，博取反弹利润，但期望值不能太高，同时还要设定好止损价位。

（7）股价由上向下跌破支撑线，一旦有大成交量配合，即说明另一段跌势形成，稍有反弹即应卖出，避免更大损失。

（8）股价由上向下接触支撑线，虽未曾跌破，但无成交量配合，则预示无反弹可能，应尽早出货离场。

（二）阻力线

1. 阻力线的概念

在股价上升途中，当价格上升到某个价位附近时，股价停止上涨甚至下跌，该价位为股价的阻力点。然后，将两个阻力点连接成线，并向前顺延或将一个阻力点向前顺延一条线，于是构成一条阻力线（见图8-26）。

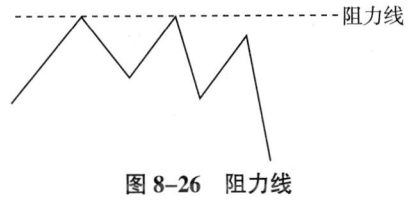

图8-26　阻力线

2. 阻力线的功能

阻止或暂时阻止股价继续上升，使股价改变或暂时改变原有的运动方向，朝着相反的方向运行。股价之所以停止上升，是因为股价上涨到某一价位时，空头在此价位抛出，而多头没有继续买进。

如果阻力线相对彻底地阻止价格按原来方向运行，表明原有趋势的终结，不可能创出新高，这条阻力线显得最为重要，是市场逆转线，是投资者卖出的时机；如果阻力线只是暂时阻止股价按原来方向运行，这条阻力线属阶段性阻力线，是股价运行过程中的暂时性高价区，股价遇阻的回档属上升途中的回档，股价回调之后，会冲破阻力线，创出新高（见图8-27）。

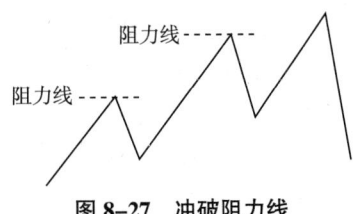

图8-27　冲破阻力线

3. 阻力线的应用

在利用阻力线进行操作时，应注意以下几点。

（1）下跌趋势中出现一般的反弹，如果在接近阻力价位时，成交量无法放大，而后阴线迅速吃掉阳线，股价再度下跌，表明存在强大的阻力。

（2）下跌趋势中出现强劲反弹，即使在阻力线附近略作回档，但换手积极，则股价有较大可能突破阻力线，结束下跌走势。

（3）在阻力线附近经过一段时间的盘整后，出现长阴线，阻力线仍然有效。

（4）在阻力线附近经过一段时间的盘整后，出现一根长阳线向上突破，成交量增加，股价将延续升势。

（5）股价由下向上突破阻力线，若成交量配合放大，说明阻力线被有效突破，行情将由下降趋势转换为上升趋势。一般来说，在下降大趋势中，出现中级反弹之后，如若行情突破中级上升趋势的阻力线，则说明下降大趋势已结束；在中级下降趋势中，出现次级反弹后，若行情突破次级上升趋势的阻力线，则说明中级下降趋势已结束。

（6）股价由下向上冲击阻力线，但未能突破而掉头回落，则可能出现一段新的下跌行情。

（7）当股价由下向上冲击阻力线，成交量大增，则应及时做多，若虽冲过阻力线，但成交量未放出，则应观望，很有可能是上冲乏力、受阻回落的假突破，不能贸然跟进。

（8）当股价由下向上突破阻力线，若成交量不见大增，可待其回落观察，若回落也不见成交量放出，则可考虑做多；若不回落，只要能确认突破阻力有效，再做多也能获利。这是因为阻力线被有效突破后，一般会有一段行情。

（三）支撑和阻力的理论依据

支撑和阻力的理论依据主要是以投资人的心理倾向考虑的。当股价已有相当的跌幅，在第一个支撑点会有三种投资者积极入市购买：第一种是在第一个支撑点卖出股票的投资者，认为可以捡回自己的股票；第二种是上一次踏空的投资者；第三种是在第一个支撑点只是部分建仓的投资者，认为第一次买得太少而再次追加购买。当股价跌至第二个支撑点时，以上三种人的购买行为就会产生共振，推动股价向上运行。

（四）支撑和阻力角色的互换

支撑和阻力的角色不是一成不变的，而是可以改变的。如果一个支撑位被有效跌破之后，这个支撑位就转变成将来的阻力位。这是因为在此价格区堆积了大量的套牢筹码，当下次股价上行到此价格区间时，套牢盘就会急于解套出局给股价的上升构成阻力。如果一个阻力位被有效突破之后，这个阻力位就转变成将来的支撑位。这是因为一旦股价再次回落到此价格区间时，上述三种人就会进场购入股票，形成强大的购买力量，使股价止跌回升。

支撑和阻力角色相互转化的重要依据是被有效突破。如图8-28所示，价格在穿越后的区域持续的时间越长越有效；在穿越后的区域成交量越大越有效，阻力或支撑发生的时间离新支撑点或阻力点越近越有效。

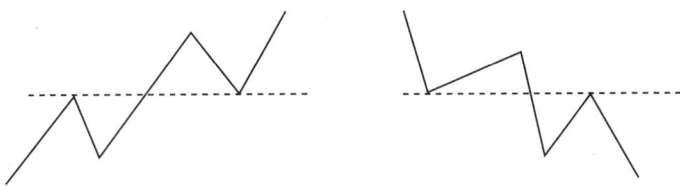

图 8-28　支撑和阻力角色的互换

三、趋势线

（一）趋势线的概念

在股价运动过程中，会相继出现低点和高点，将依次出现的低点或高点用一根向前延伸的直线连接起来形成一条趋势线。趋势线是用来描述价格趋势的直线，通过趋势线的方向可以研究价格的趋势。

（二）趋势线的主要形态

沿着一种股价图形正常波动的走势，每一波动的高点或低点连线（至少二三个暂时的高点或低点）就可大略画出一条趋势线。上升趋势线连接各波动的低点，下跌趋势线连接各波动的高点，这是一项很重要的区别，不能画反，而有一些没有经验的图形分析者往往将图形画反。趋势线的形态有两种，即上升趋势线与下降趋势线。

1. 上升趋势线

在股价走势图上，股价不断地进行着上涨、下跌或横盘的波动。当股价波动向上进行时，如果将各次波动低点连成一线，便是上升趋势线（见图 8-29）。上升趋势线形成之后，股价很有可能继续沿着这条趋势线上升一段时间。

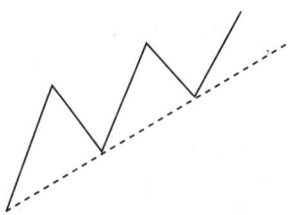

图 8-29　上升趋势线

通常上升趋势线对股价有支撑作用，股价沿着上升趋势轨道发展。当股价自上升趋势线附近涨升，脱离上升趋势线一段距离后，再向下跌落到上升趋势线附近时，便可能会发生支撑作用，使股价止跌回稳，继续下一波的涨升。因此，在交易决策上，当股价回至上升趋势线附近时，便是买进股票的时机，当股价上涨至上升趋势轨道顶点附近时，便是卖出股票的时机；不过，假若股价向下跌破上升趋势线，脱离上升趋势线一段距离后，因上升趋势线具有拉回作用，股价仍将可能反弹回涨至原先的上升趋势线附近，但是，这时原先的上升趋势线反而成为股价上涨的阻力线。因此，当股价向下跌破上升趋势线时，便是应卖出股票的时机，而当股价下跌一段距离，重新反弹涨回原先的上升趋势线附近时，也是应卖出股票的时机。

2. 下降趋势线

当股价波动向下进行时，如果将各次波动高点连成一线，便是下降趋势线（见图8-30）。下降趋势线形成之后，股价很有可能沿着这条趋势线下跌一段时间。与上升趋势线相似，下降趋势线对股价有阻力作用。股价沿着下降趋势轨道发展，当股价自下降趋势线附近下跌，脱离下降趋势线一段距离后，再向上反弹至下降趋势线附近时，便可能会发生阻力作用，使股价再度向下跌落。因此在买卖股票的决策上当股价涨至下降趋势线附近时，便是卖出股票的时机，当股价下跌至下降趋势线轨道低点附近，便是买进股票的时机。但是假若股价向上突破下降趋势线，脱离下降趋势线一段距离后，再跌回原先的下降趋势线附近时，原先的下降趋势线有可能发生支撑作用。因此，当股价向上突破下降趋势线时，便是应买进股票的时机，而当股价突破后继续上涨一段距离又重新跌回原先的下降趋势线附近时，亦是应买进股票的时机。

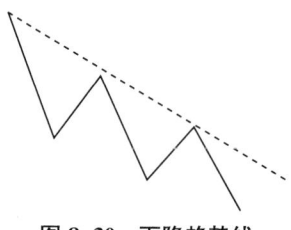

图8-30　下降趋势线

（三）趋势线的功能

1. 表示股票价格继续变动的方向

根据依次出现的两点绘制成的趋势线，预测价格变动的方向，并依据趋势线的坡度及价格变化的速度测定价格反弹将要达到的高点位或回档将要达到的低点位。如图8-29和图8-30所示，价格总保持在上升趋势的上方或下降趋势的下方波动，实际上，上升趋势线为股价保持原有波动方向起支撑作用；下降趋势线为股价保持原有波动方向起压制作用。

2. 揭示趋势的反转

当价格有效穿破趋势线之后，下一步的价格趋势就是反方向的趋势。这就是趋势线角色的互换，即原来起支撑作用的趋势线现在变换成起压制作用的趋势线；原来起压制作用的趋势线现在变换成起支撑作用的趋势线。如图8-31、图8-32所示。

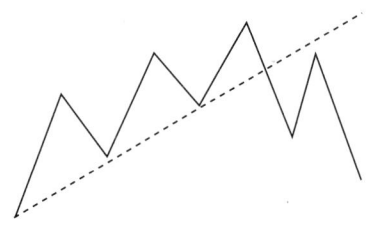

图8-31　上升趋势线被突破

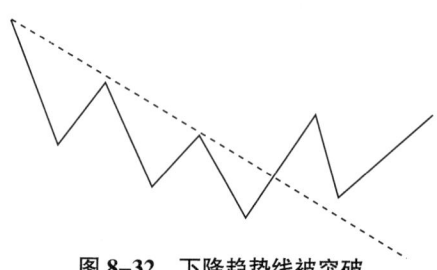

图8-32　下降趋势线被突破

四、通道线

通道线又叫轨道线、管道线。当得到一条趋势线以后，就可以做出一条与趋势线的平行线，这条平行线就是通道线。在市场中，经常可以发现股票价格运行通道。

（一）通道线的绘制

在上升趋势中，先画出一条上升趋势线，然后从第一个显著的高点出发，做出一条与趋势线平行的通道线，两条平行线共同构成一条上升通道。上升通道线绘制以后，当价格上升至该条通道线时，遇阻回落，说明通道线正在发挥作用；当价格回落至趋势线时受支撑反弹，说明这条通道基本得到确认（见图8-33）。

在下降趋势中，先画出一条下降趋势线，然后以第一个显著的低点，做出一条与趋势线平行的通道线，两条平行线共同构成一条下降通道。在随后的价格趋势中，当价格回落到通道线受到支撑而反弹，反弹至趋势线遇阻而回档，说明这条通道被验证（见图8-34）。

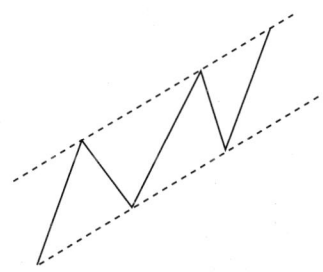
图8-33　上升通道线

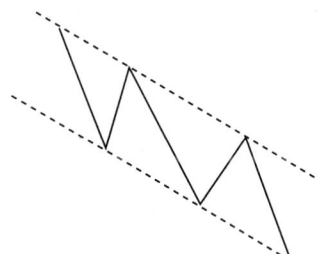
图8-34　下降通道线

（二）通道线的作用

1. 利用通道线进行短线交易

股价在上升通道中运行时，当价格反弹至通道线时作短线平仓；当价格回落至趋势线时是短线建仓的好时机。股价在下降通道中运行时，当价格下降至通道线时增仓；当价格上升到趋势线时，作短线平仓。

2. 利用通道线观察市场价格趋势的力度

股票价格的趋势线与通道线构成股价朝一定方向移动的价格通道。股价随固定的趋势通道移动时间愈长，通道愈可靠。但是，股价总是会冲破通道线或远离通道线。以上升趋势为例，当股价无力抵达通道线时应引起警觉，可以判断为既有趋势的力度在减弱；当股价在远离通道线时便掉头向下，基本可判断为现有上升趋势的力度很弱，上升趋势极有可能发生改变；当股价有效下穿通道下轨，即趋势线是股价反转的到来，发出强烈卖出信号。

3. 利用通道线预测股价目标位

利用通道线既可以预测股价波动的大概区间，又可以预测股价的目标。对于一个上升通道来说，可能出现两种情况：一种情况是股价迅速上行时会突破通道线，可以画一条与原趋势通道宽度相同的新的趋势线和通道线来推测后市上涨幅度（见图8-35）；另一种情况是股价向下突破趋势线，可以用同样的方法做同样宽度的通道来衡量价格目标位（见图8-36）。

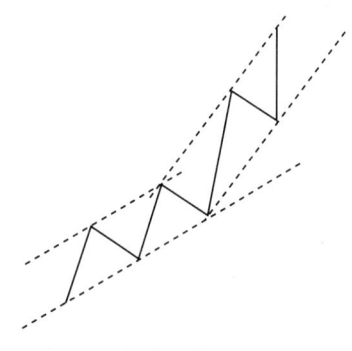

图8-35 突破通道线股价预测图

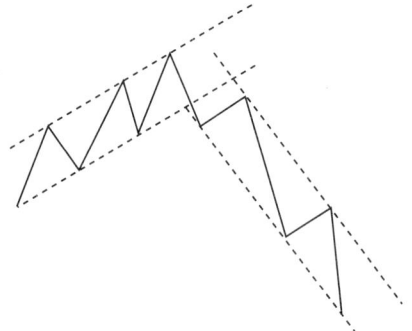

图8-36 突破趋势线股价预测图

五、黄金分割线和百分比线

黄金分割线和百分比线关注的是支撑线和压力线所在的价位，而不是到达价位的时间。斜的支撑线和压力线随着时间的向后移动，支撑位和压力位也要不断地变化。向上斜的切线价位会变高，向下斜的切线价位会变低。对水平切线来说，每个支撑位或压力位相对来说较为固定。为了弥补它们的不足，往往在画水平切线时多画几条，也就是说，同时提供好几条支撑线和压力线，并指望被提供的这几条中最终确有一条能起到支撑和压力的作用。为此，在应用水平切线的时候，应注意它们同别的切线的不同。水平切线中最终只有一条被确认是支撑线或压力线，最后只需保留那条被认可的切线。这条保留下来的切线就具有一般的支撑线或压力线所具有的全部特性和作用。

（一）黄金分割线

黄金分割是一个古老的数学方法。对它的各种神奇的作用和魔力，数学上至今还没有明确的解释，只是发现它屡屡在实际中发挥意想不到的作用。

画黄金分割线的第一步是记住若干个特殊的数字：

0.191 0.382 0.618 0.809 1.191 1.382 1.618

股价很容易在上述数字产生的黄金分割线处产生支撑和压力。

使用黄金分割线需要找到一个基点。这个点是上升行情结束，掉头向下的最高点，或者是下降行情结束，掉头向上的最低点。当然，这里的高点和低点都是指一定的范围，是局部的。只要能够确认一个趋势（无论是上升还是下降）已经结束或暂时结束，则这个趋势的转折点就可以作为进行黄金分割的点，这个点一经选定，就可以画出黄金分割线了。在上升行情开始掉头向下时，投资者希望知道这次下落将在什么位置获得支撑。黄金分割提供的是可能获得支撑的参考价位。

（二）百分比线

百分比线考虑问题的出发点是人们的心理因素和一些整数位的分界点。当股价持续向上涨到一定程度，肯定会遇到压力，遇到压力后，就要向下调整，调整的位置很重要。黄金分割提供了几个价位，百分比线也提供了几个价位。

以这次上涨开始的最低点和开始向下回落的最高点两者之间的差，分别乘以几个特殊的百分比数，就可以得到未来支撑位可能出现的位置。

设低点是10元，高点是22元。这些百分比数一共10个，它们是：

1/8　1/4　3/8　1/2　5/8　3/4　7/8　1　1/3　2/3

按上面所述方法可以得到10个价位。

百分比线中，1/2、1/3、2/3这三条线最为重要。在很大程度上，1/2、1/3、2/3是人们的一种心理倾向。如果没有回落到1/3以下，就好像回落幅度不够似的；如果已经回落到了2/3，人们自然会认为已经回落够了。上面所列的10个特殊的数字都可以用百分比表示：

1/8 = 12.5%　　1/4 = 25%
3/8 = 37.5%　　1/2 = 50%
5/8 = 62.5%　　3/4 = 75%
7/8 = 87.5%　　1 = 100%
1/3 = 33.3%　　2/3 = 66.6%

六、扇形线

（一）扇形原理

趋势线在确认趋势是否反转方面存在缺陷，扇形线则弥补了趋势线的这一不足。从图形上看，扇形线很像经过不断调整后的趋势线，经多次试验证明股价的反转，因此，扇形线既丰富了趋势线的内容，又明确给出了趋势反转的信号，为投资者提供了具有操作性的指导。

小幅度的穿破不足以说明反转的开始，只有突破层层阻力线或支撑线才能确认反转的来临。扇形原理依据三次突破的原则来判断反转的到来，这就增强了判断的可确定性，避免出现误差。不过在实际应用时，不能单纯地用这一种方法作为判断的绝对依据，应结合其他各种方法来判断反转是否真正到来。

（二）扇形线的绘画

在上升趋势中，先找到两个低点画出第一条上升趋势线；当股价下穿第一条趋势线出现一个低点，然后将该低点与原来的第一个低点相连接，画出第二条上升趋势线；当股价再次下穿第二条趋势线后，用同样的方法，将两个低点连接起来，画出第三条上升趋势线。依次出现的三条趋势线形如一把张开的折扇，扇形图因而得名。对于下降趋势，也可以用同样的方法绘制，只是方向正好相反（见图8-37）。

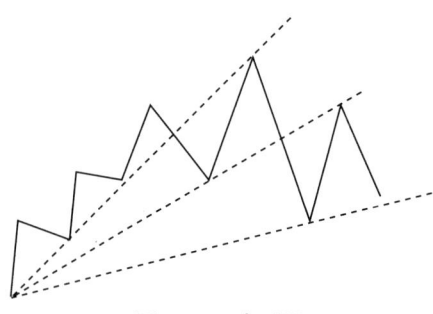

图 8-37 扇形图

(三) 扇形线的意义

(1) 扇形线被突破之后，支撑和压力角色互换，即原来的支撑线就会成为行情发展的阻力线。反过来也是一样。

(2) 趋势线一旦被突破，给出了趋势反转的强烈信号，而不是短暂的反弹或回档。扇形线的三次突破虽然可视为趋势反转的有效信号，但是，扇形线只是从一个特殊的角度来考虑反转问题，因此，要想使判断达到更为理想的效果，还必须与其他技术工具配合使用。

七、甘氏线

甘氏线是从一个点出发，依一定的角度，向后画出的多条射线，也被称为角度线。甘氏线分上升甘氏线和下降甘氏线两种。图 8-38 为甘氏线图。

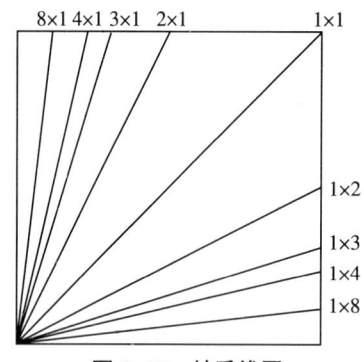

图 8-38 甘氏线图

每条射线都有支撑和压力的功能，但这里最重要的是 45°线、63.75°线和 26.25°线。这三条直线分别对应百分比线中的 50%线、62.5%线和 37.5%线。其余的角度虽然在股价的波动中也能起一些支撑和压力作用，但都很容易被突破。

画甘氏线的方法是首先找到一个点，然后以此点为中心按照图 8-38 所画的各条直线直接画到图上即可。被选择的点一定是显著的高点和低点，如果刚被选中的点马上被创新的高点和低点取代，则甘氏线的选择也随之变更。如果被选到的点是高点，则应画下降甘氏线；如果被选到的点是低点，则应画上升甘氏线。

第五节 形态分析

一、价格趋势方向与形态的关系

价格趋势的方向是非常关键的，只有认清了价格趋势方向及方向发生变化的时间和位置，才会较好地把握市场的未来。价格趋势的方向及方向变化的时间、位置与形态理论所研究的巩固形态、反转形态密切相关。反转形态既是原有趋势的逆转，又是新的趋势的形成过程。反映了原有趋势方向的改变和新趋势方向的产生。

（一）价格趋势方向的基本因素

价格趋势移动方向是由多空力量对比决定的。当多方力量强大，在市场中处于绝对优势地位时，价格将向上推动；当空方力量强大，在市场中处于绝对优势地位时，价格将向下推动；当多空双方力量均衡，谁也无法战胜对方时，价格将在一个相对较窄的区间范围运动。因此，决定价格趋势方向的基本因素是市场中的多空双方力量的对比。

（二）多空双方力量对比的动态变化

多空双方力量的对比总是处在动态运动变化之中。例如，当多方处于绝对优势时，价格不断向上推进，投资者积极介入，但是，随着价格的升高，买入者不敢轻易追高，而原来在低位的买入者获利回吐，抛出手中的股票，这就会抑制价格继续上扬。一旦出现多方队伍看法转变的人数增多，多头的力量会逐步减弱，空方队伍的人数就会增多，力量就会逐渐增强，股票价格就会转而向下，形成反转形态。当股价反转之后，继续沿着下跌方向运动到中途时，多方又会出来抵抗，使价格进入休整阶段，形成巩固形态。随着巩固形态的结束，价格朝着原有方向继续运行。

（三）价格趋势运动的规律

由于多空力量双方对比的变化，价格趋势运动一般会遵循以下运动规律：

（1）价格在多空双方力量平衡的位置做窄幅波动。

（2）原有的平衡被打破之后，价格会在不平衡的情况下朝着一个趋势方向运动，并将寻找到新的平衡位置。

因此，价格趋势的运动规律可概括为平衡（持续整理）条件下的巩固形态运动，打破平衡条件下的反转形态运动，以及再次达到新的平衡条件的巩固形态运动。

二、反转形态

反转形态是市场经过长期上涨或下跌之后，由于动能的衰竭，进入盘整阶段，在该阶段，由于市场无力再维持原有趋势，因而出现与原有趋势相反的运动，在市场走向相反的运动中往往通过各种形态构筑顶部和底部。这些形态的出现便宣告了原有趋势的终结。常见的反转形态有头肩顶（底）、双重顶（底）、圆弧顶（底）等。下面分别介绍这几种形态。

（一）头肩形态

头肩形态包括头肩顶、头肩底两种形态，是价格反转形态中最著名的形态，其他各种形态仅仅是头肩形的变体。

这种形态一共出现三个顶（底）点，即三个局部高（低）点，中间的高（低）点为头部，左右两个相对较低的高（低）点为肩部，这就是头肩形的来历。

1. 头肩顶

（1）头肩顶的形成。如图8-39所示，在上升趋势中，依次出现局部的高点和低点，保持上升的趋势。但是，当价格被推向某一高点之后，上涨势头逐渐放慢。随后，上升趋势开始停顿，反转向下的趋势逐步形成。上升势头的放慢到停滞，表明多头的能量将要衰竭，多空双方力量的对比处于均衡状态，市场暂时进入盘整状态，一旦盘整结束，逐渐占上风的空头力量就会推动市场击穿颈线位（支撑线），从而打破市场力量的均衡状态，形成新的下降趋势，反转形态终于形成。市场转而出现一系列依次下降的波峰和波谷。

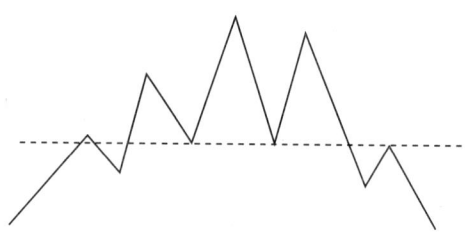

图8-39 头肩顶形态

（2）头肩顶确认的三大因素。颈线位被突破后的反扑现象是头肩顶形成的决定因素。在头肩顶的形成中，当颈线位被突破之后，一般情况下会出现向颈线的反扑，反扑的规模和力度视成交量而定。如果突破颈线时，成交量急剧放大，反扑现象并不一定发生或反扑的力度极为有限，因为突破后的放量说明市场的抛压极大；如果突破颈线时成交量较小，市场反扑的机会加大，甚至可能反扑到颈线位，不管反扑的力度有多大，反扑位应在颈线位之下，才能视为反转形态的最终形成。

成交量在反转形态形成过程中扮演了重要的角色。在价格冲高形成头部时，相对应的成交量比左肩少，表明市场上攻的动能不足，说明多头在高位追涨的意愿不强；当价格运行到右肩时，成交量进一步萎缩，显示多头能量衰退，发出趋势可能逆转的重要信号；当巨量击穿颈线时，表明颈线上方的抛压沉重，空方队伍在进一步扩大；当反扑时，成交量再度萎缩，表明多方无心恋战；当反扑结束后，成交量再一次放大，头肩顶形态完全被确认。

（3）头肩顶的研判作用。利用头肩顶形态测量市场转势后新趋势的另一价格目标位。一般是利用形态的高度来测量另一个新的价格目标位，方法是：先测出头部到颈线的垂直高度，然后从颈线突破点向下，投射相同的距离。

这一测算方法测得的目标只是它的最小目标，至于价格突破颈线之后究竟能走多远的距离因市势而定，有的可能是最小目标的好几倍。

2. 头肩底

头肩底与头肩顶相比，除了在成交量方面有区别之外，其余方面可以说是一样的，只是方向正好相反（见图8-40），形态上头部的谷底比左右两个谷底要低，形态的最终形成需要对颈线位的突破。预测突破后价格目标位的方法也都是一样的。在成交量方面，当头肩顶最终形成时，并没有强调突破颈线下跌时一定要放量。但是，在头肩底的形成过程中，当颈线被突破时，必须伴随着急剧放大的成交量。

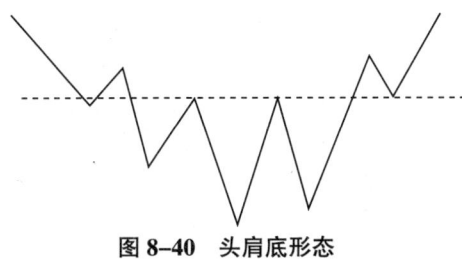

图 8-40 头肩底形态

（二）双重形态

双重形态包括双重顶（见图8-41）和双重底（见图8-42）两种形态。双重形态一共出现两个顶（底）点，即两个相同高度的高（低）点。

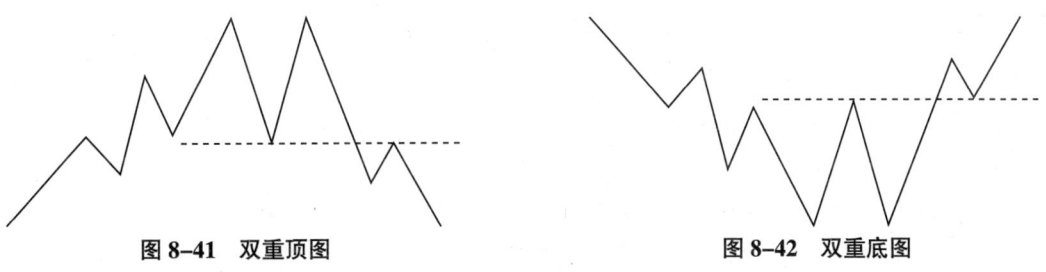

图 8-41 双重顶图　　　　　　　　图 8-42 双重底图

1. 双重顶形态

在上升趋势中，依次出现局部高点和低点保持上升趋势，但是，当价格形成第一个高点之后，再形成第二个高点时，无法突破第一个高点的高度就掉头向下。第一个高点创新高之后正常回落，受到趋势线的支撑继续上升，但是，上升力量不够，价格形成一个高点后再次回落，突破了趋势线和颈线两条线，反转趋势基本形成。当股价无法创出新高时，表明多头攻击的能量已经衰竭，多空双方力量的对比处于均衡状态，市场暂时进入盘整状态，当股价击穿颈线位，又重新打破市场力量的均衡状态，经过反扑后，形成新的下降趋势，反转形态终于形成，市场由上升形态转入下降形态。

2. 双重底形态

双重底的形成过程，与双重顶的形成过程基本上相同，只是方向相反，二者的区别主要表现在成交量方面。当股价突破颈线之后，成交量必须明显放大。如果没有成交量的配合，则无法形成有效突破，就难以产生持续的上攻行情。因此，在双重底形态的运动过程中，成交量能否配合是判断双重底的重要验证手段。

3. 双重顶（底）的应用分析

（1）双重顶（底）的理想模型是两个高（低）点在同一价格水平线上，但是，在大多数情况下都没有这么规范，而是两个一高一低的顶（底）点。

（2）两个顶（底）点可能是复合型的多个顶（底）点。

（3）两个顶（底）点间的距离越远，形成的持续时间越长，反转的潜力越大，走势越猛烈。

（4）突破颈线之后的反扑纯属正常，这时的颈线起到支撑或压力的作用。

（5）当股价运行到趋势线时不击穿趋势线，市场仍然会回到原有的运行趋势中去，因而不能因为出现两个高（低）点就急于判断为反转双重形态，此时的双重形态只能认定为原有趋势的巩固形态。

（三）圆弧形

圆弧形有圆弧顶和圆弧底两种形态（见图8-43、图8-44）。

图 8-43 圆弧顶图

图 8-44 圆弧底图

1. 圆弧顶

圆弧顶是指K线连线在顶部形成的圆弧形态。当股价经过一段时期的强劲上攻之后，上升趋于平缓，成交量开始减少，股价K线升至圆弧顶的中部，卖压渐渐增大，K线逐步下跌，形成锅盖状。

圆弧顶的走势出现在高价区，图形的形成耗用的时间较长，是下跌浪的开始。一般来说，该形态形成的时间越长，形态确定的可能性越大，顶部一旦突破反转，下行的空间将是很大的。

圆弧顶的形成过程是买卖双方力量微弱变化的过程，在圆弧顶的初期，买方略强于卖方，使涨势缓慢上行，但卖方力量在不断加强，随后，双方力量处于均衡状态，股价涨跌趋于静止状态；然后卖方力量逐渐增强超过买方，股价慢慢回落，跌势并不明显，到了后期，卖方完全处于主动，整个盘面卖压沉重，圆弧顶被打破，股价大幅度下跌。

2. 圆弧底

圆弧底是指K线连线在底部形成的圆弧形态。当股价经过一段时期的大幅度下跌之后，下降趋于平缓，成交量开始减少，股价K线逐渐下降至圆弧底的中部，买盘渐渐增大，K线逐步上升，形成锅底状。

圆弧底的走势出现在低价区，图形形成耗用时间较长，交投清淡，一般认为是庄家逐步建仓的过程。一些大庄家手中持有足够的资金，花上几个月甚至更长时间悄悄入场收集，一口一口地将浮筹吃掉，直到买方完全控制市场。

圆弧底形成过程中，股价呈弧形下跌，初时卖方力量虽占上风，但卖压不断减轻，成交量持续萎缩，随后买卖双方力量处于均衡状态，股价涨跌趋于静止状态；然后，买方力量逐渐增强超过卖方，股价缓慢上升，到了后期，买方处于主动，完全控制盘面，圆弧底被打破，股价大幅上扬。

（四）单日转向形态

单日转向形态所构成的底部及顶部形态又称为单底及单顶。

单底又称V形底。在股价长期下跌途中，开始是缓慢下行。随后，跌势开始转急并伴随着放大的成交量；当股价下跌至某一低点之后，跌势突然逆转，当日股价大幅上扬，留下一个尖尖的底部。

单顶又称倒V字形。它与单底的形成刚好相反，从盘面进行观察和分析，是一个难以做到超前判断的形态，这种形态一旦形成，杀伤力极大。

单底（顶）在其形成过程中的最大特点是：①底（顶）部出现只有一次，V形底左边与右边的跌涨势和V形顶左边与右边的涨跌势十分陡峭。②转势点的时间仅三两个交易日，有时候只有一根带长上下影线的大阳（阴）线构成反转形态。③这种情形一般伴随有突发性事件发生，由于多空争斗激烈，伴随着成交量的急剧放大。

三、巩固（整理）形态

分析巩固形态的主要目的是为了搞清楚在既有趋势的运动中以什么样的形态对原有趋势的休整，通过整理巩固之后，到底还能继续运行多大的空间和多长的时间。

（一）三角形

三角形巩固形态可分为三种：对称三角形、上升三角形和下降三角形。

1. 对称三角形

对称三角形大多发生在一个大趋势进行的途中，它表示对原有运行趋势的休整巩固，随后，继续沿着原有方向发展。对称三角形有两条聚拢的直线，两条直线的交点称为三角形的顶点，价格在两条聚拢的直线之间进行缩量盘整，直至突破盘整区，巩固形态才算结束，继续原有趋势的运动（见图8-45）。对称三角形可能出现在上升趋势中，也可能出现在下降趋势中。在上升趋势中，上面一条向下倾斜的线起阻力作用，下面一条向上倾斜的线起支撑作用，股价在支撑和阻力中间上冲下突，但最终未能突破两条倾斜的边线，在靠近三角形顶点处向上突破阻力线，继续沿着原有的方向发展。在下降途中，对称三角形的内容和上升途中对称三角形的内容一样，只是在靠近三角形顶点处选择向下突破支撑线，沿着原有向下运行的方向发展。

对称三角形形成时的特点：①价格在对称三角形中运动时，一般应有多个转折点，

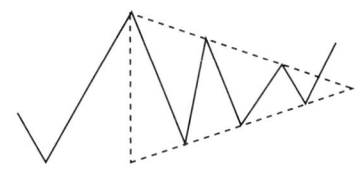

图 8-45 对称三角形图

只有经过多个转折点，上下两条倾斜线的支撑阻力作用才能得到验证。②价格在对称三角形中的休整时间不能太长，整理的时间太长，保持原有趋势的能力就会下降。③越是靠近三角形的顶点，三角形的各种功能越不明显。

对称三角形突破后的分析：①当对称三角形发生突破时，仍有可能发生反扑现象，只是这个反扑现象不像反转形态中那样会经常发生，而且反扑的规模和激烈程度也非常有限。②当对称三角形突破后，一般测出对称三角形最宽部分的高度，从突破点算起，价格至少要运动到与形态高度相等的距离。

2. 上升三角形

上升三角形是对称三角形的变体，图形上的不同之处是上面的直线不是一条倾斜线，而是一条水平方向线，两条线聚拢的形状没有什么区别（见图 8-46）。在上升三角形图中，阻力线是一条水平方向线，支撑线是一条支撑点不断抬高的直斜线，其形态本身表明多头有主动上攻意识，因此，价格在三角形中运动的结束通常以向上突破为标志。

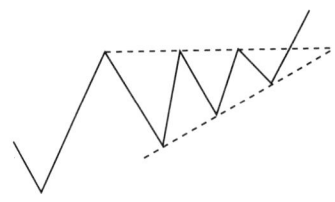

图 8-46 上升三角形图

上升三角形突破后，价格目标的测算方法同对称三角形类似。

3. 下降三角形

下降三角形属看跌的走势形态（见图 8-47），从图形看上，下面的线是水平状态，上面的线是一条倾斜向下的直斜线，反映了空头处于主动地位，股价通过整理后，一般都会向下突破，继续原有的下降趋势。突破后，价格目标的测算方法同对称三角形类似。

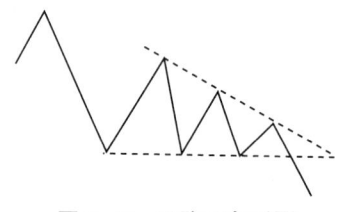

图 8-47 下降三角形图

(二) 喇叭形和菱形

喇叭形和菱形是三角形的特殊变体。这两种形态在实际应用中出现的次数不多，但是，这两种形态一旦出现，可视为顶部的反转形态。因为它们的共同之处就出现在顶部而且几乎总是下跌。当形态形成末期，不需判断突破是否成立，就应卖出股票。

1. 喇叭形

喇叭形可视为开口对称三角形的倒转形，其形态如同一支喇叭。当市场经过一段时间的上升之后，价格进入一个宽幅震荡的区间，而且震荡的幅度越来越大（见图8-48）。喇叭形是市场多空争斗十分尖锐的表现，市场交易异常活跃，成交量日益放大，说明市场气氛非常浮躁，参与交易者失去控制，完全由情绪决定操作行为，多空双方都急于引导市场朝着有利于自己的方向发展。当市场经过剧烈动荡之后，市场会渐渐平静，价格会逐步转而向下。喇叭形与三角形一样，跌破下边的边线之后，会出现反扑，而且反扑的力度很大。这种反扑现象，往往给人以错觉，以为市场仍然处在宽幅震荡之中，但随后价格会快速下跌。

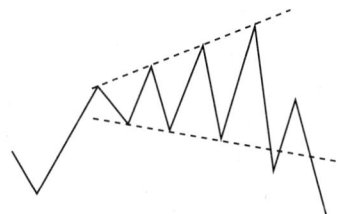

图 8-48 喇叭形图

2. 菱形

菱形其实是两种不同形态拼接而成的特殊形态。菱形的左边类似于一个喇叭形，菱形的右边类似于一个对称三角形。先是宽幅震荡，并伴随成交量的放大，显示了喇叭形特征；当价格运行到最高处时，突然振幅变窄，成交量也相应萎缩，呈现对称三角形的特征（见图8-49），菱形是一种较为罕见的走势形态，它一般出现在市场的顶部，并且是看跌的形态。

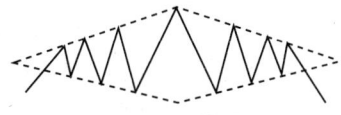

图 8-49 菱形图

在识别菱形时应特别注意，有时候菱形上面两条线的交点不一定是价格运行的一个高点，而是由左、右两边的直线的两个点画出的高点。同样，菱形下面两条直线也有可能与上面两条直线相似。菱形的价格目标测算方式同三角形的测算方式大体相同。首先，测出菱形最宽部分的垂直高度，然后从突破点起向下投影相同的距离。价格向下突破时，成交量一般会放大，随后出现反弹，但反弹过程中，成交量稀少，接着进入下跌趋势之中。

(三) 旗形与楔形

旗形和楔形是两种常见的巩固形态，在价格的图表上出现的频率最高，甚至在一段较大行情的上升或下跌途中可能出现多次。二者均属趋势途中的休整过程，通过休整，对原有走势起到巩固的作用，使股价继续沿着原有的方向运行。

1. 旗形

旗形的形成，往往出现在市场波动过于猛烈，价格近于直线式上涨或下跌走势之中，由于这种走势过急，市场需要做短暂休整，以便价格继续原有的趋势。旗形本身的走势是一个稍微与原来趋势呈相反方向倾斜的长方形形状。旗形的形成有几个标志，旗形形成之前，有一个价格近乎直线运动产生的旗杆；旗形上下两条平行线近乎直线运动产生的旗帜；旗形上下两条平行线对价格起支撑和阻力作用。价格在旗形中运动的时间不能太长，时间长了不能确认为中途的休整；旗形形成之前和被突破之后，成交量会放大，形成过程中，从左到右逐渐减少。旗形被突破之后，价格运行的高度至少要走到与旗形形态高度相等的距离。

旗形可分为上升旗形与下降旗形：上升旗形是价格经过陡峭的飙升之后，形成一个稍微向下倾斜的上下波动的价格密集区域，把价格波及的高低点画出两条平行线就叫做上升旗形（见图 8-50）。下降旗形刚好相反，当价格垂直下跌之后，形成一个稍微向上倾斜的上下波动的价格密集区域，同上升旗形一样，在价格波及的高低点画了两条平行线就叫做下降旗形（见图 8-51）。

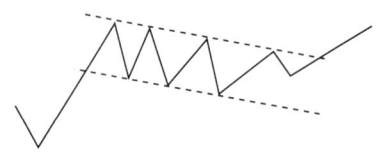
图 8-50　上升旗形图

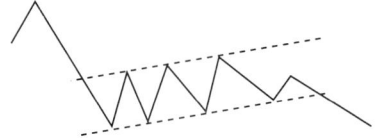
图 8-51　下降旗形图

2. 楔形

楔形是另一种形式的旗形，但在外形上比较接近对称三角形。它与对称三角形的不同之处在于上下两条边变成上倾和下倾的三角形。对称三角形是没有倾向性的，楔形却有着明显的倾向性，在上升趋势中出现的楔形是朝下倾斜的，在下降趋势中出现的楔形是朝上倾斜的，从这一点看，楔形又与旗形相似。楔形也可分为下降楔形和上升楔形（见图 8-52、图 8-53）。

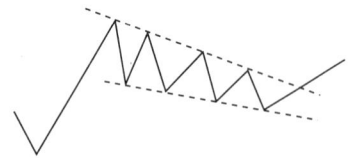
图 8-52　上升途中的下降楔形

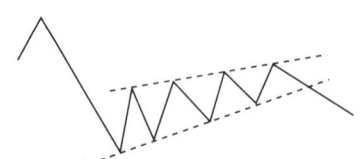
图 8-53　下降途中的上升楔形

上升途中的下降楔形。股价在上升途中，由于累计升幅过大，出现获利回吐，股价回档。当股价下跌至一定水平又掉头向上,但高点较前次低,又下跌至新低点,新低点较前次略低。把低点相连,形成一条向下倾斜的直线,把高点相连,同样形成一条向下倾斜的直线,两条线构成一个下降楔形。

下降途中的上升楔形。股价在下降途中,由于下降幅度过大,卖压减轻,股价反弹。当股价反弹至一定水平又转而向下,但低点较前次高,又上升至新高点,新高点较前次略高。把低点相连,形成一条向上倾斜的直线,把高点相连,同样形成一条向上倾斜的直线,两条线构成一个上升楔形。楔形在形成过程中,成交量逐渐减少。与旗形一样,在形成之前和突破之后,成交量都会放大。

(四) 矩形形态

矩形又叫箱形,是一种典型的巩固形态。当股票价格上升或下跌到某一点位之后,停留在某一价格区间范围内上下移动,上也上不去,下也下不来。多空双方谁也不想主动攻击对方,显示多空力量的均衡状态。从图形上看,股价移动的轨迹是由两条平行于横轴的平行线所界定,其形状像矩形或长方形的箱子,因此称为矩形或箱形。矩形的形成一般属于行情运行中的休整形态,形态在中途的形成是对原有趋势的巩固休整,通过整理,市场将继续沿着原有的方向运行。

矩形也同其他的巩固形态一样,分为上升途中的矩形和下跌途中的矩形(见图8-54、图8-55),在上升途中,经过矩形整理之后,多方会再次主动进攻,使股价突破阻力线,继续原来的趋势。在下降途中,经过矩形的休整,空方会再次组织力量,寻找机会突破,一旦股价击穿支撑线,继续原有趋势的方向运行。

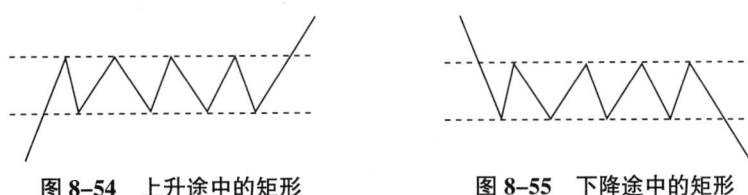

图 8-54　上升途中的矩形　　　图 8-55　下降途中的矩形

矩形盘整的时间因盘整区的高度不同各有不同,通常会经历几个月不等。矩形突破之后,价格目标的测算方法与其他巩固形态类似,其目标位等于矩形盘整区的高度。矩形突破以后,也会产生反扑。

四、缺口形态

(一) 价格延续运动中的缺口

一个循环的股价运动总是不断延续的运动,即一个交易日的开盘价与前一个交易日的收盘价是一个不间断的价格运动。如果股价在其循环运动中出现了间断,那么间断就被称为缺口形态。因此,缺口形态是一个趋势中的特殊形态,在一般情况下,是市场多空力量极不平衡状态下的产物。表现在市场剧烈运动之中。在上升趋势中,当多头完全控制市场时,就顾不得价格运动的连贯性了,在昨日收盘价的基础上,远离昨日收盘价高开高走，两个交易日的股价之间形成不连续的空当即缺口，即向上跳空缺口，反之，即形成向下跳空缺口。从日K线图上看，缺口是日K线图上一段没有成交量的图形。由K线图走势构成各种形态，缺口形态是最易辨认的形态，具有极强的测市功能。

(二) 缺口的种类

从缺口的测市功能方面划分，大致可将缺口分为两大类共四种。一大类是普通缺口，普通缺口一般出现在巩固形态之中；另一类是突破性缺口、持续性缺口和竭尽性缺口，这三种类型的缺口出现在价格剧烈运动之中，是上升或下降趋势中价格快速运动的表现，往往出现在巩固形态、反转形态结束之后，是对巩固形态、反转形态确认极为重要的标志性形态。三个缺口形态作为一个连续性的形态有时也出现在一种趋势的末端，通过三个缺口形态的运动，表明一种趋势即将走到尽头，另一种新的相反的趋势即将到来。

1. 普通缺口

普通缺口是价格在巩固形态如三角形、箱形等形态之中出现的缺口。缺口产生的位置属密集成交的整理区域，无法形成跳空放量的跳空现象；价格跳空之后，无法脱离原有整理形态而上升或下降。短期内价格的走势仍处在盘局之中。缺口的另一个特征是其本身不大，一般情况下在三日左右得到回补。

2. 突破性缺口

突破性缺口属于市场剧烈运动中价格的跳空。这种跳空现象往往出现在重要的反转形态和巩固形态的突破阶段。反转形态和巩固形态都有一条支撑线或阻力线，突破性缺口就是对一条重要的支撑线或阻力线的突破，是多空力量的平衡被完全打破的结果。通过一个很大的缺口，形成单边上扬或下跌之势。如果价格以一个很大的缺口远离原有的形态，突破将显得十分强劲有力。

判断一个缺口是否为突破性缺口，可从三个方面分析：一是看在突破缺口时，成交量是否明显放大和持续放大，如果股价在突破缺口时以及远离盘整形态时仍然保持较大成交量，该缺口可判断为突破性缺口；二是突破性缺口出现之后，一般不会马上填补；三是缺口产生时，其身后是否有形态做依托，有形态做依托的缺口可视为突破性缺口。

随着突破性缺口的形成，行情会朝着突破的方向继续向前运动。如果形成一个向上跳空缺口，会产生一波较大的上升行情；如果形成一个向下跳空缺口，会产生一波较大的下降行情。

3. 中继性缺口

中继性缺口又称持续性缺口，是市场产生主要价格形态突破之后，市场正朝着新的方向向前稳步推进，在推进过程中，多头或空头再次发动强烈攻击，在图形上再次发生价格跳空，形成跳跃式运动。在此阶段出现的缺口称为中继性缺口。当中继性缺口出现之后，显示市场沿着既有方向运行到达了中途，往后还有一半的路要走。因此，也有人称这种缺口为量度缺口。

当行情处在上升趋势中出现中继性缺口，表明市场坚挺，多头力量强大，涨势仍将继续。但是，如果连续出现多个中继性缺口，表示市场趋势越来越接近终结；当行情在下降趋势中出现中继性缺口；表明市场疲弱，空方处于绝对优势，跌势一时还难以终结。中继性缺口的确认主要从两个方面思考：一是缺口出现的位置应该在上一个形态较远的地方；二是缺口出现的当日伴随有较大的成交量。中继性缺口一般不会被回补，不被回补的缺口对原有趋势的运动起支撑或阻力作用，一旦出现回补现象，说明市场会朝相反方向运行一段距离。

4. 竭尽性缺口

竭尽性缺口一般出现在一段较长时间的上升或下跌趋势的尾声。在涨势行情的最后阶段，市场继续前进的动力已经不足，价格在上升中突然一跳，形成向上的最后跳空缺口，在下降行情的最后阶段，照样会形成恐慌性的最后一跌，价格同样会出现最后一跳，形成熊市中的最后一个跳空缺口。

判断竭尽性缺口的依据是缺口出现的当天或次日伴随着巨大的成交量和股价宽幅剧烈震荡。在判断中如果能配合 K 线形态和其他分析方法进行综合分析，判断的准确性会更高。

第六节 常用技术指标分析

由于技术指标种类繁多，在此无法一一列举，下文仅对几个常用的技术指标加以介绍，其他指标读者可参考其他文献资料或证券分析软件的帮助功能。

一、移动平均线（MA）

（一）移动平均线的含义

移动平均线是非常重要的技术分析指标。移动平均线是利用统计学上的"移动平均"原理，将每天的股价予以移动平均，求出一个趋势值，用来作为股价走势的研判工具。

计算公式：$MA = (C_1 + C_2 + \cdots + C_n) \div n$

式中，C_n 为每日收盘价，n 为计算周期。

图 8-56 为移动平均线的图形反映。

（二）移动平均线的分类

移动平均线依时间长短可分为三种，即短期移动平均线、中期移动平均线和长期移动平均线。短期移动平均线一般以 5 天或 10 天为计算期间；中期移动平均线大多以 30 天、60 天为计算期间；长期移动平均线大多以 120 天（半年线）、250 天（年线）为计算期间。

（三）移动平均线的功能

移动平均线具有下述三种功能：

（1）揭示股价波动的方向，即上升趋势或下降趋势。

（2）揭示目前的市场平均持股成本。通过对平均成本的比较，结合其他方面分析，

图 8-56 上证指数日 K 线图和移动平均线

可以了解自己的持股成本在市场中所处的地位高低。

(3) 助涨助跌。由于移动平均线揭示了市场的平均成本，因此当买方力量大于卖方力量时，股价线基本上是在平均线之上。而且当股价出现回档接近平均线时，持股者认为在此价位卖出不合算，会惜售，新入市者感到在此价位买入也合算，市场上卖压减轻的同时买力加强，使股价重新向上。移动平均线在这里所起的作用是支撑向上的重要功能。相反，当股价线运行在移动平均线之下时，平均线会成为股价上升的压力，股价一旦反弹接近平均线时，急于卖出的原持股者会感到在此处卖出可以接受，而新入市者认为此价位买入偏高，因此，卖压明显大于买力，股价受到平均线的压制而回落，这就是移动平均线的助跌效应。

(四) 移动平均线的应用

1. 葛兰碧法则

(1) 移动平均线的买入时机。①平均线从下降逐渐走平，而股价从平均线的下方突破平均线时，是买进信号。②股价虽跌入平均线之下，而平均线在上扬，不久股价又回到平均线上时，是买进信号。③股价线走在平均线之上，股价虽然下跌，但未跌破平均线，股价又上升时可以加码买进。④股价线低于平均线，突然暴跌，远离平均线之时，极可能再趋向平均线，是买进时机。

(2) 移动平均线的卖出时机。①平均线从上升逐渐走平，而股价从平均线的上方往下跌破平均线时，是卖出信号。②股价呈上升突破平均线，但又立刻回复到平均线之下，而且平均线仍在继续下跌时，是卖出信号。③股价线在平均线之下，股价上升但未达平均线又告回落，是卖出信号。④股价线在上升中，且走在平均线之上，突然暴涨，远离平均线，很可能再趋向平均线，是卖出信号。

2. 黄金交叉与死亡交叉

黄金交叉与死亡交叉是技术分析中经常用到的一个拐点转势信号，是移动平均线的组合运用。

（1）黄金交叉。即当较短时期的移动平均线，从下方往上穿越较长时期的移动平均线，而两种线形都是向上时，代表可能会有一段涨势即将展开。这种较短时期移动平均线往上穿过较长时期移动平均线，而方向都是向上的交叉现象称为"黄金交叉"，简称"金叉"。

（2）死亡交叉。即当较短时期的移动平均线，从上方往下跌破较长时期的移动平均线，而两种线形都是向下时，代表可能会有一段跌势即将展开。这种较短时期移动平均线向下穿过较长时期移动平均线，而方向都是向下的交叉现象称为"死亡交叉"，简称"死叉"。

（3）黄金交叉与死亡交叉的应用原则。①出现金叉时买进，持股做多；出现死叉时卖出，空仓观望。②当10天、30天、60天移动平均线出现金叉时，一般会有一段大涨行情出现；而当10天、30天、60天移动平均线出现死叉时，一般意味涨势结束，跌势开始。③金叉出现时，股价已经有一段涨幅，但涨幅不大，而市场中短线交易盛行时，反而会引起部分获利盘的打压。但只要出现金叉三个交易日内股价的回档不跌破关键技术支撑位，是加码买进良机。④出现短期线向上交叉长期线和中期线，且中期线也开始向上交叉长期线这样的双重黄金交叉，是中长线买入的大好时机。⑤死叉出现时情况正好与上述情况相反，操作亦是反向操作。

3. 均线系统多头排列或空头排列

股价涨势形成之后，短期移动平均线在最上面，接着是中期线，长期移动平均线在最下面，移动平均线的这样一种排列就叫做多头排列；反之短期线在最下面，长期线在最上面，这样的移动平均线排列就叫做空头排列。一般来说，移动平均线呈多头排列是较好的买入信号，而且均线角度越大越好。

二、指数平滑异同平均线（MACD）

MACD指标又叫指数平滑异同移动平均线，是一种研判股票买卖时机、跟踪股价运行趋势的技术分析工具。

（一）MACD指标的原理

MACD指标是根据均线的构造原理，对股票价格的收盘价进行平滑处理，求出算术平均值以后再进行计算，是一种趋向类指标。

MACD指标是运用快速（短期）和慢速（长期）移动平均线及其聚合与分离的征兆，加以双重平滑运算。根据移动平均线原理发展出来的MACD，一是去除了移动平均线频繁发出假信号的缺陷，二是保留了移动平均线的效果，因此，MACD指标具有趋势性、稳定性等特点，是用来研判买卖股票时机的技术分析指标。

（二）MACD指标的计算方法

MACD在应用上，首先计算出快速移动平均线（即EMA1）和慢速移动平均线（即EMA2），以此两个数值作为测量两者（快慢速线）间的离差值（DIF）的依据，然后再求 DIF 的 N 周期的平滑移动平均线 DEA。

以 EMA1 的参数为 12 日，EMA2 的参数为 26 日，DIF 的参数为 9 日为例来看看 MACD 的计算过程：

1. 计算移动平均值（EMA）

12 日 EMA 的算式为：

EMA(12) = 前一日 EMA(12) × 11/13 + 今日收盘价 × 2/13

26 日 EMA 的算式为：

EMA(26) = 前一日 EMA(26) × 25/27 + 今日收盘价 × 2/27

2. 计算离差值（DIF）

DIF = 今日 EMA(12) – 今日 EMA(26)

3. 计算 DIF 的 9 日 EMA

根据离差值计算其 9 日的 EMA，即离差平均值，是所求的 MACD 值。为了不与指标原名相混淆，此值又名 DEA 或 DEM。

今日 DEA(MACD) = 前一日 DEA × 8/10 + 今日 DIF × 2/10

计算出的 DIF 和 DEA 的数值均为正值或负值。

理论上，在持续的涨势中，12 日 EMA 线在 26 日 EMA 线之上，其间的正离差值（+DIF）会越来越大；反之，在跌势中离差值可能变为负数（−DIF），也会越来越大，而在行情开始好转时，正负离差值将会缩小。指标 MACD 正是利用正负的离差值（±DIF）与离差值的 N 日平均线（N 日 EMA）的交叉信号作为买卖信号的依据。

离差值 DIF 和离差平均值 DEA 是研判 MACD 的主要工具。其计算方法比较烦琐，由于目前这些计算值都会在股市分析软件上由计算机自动完成，因此，投资者只要了解其运算过程即可，而更重要的是掌握它的研判功能。另外，和其他指标的计算一样，由于选用的计算周期不同，MACD 指标也包括日 MACD 指标、周 MACD 指标、月 MACD 指标、年 MACD 指标以及分钟 MACD 指标等各种类型。经常被用于股市研判的是日 MACD 指标和周 MACD 指标。虽然它们计算时的取值有所不同，但基本的计算方法一样。

在实践中，将各点的 DIF 和 DEA 连接起来就会形成在零轴上下移动的两条快速（短期）和慢速（长期）线，此即为 MACD 图（见图 8-57）。

（三）MACD 指标的一般研判标准

MACD 指标的一般研判标准主要是围绕快速和慢速两条均线及红、绿柱线状况和它们的形态展开。一般分析方法主要包括 DIF 和 MACD 值及它们所处的位置、DIF 和 MACD 的交叉情况、红柱状的收缩情况和 MACD 图形的形态这四个大的方面。

1. DIF 和 MACD 的值及线的位置

（1）当 DIF 和 MACD 均大于 0 并向上移动时，一般表示股市处于多头行情中，可以买入或持股。

（2）当 DIF 和 MACD 均小于 0 并向下移动时，一般表示股市处于空头行情中，可以卖出股票或观望。

（3）当 DIF 和 MACD 均大于 0 但都向下移动时，一般表示股票行情处于退潮阶段，

图 8-57 上证指数 MACD 图形

股票将下跌，可以卖出股票和观望。

（4）当 DIF 和 MACD 均小于 0 但向上移动时，一般表示行情即将启动，股票将上涨，可以买进股票或持股待涨。

2. DIF 和 MACD 的交叉情况

（1）当 DIF 和 MACD 都在零线以上，而 DIF 向上突破 MACD 时，表明股市处于一种强势之中，股价将再次上涨，可以加码买进股票或持股待涨，这就是 MACD 指标"黄金交叉"的一种形式。

（2）当 DIF 和 MACD 都在零线以下，而 DIF 向上突破 MACD 时，表明股市即将转强，股价跌势已尽将止跌朝上，可以开始买进股票或持股，这是 MACD 指标"黄金交叉"的另一种形式。

（3）当 DIF 和 MACD 都在零线以上，而 DIF 向下突破 MACD 时，表明股市即将由强势转为弱势，股价将大跌，这时应卖出大部分股票而不能买股票，这就是 MACD 指标"死亡交叉"的一种形式。

（4）当 DIF 和 MACD 都在零线以上，而 DIF 向下突破 MACD 时，表明股市将再次进入极度弱市中，股价还将下跌，可以再卖出股票或观望，这是 MACD 指标"死亡交叉"的另一种形式。

3. MACD 指标中的柱状图分析

在行情分析软件中通常采用 DIF 值减去 DEA 值而绘制成柱状图，用红柱状和绿柱状表示，红柱表示正值，绿柱表示负值。用红绿柱状图来分析行情，直观又可靠。

（1）当红柱状持续放大时，表明股市处于牛市行情中，股价将继续上涨，这时应持股待涨或短线买入股票，直到红柱无法再放大时才考虑卖出。

（2）当绿柱状持续放大时，表明股市处于熊市行情之中，股价将继续下跌，这时应持币观望或卖出股票，直到绿柱开始缩小时才可以考虑少量买入股票。

（3）当红柱状开始缩小时，表明股市牛市即将结束（或要进入调整期），股价将大幅下跌，这时应卖出大部分股票而不能买入股票。

（4）当绿柱状开始收缩时，表明股市的大跌行情即将结束，股价将止跌向上（或进入盘整），这时可以少量进行长期战略建仓而不要轻易卖出股票。

（5）当红柱开始消失、绿柱开始放出时，这是股市转市信号之一，表明股市的上涨行情（或高位盘整行情）即将结束，股价将开始加速下跌，这时应开始卖出大部分股票而不能买入股票。

（6）当绿柱开始消失、红柱开始放出时，这也是股市转市信号之一，表明股市的下跌行情（或低位盘整）已经结束，股价将开始加速上升，这时应开始加码买入股票或持股待涨。

三、随机指标（KDJ）

（一）KDJ指标的原理

随机指标KDJ是根据统计学的原理，通过一个特定的周期（常为9日、9周等）内出现过的最高价、最低价及最后一个计算周期的收盘价及这三者之间的比例关系，来计算最后一个计算周期的未成熟随机值RSV，然后根据平滑移动平均线的方法来计算K值、D值与J值，并绘成曲线图来研判股票走势。

随机指标主要是利用价格波动的真实波幅来反映价格走势的强弱和超买超卖现象，在价格尚未上升或下降之前发出买卖信号的一种技术工具。它在设计过程中主要是研究最高价、最低价和收盘价之间的关系，同时也融合了移动平均线等指标的一些优点，因此，能够比较快捷、直观地研判行情。图8-58为KDJ指标的图形。

图8-58 随机指标KDJ指标

（二）KDJ 指标的研判方法

KDJ 指标的一般研判标准主要是从 KDJ 三个参数的取值、KDJ 曲线的形态、KDJ 曲线的交叉、KDJ 曲线的背离和 K 线、D 线、J 线的运行状态以及 KDJ 曲线同股价曲线的配合六个方面来考虑。

1. KDJ 的取值

（1）取值范围。KDJ 指标中，K 值和 D 值的取值范围都是 0~100，而 J 值的取值范围可以超过 100 和低于 0，但在分析软件上 KDJ 的研判范围都是 0~100。通常就敏感性而言，J 值最强，K 值次之，D 值最慢，而就安全性而言，J 值最差，K 值次之，D 值最稳。

（2）超买超卖信号。根据 KDJ 的取值，可将其划分为几个区域，即超买区、超卖区和徘徊区。按一般划分标准，K、D、J 三值在 20 以下为超卖区，是买入信号；K、D、J 三值在 80 以上为超买区，是卖出信号；K、D、J 三值在 20~80 为徘徊区，宜观望。

（3）多空力量对比。一般而言，当 K、D、J 三值在 50 附近时，表示多空双方力量均衡；当 K、D、J 三值都大于 50 时，表示多方力量占优；当 K、D、J 三值都小于 50 时，表示空方力量占优。

2. KDJ 曲线的形态

KDJ 指标的研判还可以从 KDJ 曲线的形态来分析。当 KDJ 指标曲线图形形成头肩顶（底）形态、双重顶（底）形态及三重顶（底）等形态时，也可以按照形态理论的研判方法加以分析。KDJ 曲线出现的各种形态是判断行情走势、决定买卖时机的一种分析方法。另外，KDJ 指标曲线还可以划趋势线、压力线和支撑线等。

（1）当 KDJ 曲线在 50 上方的高位时，如果 KDJ 曲线的走势形成 M 头或三重顶等顶部反转形态，可能预示着股价由强势转为弱势，股价即将大跌，应及时卖出股票。如果股价的曲线也出现同样形态则更可确认，其跌幅可以用 M 头或三重顶等形态理论来研判。

（2）当 KDJ 曲线在 50 下方的低位时，如果 KDJ 曲线的走势出现 W 底或三重底等底部反转形态，可能预示着股价由弱势转为强势，股价即将反弹向上，可以逢低少量吸纳股票。如果股价曲线也出现同样形态更可确认，其涨幅可以用 W 底或三重底形态理论来研判。

（3）KDJ 曲线的形态中，M 头和三重顶形态的准确性要大于 W 底和三重底。

3. KDJ 曲线的交叉

KDJ 曲线的交叉分为黄金交叉和死亡交叉两种形式。一般而言，在一个股票完整的升势和跌势过程中，KDJ 指标中的 K、D、J 线会出现两次或以上的"黄金交叉"和"死亡交叉"情况。

（1）当股价经过一段很长时间的低位盘整行情，并且 K、D、J 三线都处于 50 线以下时，一旦 J 线和 K 线几乎同时向上突破 D 线时，表明股市即将转强，股价跌势已经结束，将止跌朝上，可以开始买进股票，进行中长线建仓。这是 KDJ 指标"黄金交叉"的一种形式。

（2）当股价经过一段时间上升过程中的盘整行情，并且 K、D、J 三线都处于 50 线附近徘徊时，一旦 J 线和 K 线几乎同时再次向上突破 D 线，成交量再度放出时，表明股市处于一种强势之中,股价将再次上涨,可以加码买进股票或持股待涨,这就是KDJ指标"黄金交叉"的另一种形式。

(3) 当股价经过前期一段很长时间的上升行情,股价涨幅已经很大的情况下,一旦J线和K线在高位(80以上)几乎同时向下突破D线时,表明股市即将由强势转为弱势,股价将大跌,这时应卖出大部分股票而不能买股票,这就是KDJ指标的"死亡交叉"的一种形式。

(4) 当股价经过一段时间的下跌后,而股价向上反弹的动力缺乏,各种均线对股价形成较强的压力时,KDJ曲线在经过短暂的反弹到80线附近,但未能重返80线以上时,一旦J线和K线再次向下突破D线时,表明股市将再次进入弱市,股价还将下跌,可以再卖出股票或观望,这是KDJ指标"死亡交叉"的另一种形式。

4. KDJ曲线的背离

KDJ曲线的背离就是指当KDJ指标曲线图的走势方向正好和K线图的走势方向相反。KDJ指标的背离有顶背离和底背离两种。当股价K线图上的价格走势一峰比一峰高,股价一直向上涨,而KDJ曲线图上KDJ指标的走势是在高位一峰比一峰低,这叫顶背离现象。顶背离现象一般是股价将高位反转的信号,表明股价中短期内即将下跌,是卖出的信号。当股价K线图上的股票走势一峰比一峰低,股价在向下跌,而KDJ曲线图上KDJ指标的走势是在低位一底比一底高,这叫底背离现象。底背离现象一般是股价将低位反转的信号,表明股价中短期内即将上涨,是买入的信号。

与其他技术指标的背离现象研判一样,KDJ的背离中,顶背离的研判准确性要高于底背离。当股价在高位,KDJ在80以上出现顶背离时,可以认为股价即将反转向下,投资者可以及时卖出股票;而股价在低位,KDJ也在低位(50以下)出现底背离时,一般要反复出现几次底背离才能确认,并且投资者只能做战略建仓或做短期投资。

5. KDJ曲线运行的状态

(1) 当J曲线开始在底部(50以下)向上突破K曲线时,说明股价的弱势整理格局可能被打破,股价短期将向上运动,投资者可以考虑少量长线建仓。

(2) 当J曲线向上突破K曲线并迅速向上运动,同时曲线也向上突破D曲线,说明股价的中长期上涨行情已经开始,投资者可以加大买入股票的力度。

(3) 当K、D、J曲线开始摆脱前期窄幅盘整的区间并同时向上快速运动时,说明股价已经进入短线强势拉升行情,投资者应持股待涨。

(4) 当J曲线经过一段快速向上运动的过程后开始在高位(80以上)向下掉头时,说明股价短期上涨过快,将开始短线调整,投资者可以短线卖出股票。

(5) 当D曲线也开始在高位向下掉头时,说明股价的短期上涨行情可能结束,投资者应中线卖出股票。

(6) 当K曲线也开始在高位向下掉头时,说明股价的中短期上涨行情已经结束,投资者应全部清仓离场。

(7) 当K、D、J曲线从高位同时向下运动时,说明股价的下跌趋势已经形成,投资者应持币观望。

四、布林线（BOLL）

布林线属于路径指标。布林线的宽度可以随着股价的变化而自动调整位置。由于这种变异使布林线具备灵活和顺应趋势的特征，它既具备了通道的性质，又克服了通道宽度不能变化的弱点。

（一）布林线的算法

布林线的算法很简单，就是求出过去一段时间（行情分析软件中一般取 20 日）的收盘价的标准差，然后在移动平均线加减标准差的位置各画一条线，就是布林线（见图 8-59）。

图 8-59　布林线

（二）布林线的市场含义

布林线的市场含义是股价围绕平均价波动时偏离平均价的程度，它反映了股价震荡的剧烈程度。用标准差表示股票震荡的剧烈程度比用一段时间股价的最大值最小值之差表示股价震荡幅度要好。比如，如果在计算的时期内，某一天股价波动幅度很大，但其他时间波动的幅度都很小，那么这段时间的市场波动剧烈程度显然应该比始终按较大振幅波动的时候小，但如果用最大振幅度量市场的波动就不能反映这种差别。用标准差度量股价震荡就没有这种缺点，因为它综合考虑了这一段时间内每天股价的涨跌。

（三）布林线的功能

布林线具备四大功能：
（1）布林线可以指示支撑和压力位置。
（2）布林线可以显示超买、超卖。
（3）布林线可以指示趋势。

（4）布林线具备通道作用。

（四）常态范围下布林线的使用

常态范围通常是股价运行在一定宽度的带状范围内。它的特征是股价没有极度大涨大跌，处在一种相对平衡的状态之中。此时布林线的波动带呈水平方向移动时，属于常态的范围。在这种情况下，当股价向上穿越上轨时，将会形成短期的回档，可以看作短线的卖出信号；股价向下穿越下轨时，将会形成短期的反弹，此时则为短线的买进时机。但股指或股价经过一段时间的横盘运行后，布林线的波动带区间有收窄迹象，即上轨和下轨相互靠拢时，则表示将要开始出现变盘。此时若股价连续穿越上轨，表示股价将朝上涨方向运行；而当股价连续穿越下轨，表示股价将朝下跌方向运行。

（1）当股价穿越上限压力线时，为卖出信号。

（2）当股价穿越下限支撑线时，为买入信号。

（3）当股价由下向上穿越中轨时，为加码信号。

（4）当股价由上向下穿越中轨时，为卖出信号。

（五）突破行情下布林线的使用

突破过程中，股价突破原盘整区间，展开一段迅速的上涨或下跌走势。对于经历了波动带持久收缩后刚刚在形态上有突破的个股，在股价变动的初期应用布林线时要尽量避免短线操作。在上涨初期，由于在开始突破的前几个交易日内股价一般走势较强，在触及布林线的上轨后，常常是以横盘强势整理来消化技术上的压力，或改为贴近布林线上轨运行，而不出现回调，此时若在上轨附近卖出后，却不一定能够再有较好的价位回补，此时很容易错过中线收益的机会。在下跌趋势刚开始时也是如此，股价短时间经历急速跌穿下轨后，可能改为缓跌或横盘修正，此时进场抢反弹却可能陷入被套的困境。

（六）布林线缩口与开口的意义

1. 布林线缩口的意义

（1）股价经过较大幅度下跌后，随后常会转为较长时间的窄幅整理，这时可以看到布林线的上限和下限空间极小，愈来愈窄，愈来愈近。盘中显示股价的最高价和最低价差价极小，短线没有获利空间，盘中交易不活跃，成交量稀少，投资者要密切注意此种缩口情况，因为一轮大行情可能正在酝酿中，一旦成交量增大，股价上升，布林线开口扩大，上升行情宣告开始。

（2）如布林线在高位开口极度缩小，一旦股价向下破位，布林线开口放大，一轮跌势将不可避免。

2. 布林线开口的意义

（1）当股价由低位向高位经过数浪上升后，布林线最上压力线和最下支撑线开口达到了极大程度，且开口不能继续放大转为收缩时，此时是卖出信号，通常股价紧跟着是一轮大幅下跌或调整行情。

（2）当股价经过数浪大幅下跌，布林线上限和下限的开口不能继续放大，布林线上限压力线提前由上向下缩口，等到布林线下限支撑线随后由下向上缩口时，一轮跌势将告结束。

第八章　证券投资技术分析

重要概念

技术分析　委比　量比　外盘　内盘　价量关系　多头市场　空头市场　次级折返走势　K线　阳线　阴线　趋势　支撑线　阻力线　趋势线　上升趋势线　下降趋势线　轨道线　反转形态　整理形态　缺口　普通缺口　突破性缺口　中继性缺口　竭尽性缺口　移动平均线　黄金交叉　死亡交叉　指数平滑异同平均线　随机指标布林线

思考题

（1）如何准确把握K线的反转形态？
（2）在短线交易中，如何选择K线的周期单位？
（3）改变移动平均线的参数设置有何效果？
（4）葛兰碧法则的核心思想是什么？
（5）如何根据道氏理论把握市场的发展趋势？
（6）空中楼阁理论对你的投资有何启示？
（7）如何将各种技术分析方法加以综合应用？
（8）技术分析法和基本分析法有何区别？
（9）有人说，"阳线表示价格上涨，阴线表示价格下跌"，此种说法是否正确？

第九章　投资组合管理

【学习目的】 本章主要介绍了组合投资的基本理论和思想。通过本章的学习，要求学生在了解投资组合的含义、种类的基础上，掌握组合的收益和风险的度量方法，理解分散化投资的意义，并掌握马柯维茨最优投资组合理论的基本思想，能将其精髓应用于投资管理实践。

> **案例**
>
> ### 集中投资 VS 分散投资
>
> 　　有一年，美国的一家银行因为违规营业以及财务上的问题，被联邦政府勒令关闭。该公司被接管后，马上通知所有的存款人前往提款。因为，美国的银行有 10 万美元的存款保障，也就是说，银行倒闭时客户的存款若在 10 万美元以内，都不会受到损失。
>
> 　　可是，偏偏有许多人认为这是一家实力雄厚、信誉良好的"百年老店"，是不可能倒闭的，因此，就放心地把毕生的积蓄都存在了这家银行。结果可想而知，这些人毕生的积蓄就这样在一夜间化为乌有，损失实在惨重。
>
> 　　其实，上面故事中的投资者就是集中投资的牺牲品。集中投资往往只关注事物某一领域，难以掌控全局，所以容易导致失败。相反，分散投资是将资金分散地投入不同的行业、企业、市场等，讲究投资的组合化，因此也就增强了抵御风险的能力。初入理财界的新手们，总得被理财顾问教育一番：一定要学会构建多元化的投资组合，因为它能有效地降低投资的波动性、分散风险。同时，"不要把鸡蛋放入同一个篮子里"，这句理财界的至理名言也在时刻提醒人们，投资是有风险的，分散投资能够有效地削弱投资风险所带来的危害。
>
> 　　**案例点评：** 在证券投资实践中，有一个长期困扰投资者的问题，这就是在面临各种相互关联的证券，特别是在不确定的结果的条件下，理性投资者如何做出最佳投资选择。而证券投资组合理论很好地研究并且回答了这个问题，它是把一定数量的资金按合适的比例，分散投资在许多种不同的证券资产上，以在有效防控投资风险的基础上实现资本最大限度的增值，即实现投资者效用最大化的目标。正因为如此，证券组合理论成了证券投资学中最重要、最复杂和最有应用价值的部分。

第一节 投资组合概述

一、证券投资组合的含义

证券投资组合是指对投资进行计划、分析、调整和控制,从而将投资资金分配给若干不同的证券资产,如股票、债券及证券衍生产品,形成合理的资产组合,以期实现资产收益最大化和风险最小化的经济行为。证券投资组合管理具有如下几个特征:

(1)证券投资组合的直接对象是证券,而证券投资需要拥有一定数量的资金,因此,证券投资组合实质上是对投资者所有资金的管理。

(2)证券投资组合的目的是要在风险一定的条件下实现资产收益最大化,或者是要在资产收益一定的条件下实现风险最小化。

(3)证券投资组合总是在一定的环境中进行的,为了实现资产收益最大化和风险最小化,必须依据证券市场、衍生金融市场和整个经济、社会发展变动的趋势,对投资组合进行有效配置,并使其对环境具有良好的适应性。

(4)证券投资组合是指各种具体管理活动的概括,具体的管理活动包括计划、分析、决策、调整和评估等内容,只有通过这些具体的活动,才能实施对投资组合的有效管理。

(5)证券投资组合因投资者拥有的资源不同、面临的经济环境和市场环境不同,加上管理者的心理状态、行为风格等存在差异,投资组合存在不同风格,可以采取多种不同的方法。

证券投资组合理论最早是由证券组合理论公认的创始者、美国著名经济学家哈里·马柯维茨于1952年系统地提出的。他在1952年发表的具有历史意义的论文——《证券组合选择》和1959年出版的同名专著,阐述了证券收益和风险分析的主要原理和方法,建立了均值方差证券组合模型的基本框架,为证券组合理论在几十年间迅速地充实、拓展和提高,奠定了牢固的理论基础。

二、证券投资组合的意义及必要性

(一)证券投资组合的意义

证券投资组合的重要意义在于它带来了一次投资管理理念上的革命。对证券投资组合进行管理与对证券投资组合进行组合管理是两个不同的概念。传统证券投资尽管其所管理的也是一种证券的组合,但是,其思维方式和着眼点都在于证券个体,是个体管理的简单集合。而证券投资组合则是以资产组合整体为对象和基础,或者说以拥有整个资产组合投资效用最大化为目标所进行的管理，而资产个体的风险和收益特征并不是组合管理所关注的焦点。投资组合的重点应该是资产之间的相互关系及组合整体的风险收益特征，以及风险与收益的权衡。

（二）证券投资组合的必要性

组合理论是建立在对理性投资者行为特征的研究基础之上的。在经典经济理论中，厌恶风险和追求收益最大化是理性投资者最基本的行为特征。对证券投资进行组合管理，可以在降低资产组合风险的同时，实现收益最大化。

1. 降低风险

为什么说构建资产组合可以降低投资风险呢？人们常常用篮子装鸡蛋的例子来说明：如果我们把鸡蛋放在同一个篮子里，万一这个篮子不小心掉在地上，所有的鸡蛋就都可能摔碎；而如果我们把鸡蛋分放在不同的篮子里，一个篮子掉了，不会影响到其他篮子里的鸡蛋。资产组合理论证明，资产组合的风险随着组合所包含的证券数量的增加而降低，资产间相关度极低的多元资产组合可以有效地降低非系统性风险。

2. 实现收益最大化

理性投资者厌恶风险，同时又追求收益最大化。就单个资产而言，风险与收益是成正比的，高收益总是伴随着高风险。但是，各种资产不同比例的组合，却可以使证券组合整体的收益——风险特征达到在同等风险水平上收益最高和在同等收益水平上风险最小的理想状态。

三、证券投资组合的类型

证券投资组合通常以组合的投资目标为标准进行分类。以美国为例，证券投资组合可以分为避税型、收入型、增长型、收入—增长混合型、货币市场型、国际型及指数化型等。

（一）避税型证券组合

该种证券组合以避税为首要目的，主要服务于处于高税率档次的富人。通常投资于政府债券，这种债券在大多数国家都是免税的。在西方国家，投资组合要考虑的一个重要因素就是投资者的税收地位。一个处于高税率档次的富人，如果投资于高股息或高利息的证券，纳税后，他实际上剩不下多少钱；而一个处于50%税率档次的投资者，如果购买了一种利率为6%的免税债券的话，就相当于他获得了12%的税前收益率。

（二）收入型证券组合

该种证券组合追求的是低风险和基本收益（即利息、股息收益）的稳定。能够带来基本收益的证券有附息债券、优先股及一些避税债券等。一般而言，年纪较大的投资者、需要负担家庭生活及教育费用的投资者及有定期支出的机构投资者（如养老基金等）会偏好这种组合。这种组合的主要功能是为投资者实现基本收益的最大化，定期从组合获得的收入可能要用于满足投资者的部分或全部日常开支的需要。当然，这也并不是说收入型组合仅适用于中等收入或孤儿寡妇阶层，作为一种投资目标，富人也可能有此需要，只是对于他们而言，不仅要考虑基本收入的最大化，还要考虑避税的问题。

（三）增长型证券组合

该种证券组合以资本升值（即未来价格上升带来的价差收益）为目标，投资者往往愿意通过延迟获得基本收益来求得未来收益的增长，投资风险较大。增长型证券组合管理要想获得成功就一定要严格遵守组合管理的基本步骤和基本原则。所谓增长是指收益要远远高于市场，因此，选择投资对象极为重要。在分析中可借助预期收益、标准差、贝塔值等工具。多元化的原则也不应忽视。此外，还需对企业做深入细致的分析，如产品需求、竞争对手的情况、经营特点、公司管理状况等。

（四）收入—增长混合型证券组合

该种证券组合试图在基本收入与资本增长之间、收益与风险之间达到某种均衡，因此也称为均衡组合。二者的均衡可以通过两种组合方式获得：一种是使组合中的收入型证券和增长型证券达到均衡；另一种是选择那些既能带来基本收益，又具有增长潜力的证券进行组合。

（五）货币市场型证券组合

该种证券组合是由各种货币市场工具构成的，如国库券、高信用等级的商业票据等。货币市场交易具有规模大、价格波动小的特点，不适宜小额投资，这种组合使中小投资者得以参与货币市场投资。在西方国家，货币市场基金还赋予投资者以基金账户为基础签发支票的权利，使之具有结算账户的功能。由于很多货币市场基金都是基金家族的一员，使得投资者可以免费将货币从一种基金转入另一种基金。

（六）国际型证券组合

该种证券组合投资于海外不同国家，是组合管理的时代潮流，是经济、金融全球化和国际资本流动的必然结果。实证研究表明，这种证券组合的业绩总体上强于只在本土投资的组合，因为它可以减弱国家或地区的风险，在世界范围内追求收益最大化。

（七）指数化型证券组合

该种证券组合模拟某种市场指数，信奉有效市场理论的机构投资者通常会倾向于这种组合，以求获得市场平均的收益水平，因此也常被称为追踪基金或被动基金。根据模拟指数的不同，指数化证券组合可以分为两类：一类模拟内涵广大的市场指数，这属于常说的被动投资管理；另一类模拟某种专业化的指数，如道琼斯公共事业指数，这种组合可不属于被动管理之列，因为它对指数是有选择的。

第二节 多元化与风险分散原理

一、投资组合的预期收益率

一个证券组合是由一定数量的单一证券构成,每一个证券在组合中占有一定的比例,我们也可将证券组合视为一个证券。那么这个证券的收益率亦可用预期收益率来进行计量。不过,证券组合预期收益率的计算是通过组合内单一证券的预期收益率来表达的。

(一) 两种证券组合的预期收益率

设有两种证券 A 和 B,某投资者将一笔资金以 X_A 的比例投资于 A 证券,以 X_B 的比例投资于 B 证券,且有 $X_A + X_B = 1$,令该投资者拥有的投资组合为 P,两种证券的收益率分别为 r_A 和 r_B,而期望收益率分别为 $E(r_A)$ 和 $E(r_B)$,则该证券组合 P 的预期收益率为:

$$E(r_p) = X_A E(r_A) + X_B E(r_B) \tag{9-1}$$

例 9-1:已知证券组合 P 是由证券 A 和证券 B 组成,它们的投资比例、预期收益率的情况如表 9-1 所示:

表 9-1 证券组合 P 的组成情况

证券组合	预期收益率(%)	投资比例(%)
A	20	20
B	10	80

那么证券组合 P 的预期收益率为:

$E(r_p) = 20\% \times 20\% + 10\% \times 80\% = 12\%$

(二) 多种证券组合的收益

现在将前面讨论的两种证券的组合的讨论扩展到任意多个证券的情形。假设有 N 种证券,在某证券组合 P 中,各证券的期望收益率分别为 $E(r_1)$,$E(r_2)$,…,$E(r_n)$,资金分配权重分别为 X_1,X_2,…,X_n,且 $\sum_{i=1}^{n} X_i = 1$,那么证券组合 P 的预期收益率可由式 (9-2) 表示为:

$$r_P = X_1 r_1 + X_2 r_2 + \cdots + X_n r_n = \sum_{i=1}^{n} X_i r_i \tag{9-2}$$

一个证券组合是由多个证券构成,任一个证券在组合中的投资比例发生了变化,整个组合的收益率必然会发生变化。比如,高风险的证券与低风险的证券在组合中的投资权重变了,高风险的证券所占比例大了,根据式(9-2)可以发现,整个组合的预期收益率必然向高风险证券的预期收益率靠近。

(三)协方差

投资组合风险同样可以用"组合"期望收益率的标准差来表示,但计算投资组合的风险比计算单个证券投资的风险困难得多。这是因为投资预期收益的标准差不但会受到个别证券标准差及其在投资组合中所占权重的影响,也会受到各种证券相互关系的影响。协方差是测度随机变量相互关系的一种统计量,运用到投资组合分析中,可以测量各种证券风险的互动性。协方差的计算公式为:

$$\delta_{ij}^2 = \frac{1}{n} \sum_{k=1}^{n} (r_{ik} - \bar{r}_i)(r_{jk} - \bar{r}_j) \qquad (9-3)$$

式中,δ_{ij}^2是i和j两种证券的协方差;r_{ik}是i证券在第k种情形下的预期收益率;r_{jk}是j证券在第k种情形下的预期收益率;$\bar{r}_i$是i证券的预期收益率;$\bar{r}_j$是j证券的预期收益率。

式(9-3)表明协方差为两种证券样本收益率与平均收益之差的乘积的平均值。由于证券收益之间的相关性十分普遍,我们必须量化互动性的实际程度,并将其应用到投资组合风险的度量中,因为这种互动性影响投资组合的方差(或标准差)。协方差可以做到这一点。协方差被定义为两个随机变量之间联动的程度。$\delta_{ij} > 0$时,表明这两种证券的收益率同方向变动;$\delta_{ij} < 0$时,表示这两种证券的收益率反方向变动;$\delta_{ij} = 0$时,这两种证券的收益率没有关系,两者没有协同变化的趋向;当i=j时,协方差实际上就是方差。

正如我们讨论中提到的那样,该问题中的变量是指两个证券的收益。协方差是两个证券收益的联动(或联系)程度的绝对度量方法。而且我们在计量投资组合风险的时候必须要用到该方法。

(四)相关系数

由于对不同证券的协方差是不可比的,因此,协方差的绝对数并不能反映证券间的关系,最多只能从协方差的符号上获得关于两种证券协同变化的方向上的认识。为了对证券间的相关程度做出衡量,应将收益率与期望收益率的偏离用收益率的标准差来标准化,从而使得不同证券的协方差之间有可比性。标准化后的协方差,称为相关系数。证券i和j之间的相关系数记为ρ_{ij},根据定义,它由式(9-4)给出:

$$\rho_{ij} = \frac{\delta_{ij}}{\delta_i \delta_j} \qquad (9-4)$$

正如在投资组合理论中用到的那样,相关系数ρ是统计学中衡量证券收益之间联动性的度量方法。它衡量任意两个证券收益之间的关系程度,然而,它只能体现它们之间的联系并不能说明结果。它是一个取值范围从(-1.0)~(+1.0)的度量相关性的指标,相关系数的不同取值范围的含义如下:

(1)完全正相关:$\rho = +1$。

(2)正相关:$0 < \rho < +1$。

（3）不完全相关：$-1 < \rho < +1$
（4）零相关：$\rho = 0$。
（5）负相关：$-1 < \rho < 0$。
（6）完全负相关：$\rho = -1$。

1. 完全正相关

在完全正相关的情况下，两种证券收益之间的变动是完全的线性相关关系。投资者知道其中一只证券的收益就完全可以预测另一只证券的收益。当收益完全正相关时，投资组合的风险就是单只证券风险的加权平均，此时的投资风险无法经由多元化的投资组合方式而降低。

例 9-2：由 A 和 B 两种资产构成的投资组合 P 如下：

P = 0.5A + 0.5B

表 9-2 为资产 A 与 B 在未来 5 年的投资期间可能的收益情形。表中 A 与 B 每年收益情形完全相同，表现出相关系数+1 的假设。在组成投资组合 P 后，发现 P 的平均预期收益率和代表风险大小的标准差皆没有改变，也就是说，在相关系数为+1 时，以组合的方式投资并不能为投资收益带来降低风险的好处。此时，投资单一资产 A 和 B 与投资组合 P 所得到的结果是一样的。

表 9-2 完全正相关时 A、B 及其投资组合 P 的风险与报酬

	年度预期收益率		
	A 预期收益率（%）	B 预期收益率（%）	P 预期收益率（%）
第 1 年	−5	−5	−5
第 2 年	−10	−10	−10
第 3 年	10	10	10
第 4 年	20	20	20
第 5 年	30	30	30
平均值（%）	9	9	9
标准差（%）	16.73	16.73	16.73
A 与 B 的相关系数值			1

2. 完全负相关

在完全负相关的情况下，两种证券的收益是完全相反的线性关系。因此，已知其中一只证券的收益就能完全掌握另一只证券的收益。当一个证券的收益升高时，另一个证券的收益则降低。如果证券之间呈完全负相关时，多元化投资可充分规避风险。

例 9-3：由 A 和 B 两种资产等比例构成的投资组合 P 如下：

表 9-3 是 A 与 B 在报酬上完全负相关的一种状况。表中的结果或许令人诧异，因为由两个完全负相关的资产所组成的投资组合 P（等比例投资）其标准差为零，也就是没有风险。

表 9–3 完全负相关时 A、B 及其投资组合 P 的风险与报酬

	年度预期收益率		
	A 预期收益率（%）	B 预期收益率（%）	P 预期收益率（%）
第 1 年	−10	30	10
第 2 年	0	20	10
第 3 年	10	10	10
第 4 年	20	0	10
第 5 年	30	−10	10
平均值（%）	10	10	10
标准差（%）	15.81	15.81	0
A 与 B 的相关系数值			−1

3. 不完全相关

在现实世界里，要找到在报酬上完全正（负）相关的两种资产似乎不太可能，更为一般化的情形是两种资产的收益变动不完全正（负）相关。在正相关的情况下，风险可以降低但不能完全消除。其他情况相同，投资者希望找到相关程度最低的证券。在负相关的情况下，收益会减少，但没完全向相反的方向减少。在投资中，它们可以起到减少风险的作用，但同时它们也减少了收益。在投资组合的分散化中，常用到这种证券分散风险。

例 9-4：在相关程度上较低（正或负相关）的状态下，投资组合 P 的风险变化。为说明相关系数介于±之间的投资组合风险，在表 9-4 里将 B 资产的报酬率分为两组（B_1，B_2），与 A 分别以相同的权重（50%）组成 P_1、P_2 两种投资组合，并分别与 A 资产的报酬率呈中度的正负相关。

表 9–4 A、B 两资产报酬相关系数介于±1 时的风险状况

	年度预期收益率				
	A 预期收益率（%）	B_1 预期收益率（%）	B_2 预期收益率（%）	组合 P_1（%）	组合 P_2（%）
第 1 年	−5	−10	15	−7.5	5
第 2 年	15	−5	30	5	22.5
第 3 年	−10	15	20	2.5	5
第 4 年	20	30	−5	25	7.5
第 5 年	30	20	−10	25	10
平均值（%）	10	10	10	10	10
标准差（%）	16.96	16.96	16.96	14.47	7.29
A 与 B 的相关系数值		0.46	−0.63		

4. 零相关

在零相关的情况下，两只证券收益之间没有线性关系。把两只零相关的证券（统计独立）放在一起可以降低投资组合的风险。如果把更多的收益没有相关性的证券加入投

资组合中，我们可以使风险显著降低。然而，在这种情况下风险不能完全被消除。

总体来看，当相关系数为负，或等于0，或小于1时，通过分散投资和构建资产组合，可以降低投资的风险。实际中负相关和不相关的资产不多，应尽可能选择相关系数低的资产，以最大限度地降低投资风险。

两种证券收益之间的五种相关关系如图9-1所示。

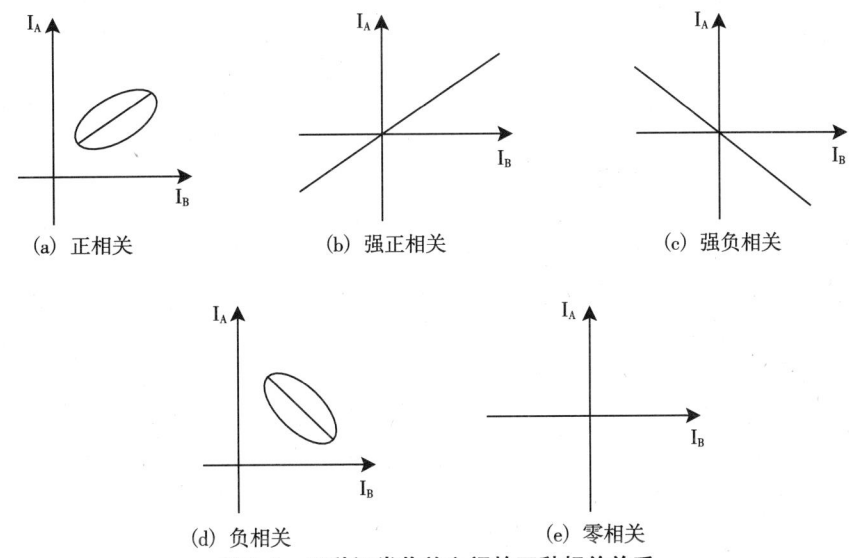

图9-1 两种证券收益之间的五种相关关系

二、证券组合的风险

（一）两种证券组合的风险

设有两种证券A和B，某投资者投资于A、B证券的比例分别为x_A、x_B，且$x_A + x_B = 1$，则证券A、B的方差为σ_A、σ_B，设该投资组合为P，则P的预期收益率为$E(r_p)$，则有：

$$\sigma_p^2 = x_A^2 \sigma_A^2 + x_B^2 \sigma_B^2 + 2x_A x_B \sigma_A \sigma_B \rho_{AB} \sigma_{AB}^2 \tag{9-5}$$

式（9-5）中，ρ_{AB}为相关系数；$\sigma_A \sigma_B \rho_{AB}$为协方差，记为COV(A，B)。

例9-5：已知证券组合P是由证券A和B构成，证券A和B的期望收益率、标准差以及相关系数如表9-5所示。

表9-5 证券A和B的预期收益率、标准差以及相关系数

证券名称	预期收益率（%）	标准差（%）	相关系数	投资比重（%）
A	10	6	0.12	30
B	5	2		70

那么，组合 P 的期望收益为：

$E(r_p) = 0.1 \times 0.3 + 0.05 \times 0.7 = 0.065$

组合 P 的方差为：

$\sigma_p^2 = 0.3^2 \times 0.06^2 + 0.7^2 \times 0.02^2 + 2 \times 0.3 \times 0.7 \times 0.06 \times 0.02 \times 0.12 = 0.0327$

选择不同的组合权数，可以得到包含证券 A 和证券 B 的不同的证券组合，从而得到不同的期望收益率和方差。投资者可以根据自己对收益率和方差（风险）的偏好，选择自己最满意的组合。

（二）多种证券组合的风险

这里将把两个证券的组合讨论拓展到任意多个证券的情形。设有 N 个证券，记为 A_1，A_2，A_3，…，A_N，证券组合 $P = (x_1, x_2, x_3, …, x_N)$ 表示将资金分别以权数 x_1，x_2，x_3，…，x_N，投资于证券 A_1，A_2，A_3，…，A_N。正如两种证券的投资组合情形一样，证券组合的收益率等于各单个证券的收益率的加权平均。即：设 A_i 的收益率为 r_i（$i = 1, 2, …, N$），则证券组合 $P = (x_1, x_2, x_3, …, x_N)$ 的收益率为：

$$r_p = x_1 r_1 + x_2 r_2 + \cdots + x_N r_N = \sum_{i=1}^{N} x_i r_i$$

推导可得证券组合 P 的期望收益率和方差为：

$$E(r_p) = \sum_{i=1}^{N} x_i E(r_i) \tag{9-6}$$

$$\sigma_p^2 = \sum_{i=1}^{N} \sum_{j=1}^{N} x_i x_j \, cov(x_i, x_j)$$

$$= \sum_{i=1}^{N} \sum_{j=1}^{N} x_i x_j \, \sigma_i \sigma_j \rho_{ij} \tag{9-7}$$

式中，σ_p^2 为证券组合 P 的方差；ρ_{ij} 为 r_i 与 r_j 的相关系数（$i, j = 1, 2, …, N$）。

由式（9-6）和式（9-7）可知，要估计 $E(r_p)$ 和 σ_p^2，当 N 非常大时，计算量十分巨大。在计算机技术尚不发达的 20 世纪 50 年代，证券组合理论不可能运用于大规模市场，只有在不同种类的资产间，如股票、债券、银行存单之间分配资金时，才可能运用这一理论。20 世纪 60 年代后，威廉·夏普提出了指数模型以简化计算。随着计算机技术的发展，已经开发出计算 $E(r_p)$ 和 σ_p^2 的计算机运用软件，如 Matlab、SPSS 和 EViews 等，大大方便了投资者。

三、风险分散

我们用期望收益率和方差来度量单一证券的收益率和风险。持有一个证券往往存在较大的风险，我们常用投资组合的方式，把不同风险的证券组成一个投资组合，用来分散风险，即风险分散。风险分散是指通过多样化的投资来分散和降低风险的方法。投资分散于几个领域而不是集中在特定证券上，这样可以防止一种证券价格不断下跌时带来的金融风险。一个证券组合由一定数量的单一证券构成，每一只证券占有一定的比例，我们也可以将证券组合视为一种证券，那么，证券组合的收益率和风险也可以用期望收益率、方差和相关系数来计量。

由前面介绍的相关系数及其例子，我们已看出，在两种证券的投资组合中，当证券的收益完全正相关时，投资分散化并没有有效地降低投资风险；当证券的收益完全负相关时，投资者采取适当的策略可以把证券组合的风险降低到零；当证券的收益不相关时，投资者把资金分散于两种证券上，可以有效地降低投资风险。

由此可见，两种证券不相关时，降低投资风险比较有效。

对此，我们进一步推广，当证券组合 P 中包含了 N 种收益不相关的证券时，根据式 (9-7) 可得证券组合的风险为：

$$\sigma_p^2 = x_1^2\sigma_1^2 + x_2^2\sigma_2^2 + \cdots + x_N^2\sigma_N^2 \tag{9-8}$$

我们假设，各证券的标准差相等，都为 10，而且各证券所占的投资比重也相等。

$$\sigma_p^2 = (\frac{1}{N})^2 \times 10^2 + (\frac{1}{N})^2 \times 10^2 + \cdots = N(\frac{1}{N})^2 \times 10^2$$

这样我们得到：

$$\sigma_p = \frac{10}{\sqrt{N}}$$

当证券收益不相关时，证券组合中包含的证券种数越多，证券组合的风险越小。

由此，通过多样化，可以导致投资组合的方差在一定程度内减小，但不能完全消失，主要是因为总风险分为系统性风险和非系统性风险这两个部分，在数量上，风险等于这二者之和。

非系统性风险，则基本上只同某个具体的股票、债券相关联，而与其他有价证券无关，也就同整个市场无关。这种风险来自于企业内部的微观因素，因而亦称为"微观风险"。如事件风险、破产风险、流通风险、违约风险等均属此类。

系统性风险与市场的整体运动相关联，通常表现为某个领域、某个金融市场或某个行业部门的整体变化。它涉及面广，往往使整个一类或一组证券产生价格波动。这类风险因其来源于宏观因素变化对市场整体的影响，因而亦称为"宏观风险"。虽然系统性风险使证券市场上的所有证券的平均收益水平发生变化，但是，每一种证券受系统性风险影响的程度并不相同。

然而在现实世界里，哪些是属于系统性风险，哪些又是非系统性风险呢？通常非系统性风险与个别资本本身的特性有关。以股票上市公司为例，罢工、新产品开发、专利权、董监事成员、股权结构等皆会影响其股票的市场价值，而此类事件通常是独立发生或随机出现，因此可利用有效的多元化投资来分散风险；而系统性风险主要是来自一些基本经济或政治因素的影响，如货币与财政政策对 GNP 的冲击、通货膨胀的现象、政局不稳等，由于几乎所有金融性资产均会受此因素的影响，因此即使通过多元化的作为，亦很难将此类风险分散掉。

由此可知，利用多元化来分散投资风险是有极限的，投资者通过多元化只能将非系统性风险分散掉，而不能消除剩余的系统性风险。风险分散的极限如图9-2所示。

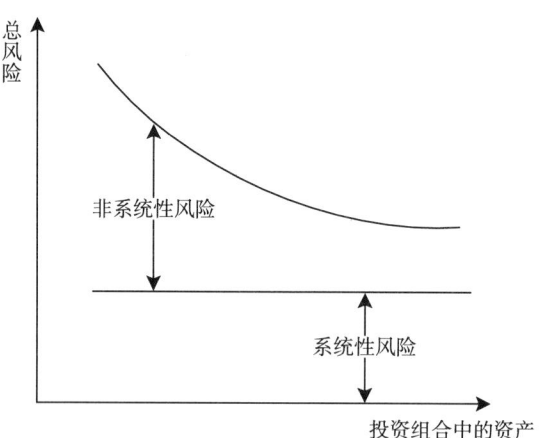

图9-2　多元化与风险分散

图9-2中所进行投资的总风险，乃由非系统性风险与系统性风险两部分组成，随着投资组合中资产数目的增加，非系统性风险逐渐减少，系统性风险则保持不变；直到非系统性风险消除殆尽时，总风险也将等于系统性风险。此时投资者只需担心市场性因素对其投资报酬的影响，对于个别资产独特事件的冲击，则可置之不理。

在股票市场上，股价指数的变动代表着整个市场平均收益水平的变动，它的非系统性风险趋于零，可以说只单纯受到系统性风险的影响。马柯维茨的资产组合理论认为，只要两种资产收益率的相关系数不为1（即完全正相关），分散投资于两种资产就具有降低风险的作用。而对于由相互独立的多种资产组成的资产组合，只要组成资产的个数足够多，其非系统性风险就可以通过这种分散化的投资完全消除。

第三节　最优投资组合的确定

从第一节和第二节中，我们认识到应该在期望收益和风险（用标准差表示）的基础上来评估风险资产，而且投资组合的期望收益和风险计算也应该建立在这些参数的基础上，并涉及协方差的概念。在这节中，我们分析投资组合的基本原则，并告诉投资者如何选择最优风险投资组合以使我们的投资组合分析进一步完善。

一、可行域和有效组合

在不确定的决策环境中，投资者不但希望投资收益最大化，还要求投资风险最小化，其决策应该是实现两个互相制约的目标之间的某种平衡。也就是说，投资者在选择

预期收益和风险搭配最佳的证券组合的时候,一定会依据以下两个法则行事:

(1) 如果期望收益率相同,选择风险最小化的证券组合。

(2) 如果风险相同,选择期望收益率最高的证券组合。

现实是极其复杂的,为了从本质上把握现实,就需要进行抽象,做出一些使情况得以简化的假设,以便于成功地建立模型,将注意力集中到最重要的因素和关系上。在此基础上,马柯维茨提出了如下主要假设:

(1) 证券市场是有效的,每个投资者都掌握充分信息,了解每种证券的期望收益率及其方差。

(2) 每种证券的收益率都服从正态分布,风险可以用收益率的方差表示,收益用期望收益率表示。

(3) 各种证券收益率之间是关联的,且服从联合状态分布,其相关程度可用相关系数及协方差表示。

(4) 投资者是风险避免型的,其投资目的是在既定风险水平上使收益最大或既定收益上使风险最小。

(5) 投资者以期望收益率及收益率的方差作为选择投资方案的依据。如果投资者选择风险较高的方案,则要求额外的投资收益作为补偿,即期望收益率与风险之间存在正相关系。

(6) 资本市场上没有摩擦,即资本和信息可以自由流动,不存在交易成本,不存在对红利、股息和资本收益的征税。

(7) 投资者个人是无限可分的,也就是说,一个投资者可以购买他想购买的任何部分份额。

(8) 投资者可以以无风险利率借入和贷出任何款额。

马柯维茨根据他的假定和西方经济学家的效用理论,分析指出:投资者的行为将是一个寻找有效组合的过程。

(一) 可行域

如果用两个数字特征——期望收益率和标准差来描述一种证券,那么任意一种证券都可用在以预期收益率为纵坐标和标准差为横坐标系中的一点来表示;相应地,任何一个证券组合也可以由组合的预期收益率和标准差确定出坐标系中的一点。这一点将随着组合的权数变化而变化。这些代表了所有可能的组合(即投资组合),为投资者提供了可行域,其边界可以取伞状形的形状,如图9-3所示。

在可行域内使所有的个别证券和可能的投资组合,这样,这个空间内所有的点是可行的投资组合。可行域的上右边界(点H~S之间)称为可行域的最小方差边界。可行域的上左边界(点E~S之间)称为可行域的效率边界,也即所谓的"效率集合",其产生所有的"效率投资组合"。

(二) 有效组合和有效边界

马柯维茨是第一个提出有效投资组合概念的人,有效投资组合的定义是:给定期望收益水平下的最小风险组合,或者是给定风险水平下的最大收益组合。投资者可以通过

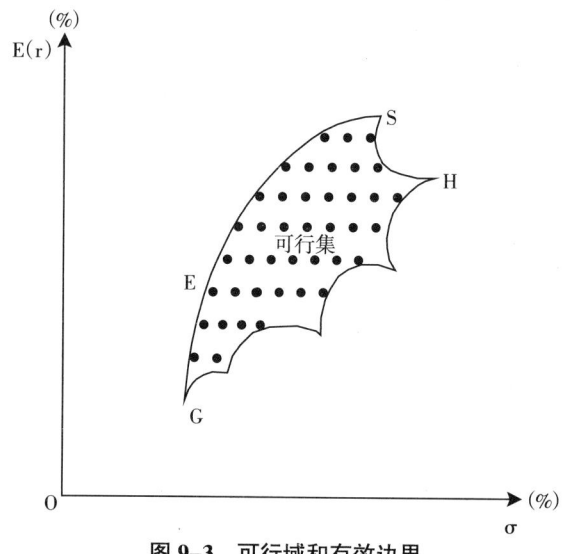

图 9-3　可行域和有效边界

确定某个水平的收益，然后在此基础上最小化投资组合的风险来获得有效投资组合；也可以通过确定某个水平的风险，然后在此基础上最大化投资组合的收益。理智的投资者会遵循有效投资组合，因为这些组合是两个因素的最佳均衡点，这两个因素就是期望收益与风险。而对于一个投资风险厌恶者来说，最优投资组合必定落在有效边界上。

在图 9-3 所示的有效边界上，它被界定在点 E 和 S 之间。点 E 典型的称为总的最小方差投资组合，因为不存在其他投资组合具有更低的方差。点 S 典型的称为最大收益投资组合，因为不存在其他投资组合具有更高的期望收益（如果两种以上证券同时具有最高期望收益，则 S 可以由多于一种证券构成）。最小方差边界是由高点 S 和低点 G 界定的。其中 G 点由于类似的理由，通常由一种证券组成，该证券具有最低的期望收益。

二、投资者风险偏好与无差异曲线

（一）投资者风险偏好

无差异曲线是刻画投资者风险特征的曲线。对某一个特定的投资者而言，无差异曲线是根据他对预期收益率和风险的偏好态度，按照预期收益率对风险补偿的要求，得到的一系列效用相同的（无差异）证券组合在标准差坐标中所形成的曲线。一组无差异曲线只针对某一个特定的投资者有效。在预期收益率—标准差平面中，距离横轴越远的无差异曲线表示的效用水平越高。

无差异曲线的倾斜方向表示投资者所属风险类型。从左下方向右上方倾斜的曲线表示随着风险的增加，收益补偿也增加，无差异曲线呈这种形态的投资者属于风险厌恶者。从左上方向右下方倾斜的曲线表示随着风险的增加，要求的收益补偿越来越小，这是风险偏好类型的投资者。水平的无差异曲线表明风险的大小不影响效用水平的高低，因此属于风险中性类型的投资者。这种无差异曲线的投资者以追求收益最大化为唯一目的，完全忽略投资风险。因此，只要收益水平相等，不管投资风险的大小，投资者获得的满足程度都相同。从提供的满足程度看，$I_1 > I_2 > I_3$。

投资者所属风险类型具体如图9-4所示。

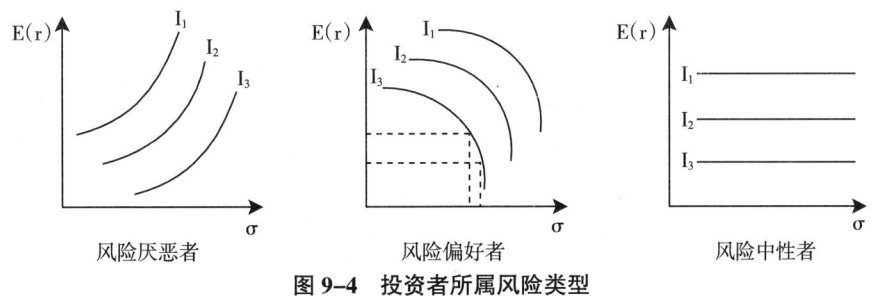

图9-4　投资者所属风险类型

（二）一般意义上的无差异曲线

本节开始时讲述的投资组合理论的一个非常重要的假设前提就是投资者是风险厌恶型的，因此，在投资组合理论的框架下讨论投资者行为的时候，运用到的无差异曲线都是向右上方倾斜的斜率为正的无差异曲线。但是，同属于风险厌恶型的投资者对风险厌恶的程度有差别。如两个投资者，都属于风险厌恶的类型，一个是极度风险厌恶型，而另一个是轻度风险厌恶型，他们的无差异曲线都是向右上方倾斜，但是倾斜的程度并不一样。无差异曲线的斜率描述了同一种风险类型下对风险厌恶程度的不同。斜率越大说明一单位风险对应的收益率变动越大，即收益率的变动对风险十分敏感，每增加一单位风险要求很高的收益予以补偿，而且，随着风险水平的逐步上升，风险极度厌恶型的投资者要求的收益率的增量也越来越大。斜率越小说明收益率变动对风险越不敏感，多承担一单位风险所要求的收益补偿虽然增加，但是增加的额度并不是非常多，这就是轻度风险厌恶型投资者的情形。因此对风险的厌恶程度越大，无差异曲线就越陡峭；对风险厌恶的程度越小，无差异曲线就越平坦。

因此，每个投资者的无差异曲线形成密布整个平面又互不相交的曲线簇。一个无差异曲线，代表了投资者对风险和收益的偏好。每一条无差异曲线对投资者来说都代表偏好相同的风险与期望收益的组合（也就是说，它们提供相同水平的效用）。同一条无差异曲线上的所有证券组合给投资者带来的满意程度相同，但是，不同无差异曲线上的证券组合给投资者带来的满意度不同，越位于上方的无差异曲线上的投资组合，给投资者带来的满意程度就越高。我们应该注意无差异曲线上少数几个重要的点。无差异曲线不会相交，因为其代表了不同的偏好水平。投资者对 I_1、I_2、I_3 各自曲线上的点都有相同的偏好，但与 I_3 相比，投资者更偏好 I_1、I_2，因为证券组合位于较高的效用无差异曲线上。对于 I_3 来说，I_1 组合有更大的预期收益率弥补其较高的标准差；对于 I_3 来说，I_2 组合则有更小的标准差来弥补它较小的预期收益。

图9-5、图9-6表示的是不同程度的风险规避者的无差异曲线。

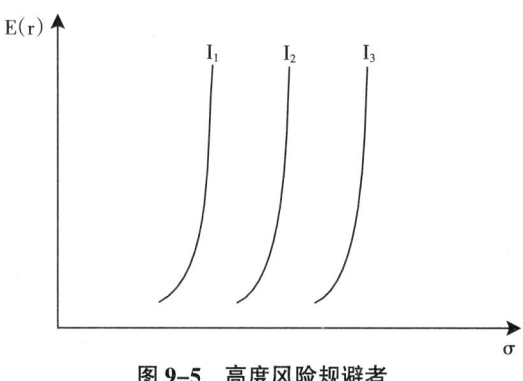

图 9-5 高度风险规避者

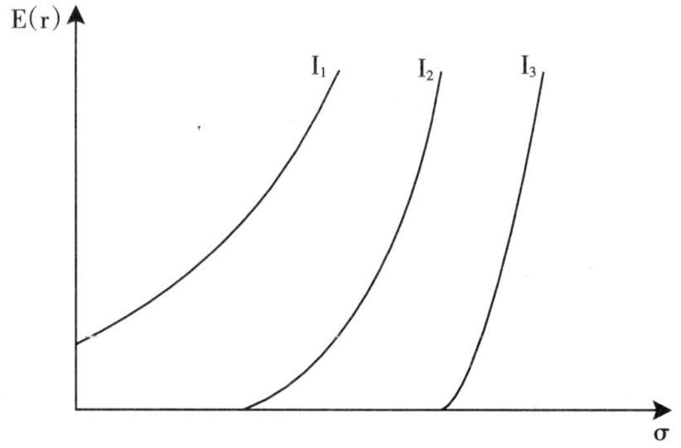

图 9-6 轻度风险规避者

三、最佳投资组合的选择

某个投资者对最优证券组合的选择取决于其本身的偏好。投资者对风险、收益的偏好状况可以用经济学中的"无差异曲线"来描述,如图中的曲线 I_1、I_2 和 I_3。无差异曲线具有如下特点:一是由于投资者偏好收益而厌恶风险,因此,无差异曲线具有正的斜率;二是上方的无差异曲线上的证券组合具有更高的预期收益率,因此,上方的无差异曲线比下方的无差异曲线能给投资者带来更大的满足程度,即 $I_1 > I_2 > I_3$;三是任何两条无差异曲线都不相交,否则就违背了假设;四是不同的投资者具有不同的无差异曲线,风险厌恶程度越高的投资者的无差异曲线的斜率越陡。

如图 9-7 所示,最优投资组合在有效组合和无差异曲线所处的同一张图上,这个最优证券组合位于无差异曲线和有效组合相切的切点处。某个投资者的最优证券组合是在有效边界上,且相对于其他组合处于最高位置的无差异曲线上点的。若恰好与有效集相切于 E 点的 I_2 是投资者所能达到的最好的偏好满足程度,则 E 点便是理性投资者最终确定的证券投资组合。由于不同的投资者具有各不相同的偏好无差异曲线,其与证券有效集的切点也各不相同,因此,具有不同的投资组合选择。在一定程度上,投资者的偏好指的并非是个人的心理状态,而是代表了一定的投资目标。如果以获取稳定收益为第

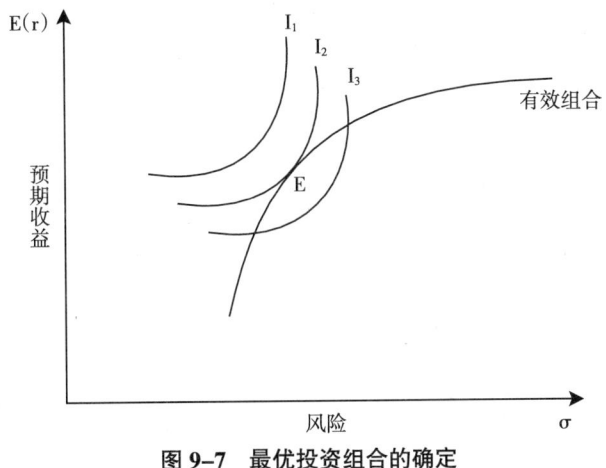

图 9-7 最优投资组合的确定

一投资目标,则表示了低风险、低收益的偏好取向。

四、马柯维茨模型评价

传统的证券组合理论侧重于一系列证券的质量分析,在分析中虽然也利用一些数量资料来估计各种变量,但总的来说,是一种主观的判断,缺乏一套精密的客观的定量分析。例如,建立一个证券组合应包括多少种证券,每种证券应有多少数量,以及如何配备,方能构建成一个最优的组合,没有一定的正确标准可供遵循,全凭投资者或组合管理者根据自己的知识和经验来决定,各不相同。谁优谁劣,事前无从评估。另外,传统方法往往注重于收益分析,对于风险的分析却很少。传统的分析家也知道分散可以减少风险,但是分散如何减少风险,风险分散了会对收益发生怎样影响,会把风险降到什么程度,则缺乏精密的论据进行解释。

马柯维茨对投资风险进行了数量化研究。他根据分散原理,应用数学理论系统地阐述了如何通过有效地分散风险来选择最优组合的理论和方法。马柯维茨认为建立一个有效组合,不仅要关心收益,还须注意其包含的风险,由于投资者大多是风险回避者,因而在不降低收益的条件下,尽力想法减小风险。他提供给投资者权衡收益与风险的定量研究方法,可以帮助投资者找到有效证券组合,投资者可以根据自己的偏好从有效组合中找出最优证券组合进行投资。

马柯维茨对投资风险的数量化和理论研究的深入,为证券组合理论在这几十年间的迅速发展奠定了基础。但是其缺陷也是不可忽视的。缺陷之一是:不认为有客观的最优投资比例,或者说并不提供使资金增值最快的投资比例。缺陷之二是:标准偏差并不能很好反映风险。比如有人对关于投资者是风险厌恶者的假设以及方差是否就是衡量风险的最有效量度等问题提出质疑。另外,在实践中,由于许多投资者不熟悉有关的数学知识,不习惯估计证券间的协方差等限制了该模型的应用。

重要概念

投资组合 预期报酬率 相关系数 可行域 有效组合 有效边界 无差异曲线

思考题

（1）对投资者来说，组合投资有何好处？

（2）马柯维茨模型中，决定资产组合风险的主要因素有哪些？

（3）何为投资组合的有效边界？如何求得有效边界？

（4）如何用无差异曲线来决定投资者个人的风险偏好？

（5）假定某资产组合中包含 A、B、C 三种股票，股份数分别为 150、200、50，每股初始市场价分别为 20 元、15 元和 30 元，若每股期末的期望值分别为 30 元、25 元和 40 元，计算该资产组合的期望收益率。

（6）假定 A 证券从第一年至第三年的收益率分别为 20%、25% 和 15%，而且 B 证券从第一年至第三年的收益率分别为 15%、25% 和 20%，计算两种证券投资收益的协方差。

（7）王小姐以 12.4 元的价格买入证券 A 进行投资，在持有期内该证券的价格有 15% 的可能性涨到 20 元，25% 的可能性涨到 18 元，15% 的可能性涨到 15 元，20% 的可能性保持不变，还有 25% 的可能性跌到 10 元。请问王小姐这笔投资的预期收益率和标准差是多少？假设该证券在王小姐的持有期内有 1 元的分红，那么预期收益率又是多少？

（8）对某种证券投资，预测其将来行情及相应的收益率变化，如下表所示。求该种证券的预期收益率、方差和标准差。

行情	概率	收益率（%）
上涨	0.3	10
不变	0.6	7
下跌	0.1	−2

（9）某电力公司 1988~1997 年的各年收益率如下表所示。假定该公司每年的收益率服从同一概率分布，请根据表中数据估算其期望收益率及方差。

序号	年份	收益率（%）
1	1988	−3.9
2	1989	44.8
3	1990	31.5
4	1991	60.2

续表

序号	年份	收益率（%）
5	1992	14.2
6	1993	59.0
7	1994	13.5
8	1995	−9.6
9	1996	55.3
10	1997	14.9

第十章 资产定价模型

【学习目的】本章主要介绍了资本资产定价模型（CAPM）、套利定价模型（APT）以及组合的业绩评价方法。通过本章学习，要求学生理解 CAPM 和 APT 的定价思想；资本市场线及无风险资产在其构建中的作用；掌握资本市场线与证券市场线的关系；理解系统性风险与非系统性风险的差别，以及 β 系数的经济含义；掌握组合业绩评价的基本方法。

案例

晨星基金绩效评级表

下表是晨星基金评价系统对我国证券投资基金绩效的分析，你能看懂其含义吗？

序号	基金名称	单位净值（元）	设立以来总回报率（%）	晨星风险系数	夏普比率（最近三年）
1	华夏优势增长股票	2.115	133.32	0.86	0.42
2	国泰金鹰增长股票	0.913	386.46	0.93	0.47
3	博时主题行业股票（LOF）	1.607	326.65	0.85	0.35
4	华夏收入股票	2.321	430.2	0.9	0.41
5	兴业全球视野股票	3.1601	216.01	0.79	0.4
6	国富弹性市值股票	1.2349	221.09	0.77	0.46
7	工银核心价值股票	0.3475	310.26	0.77	0.37
8	银华价值优选股票	1.3528	419.78	0.92	0.43
9	交银成长股票	2.3622	158.62	0.87	0.45
10	华安宏利股票	2.2912	191.18	0.89	0.33
11	富国天合稳健股票	0.854	105.27	0.85	0.34
12	易方达价值精选股票	1.0856	175.31	0.87	0.29
13	国投瑞银创新动力股票	0.8708	146.67	0.98	0.34
14	鹏华价值优势股票（LOF）	0.775	147.92	0.95	0.25
15	长城久富股票（LOF）	1.2593	64.66	0.84	0.4

资料来源：和讯网，http://paiming.funds.hexun.com/pj/cxgp.shtml。

> **案例点评**：基金的业绩好坏不能仅凭绝对收益率的高低加以评判，而应该考虑其风险程度的差异，以风险调整后的业绩进行比较。如上表中的夏普比率。通过本章的学习，你应该能对此有进一步的了解。

第一节 资本资产定价模型

马柯维茨创立的分散投资与效率组合投资理论告诉我们，根据证券组合中的每一种证券的预期收益率、标准差和所含所有证券间的协方差矩阵，可以找出其有效组合和有效边界。这一理论带有很强的规范性意味，告诉了投资者应该如何进行投资选择。但马柯维茨模型的问题是计算太复杂，它采用的公式在计算证券组合方差时是精确的，但当处理含有大量的证券组合时，是难以做到的。

因此，自马柯维茨发表论文以后的数十年时间里，他的后继者们致力于简化证券组合分析的研究，从而引出了资本资产定价模型（CAPM）。资本资产定价模型理论的主要部分是由夏普、林特纳和莫辛三个人几乎同时分别独立提出的。他们从实证的角度出发，探索证券投资的现实，即马柯维茨的理论在现实中的应用能否得以简化？如果投资者采用马柯维茨资产组合理论选择最优资产组合，在市场均衡状态下，资产的价格如何根据风险而确定？

CAPM 断言理性投资者为之定价的唯一风险是系统性风险，因为系统性风险不能通过分散化而得以消除。CAPM 的本质内容是证券或证券组合的预期收益率等于无风险证券的利率加上风险升水。CAPM 的风险升水是风险数量和风险的市场价格的乘积。证券或证券组合的 β 值是资产的系统性风险指标，通过统计方法可以对它进行估计。从资产收益率和证券市场组合收益率的历史数据中可以求得 β 值。在实践中，很多专家用它来估计资产收益，指导投资行为，确定投资策略。然而，1976 年以后，这一模型又遭到了批评，因为这一模型永远无法用经验事实来检验。与此同时，史蒂夫·罗斯（Steve Ross）提出另一种资本资产定价模型，被称为套利定价理论（APT）。

尽管各个理论都是有争议或是在实践中难以贯彻的，但有几个定价原则却是没有争议并且可以用于理论金融资产定价问题。

一、传统 CAPM 的假设条件

当我们讨论一种理论的时候，都需要先假定一些条件来对现实世界进行抽象，这些假设对现实事物进行大量的简化，使得经济理论更易于从数学角度来理解。因为资本资产定价模型理论是建立在马柯维茨的证券组合模型之上，所以资本资产定价模型中包含了证券组合模型的假设。除此之外，它自己还有如下几个假设：

假设1：所有的投资者都依据期望收益率评价证券组合的收益水平，依据方差（或标准差）评价证券组合的风险水平，并采用马柯维茨模型选择最优证券组合。

假设2：所有的投资者对证券的期望收益率、标准差及证券间的相关性具有完全相同的预期。

假设3：证券市场是完美无缺的，没有摩擦。所谓摩擦是指对整个市场上的资本和信息自由流通的阻碍。该假设意味着不考虑交易成本及对红利、股息和资本收益的征税，并且假定信息向市场中的每个人自由流动，在借贷和卖空上没有限制及市场上只有一个无风险利率。

在上述假设中，第一项和第二项假设是对投资者的规范，第三项假设是对现实市场的简化。

这些假设使 CAPM 得以清楚地反映在资本市场均衡状态下，资产收益与风险之间的关系，也因这些假设的超现实性而使之无法进行有效的检验，最终导致其科学性受到质疑。

二、资本市场线

1. 无风险资产与风险资产的组合

前章介绍的是马柯维茨风险资产进行最优组合理论，该模型的假设条件之一就是全部证券都存在风险，但是，如果我们把资产分投在一种风险资产和一种无风险资产上，情况会怎样呢？

所谓的无风险证券，是指投资于该证券的回报率是确定的、没有风险的，如购买国债。既然是没有风险的，因此其标准差为零。由此可以推出，一个无风险证券的收益率与一个风险证券的收益率之间的协方差为零。由于无风险证券的回报率是确定的，与任何风险证券的收益率无关，因此，它们之间的相关系数为零。

例10-1：假设一种股票 A 的收益率为 8%，标准差为 6%，一种国库券 B 的收益率为 4%，由于国库券是由政府担保的，因此，可以认为是无风险的，这样，国库券预期收益的标准差等于零。这两种资产进行组合的预期收益和风险可计算如下：

$$E(r_p) = x_A E(r_A) + x_B E(r_B)$$

$$\because x_A + x_B = 1$$

$$\therefore x_B = 1 - x_A$$

$$E(r_p) = x_A E(r_A) + (1 - x_A) E(r_B)$$

$$\sigma_p = (x_A^2 \sigma_A^2 + x_B^2 \sigma_B^2 + 2 x_A x_B \rho_{AB} \sigma_A \sigma_B)^{\frac{1}{2}}$$

$$\because \sigma_B = 0$$

$$\therefore \sigma_p = (x_A^2 \sigma_A^2)^{\frac{1}{2}} = x_A \sigma_A$$

根据上述计算资产组合预期收益和风险的公式，我们便可以在确定 x_A 的取值后，计算出 A 和 B 资产各种组合的预期收益和风险值（见表 10-1）。

表 10-1　几种资产组合的收益—风险值

x_A	$E(r_p)$	σ_p
0	0.04	0
0.5	0.06	0.03
1	0.08	0.09
1.5	0.10	0.09
2	0.12	0.12

从上述计算资产组合预期收益和风险的公式不难推断，上述资产组合预期收益和风险之间是线性关系。也就是说，当我们对无风险资产和风险资产进行组合投资时，由这两种资产各种组合的预期收益和风险数据所构成的是一条直线，见图 10-1，线段 AB 上的各种组合是按不同比例同时投资 A、B 这两种资产的情况。A 点右方的射线代表对 B 做卖空，并将收益全部投资于 A 资产的情况。很显然，只要卖空无风险资产就可以有效改善资产组合风险和收益状况。直线特征在无风险资产与风险资产的组合中也同样存在。

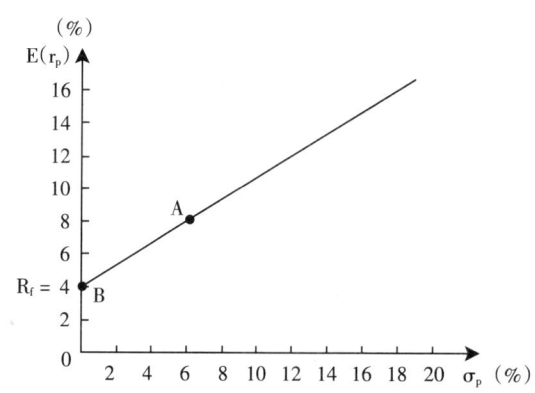

图 10-1　无风险证券和风险证券进行组合的线性关系

2. 无风险证券对有效边界的影响

由于可以将一个投资组合看作一个单个资产，因此，任何一个投资组合都可以与无风险证券进行新的组合。当引入无风险证券时，可行区域发生了变化（见图 10-2）。

在图 10-2 中，由无风险证券 R_f 出发并与原有风险证券组合可行域的上下边界相切的两条射线夹角所形成的无限区域便是在现有假设条件下所有证券组合形成的可行域。

由于可行区域发生了变化，因此有效边界也随之发生了变化。新的效率边界变成了一条直线，即由无风险证券 R_f 出发并与原有风险证券组合可行域的有效边界相切的射线 R_fMT 便是在现有假设条件下所有证券组合形成的可行域的有效边界，见图 10-3。R_fMT 这条直线就成了资本市场线（Capital Market Line，CML），资本市场线上的点代表无

第十章 资产定价模型

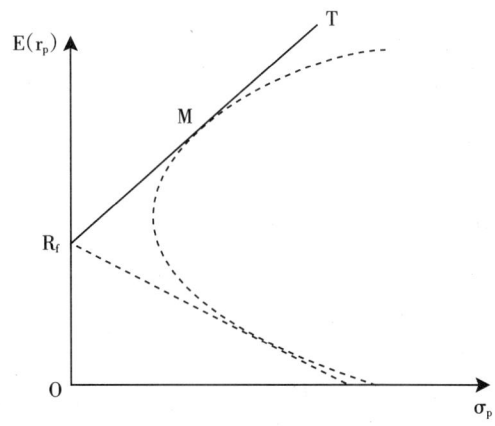

图 10-2 存在无风险证券时的组合可行域

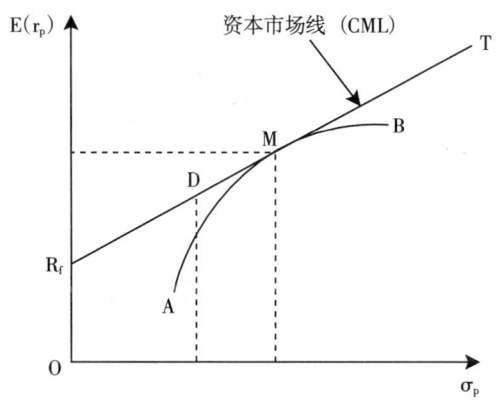

图 10-3 无风险证券与风险证券组合的有效边界

风险资产和市场证券组合的有效组合。

在现有假设条件下，证券组合可行域及有效边界之所以具有如图 10-2 和图 10-3 所示的几何特征，即现有证券组合可行域比原有风险证券组合可行域之所以扩大并具有直线边界，主要基于如下两方面的原因：

一方面，因为投资者通过将无风险证券 R_f 与每个可行的风险证券组合再组合的方式增加了证券组合的种类，从而使得原有的风险证券组合的可行域得以扩大。新的可行域既含有无风险证券，又含有原有风险证券组合，同时也含因无风险证券 R_f 与原有风险证券组合再组合而产生的新型证券组合。

另一方面，因为无风险证券 R_f 与任意风险证券或证券组合 M 进行组合时，其结合线恰好是一条由无风险证券 R_f 出发，经过风险证券或证券组合 M 的射线段 R_fMT，见图 10-3，从而无风险证券 R_f 与切点证券组合 M 进行组合的结合线便是射线 R_fMT，并成为新可行域的上部边界——有效边界。

效率边界 R_fMT 的斜率是 $(R_M - R_f)/\sigma_M$，该斜率表明单位总风险的市场价格。$(R_M - R_f)$ 代表风险溢价，即风险组合收益率超过无风险收益率部分。切点 M 所代表的是市场组合，是有效组合中唯一一个不含无风险证券而仅由风险证券构成的组合。也就是说，市场上仅有两种资产，一种是无风险资产，另一种是风险资产，而风险资产就是市场组合 M。如果投资者遵从效率原则，那么，任何一个投资者所选择的风险资产都是市场组合。不管投资者的效用函数如何，只要他是风险回避者，他的投资组合中的风险资产就一定包括市场组合。

3. 市场分离定理与投资者选择

效用函数和效用曲线有什么作用呢？效用函数将决定投资者在效率边界上的具体位置。也就是说，效用函数将决定投资者持有无风险资产与市场组合的份额。效用函数这一作用被称为分离定理（Separation Theorem）。

根据分离定理，投资者的投资决策分为两个阶段。第一阶段是对风险资产的选择。在这阶段，投资者对每一项风险资产的期望收益和风险状况以及各资产间的相互作用程度（相关系数）进行估计，在此基础上确定风险资产组合集合及其效率。随后，投资者经 R_f 点向风险资产组合的效率边界引切线，切点 M 所代表的资产组合即投资者应当持有的风险资产组合。在这一阶段内，投资者只需考虑每项资产的期望收益、方差和相关系数，即只考虑风险资产本身的特性，而无须考虑自身的风险偏好。因此，不管投资者之间风险偏好差异有多大，只要他们对风险资产特性的判断相同，他们将选择同样的风险资产组合。

第二阶段是最终资产组合的选择。投资者将选定的风险资产组合 M 与无风险资产相组合，构成一个新的资产组合集合，即考虑风险资产和无风险资产后的总的资产组合集合的效率边界。在这一效率边界上，每个投资者将根据自己的风险偏好购买各种证券，即安排所持有的无风险资产与风险资产的比例，选择适当的资产组合。

投资者效用曲线的形状没有发生变化，但由于效率边界是一条直线，因此，效用曲线与新的效率边界的切点是投资者的最优投资选择。

如果投资者的效用曲线为 U_1（见图 10-4），那么，该投资者将同时持有无风险资产与市场组合。效用曲线与效率边界的切点离 R_f 越近，投资者持有无风险资产的比例就越大；切点离 R_f 越远，投资者持有风险资产（市场组合）的比例就越大。

如果投资者的效用曲线为 U_2，那么投资者将按无风险利率借入资金，并将获得的资金与原有资金一起全部投资于风险资产组合——市场组合 M 上。在风险回避者中，完全不承受风险的投资者将不持有市场组合，愿意承受较低风险的投资者将同时持有无风险资产和市场组合，而愿意承受更多风险的投资者将借入资金来购买市场组合（见图 10-4）。

市场组合是每一个愿意承担风险的投资者所必须持有的唯一风险资产，是独立于投资者效用函数的最佳组合。市场组合包括市场中的每一种风险证券，如果有一种风险证券没有被资产组合包括，那么将会产生套利行为。因为没有被市场组合包括的证券的价格将下降，收益率提高，而风险并没有发生变化，因此套利者将这只证券纳入组合后，收益率提高，而组合的风险是既定的。这样，原来的市场组合将不是有效率的组合，这与在效率边界上的点都是有效率的组合的结论不一致。因此，全部的证券都将包括在市场组合中。由于每种证券都包括在市场组合中，而市场组合又只有一个，因此，每种证券在市场组合中的比例就是该证券的市场价值占全部证券的市场价值的比例。也就是说，如果一种证券的市场价值为10，而全部证券的市场价值为100，那么在市场组合中该种证券所占比例就是10%。

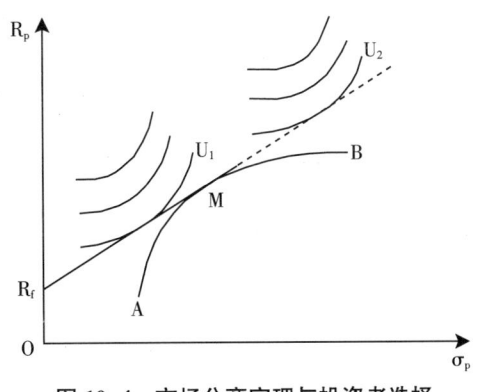

图10-4 市场分离定理与投资者选择

4. 资本市场线方程

通过上面的讨论，我们知道：在资本资产定价模型假设下，当市场达到均衡时，市场组合M成为一个有效组合；所有有效组合都可视为无风险证券R_f与市场组合M的再组合。

在均值标准差平面上，所有有效组合刚好构成连接无风险资产R_f与市场组合M的射线R_f与MT，这条射线被称为资本市场线（见图10-3）。资本市场线揭示了有效组合的收益和风险之间的均衡关系，这种均衡关系可以用资本市场线的方程来描述：

$$E(R_P) = R_f + \frac{R_M - R_f}{\sigma_M} \cdot \sigma_P \tag{10-1}$$

式中，$E(R_P)$为有效组合P的期望收益率；σ_P为有效组合P的标准差；R_M为市场组合M的期望收益率；σ_M为市场组合M的标准差；R_f为无风险证券收益率。

资本市场线方程式对有效组合的期望收益率和风险之间的关系提供了十分完整的阐述。有效组合的期望收益率由两部分构成：一部分是无风险收益率R_f，它是由时间创造的，是对投资者放弃即期消费的补偿；另一部分是风险溢价$\frac{R_M - R_f}{\sigma_M} \cdot \sigma_P$，它与承担风险大小成正比，是对投资者承担风险$\sigma_P$的补偿。其中的系数即资本市场线方程式中第二项（斜率）代表了对单位风险的补偿，通常称为单位风险的市场价格。

三、资本资产定价模型与证券市场线

资本市场线只是揭示了有效组合的收益和风险的均衡关系，而没有给出任意证券或组合的收益风险关系。下面，我们首先建立任意单个证券的收益风险关系，之后将其推广到任意证券组合。

由资本市场线所反映的关系可以看出,在均衡状态下,市场对有效组合的风险(标准差)提供补偿。而有效组合的风险(标准差)由构成该有效组合的各单个成员证券(指风险证券)的风险共同合成,因而市场对有效组合的风险补偿可视为市场对各单个成员证券的风险补偿的总和,或者说市场对有效组合的风险补偿可以按一定的比例分配给各单个成员证券。当然,这种分配应按各单个成员证券对有效组合风险贡献的大小来分配。不难理解,实现这种分配就意味着在单个证券的收益和风险之间建立了某种关系。

为实现这种分配,首先要知道各单个成员证券对有效组合风险的贡献大小。鉴于市场组合 M 也是有效组合,因此将市场组合 M 作为研究对象,分析 M 中各单个成员证券对市场组合风险的贡献大小,之后再按照贡献大小把市场组合的风险补偿分配到各单个成员证券。

为能够分辨各单个成员证券对市场组合风险贡献的大小,我们自然要对衡量市场组合风险水平的指数——方差 σ_M^2 进行考察。数学上容易证明,市场组合 M 的方差可分解为:

$$\sigma_M^2 = x_1\rho_{1M}\sigma_1\sigma_M + x_2\rho_{2M}\sigma_2\sigma_M + \cdots + x_n\rho_{nM}\sigma_n\sigma_M$$
$$= x_1\rho_{1M} + x_2\rho_{2M} + \cdots + x_n\rho_{nM} \tag{10-2}$$

式中,x_i 表示第 i 种成员证券在市场组合 M 中的投资比例;σ_{iM} 表示第 i 种成员证券与市场组合 M 之间的协方差。

把市场组合的方差改写成式(10-2)分解的形式,就便于我们能够清晰地从中分离出单个成员证券对市场组合风险的贡献大小。因为,分解式中的 $x_i\sigma_{iM}$ 可被视为投资比重为 x_i 的第 i 种成员证券对市场组合 M 的风险贡献大小的绝对度量,而 $\frac{x_i\sigma_{iM}}{\sigma_M^2}$ 被视为投资比重为 x_i 的第 i 种成员证券对市场组合 M 的风险贡献大小的相对度量。

期望收益率 $E(R_M) - R_f$ 可被视为市场对市场组合 M 的风险补偿,也即相当于对方差 σ_M^2 的补偿,于是分配给单位资金规模的证券 i 的补偿按其对 σ_M^2 做出的相对贡献应为:

$$\frac{x_i\sigma_{iM}}{\sigma_M^2}[E(R_M) - R_f]$$

最后,单位资金规模的证券 i 的补偿又等于 $E(R_M) - R_f$,其中 $E(R_i)$ 表示证券 i 的期望收益率。于是有:

$$E(R_i) - R_f = \frac{\sigma_{iM}}{\sigma_M^2}[E(R_M) - R_f]$$

令 $\beta_i = \frac{\sigma_{iM}}{\sigma_M^2}$,则上述方程可改写为:

$$E(R_i) = R_f + \beta_i[E(R_M) - R_f] \tag{10-3}$$

式(10-3)给出的就是资本资产定价模型,由此模型可知:单个证券 i 的期望收益率与其对市场组合方差的贡献率 $\beta_i = \dfrac{\sigma_{iM}}{\sigma_M^2}$ 之间存在着线性关系，而不像有效组合那样与标准差（总风险）有线性关系。因而从定价角度考虑，单个证券的风险用 β_i 来测定更为合理。β_i 表示单一证券的收益率对市场收益率的敏感性和反映程度，用于测量某一证券风险相对于市场风险的比率。

我们可以根据 SML 模型，计算某种证券或证券组合的预期收益率。

例 10-2：假设我们预期经济的无风险利率为 6.15%，市场"一篮子"证券的预期收益率为 9.5%，这说明市场风险溢价为 2.35%，已计算出以下四种股票 β 系数：

表 10-2　A、B、C、D 四种股票的 β 系数

股票	β 系数
A	4.03
B	0.84
C	1.05
D	0.59

把这些数据代入方程中，则四种股票的预期收益率为：

$E(R_A) = 6.15\% + 4.03 \times (9.5\% - 6.15\%) = 19.65\%$

$E(R_B) = 6.15\% + 0.84 \times (9.5\% - 6.15\%) = 8.96\%$

$E(R_C) = 6.15\% + 1.05 \times (9.5\% - 6.15\%) = 9.67\%$

$E(R_D) = 6.15\% + 0.59 \times (9.5\% - 6.15\%) = 8.13\%$

对任何一个证券组合 P，设其投资于各种证券的比例分别为 x_1，x_2，…，x_n，则有：

$E(R_P) = x_1 E(R_1) + x_2 E(R_2) + \cdots + x_n E(R_n)$

$\quad\quad = x_1 \{R_f + [E(R_M) - R_f]\beta_1\} + x_2\{R_f + [E(R_M) - R_f]\beta_2\} + \cdots + x_n\{R_f + [E(R_M) - R_f]\beta_n\}$

令 $\beta_P = x_1\beta_1 + x_2\beta_2 + \cdots + x_n\beta_n$，称为证券组合 P 的 β 系数，于是上述等式被改写为：

$E(R_P) = x_f [E(R_M) - R_f]\beta_P$ \hfill (10-4)

显然，式（10-3）与式（10-4）具有相同的形式。可见，无论单个证券还是证券组合，均可将其 β 系数作为风险的合理测定，其期望收益与由 β 系数测定的系统性风险之间存在线性关系。这个关系在以 $E(R_P)$ 为纵坐标、β_P 为横坐标的坐标系中代表一条直线，这条直线被称为证券市场线。图 10-5 给出的就是证券市场线或资本资产定价模型的图形。

当 P 为市场组合 M 时，$\beta_P = 1$，因此，证券市场线经过点 $[1, E(R_M)]$。当 P 为无风险证券时，β 系数为 0，期望收益率为无风险利率 R_f，因此证券市场线亦经过点 $(0, R_f)$。

证券市场线方程对任意证券或组合的期望收益率和风险之间的关系提供了十分完整的阐述。

首先，从 CAPM 可以看出，任意证券或组合的期望收益率由两部分构成：一部分是无风险利率 R_f，它是由时间创造的，是对放弃即期消费的补偿；另一部分则是 $[E(R_M) - R_f]\beta_P$，是对承担风险的补偿，通常称为风险溢价，它与承担的风险 β_P 的大小成正比，

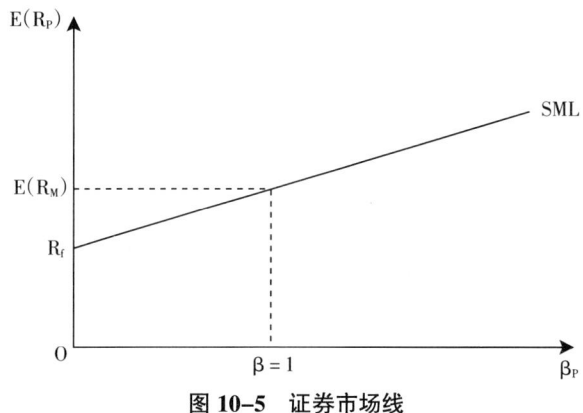

图 10-5 证券市场线

其中的 [E(R_M) − R_f] 代表了对单位风险的补偿,通常称为风险的价格。

其次,从 CAPM 可以看出,任意证券或组合的总风险也由两部分构成:一部分,因为市场组合 M 收益变动而使资产 i 收益发生的变动,即 β 系数值,这是系统性风险;另一部分,即剩余风险被称为非系统性风险。因为非系统性风险是可以通过多元化投资分散掉,所以当投资者持有市场组合时,就可以说是没有非系统性风险。因此,单个资产的价格只与该资产的系统性风险的大小有关,而与其非系统性风险的大小无关。

β 系数在 CAPM 中成为衡量证券承担系统性风险或市场风险的一个标准,用来反映证券或组合的收益水平对市场平均收益水平变化的灵敏度。一般来说,β 系数的绝对值越大,表明证券承担的系统性风险越大;β 系数的绝对值越小,表明证券承担的系统性风险越小。如果一只股票的 β 系数大于 1,则这只股票被称为进取型股票,因为该股票收益率的变化大于市场组合收益率的变化;如果一只股票的 β 系数小于 1,则这种股票被称为防守型股票,因为该股票的收益率变化小于市场组合收益率的变化。

资本市场线与证券市场线是资本资产定价模型中的两个重要结论,两者存在着内在的关系:

(1) 资本市场线表示的是无风险资产与有效率风险资产再组合后的有效资产组合期望收益与总风险 (σ_p) 之间的关系,因此在资本市场线上的点就是有效组合;而证券市场线表明的是任何一种单个资产或组合的期望收益与其系统风险 (β) 之间的关系,因此在证券市场线上的点不一定在资本市场线上。

(2) 证券市场线既然表明的是单个资产或组合的期望收益与其市场风险或系统性风险之间的关系,因此在均衡情况下,所有证券都将落在证券市场线上。

(3) 资本市场线实际上是证券市场线的一个特例,当一个证券或一个证券组合是有效率的时候,该证券或证券组合与市场组合的相关系数等于 1,此时,证券市场线与资本市场线就是相同的。

四、特征线与资本资产价格

式 $E(R_i) = R_f + \beta_i[E(R_M) - R_f]$ 可以写成：

$$E(R_i) - R_f = \beta_i[E(R_M) - R_f] \tag{10-5}$$

式（10-5）被称为特征线（Characteristic Line）。特征线没有截距，换句话说，某一证券的超额收益是市场组合的超额收益与该证券系统性风险的严格函数关系（见图10-6）。

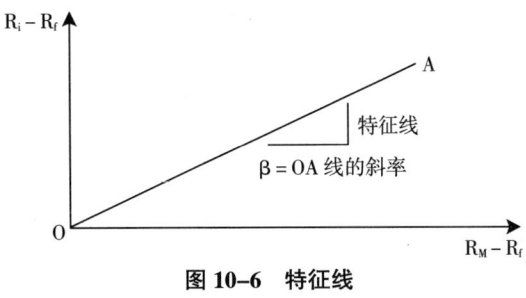

图 10-6　特征线

如果某一证券与市场组合相互独立，即 $\beta_{iM} = 0$，那么 $R_i - R_f = 0$，即 $R_i = R_f$。如果 $\beta_{iM} > 0$，那么该资产将得到风险溢价。在这个模型中我们唯一要确定的参数是 β_i，这与 CAPM 理论相符［与式（10-3）相对应］，即每一个证券的期望收益取决于它的系统性风险。倘若市场是有效的，那么，每个证券的期望收益都应准确地落在证券市场线 SML 上。任何与期望收益的偏离都被看作不正常的收益，即 CAPM 没能估计到的收益。

证券市场线与特征线的关系是，证券市场线用于估计一种证券的预计收益，在证券市场线的等式中，β 是自变量，市场组合的超额收益率是斜率；证券特征线则用于描述一种证券的实际收益，在证券特征线的等式中，β 是斜率。

全部有效定价的证券的特征线都经过原点，所以由这些证券构成的组合特征线也经过原点。即证券的预期收益率等于它的均衡预期收益率。但实际上在真实的市场中，即在市场模型中，某些证券的超额收益会高于由图10-6所确定的水平，如图10-7所示。

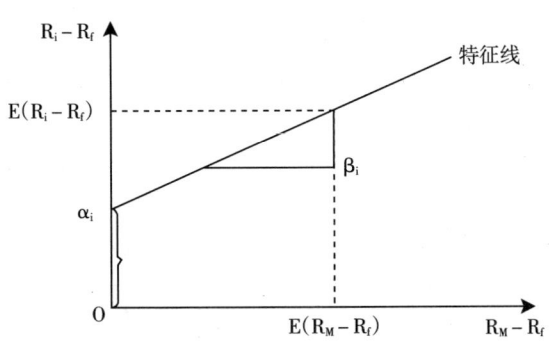

图 10-7　证券市场线形式的特征线（市场模型）

从图 10-7 可以看出，真实的市场中会有一些证券或证券组合位于原点之上，此时，市场处于不均衡状态，称为证券的错误定价。证券的错误定价程度用 α_i 系数来衡量。即一种证券的 α_i 系数是它的预期收益率与均衡预期收益率之差。

产生 α_i 的原因有多种，例如，在证券市场线形式的特征线模型式（10-5）中没有包括但应该包括的对 R_i 产生系统性影响的变量；式（10-5）的函数形式不正确，即有可能 R_i 与 R_M 之间不是简单线性关系；R_i 与 R_M 的数据存在偏差或可能的虚构；等等。所有这些因素对 R_i 产生的综合平均影响造就了 α_i，从而使得被估计的特征线产生了相对于 CAPM 模型的整体偏移。

如果某证券的 α_i 系数不为零，说明该证券被错误定价。若某证券的 α_i 系数为正，则它位于 SML 的上方，说明价格被低估；若某证券的 α_i 系数为负，则它位于 SML 的下方，说明价格被高估；若某证券的 α_i 系数为零，则位于 SML 上，说明定价正确。

α_i 的大小也可以用来衡量一个投资组合的管理者的业绩水平，也就是说，$\alpha_i > 0$，则管理者能够实现正的非市场相关收益，说明管理者的水平较高；$\alpha_i < 0$，则管理者不能够获得正的非市场相关收益，说明管理者的水平较低。

当 $\alpha_i \neq 0$ 时就意味着市场处于非均衡的状态，说明该证券被错误定价，就会引发产生投资者的套利行为，而套利行为的存在将会使市场很快恢复到均衡状态。因此，代表一般市场条件的特征线回归模型可以写成：

$$R_i - R_f = \alpha_i + \beta_i(R_M - R_f) \tag{10-6}$$

式中，α_i 为非市场相关收益；$\beta_i(R_M - R_f)$ 为市场相关收益；β_i 为市场模型的斜率。

公式表明，在未来持有证券的时间内预期超额收益率由两部分组成：证券 α_i 系数、市场证券组合预期超额收益率与这种证券 β 系数的乘积。据此，可画出证券特征线，证券特征线的垂直轴测定这种证券的实际超额收益率，而水平轴则测定市场证券组合的实际超额收益率（$R_M - R_f$）。某一证券的特征线通过以下两点：一是垂直轴上 α_i 系数所在点，二是该证券预期超额收益率和市场证券组合超额收益率的相交点。同时，证券特征线的斜率正好等于这一证券的 β 系数，反映该证券的预期收益率对市场证券组合预期收益率的灵敏度，即当市场证券组合预期收益率变化后该证券的变化幅度。

例 10-3：某证券 i 的 α_i 系数和 β_i 系数分别是 3% 和 1.5，在无风险利率为 6% 和市场证券组合预期收益率为 12% 的条件下，该证券的特征线如图 10-8 所示。

$$\begin{aligned} R_i - R_f &= \alpha_i + \beta_i(R_M - R_f) \\ &= 3\% + (12\% - 6\%) \times 1.5 \\ &= 12\% \end{aligned}$$

实际上，证券 i 的实际收益率仍有可能偏离它的证券特征线，这是因为模型反映了市场收益率（R_M）变动的结果，而没有反映其他因素变动的影响，这使得证券 i 的实际收益率与估计值必然会有偏差。为了全面反映影响证券收益率波动的原因，我们用随机误差项 ε_i 代表所有无法用市场收益率来解释的证券 i 的那部分收益。这样，当随机误差项 ε_i 不为零时，证券的实际超额收益率就应由 α_i 系数、市场证券组合的实际超额收益率与 β 系数之积、随机误差 ε_i 三项组成。因此，我们就可以把特征线的式（10-6）修订

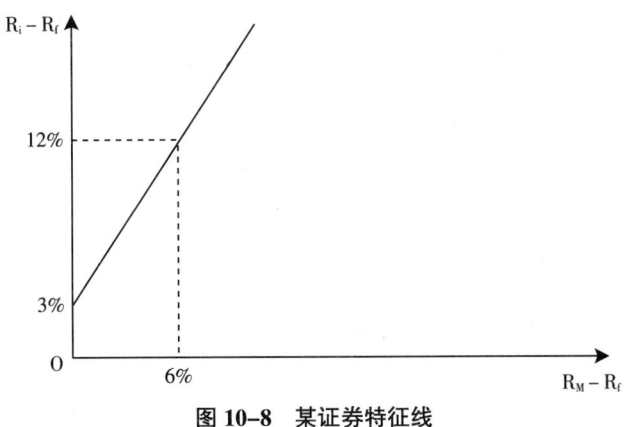

图 10-8 某证券特征线

为如下公式：

$$R_i = \alpha_i + R_M\beta_i + \varepsilon_i \tag{10-7}$$

式中，R_i 为证券 i 的实际收益率；α_i 为非市场相关收益，代表常数项或截距，等于 $R_i - R_M\beta_i$；ε_i 为随机误差项；R_M 为市场"一篮子"证券 M 的收益率；β 为市场系统性风险。

五、资本资产定价模型的应用

资本资产定价模型从理论上说主要应用于资产估值、资金成本预算以及资源配置等方面。这里，就资本资产定价模型在资产估值和资源配置两方面的应用做简要介绍。

1. 资产估值

在资产估值方面，资本资产定价模型主要被用来判断证券是否被市场错误定价。

根据资本资产定价模型，在 SML 线上的各点，或者说根据 CAPM 计算出来的资产预期收益，是资产的均衡价格，即市场处于均衡状态时的价格。这一价格与资产的内在价值是一致的。但市场均衡毕竟是相对的，在竞争因素的推动下，市场永远是处于由不均衡向均衡转化，再到均衡被打破的过程中，因此实际市场中的资产收益率往往并非均衡收益率，可能比其高，也可能比其低。如果我们相信用 CAPM 计算出来的预期收益是均衡收益的话，我们就可以将它与实际资产收益率进行比较，从而发现价值高估或低估的资产，并根据低价买入、高价卖出的原则指导投资行为，见图 10-9。

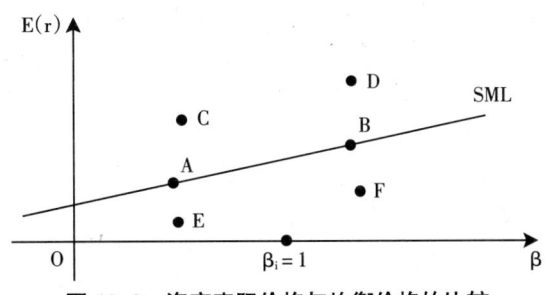

图 10-9 资产实际价格与均衡价格的比较

在图 10-9 给出的证券市场线或资本资产定价模型的图形中，位于证券市场线上的证券如 A、B，属于估价恰当的证券，因为它的估计收益率等于它的期望收益率；位于证券市场线上方的证券如 C、D，属于价值被低估的证券，这些证券的收益率在相同风险（β 值相同）的情况下，比其他证券的收益率要高；位于证券市场线下方的证券如 E、F，属于价值被高估的证券，这些证券的收益率在相同风险（β 值相同）的情况下，比其他证券的收益率要低。

2. 资产配置

CAPM 的思想在消极的和积极的组合管理中都可应用。在消极的资产组合管理中，根据 CAPM，投资者可以按照自己的风险偏好，选择一种或几种无风险资产和一个风险资产的市场组合进行资源配置，只要投资偏好不改变，资产组合就可不变。

积极的组合管理者是那些喜欢追踪价格、赚取价差的人。利用 CAPM 的理念，他们将在预测市场走势和计算资产 β 值上下工夫。根据市场走势，调整资产组合的结构。例如，当预测到市场价格将呈上升趋势时，他们将在保持无风险资产和风险资产比例的情况下，增加高 β 值资产的持有量；反之，将增加低 β 值资产的持有量。

第二节 套利定价模型

套利定价理论（APT）是由斯蒂夫·罗斯于 1976 年提出的。他试图提出一种比传统 CAPM 更好的解释资产定价的理论模型。经过十几年的发展，APT 在资产定价理论中的地位已不亚于 CAPM。

相对于 CAPM 而言，APT 模型更一般化，在一定条件下我们甚至可以把传统的 CAPM 视为 APT 模型的特殊形式。

一、基础性假设

套利定价模型的假设条件和价格形成过程与 CAPM 都是不同的。其中最重要的一点在于，APT 不像 CAPM 那样依赖于市场组合，也没有假设只有市场风险影响资产的预期收益，而是认为资产的收益可能会受几种风险的影响，至于是哪几种风险会产生影响，以及这些风险具体是什么则无关紧要。因此，APT 的限制条件不像 CAPM 那样严格。

套利定价模型的假设如下：

（1）存在一个完全竞争的资本市场。

（2）投资者是风险厌恶者，而且追求效用最大化。

（3）投资者认为任何一种证券 i 的收益率都是一个线性函数，其中包含了 k 个影响该证券收益率的因素。

（4）市场上有大量不同的资产。

(5) 允许卖空等。

所谓套利行为指的是不需要投资就可以利用同一实物资产或证券的不同价格来赚取无风险利润的行为。最典型的例子就是，利用同一种货币在不同市场上价格的差异，在价格水平较低的市场上买入该种货币，再在价格水平较高的市场上卖出，以获取价差收益的行为。这种套利行为直接改变着这两个市场上该种货币的供求，最终导致两者供求实现均衡。在一个高度竞争的、流动性很强的市场体系中，这种套利机会一经被发现，就会立即引起市场的反应，机会稍纵即逝，也正是这种套利行为推动着有效率市场的形成。在证券市场体系中也是如此。

套利定价理论认为，如果市场处在竞争性均衡状态就不会存在套利机会，即没有一个投资者不承担风险、不需要额外资金就能获得收益的机会。如果市场未达到均衡状态，市场上就会存在无风险的套利机会。由于理性投资者具有厌恶风险和追求收益最大化的行为特征，因此，投资者一旦发现有套利机会就会设法利用它们。随着套利者的买进和卖出，有价证券的供求状况将随之改变，套利空间逐渐减少直至消失，有价证券的均衡价格得以实现，因此，这种推论实际上也隐含了对一价定律的认同。

而且，套利机会不仅存在于单一证券上，还存在于相似的证券或组合中，也就是说，投资者还可以通过对一些相似的证券或组合部分买入、部分卖出来进行套利。对于套利行为可以有多种定义方式，其中之一是用广泛影响证券价格的因素来解释的。

因素模型表明，具有相同因素敏感性的证券或组合，除了非因素风险外，将以相同的方式行动，因而，具有相同因素敏感性的证券或组合必然要求有相同的预期收益率，如若不然，"准套利"机会便会存在，投资者必将利用这一机会。而他们的行动将会最终使套利机会消失，均衡价格得以形成。这就是套利定价理论逻辑推演的核心。

二、套利证券组合

根据套利定价理论，投资者会竭力发掘构造一个套利组合的可能性，以便在不增加风险的情况下，增加组合的预期收益率。那么，如何才能构造一个套利组合呢？一般而言，套利组合必须同时具备以下三个特征：

(1) 不需要额外投资，即如果 x_i 表示投资者对证券 i 持有量的变化（即套利组合中证券 i 的权数），套利组合的这一特征就可表示为：

$$x_1 + x_2 + \cdots + x_n = 0 \tag{10-8}$$

(2) 不承担风险，即这一特征用公式可表示为：在存在多个影响因素的情况下，可具体表示为一个方程组：

$$x_1 b_{11} + x_2 b_{21} + \cdots + x_n b_{n1} = 0$$
$$x_1 b_{12} + x_2 b_{22} + \cdots + x_n b_{n2} = 0$$
$$\vdots \qquad \vdots \qquad \vdots \qquad \vdots$$
$$x_1 b_{1k} + x_2 b_{2k} + \cdots + x_n b_{nk} = 0 \tag{10-9}$$

为能找到满足上面两点特征的解，就要求证券的个数要多于因素的个数，即 n > k。

严格地讲，除了因素风险等于零以外，一个套利组合的非因素风险也应该等于零。但是，套利组合的非因素风险实际上常常会大于零，只是其数量非常小，套利定价理论认为可以忽略不计。

（3）具有正的期望收益率，用公式可以表示为：

$$x_1 E(R_1) + x_2 E(R_2) + \cdots + x_n E(R_n) > 0 \tag{10-10}$$

当一个组合的投资权重可以同时满足上述三点要求时，该组合就是一个套利组合。这样一个套利组合对任何一个渴望高收益且不关心非因素风险的投资者都是具有吸引力的，因为，它不需要任何额外资金，没有任何因素风险，却可以带来正的预期收益率。

下面我们通过一个简单的例子来说明如何构造一个套利证券组合。

例10-4：假设三只股票 x_1、x_2、x_3 的期望收益率分别为8%、13%、20%，b系数（因素敏感度）分别是1、2、3，投资比例分别为1、-2、1。这样的一个组合是否为套利组合？

根据套利组合的条件有：

（1）零投资：

$x_1 + x_2 + x_3 = 1 + (-2) + 1 = 0$

（2）零风险：

$1 \times 1 + 2 \times (-2) + 1 \times 3 = 0$

（3）正收益：

$1 \times 8\% + (-2) \times 13\% + 1 \times 20\% = 2\%$

即该组合的投资为0、风险为0，而收益却为2%，因此是一个套利组合。

三、套利定价模型

根据上述对市场套利行为及其影响的分析，罗斯是基于以下两个基本点来推导APT模型的。

（1）在一个有效率的市场中，当市场处于均衡状态时，不存在无风险的套利机会。即如不存在套利机会，市场便达到了均衡，此时不可能产生套利组合。

（2）对于一个高度多元化的资产组合来说，只有几个共同因素需要补偿。证券i与这些共同因素的关系为：

$$R_i = \lambda_0 + b_{i1}\lambda_1 + b_{i2}\lambda_2 + \cdots + b_{ik}\lambda_k \tag{10-11}$$

这就是套利定价模型。

式中，λ_0 为无风险收益率；b_{ik} 为证券i对第k个共同因素具有的单位敏感系数；λ_k 为对所有资产都起作用的共同因素对其期望值的偏离，其本身的期望值为零。

例10-5：设某证券的收益受通货膨胀率、利息率和GNP增长率三个系统性风险因素的影响。

$$R_i = \lambda_0 + b_{i1}\lambda_1 + b_{i2}\lambda_2 + \cdots + b_{ik}\lambda_k$$

式中，$b_1 = 2$，$b_2 = -1.5$，$b_3 = 1$，分别代表通货膨胀率、利息率和GNP增长率的意外变化。

若预期的通货膨胀率 $F_1 = 5\%$,实际利息率 $F_2 = 6\%$,GNP 增长率 $F_3 = 3\%$,则该证券的预期收益率为 $E(R) = 2 \times 5\% + (-1.5) \times 6\% + 1 \times 3\% = 4\%$。

若实际公布的数字表明通货膨胀率将为 7%,实际利率将为 4%,GNP 增长 2%,则:

$\lambda_1 = 7\% - 5\% = 2\%$

$\lambda_2 = 4\% - 6\% = -2\%$

$\lambda_3 = 2\% - 3\% = -1\%$

所以,实际收益为:

$R = 4\% + 2 \times 2\% - 1.5 \times (-2\%) + 1 \times (-1\%) = 10\%$

四、套利定价理论与 CAPM 的应用

APT 和 CAPM 都是确定资产均衡价格的经济模型,两者只是具体的决策依据和思路依模型的不同而有差异而已。APT 分析了影响证券收益的多种因素以及证券对各个因素的敏感程度,而 CAPM 中只有一个因素,即市场证券组合,一个敏感系数,即证券的 β 系数。因此 APT 比 CAPM 更具有一般的现实意义,也能更好地描述均衡的证券价格。APT 的缺点是没有指明有哪些因素影响证券收益以及它们的影响程度,因而影响了它的实际应用,而 CAPM 却能对此提供具体帮助。显然,如果能将两者结合起来就能比单纯的 APT 做出更精确的预测,又能比 CAPM 做出更广泛的分析,从而为投资决策提供更充分的指导。

第三节 组合的业绩评估

一、业绩评估原则

评价证券组合的运行状况是组合管理者经常要面临的问题。习惯上,评价组合管理业绩的标准往往采用直接计算期间收益率,然后再与市场平均收益率比较,或进行同行间的横向比较方法。这是一个非常简单的方法,仅是比较不同组合之间收益水平的高低,收益水平越高的组合越是优秀的组合。然而,我们知道收益水平较高不仅仅与管理者的技能有关,还可能与当时市场整体向上运行的环境有关,原因是期间收益可能来源于三个方面:①管理收益,即由管理者的投资能力带来的收益,属于主动收益;②市场收益,即市场整体上涨带来的收益,属于被动收益;③风险收益,即管理人冒险带来的收益。正因为如此,该方法不是一个恰当的绩效测评方法。

由于证券投资的收益与风险呈现同增(或同减)规律,进行证券组合的目的是追求在风险相等的条件下收益水平最高或预期收益相同的条件下风险最小,因此,对证券组

合的业绩评估除了要衡量其盈利水平以外，还必须与其所承担的风险大小相联系，应本着"既要考虑组合收益的高低，也要考虑组合所承担风险的大小"的基本原则，采用风险调整后的绩效测评法，即去掉由风险带来的收益后，再与市场绩效比较，或进行同行间的横向比较。而资本资产定价模型为组合业绩评估者提供了实现这一基本原则的多种途径。例如，可以考察组合已实现的收益水平是否高于与其所承担的风险水平相匹配的收益水平，也可以考察组合承受单位风险所获得的收益水平之高低。

本节主要介绍基于风险调整的思想而建立的专门用于评价证券组合优劣的三种指数工具。

二、业绩评估指数

（一）特雷诺（Treynor）业绩指数

特雷诺业绩指数是由特雷诺于1965年提出的，该指数是以单位系统性风险收益作为基金绩效评估指标的。他假定风险由两部分组成：①由于整个市场波动而产生的风险；②由于组合中单个证券的波动而产生的风险。他引入特征线这一概念，指出特征线的斜率可以衡量一个投资组合的收益相对整个市场收益的波动性，这一斜率是该投资组合的β系数。他指出理性的风险规避型的投资者总是倾向于那些具有较大斜率的投资组合特征线，原因是具有较高斜率的特征线能使投资者位于效用较高的无差异曲线上。这种投资组合可行线的斜率用Treynor的第一个字母T来表示，公式为：

$$T_p = \frac{R_p - R_f}{\beta_p} \tag{10-12}$$

式中，T_p为特雷诺业绩指数；R_p为证券组合P在样本期内的平均收益率；R_f为样本期内的平均无风险收益率。

从式（10-12）可以看出该指数给出的是在一段时期内投资组合的平均风险报酬与系统性风险之比，它所衡量的是特征线α值，是衡量投资组合在系统性风险之外得到的额外风险报酬的大小。

在图形上，一个证券组合的特雷诺业绩指数是连接证券组合与无风险证券的直线的斜率，如图10-10所示。

当这一斜率大于证券市场线的斜率（$T_p > T_M$）时（如图10-10中的P_2），此时投资组合位于证券市场线上方，表明该投资组合具有优秀的风险调整业绩，即投资组合的绩效好于市场绩效；相反，当斜率小于证券市场线的斜率（$T_p < T_M$）时（如图10-10中的P_1），此时投资组合位于证券市场线下方，表明该投资组合的绩效不如市场绩效。

（二）夏普（Sharpe）业绩指数

夏普业绩指数是1966年由夏普提出的，它以资本市场线为基准。指数值等于证券组合的风险溢价除以这个时期该资产组合的收益的标准差，其计算公式为：

$$S_p = \frac{R_p - R_f}{\sigma_p} \tag{10-13}$$

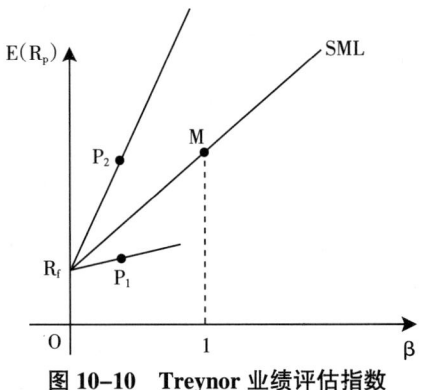

图 10-10　Treynor 业绩评估指数

式中，S_p 为夏普业绩指数；R_p 为证券组合 P 的实际平均收益率；R_f 为该时期的无风险利率；σ_p 为投资组合收益率的标准差。

在图形上，一个证券的夏普业绩指数是连接证券组合与无风险资产的直线的斜率，如图 10-11 所示。

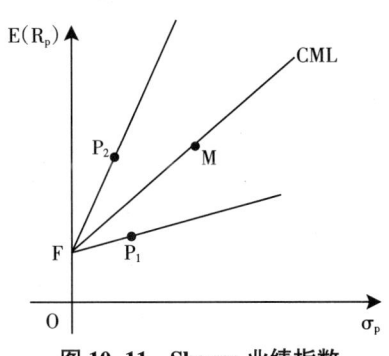

图 10-11　Sharpe 业绩指数

将投资组合与市场组合的夏普业绩指数比较来衡量组合投资的业绩，一个高的夏普业绩指数表明该管理者比市场经营得好，而一个低的夏普业绩指数经营的比市场差。前者的组合位于资本市场线上方，后者的组合则位于资本市场线下方。位于资本市场线上的组合的夏普业绩指数与市场组合的夏普业绩指数均相等，表明管理具有中等绩效。

Sharpe 业绩指数衡量尺度与 Treynor 业绩指数有明显相似之处，因为等式中的分子均为投资组合的风险溢价。不同之处在于这种投资组合业绩衡量尺度采用收益标准差作为风险衡量标准，而 Treynor 业绩衡量尺度所采用的却是 β 值（系统性风险），这样，Sharpe 业绩指数衡量尺度是从收益和风险水平两方面来评价投资组合的业绩。

对于一个完全分散的投资组合来说（即不存在非系统性风险），两种衡量尺度对投资组合评价的结果是相同的，因为完全分散的投资组合的总方差就是它的系统方差。另外，一个分散水平很低的投资组合的业绩，采用特雷诺业绩指数衡量尺度评价时会很高，而采用 Sharpe 业绩指数衡量尺度评价则会很低。这两种测量尺度评价结果的差别是由分散水平不同而直接造成的。

这样，这两种业绩衡量尺度提供了关于业绩的相互补充但却不同的信息，所以应同时使用这两种衡量尺度。如果评价的是一组分散水平很高的投资组合，这两种衡量尺度评价的结果是一致的。

Treynor 和 Sharpe 衡量尺度的缺点是它们对投资组合业绩的评价是一个相对结果，而不是一个绝对的结果。我们不能确定的是，这种差别在统计上的显著性如何。

（三）詹森（Jensen）业绩指数

詹森业绩指数是 1969 年由詹森提出的，它以证券市场线为基准，指数值实际上就是证券组合的实际平均收益率与由证券市场线所给出的该证券组合的期望收益率之间的差。

公式为：

$$J_p = R_p - [R_F - (R_M - R_F)\beta_p] \tag{10-14}$$

式中，J_p 为詹森业绩指数；R_p 为证券组合 P 的实际平均收益率。

可见，詹森业绩指数就是证券组合所获得的高于市场的那部分风险溢价，风险由 β 系数测定。

在图形上，詹森业绩指数值代表证券组合与证券市场线之间的垂直落差，如图 10-12 所示。

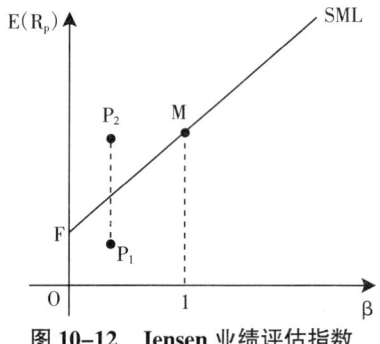

图 10-12 Jensen 业绩评估指数

从图 10-12 中可以看出，如果证券组合的詹森业绩指数为正，则其位于证券市场线的上方（如 P_2），落差大于 0，表明业绩较好；如果组合的詹森业绩指数为负（如 P_1），则其位于证券市场线的下方，落差小于 0，表明绩效不好。

三、业绩评估应注意的问题

使用特雷诺业绩指数、夏普业绩指数以及詹森业绩指数评价组合业绩固然有其合理性，但也不能忽视这种评价方法的不足。这种不足主要表现在三个方面：

（1）三类指数均以资本资产定价模型为基础，后者隐含与现实环境相差较大的理论假设。这可能导致评价结果失真。

（2）三类指数中都含有用于测度风险的指标，而计算这些风险指标有赖于样本的选择。这可能导致基于不同的样本选择所得到的评估结果不同,也不具有可比性。

(3) 三类指数的计算均与市场组合发生直接或间接关系,而现实中用于替代市场组合的证券价格指数具有多样性。这同样会导致基于不同市场指数所得到的评估结果不同,也不具有可比性。

正因为如此,实际应用中应当注意评估指数在理论假设方面存在的局限性、在组合风险估值和市场指数选择方面的多样性,并多做一些研究,在实践中不断摸索,以获得更为科学的评价结果。

重要概念

资本市场线　市场组合　因素模型　证券市场线　套利组合　夏普业绩指数　特雷诺业绩指数

思考题

(1) 资本资产定价模型的基本假设是什么?
(2) 证券市场线与资本市场线有何区别?
(3) 分析 CAPM 与 APT 的异同。
(4) 解释业绩评估原则。
(5) 特雷诺业绩指数衡量尺度是什么?
(6) 夏普业绩指数衡量尺度是什么?
(7) 詹森业绩指数衡量尺度是什么?
(8) 比较三种业绩指数衡量尺度的区别。
(9) 经统计计算知某一证券投资组合的实际收益率是 7.2%,其标准差是 10%,β 系数是 0.9,假设市场组合在同期内的实际收益率为 8%,其标准差为 14%。试以 CAPM 模型为分析工具对该投资组合的绩效进行评价。
(10) 假定无风险利率为 6%,市场收益率 15%,某股票目前市场价为 30 美元,在年末将支付每股 6 美元的红利,β 为 1.2,预计到年末该股的股价是多少?
(11) 两个投资顾问比较业绩,一个平均收益率是 18%,另一个为 15%。但前者的 β 为 1.5,后者的是 1。

① 判断哪个顾问更善于预测个股(不考虑市场总体趋势)。
② 如果国库券利率为 6%,同时期市场收益率为 14%,哪个投资顾问在选股方面更出色?

第十一章 市场有效性与证券投资策略

【学习目的】 本章主要介绍有效市场假说以及在其基础上衍生出的两种投资策略——主动投资策略和被动投资策略,并对违背有效市场假说的市场异象进行了介绍。通过本章学习,要求学生掌握有效市场假说的基本思想,能够根据市场有效性的差异,学会运用主动投资策略和被动投资策略进行投资管理,并对市场异象有一定的认识。

> **案例**
>
> ### "耶鲁模式"让华尔街关注
>
> 前摩根士丹利投资管理公司董事长巴顿·毕格斯说:"世界上只有两位真正伟大的投资者,他们是史文森和巴菲特。"大卫·史文森在《机构投资的创新之路》一书中对自己从事机构投资行业几十年的经验进行了总结,他奉行积极投资,依靠再平衡策略,在不同资产之间高抛低吸。
>
> 史文森早年师从诺贝尔经济学奖得主托宾,曾在华尔街崭露头角,后应恩师之邀于1985年出任耶鲁大学首席投资官,并在耶鲁大学商学院教书育人。在他的领导下,耶鲁捐赠基金年均收益大幅超越市场,价值增加200多亿美元,遥遥领先于美国基金同行,是世界上长期业绩最好的机构投资者之一。"耶鲁模式"引起了华尔街的强烈关注。
>
> 在1999年至2000年初的牛市行情中,耶鲁基金取得了年收益率41%的惊人业绩,大大超过了美国捐赠基金同期13%的收益。但是,耶鲁基金投资策略真正面临考验是在2001年,当时互联网泡沫破灭,股市崩盘,在美国多数基金负收益的时候,耶鲁基金却取得了9.2%的正收益。"耶鲁模式"引起了基金管理界和华尔街的高度关注。以股票为导向的投资策略是耶鲁基金取得强劲业绩的驱动力,分散化投资是耶鲁大学实现资产保值的法宝。
>
> 如何实现积极投资管理?其实质就是利用市场错误定价机会来获得超越大盘的收益。无论中外,对绝大多数基金而言超越大盘只是一个梦想,因此被动投资以及指数化投资,成为很多基金的主导投资思想。而史文森领导下的耶鲁基金,却旗帜鲜明地奉行"积极投资管理"。而积极投资管理的后果就是要么成功,要么失败,不存在中间地带。

> **案例点评**：主动投资策略和被动投资策略是国内外投资组合管理中常见的两种投资策略，二者并无优劣区分，选择适合自己的投资策略，均有可能取得不错的收益。

第一节 有效市场假说

一、有效市场理论假设条件

这一理论的基本思想是：市场各类证券的价格都会对已知的信息做出迅速反应，换言之，各个时期股票的价格之所以这样就是对当时已知（包括过去的与即时的）信息反应的结果。即信息决定价格，信息的变化导致价格的变化。当然，由于信息可分为过去、当前及对未来预期，公开与未公开、少数人已知与多数人已知、真实与不真实等多个层面，再加上信息传递速度、层面不同，投资人对信息的判断、理解、利用也各不相同，因而就形成了多种市场态势。

市场之所以有效，是基于如下假设：

假设1：市场存在着许多理性的、专业的、追求利润最大化、尽可能规避风险的投资者。他们通过对信息的判断和对证券价格估值做出买卖决策，投资者是市场价格的接受者，单个投资者无法影响证券价格变化。

假设2：信息没有成本，并且在同一时间到达市场参与者中间。

假设3：投资者将其掌握的全部相关信息都用于证券交易，从而保证证券价格能够完全反映全部相关信息。

值得指出的是，在现实证券市场中，特别是不成熟的证券市场中，以上假设很难出现，因而这一理论的实际价值一直受到非议。尽管如此，但仍有不少证据支持它，因此了解它、学习它是很有必要的。

二、有效市场理论的内容

Harry Roberts 根据股票价格对相关信息反映的范围不同，将市场效率分为三类：弱式有效市场、半强式有效市场和强式有效市场。后来，Eugene Fama 又对这三种效率市场做了阐述。

（一）弱式有效市场假说

在这一市场中，证券现行价格充分反映的是有关过去价格和过去收益的一切信息。

因为价格的走势表现为一种随机游动过程，所以，在每一时刻上，价格便被看作整个价格运动轨迹上的一个质点。如果设时刻 t = 0 这一质点处于初始位置 α，随后每隔单位时间（t = 1，2，…，n）质点总会受外力随机作用（新信息的出现）的影响使位置 α 发生变化，而质点的换位移动必定以概率 q（q = 1 − p）出现在新的位置上。在这一系列联系中，投资者最关心是质点在 t = n 时候的位置，即最后时刻的价格水平，因为所有投资者推断价格位置时运用的是历史数据，这会影响其报酬，所以现行的价格所充分反映的是过去价格和收益的一切信息。在弱式有效市场，技术分析的作用消失，因为技术分析的基础是过去的价格、成交量变化等历史数据，然而这些已经反映在价格中。

弱式有效市场的正确含义是过去历史信息对估测未来的价格变化没有任何帮助。由此，投资者根据过去信息无法获取超额利润，只能选择一些绩优证券，长期持有，不做短期的贱买贵卖交易。

（二）半强式有效市场假说

在这个市场中，现行的证券价格不仅能反映过去价格和过去收益的一切信息，而且还融会了一切可公开得到的信息，如关于宏观经济变化数据、公司公开的经营决策及财务状况的数据等。证券价格可根据这些可获得的信息及时做出调整。在这一市场，完全利用公开信息的投资者扣除他们购买信息的成本后，无法获得超额利润，除非价格调整对信息反映存在滞后性。但利用非公开信息的投资者则可获取暴利。

与弱式有效市场相比，证券价格反映的信息更为广泛，不仅包括过去信息，也包括当前已公开的信息，因而价格反映得更全面。

（三）强式有效市场假说

这是有效性最为严格的市场。在这个市场中，证券价格已完全反映所有的信息，无论是公开的，还是非公开的。如果这一假说成立，投资者都无法凭借其地位和特殊信息渠道赚取超额利润。

从对三类市场的划分可知，证券价格总是不同程度地反映各类经济信息，这就是说，价格反映信息范围越广，反应的速度越迅速，投资者也就越难通过短线买卖获取超额利润，投机行为难以奏效，而价格将趋于相对稳定，使平均利润更充分地得到体现。

三、有效市场假设的检验

有效市场假设的提出改变了人们对传统投资策略的看法，这三种假设是否与现实相符合呢？为了对上述理论进行论证，许多研究者进行了大量统计检验分析和实证研究工作。研究的结论是，弱式有效市场和半强式有效市场的情况基本符合现实市场状况，而强式有效市场的假设经不起检验。

（一）对弱式有效市场假说的检验

对弱式有效市场假说的检验分为两类。第一类是收益独立性的统计检验，有效市场假说指出：证券收益应该在时间上是相互独立的，因为信息是随机独立地进入市场，证券价格根据信息迅速调整，收益率自然在时间上也应是独立的。这种独立检验又分为两种：一种是自相关检验，它检验的是第 t 期的收益率与 t-1、t-2、t-3 或 t-4 期收益率的相关性，如果它们之间不存在显著的相关性，那么就说明市场是弱有效的；另一种是游程检验，它是把一段时期证券价格变化出现的周期数与随机数列表相比较来检验收益的独立性。

第二类是对交易规则的检验。检验者要构造两个投资组合：一个是模拟投资者的交易规则构造的，交易规则是基于过去交易数据而建立的，在构建的过程中要考虑交易成本；另一个则是简单地采用购买并持有到期策略构建的，然后检验者通过比较这两个组合的收益以检验前者是否获得了比后者更高的收益，如果是，就表明有效市场假设不成立。

在大量的实证检验中，大部分检验的结论是支持弱式有效市场假设的。

（二）对半强式有效市场假说的检验

对半强式有效市场假说的检验可以分为两类：一是检验是否能利用除纯市场信息（价格、交易量）以外的可用信息来预测未来收益率，如利用市盈率、市值等来预测未来收益率，如果不能利用这些信息来预测未来收益率，那么就支持了半强式有效市场假说；二是事件检验，即检验在发生经济事件后，证券价格需多长时间做出反应。这些事件包括诸如首次公开发行、拆分股票等。从另一个角度来讲就是检验在事件发生后，再投资于相关证券会不会得到超额收益，如果证券价格调整非常快，那么这种投资就不会获得超额收益，也就支持了有效市场假设。

大量实证检验的结果不能明确告诉我们半强式有效市场假说是否成立。通过对诸如拆股、会计准则的变更事件的检验，表明半强式有效市场假说是成立的，可是第一种检验，即利用各种信息是否能预测未来收益率的结果表明半强式有效市场假说并不成立。

（三）对强式有效市场假说的检验

强式有效市场假说指出不存在投资者能够占有给他们带来超额收益的私人信息，对它的检验就变成分析是否有特定的投资群体能长时间获得一个超额收益。要获得一个长期的超额收益，这些特定的投资群体必须能够持续获取重要的私人信息，并且他们是市场的先知先觉者，总能在其他投资者之前采取行动，这样一来就表明证券价格并没有根据所有新信息立即调整，也就是说强式有效市场假设不成立。对强式有效市场假说的检验一般集中在以下几类投资群体：

（1）公司内部人。内部人包括公司管理人员、董事会成员、持股超过 10% 的股东。美国证券交易委员会（SEC）要求内部人每日上报他们的交易，6 个月后 SEC 会把这些信息向市场公开。这些信息可用来判断内部人是否在股票价格上涨前买入股票或在股票价格下跌前卖出股票，实证表明内部人总能获得一个高于平均水平的收益，尤其是他们的买入交易。

（2）做市商。股票交易的做市商制度使做市商能够获得一些关于限价指令方面的重要信息，做市商可以利用这些信息来获得超额收益。在 20 世纪 70 年代初美国 SEC 的一项研究表明，做市商可以获得一个明显的超额收益，但是现在情况已经不同于 70 年代了，竞争不断加剧和其他交易方式的出现使做市商的收益下降了。

(3)职业投资经理。对职业投资经理的调查比对以上两种投资群体的研究更有现实意义,因为他们除了拥有专业知识和经验以外,并不比普通投资者有优势。但他们专门从事投资,所以如果非内部人能够获得超额收益,那么非他们莫属。

公司内部人和做市商能获得一个长期的超额收益,而职业投资经理则不行,在这三类投资群体中,职业投资经理更类似于普通大众投资者,因此当我们研究对象为大多数投资者时,强式有效市场假说还是能成立的。

四、对有效市场理论的评价

有效市场理论如果是有价值的,那么是否意味着投资者只能坐等平均利润,而一切无所作为了呢?事实并非如此。

(1)证券价格的变化即使能反映全部历史信息及当前信息,也未必是有价值的。因为股票价格更多地反映的是投资者对公司未来发展的预期,不管这种预期是否能得到证实,即使在未来被证明是错误的,但在此之前总在价格中超前得到反映,以后再修正是另一回事。由此,投资者是否具有较好的分析预期能力、预期准确与否,以及对专家的预期分析是否相信就会在市场产生不同意见,反映在股市操作上也就各有对策,这就使先知先觉与后知后觉者所获利润形成差异。

(2)事实上,任何信息的获取,哪怕是历史数据,对一般非专业人士来说,也未必能搜集全面,要做到这一点还要花费很大成本。此外,对已给定信息的理解水平也有优劣之分,个别投资者可能对已有信息吸收得更多,更富有洞察力,因而会超前一步,买入价值低估股票及卖出价值高估的股票。而对大多数人来讲,给定的信息也未必能有效利用。因而有效市场假说中所有投资者均为理性的专业的提法与事实不符。无疑,具有较强洞察力的投资者可获得超额利润,而一般投资者在长期投资中只能获得平均利润。

(3)即使在最发达、最成熟管理、最严格的市场,信息获得在不同人之间也是不对称的,仍会有人利用内幕信息交易,仍有未公开的信息为专业机构所用,这些信息往往是在私下场合接触所得。利用未公开信息获取超额利润在监管不成熟的市场发生次数更为频繁。

(4)有效市场假说是以市场供求关系的均衡为前提的,事实上供求不平衡才是常态。供求不平衡是与市场资金宽松紧缩有关,亦与投资者心理情绪变化有关,至于个别股票价格波动还与个别庄家操纵,制造虚假供给需求有关。

上述分析表明,有效市场理论运用有其局限性,应用这理论必须注意到它的缺陷。

第二节 被动投资策略与主动投资策略

如前所述,有效市场理论认为,股票价格已经反映了所有的信息,技术分析和基本面分析都无法帮助投资者获得超过市场的收益；但是有一些人则认为市场并非有效，可以通过一定的方法获得超过市场的收益。因此产生了两种基本的投资策略：被动投资策略和主动投资策略。

一、被动投资策略

信奉市场有效的投资者认为，在任何时候，市场价格都是公司真实价值的最优估值，试图通过挖掘市场无效部分而获利的行为是得不偿失的。这些投资者相信市场对信息的反映是及时准确的，边际投资者（认为获取信息后所得的边际收入大于为获取信息所支付的边际成本的投资者）能够迅速挖掘出市场的任何无效部分并使之消失。市场中长期存在的无效部分都是由于市场摩擦，如交易费用等造成的，这些是无法通过套利行为来消除的。积极的投资者持续不断地到处寻找较高的价值，卖出他们认为高估的股票而买入他们认为低估的股票。他们这一行动的结果将使当前的股票价格已经体现了公司未来的前景。因此，对于没有亲自参与寻找高估或者低估的股票的投资者来说，会出现一种股票价格模式，它使购买这种股票或购买另一种股票并无区别。这种消极的随机选股就是一种与其他方法一样好的选股方式。

相信市场有效的投资者认为，市场价格反映了股票在现有信息下的真实价格，于是采用被动的投资策略，如随机购买股票，但是由风险分散原理可知，单个股票不能分散系统性风险，于是市场组合的投资方式成为市场需求，即指数基金。指数基金是一种试图完全复制某一证券价格指数或者按照证券价格指数编制原理构建投资组合而进行的证券投资，以追求某个特定市场整体基准回报为目标。指数基金这种新型投资工具产生的理论基础是风险分散和市场有效假说理论。

指数基金在20世纪70年代真正开始发挥其威力，当时股票市场持续低迷，只有这种机械化的投资才能战胜市场，更为重要的是，由于省去了传统技术分析和基本分析所采用的调研、资料费等，指数基金的管理成本低廉，而且运作方法简单，只要选择某一市场指数，根据构成该指数的每一种证券在指数中所占的权重购买相应比例的证券，可以长期持有。这种被动管理式指数基金的交易成本及周转率都比较低。

对于投资者来说，定投指数基金或者其他指数衍生品种都是较好的投资策略选择。例如，投资者可以在市场估值合理或者相对价格合理的情况下，定投指数基金并且长期持有，在指数上涨后获利卖出，这样无须考虑市场短期走势或者个股的微小变化，手续费也较低廉；也可以利用指数基金和指数期货进行指数套利，当指数期货的价格大于其合理值的时候，买入指数基金同时卖出指数期货，而当指数期货价格小于其合理值时进行反方向操作，同样也可以获得无风险收益。

当然，指数型投资也遭到很多质疑，主要体现在以下几方面：

（1）指数型投资的理论基础是市场有效假设，但是只有在投资者研究了所有可获得的市场信息并使股价反映这些已公布的数据之时，市场才是有效的。当指数型投资者比例日益增长时，投资机构雇用的分析人员将越来越少，市场也将变得非有效。在这种情况下，主动积极型投资经理的业绩表现将超过指数型基金。

（2）指数型基金的部分优势在于其运作方式，它一般会保持全额投资而不是进行市场投机。当市场处于牛市时，指数型基金能够100%地投资于股票，而大多数的股权投资基金都要保持净资产5%~10%的现金储备，因此在牛市中指数型基金的表现要强于其他类型的基金。但是，当市场处于下跌趋势时，由于满仓持有股票，指数型基金将遭受更大的损失。

此外，指数化投资会影响到成份股股票的定价，导致成份股股票价格的高估；指数化投资的模式会弱化上市公司业绩和管理的着重点；缺乏市场效率；等等。

尽管如此，仍然不能阻挡指数化投资在全球蓬勃发展的趋势。今天，指数型投资作为一种战略，已经被广泛应用于不同的投资领域，它为投资者提供了参与高度分散化资产组合的有效途径。在我国证券市场，利用指数套利的功能推动指数化投资策略的发展正当时，相信指数化产品会越来越丰富，普通投资者也会对它的认知度越来越高。

二、主动投资策略

主动投资策略亦称积极投资策略，是选择投资于某几只股票，或者选择投资的时机，希望能够获得超过指数的表现，与前述的被动投资策略恰恰相反。

投资者使用各种估值方法挑选被低估的股票，希望自己持有的投资组合的收益率高于市场平均水平。主动投资者采用的技术分析法和基本分析法正是有效市场形成的原因。如果所有投资者都认为市场有效，不采用主动的投资策略，则市场又将恢复到无效状态。

市场不一定总是有效，也不一定总是无效。主动还是被动，这是一个问题。"股神"巴菲特说，不买指数基金是你的错；传奇基金经理比尔·米勒却说，当你选择指数基金的同时，你也就失去了战胜指数的机会。

不管你信奉巴菲特还是比尔·米勒，其实被动投资的指数基金和主动基金并非水火不相容。最好的投资策略是，在你认为有效的市场上进行被动投资，而在你认为不太有效的市场上进行主动投资，当然也可以在同一个市场上把两者有效结合，往往起到事半功倍的效果。

第三节　市场异象

一、市场异象的提出

对有效市场假说的疑问和实证研究的异常现象由来已久，但迄今为止，尚没有一个更好的理论或假说能够取代有效市场假说对证券市场价格行为的解释。行为金融理论是第一个较为系统地对有效市场假说提出挑战并能够有效地解释证券市场价格异常现象的理论。行为金融理论以心理学对人类决策心理的研究成果为依据，以人们的实际决策心理为出发点讨论投资者的投资决策对证券价格变化的影响。它注重人类决策心理的多样化，突破了经典现代金融理论只注重最优决策模型，简单地认为理性投资决策模型就是决定证券市场价格变化的实际投资决策模型的假设，使人们对证券市场价格行为的研究由研究"人们应该怎样做投资决策"进而研究"人们实际上是怎样进行投资决策的"领域，从而使这方面的研究更加多样化，也更加接近实际。

按照有效市场假设理论（Efficient Market Hypothesis，EMH），如果证券市场上的证券价格能够迅速充分地反映所有有关证券价格的信息，投资者就不可能利用某些分析模式和相关信息始终如一地在证券市场上获取超额利润。然而，大量的实证研究和观察结果表明股票市场存在着收益异常现象，这些现象无法用 EMH、理性预期假设以及现有的定价模型来解释，因此，被称为"异象"（Anomalies）或"未解之谜"。

希勒（Shiller，1981）是最早对 EMH 提出质疑的学者之一。他发现了股票市场价格波动的幅度远远不是简单模型所谓的"价格等于未来预期红利的净现值"所能解释的。由于希勒在计算未来红利的净现值时使用了一个不变的贴现率，而且还对分红过程做了一些特别的假定，因此 EMH 的拥护者们认为 EMH 没有错，而是希勒错误地计算了基本价值（如 Merton，1987）。但是不管怎样，希勒的研究使得人们开始对预期效用理论、资产组合理论、资本资产定价理论和有效市场假设理论进行深刻的反思。后来越来越多的学者通过不同的实证方法发现了实际金融市场存在的传统金融理论不能解释的各种市场异象。

二、关于投资者个体行为的异象

按照传统金融理论的假设，投资者的投资行为是理性的，这就意味着不同的投资者拥有相同的知识和完备的信息集，据此推断，投资者的行为应该是无差异的。因此在实际投资中投资者应该选择他们认为最优的投资组合，投资者相互之间的交易数量应该极少。然而通过对现实市场的观察，人们发现，投资者的行为表现与上述理论假设基础上的推断却有着极大的差异，其具体表现是：①投资者选择投资组合时，表现为投资分散度不足；②过度交易；③处置效应；④投资者的极端行为。

（一）投资分散度不足

大量的研究表明许多投资者在选择投资组合时，其投资的分散度大大低于传统投资组合模型所要求的程度，这种情况被称为分散度不足，具体的表现是"家乡偏差"。

French 和 Poterba（1991）、Grinblatt 和 Keloharju（1999）、Huberman（1999）等都对此进行了深入的研究，结果发现：①美国、日本、英国的投资者分别把他们投资额的93%、95%、82%投资于各自国内的证券市场；②投资者更愿意投资他们当地公司的股票；③对美国401(K)计划的研究表明，投资者倾向于把他们的养老基金投资于他们自己所属的公司。概括起来讲，投资者在进行资产组合选择时，表现出明显的"家乡偏差"，也就是说投资者更愿意持有和交易在地理上接近他们的、在公司报告中使用他们国家语言的、公司的执行总裁与他们有相似文化背景的公司的股票。这种现象显然违背传统的投资组合理论，因为传统的投资组合理论认为国内证券市场的价格与投资者的人力资本高度正相关，由此而建议投资者做空他们国内的证券。但实际的市场表现却与之相悖。

（二）过度交易

如果市场上所有投资者都是理性的，而且这种理性已经成为公共信息，则证券市场上将不会有交易行为。因为理性的投资者是不会与同样理性的投资者进行交易的（简单地说，既然他要买，我为什么要卖呢）。事实上，正是不同投资者对同样的信息给予不同的解释，并且各自都更加相信自己的判断是正确的，才会形成大量的证券交易和主动性投资管理。1987年，公司股票的全球交易成本达到这些公司年利润总额的17.8%，而这些交易主要是由机构投资者完成的。同时，每年有大量的投资基金从事主动型投资管理，但其中经营业绩高于S&P 500指数的基金却为数不多。行为金融理论认为，这些现象恰恰说明了投资者并不是真正理性的，他们总是过分高估了自身的能力。

Odean（1999）的研究表明，在理性的行为下，人们交易的目的有：流动性需要、抵税出售（Tax-loss Selling）、投资组合的重新构建、转向较低风险的证券等。而实际的交易活动除了上述的理性交易外，还存在大量的非理性交易，其表现就是即便忽视交易成本，这些交易者的收益也降低了。

Odean（1996）研究了过度自信所产生的投资者行为特征。他通过对某大券商提供的78000个账户的交易历史记录进行实证分析，系统深入地验证了过度自信以及过度自信的性别差异。他认为检验一个市场总体的投资是否存在过度自信，可以通过检验和分析投资者买入股票的平均表现、卖出股票的平均表现和交易成本三者之间的关系来判定。他的研究结果表明，一般而言，男性通常比女性更加过度自信一些，过度自信在投资活动中表现为投资者趋向于"过度交易"，其中，网络交易者比现场交易者的交易更为频繁。在考察了互联网在线交易对投资者业绩的影响后，他发现随着投资者买卖活动的活跃，他们的平均回报率却大为降低了。

Benos（1998）和Odean（1998）认为，投资者的交易策略，总是基于自己的某种判断，或者基于某种信息、技术面分析或者基本面分析。理性投资者交易的基本原则是卖出预期表现较差的股票买进预期收益较好的股票，如果投资者对自己的信息处理能力和决策能力过度自信，就会进行一些非理性交易。通过利用从国家贴现经纪公司获取的大量账户研究交易活动，结果发现，在仔细地考虑了交易成本之后，他们样本中的投资平均收益率远远低于平均基本收益率。简单讲，如果这些投资者更少地交易会更好。Barber和Odean（2000）实证结果证明，过度交易会降低投资者的收益率，其根源在于投资者存在的过度自信倾向而导致过高的交易量和交易成本。据此他们建议投资者应该尽量减少交易频率。事实上，这种交易策略被证明是有效的。Barber和Odean（2001）根据投资者的性别进一步研究了35000位投资者6年的交易习惯，结果是男性不仅在错误时间卖掉股票而且比女性多交易 45%；更有趣的是，独身男性比独身女性多交易 67%。较高的交易成本使得男性投资者的投资回报率低于平均回报率。有关交易过度的研究有一个共同的结论：那些资金周转率快的投资者的净收益比较差。既然如此，那么投资者为什么还要如此频繁地交易？这也成为传统金融理论无法解释的一个难题。

（三）处置效应

所谓处置效应即投资者倾向于推迟出售处于亏损状态的股票同时过早卖掉处于盈利状态的股票。具体来说，处置效应是指投资者在出售资产时的表现：①投资者更愿意在盈利时卖出他们所持有的资产，而不愿意卖出那些比他们购买时价格低的资产；②投资者总是过长时间地持有那些持续下跌的资产，而过快地出售那些正在上涨的资产。Shefrin 和 Statman（1985、1984）与 Odean（1998）都对此现象进行了研究。他们的研究发现，个人投资者更愿意出售比他购买时相对价值上升的股票，而不是那些价值下降的股票。Odean 进一步指出人们出售的证券的平均业绩好于他们所持有的证券。

（四）投资者的极端行为

其他有关投资者个体交易行为的"未解之谜"还包括投资的"极端"行为，即投资者倾向于购买过去表现最好或是最差的股票。投资者在购买证券时存在这样一种倾向，要么购买过去表现好的证券，要么购买过去表现差的证券，而且这样的购买行为是频繁发生的。Odean（1999）的研究表明，买入证券同卖出证券相比较，前者更频繁，更易导致选择失败。

三、关于总体股票市场的异象

有关总体股票市场存在着著名的股权溢价之谜与波动率之谜，这也是一直困扰着金融学家的两大难题。

（一）股权溢价之谜

Mehra 和 Prescott（1985）指出，报酬与无风险利率之间有 6% 以上的差异。他们认为在已观察到的消费成长率变异数很小的情况下，股市的预期报酬率和无风险利率之间的差距太大，这种现象很难用基于消费的资产定价模型来解释，他们称为股权溢价之谜。股权溢价之谜的最新证据源自 Campbell 和 Cochrane（1999）的工作，他们研究发现在 1871 年和 1993 年期间的 S&P 500 指数的平均对数收益率比短期商业票据的平均收益率高出 3.9%。基于消费的资产定价模型认为股权溢价由跨期的消费边际替代率和股票收益率的协方差决定。因为实际的消费增长比较平稳，那么高的股权溢价隐含了高的风险厌恶水平，而高的风险厌恶水平又意味着高水平的实际利率，这又与实际的利率水平不相符，因此该问题又被称为无风险利率之谜。

（二）波动率之谜

按有效市场的假设，股票价格的波动应该由股票红利的变化来决定，如果假定投资者的期望折现率是常数，那么价格红利比和红利增长率的波动应相似。Campbell 和 Cochrane（1999）在相同的数据集中却发现：价格红利比的波动远大于红利增长率的波

第十一章 市场有效性与证券投资策略

动。这就是波动率之谜的一个表现形式。

关于波动率之谜，Shiller 在 1981 年发表的文章产生了巨大的反响，并成为争论的焦点。其中最核心的问题就是：股票价格仅仅随着基础价值的变化而变化吗？1987 年的美国股市大崩溃给这些争论提供了一个很好的研究案例。Shiller 在那之后不久就主持了一个调查小组来研究导致股票价格在一天之内下跌 25% 的原因，结果发现这次股市崩溃和基础价值的变动没有任何关系。Shiller 在《非理性繁荣》一书中，进一步描绘了股价与收益率的走势图以及股价与信息的走势图。他发现，"自 1982 年以来，本次最大的价格增长与收益率增长并不一致……"通过比较各个时期的思想和股票市场一次次著名的牛市后的股灾，他表达了对美国股市非理性繁荣的忧虑。

重要概念

弱式有效市场假说　半强式有效市场假说　强式有效市场假说　被动投资策略　主动投资策略　市场异象　过度交易

思考题

(1) 有效市场理论假设条件是什么？
(2) 有效市场理论的基本内容是什么？
(3) 主动投资策略和被动投资策略有何差异？
(4) 如果你认为资本市场有效，应该采取什么样的投资策略？
(5) 什么样的投资者倾向于购买指数基金？

第十二章　衍生金融工具与风险管理

【学习目的】本章主要介绍几种常见衍生金融工具及其在风险管理中的应用。通过本章的学习，要求学生掌握常见的几种金融衍生产品的特性，学会利用衍生金融工具管理投资风险。

> **案例**
>
> ### 中航油新加坡公司 5.5 亿美元的亏损是如何形成的？
>
> 　　2003 年下半年中航油开始参与原油期货买卖，第一次交易为在航油市场价格为每桶 20 多美元时出售了 200 多万桶 2004 年航油卖出期权（即空头看涨期权），卖价为 36 美元/桶。佣金收入为 200 多万美元。首战告捷更增添了该公司管理层信心。由此也开始了中航油的不归路。
> 　　2004 年第一季度国际油价飙升，到 3 月 28 日，公司已经出现 580 万美元的账面亏损。但公司领导非但没有及时止损，反而继续加大筹码，将赌注越下越大，他们预期航油价格不可能达到每桶 48 美元，先后两次将行权价格提高到 45 美元/桶和 48 美元/桶，同时将头寸从 200 多万桶放大到最后的 5000 多万桶，翻了将近 25 倍。即油价在高于 48 美元/桶的价格上每上升 1 美元，合约的净损失为 5000 万美元。在此过程中，由于要保持头寸，在油价上涨的过程中，必须不断追加保证金。如果保证金不能按期到位，交易所为了保护债权人的利益，将会采取强行平仓的方式，平仓后，巨额损失变现。
> 　　2004 年第二季度油价续升，中航油账面亏损增至 3000 万美元。为避免在账目上出现实际亏损，公司决定将交割日期延后至 2005 年及 2006 年，并一再加大投资，希望油价能够回落，从而可以翻身得解放。
> 　　2004 年 10 月，中航油的原油期货合约已增至 5200 万桶，然而油价非但没有回落，反而升至历史高位（2004 年 10 月 25 日，国际原油价格飙升至每桶 55.67 美元的历史高点），中航油面临巨额亏损。
> 　　2004 年 10 月 10 日，中航油首次向中航油集团呈交报告，说明交易情况及面对 1.8 亿美元的账面损失，并已缴付了期货交易的 8000 万美元补仓资金，公司同时面对严重的现金流问题，已接近用罄 2600 万美元的营运资金、1.2 亿美元的银团贷款

及6800万美元的应收贸易款,上述数据从未向其他股东及公众披露。

2004年10月20日,中航油集团为了筹集资金支付补仓资金,通过德意志银行新加坡分行配售15%的中航油股份,令集团持股比例由75%减至60%,集资1.08亿美元。

2004年10月26~28日,中航油未能补仓,多张合约被逼平仓,实际损失增至1.32亿美元。

2004年10月29日,巴克莱资本开始追债行动,要求中航油偿还2646万美元。

2004年11月8日,中航油再次被逼平仓,亏损增加1亿美元。

2004年11月9日,三井(Mitsui)能源风险管理公司加入追债行列,追讨7033万美元。

2004年11月16日,另一批合约被平仓,再亏7000万美元。

2004年11月17日,Standard Bank London Ltd.向中航油追讨1443万美元,并声明如果不能在12月9日支付欠款,将会申请将中航油破产。

2004年11月25日,最后一批合约被平仓,总亏损合计达3.81亿美元,债权银行陆续追债,合计追讨2.48亿美元,该公司同时已违反法国兴业银行牵头的1.6亿美元银团贷款条款,同样面对被清盘危机。

2004年11月29日,陈久霖向新加坡法院申请破产保护,并指中航油集团已承诺继续支付及偿还该公司欠款,并正与新加坡政府拥有的淡马锡集团联合注资1亿美元协助公司重组,但淡马锡尚未答应。

2004年11月30日,中航油终止所有原油期货交易。至此,中航油以最终净亏损5.5亿美元黯淡收场。

案例点评: 金融衍生工具是一把双刃剑。一方面,它是一种套期保值工具;另一方面,它也是一种高风险的投机工具。中航油事件说明,我国企业从事境外衍生品交易,特别是境外的场外衍生品交易,风险大,且拿不到控制权,失败的概率非常高。因此,对于这么一项专业性极高的工作,我们必须具备一支高水平、有经验的从业团队及管理人员队伍。如果这些高素质的人员不到位,缺乏有效的风险管理和监控机制,不但不能规避风险,反而会加大风险的暴露,造成巨额损失。

第十二章 衍生金融工具与风险管理

第一节 可转换债券

一、可转换债券的定义及特点

可转换债券也称可转换公司债券，简称可转券、转券，是指被赋予股票转换权的公司债券，它是公司债券的一个种类。这种债券发行后，在一定时间内可根据债券持有人的请求，按规定条件转换成发行公司的普通股股票。可转换债券由普通的公司债券与股票的买入期权这两者复合而成，是显现的债券、潜在的股票。

可转换债券具有以下特点：

（一）多选择性

可转券的持有人在一定的时期内至少可有三种选择：一是在适当时候转成发行公司的股票；二是放弃转股，仅作为债券持有，到期收回本息；三是在二级市场将债券转让。可转换债券的多种选择性，对投资者意味着多种机会。

（二）投资损失的有限性

撇开发行人破产清盘这种极端情况，可转换债券的最大损失就是在它未被转成股票而仅作为债券时，市场利率与可转券利率的差额。如市场利率为6%，可转券利率为3%，两者的差额为3个百分点，这就是投资这种债券的最大损失。

（一）盈利的无限性

可转券一旦转成股票，就可以分享公司的盈利增长，而随着盈利的增长，股价也不断上升。在这种情况下，投资者无论是一直持有股票参与分红派息还是卖出股票，理论上说，其可获得的收益并不存在一个规定的上限。

正是由于这些特点，可转换债券成了市场上颇受投资者欢迎的一种金融产品。我国的公司发行可转换债券始于1992年的宝安A股可转券，此后有若干家公司发行B股可转券。1996年，中国证监会决定从国家确定的500家重点国有企业中，选择未上市企业发行可转换债券。

二、可转换债券的构成要素

可转换债券的构成要素比一般债券要复杂得多。一般而言，它包括八项构件。

（一）债券面值

可转券的面值是转股前计算利息的基础，一般也是可转券的发行价格和到期日的还本价。

(二) 票面利率

可转券的票面利率通常低于同期的普通债券利率，有时甚至低于银行利率。如宝安转券当时确定的票面利率为 3%，而同期的银行储蓄存款利率为 8.28%。转券的利率之所以较低，是因为在其收益中除利息收益外，还附加了股票买入期权的收益部分。一般来讲，一种设计合理的转券在大多数情况下，其股票买入期权的收益足以弥补债券在利息收益上的差额。

转券票面利率的确定，除受市场利率的制约外，还受转换价值预期水平的影响。转换价值预期较高，票面利率相应可定低一些；反之，转换价值预期较低，票面利率就相应要定高一些，以对投资者产生足够的吸引力。一般地说，转换价值的预期水平是票面利率的下限依据。此外，还要考虑公司现有债权人对公司收入利息倍数等财务比率的约束，并据此估计票面利率的上限。

(三) 基准股票

基准股票是指债券赖以转换的股票类型。如我国的上市公司中，有相当一部分同时发行 A 股、B 股及 H 股。转券发行时，必须明确规定可以转换成哪一类股票，如深圳宝安 1992 年发行的是以 A 股为基准股票的可转换债券，简称 A 股转券；深圳南玻 1995 年发行的是以 B 股为基准股票的转券，简称 B 股转券；等等。

(四) 转换比率与转换价格

转换比率是指一定数量的债券面值可转换的股票数量；转换价格是指转换成一股普通股所需的债券面值，即将债券转成股票时应支付的价格。转换比率和转换价格是可转券构成因素中两个有密切关联的重要指标，两者之间存在以下关系：

$$转换比率 = \frac{债券面值}{转换价格} \quad 或 \quad 转换价格 = \frac{债券面值}{转换比率}$$

这两个指标都是在转券发行时由发行公司事前确定的。例如，宝安转券发行时确定单位债券的面值为 1000 元，转换价格为 25 元，即转换比率为 40，每转一股普通股需 25 元的债券面值。

(五) 转换期间

转换期间是指债券发行时确定的转换股票的起止时间。转换期间的设置，一般有四种类型：①发行日起到期日止；②发行日起到期前的某一日止；③发行后的某一日起到期日止；④发行后的某一日起到期前的某一日止。

转换期间的确定，需要考虑的因素有：①债券的期限；②转换价格的溢价水平，即转换价格高于基准股票当时市价的比例；③公司股东对控制权的要求，因为债转股后会稀释原有股东的权益；④公司的财务强度；⑤投资者的要求。

(六) 赎回条款

设计可转换债券时，一般都会设计赎回条款，其目的在于：①防止市场利率下降使公司遭受较高利率的风险；②促使投资者行使转换权，以加速转换进程；③不让转券投资者过多享有公司效益大增所带来的回报，保护原有股东的利益。

赎回条款一般包含以下内容：

(1) 赎回的起止时间。一般为转券发行后的某日止。

(2) 赎回价格。即公司向投资者赎回转券时支付的价格，一般为转券面值的103%~106%；发行时间越长，赎回价越低，甚至按面值赎回。

(3) 赎回条件。一般分两种情况：一是无条件赎回（硬赎回），即按事先确定的价格赎回；二是有条件赎回（软赎回），即在某些情况发生后的赎回，如在基准股票的价格上涨到一定程度并在此水平维持了较长一段时间后，发行公司有权赎回等。

(4) 赎回时的本息支付。在赎回条款生效时，发行公司可有两种方式支付债券的本息：一种是直接支付现金赎回转券；另一种是通过发行新的认股权证、转券或其他工具来赎回原先的转券。在赎回时，除了支付给投资者赎回价格外，还要支付赎回前的应计利息。

（七）回售条款

回售是指在一定条件下持券人按约定价格将转券卖回给发行公司。回售条款的设置，是赋予投资者的一项权利，即在公司股价表现不佳（如连续一段时间低于转换价格达到某一幅度）时，投资者有要求发行公司收回转券的权利，因而有利于保护投资者的利益，也是投资者向发行公司转移风险的一种方式。

回售条款一般由以下事项构成：

(1) 回售期。通常约定转券整个期限最后30%的时间为回售时期；对于10年以上的转券，大多规定后5年为回售期。

(2) 回售价格。回售价格是事先规定的一种面值溢价，它使得转券的实际利率比市场利率稍低，但远高于转券的票面利率。这一点使投资者的利益受到有效保护，降低了投资风险，因而，附有回售条款的转券通常更受投资者欢迎。

(3) 回售条件。通常是转券发行公司承诺，在指定的日期若转券的收益率达不到约定的水平时，必须接受投资者回售转券。

（八）转换价格的调整

转换价格的调整是指在某些因素出现时，对发行时确定的转换价格进行的调整。这是转券合约条款中保护投资利益的至关重要的内容，旨在确保转换价格的合理性。

引致转换价格调整的因素有：①发行公司每年的分红派息包括送股；②有偿增资扩股；③股票分割（拆股）；④发行公司发行其他附有转换权或认股权的融资工具，或修改权利、调整价格等举措，导致公司股价低于这些举措公布前股价的一定比例时；⑤公司或其属下子公司的其他融资、资本盈余分配、兼并收购、资产转换等行为，导致公司股价比采取这些行动前的股价低于一定比例时；⑥公司与其他公司合并，从而对股价产生影响时；⑦发生上述情况以外的其他对股票价格有重大影响的行为时。

三、可转换债券投资案例分析

××股份有限公司在1998年8月3日向社会公众公开发行了可转换债券，每张面值100元，共计150万张。可转换债券期限为5年，由1998年8月3日起至2003年8

月 2 日止。可转换债券按票面金额由 1998 年 8 月 3 日起计算利息，发行首年票面利率为 1%，以后每年增加 0.20 个百分点。转换时期为该公司股票上市日至可转换债券到期日之间的交易日。该公司在发行可转换债券时还没有向社会公众发行股票。初始转换价格确定为该公司将来公开发行人民币普通股（即 A 股）时发行价的一定比例的折扣（发行价格将根据中国证监会当时规定的计算方式确定）。设定发行价为 P，初始转换价格为 P_0，如该公司股票在 1999 年 8 月 3 日（含此日）至 2000 年 8 月 2 日（含此日）间发行，则 $P_0 = P \times 98\%$。如果在以后年份发行，其折扣率逐年递减 2 个百分点。此外，在该公司的募集说明书中对申请转股的程序、转股价格的调整方法、强制性转股条款、回售等内容做出了规定。

该公司在 2000 年 6 月 16~23 日通过上海证券交易所采用向二级市场投资者和上网定价发行相结合的方式向社会公开发行 4000 万股人民币普通股股票，每股面值 1 元，发行价为每股 4.65 元。这样，根据募集说明书，转换价格为 $P_0 = 4.65 \times 98\% = 4.56$ 元/股。那么，每 100 元面值的可转换债券可转为 $100 \div 4.56 = 21.9298$ 股。实际转股时对不足 1 股的以现金支付。

在该公司发行了可转换债券不久，该转换债券就在上海证券交易所上市交易，交易价格从最初的每张 100 元左右逐步上升，2000 年上升速度加快，到该年的 5 月 23 日达 167 元，6 月 30 日最高达 300 元。2000 年 7 月 12 日该公司发行的股票在二级市场上市交易，股票首日收盘价为 12.66 元，而这一天该转换债券的收盘价为 279.5 元。以后若干交易日里，该公司的股票与转债的市场价格表现出同向变化的形态。拥有转债的投资者既可以通过博取转债本身的差价获利，也可以通过转股变现获得差价收入。理论上看两者应是一致的，但实际上略有差异。

由于该转债转股价以股票发行价格为基准，而我国一级市场与二级市场之间存在较大幅度的差价，因而这一转债的价格是较为低廉的，明显让利于投资者。从整体上考虑，购买这种可转债的投资者会获得丰厚的回报。实际上，在股票上市后 10 天左右，绝大多数可转换债券都转为了股票。

从这一实例中我们可以看到，投资可转换债券前除了要对可转换债这种证券有一个基本了解之外，还要仔细阅读公司的筹资说明书，分析说明书中的有关条款、公司业绩以及证券市场整体发展状况。

第二节 权证

一、权证的含义与特点

权证（Warrant），在中国香港又俗译"窝轮"，是指基础证券发行人或其以外的第三人发行的，约定持有人在规定期间内或特定到期日，有权按约定价格向发行人购买或出售标的证券，或以现金结算方式收取结算差价的有价证券。

权证实质反映的是发行人与持有人之间的一种契约关系，持有人向权证发行人支付一定数量的价款之后，就从发行人那获取了一个权利。这种权利使得持有人可以在未来某一特定日期或特定期间内，以约定的价格向权证发行人购买（出售）一定数量的资产。权证持有人获取的是一个权利而不是责任，其有权决定是否履行契约，而发行者仅有被执行的义务，因此为获得这项权利，投资者需付出一定的代价（权利金）。权证（实际上所有期权）与远期或期货的区别在于前者持有人所获得的不是一种责任，而是一种权利，后者持有人需有责任执行双方签订的买卖合约，即必须以一个指定的价格，在指定的未来时间，交易指定的相关资产。

权证有两个主要特点：

（1）权证表征了发行人与持有人之间存在的合同关系，权证持有人据此享有的权利与股东所享有的股东权在权利内容上有着明显的区别，即除非合同有明确约定，权证持有人对标的证券发行人和权证发行人的内部管理和经营决策没有参与权。

（2）权证赋予权证持有人的是一种选择的权利而不是义务。与权证发行人有义务在持有人行权时依据约定交付标的证券或现金不同，权证持有人完全可以根据市场情况自主选择行权还是不行权，而无须承担任何违约责任。

二、权证的类型

（一）欧式权证、美式权证和百慕大式权证

所谓欧式权证，就是只有到了到期日才能行权的权证。所谓美式权证，就是在到期日之前随时都可以行权的权证。所谓百慕大式权证，就是持有人可在设定的几个日子或约定的到期日有权买卖标的证券。

（二）认购权证和认沽权证

根据权利的行使方向，权证可以分为认购权证和认沽权证，认购权证属于期权当中的"看涨期权"，认沽权证属于"看跌期权"。

（三）股本权证和备兑权证

股本权证通常由上市公司自行发行，也可通过券商、投行等金融机构发行，标的资产通常为上市公司或其子公司的股票。股本权证通常给予权证持有人在约定时间、以约定价格购买上市公司股票的权利，目前绝大多数股本权证都是欧式认购权证。在约定时间到达时，若股票的市面价格高于权证行使价格，则权证持有人会要求从发行人处购买股票，而发行人通过增发的形式满足权证持有人的需求。

备兑权证是由独立于其指定证券之发行人及其附属公司的个体（通常是投资银行）所发行。指定资产可以是股本证券以外的资产，例如指数、货币、商品、债券又或一篮子证券。备兑权证所赋予的权利可以是购买的权利（认购权证）或出售的权利（认沽权证）。备兑的含义指其发行人将权证的指定证券或资产存放在独立的受托人、托管人或

存管处,作为其履行责任的抵押,而受托人、托管人或存管处则代表权证持有人的利益。发行商拥有相关资产或有权拥有该资产。备兑认股权证可以是认购或认沽,投资者并同时面对发行商的信贷风险。备兑权证被视为结构性产品。

股本权证和备兑权证两者的区别见表12-1。

表 12-1 股本权证和备兑权证的主要区别

比较项目	股本权证	备兑(衍生)权证
发行人	标的证券发行人	标的证券发行人以外的第三方
标的证券	需要发行新股	已在交易所挂牌交易的证券
发行目的	为筹资或高管人员激励用	为投资者提供避险、套利工具
行权结果	公司股份增加、每股净值稀释	不造成股本增加或权益稀释

(四)蝶式权证和马鞍式权证

蝶式权证是指同时买入和卖出两份价格不同的认沽权证或同时买入和卖出两份价格不同的认股权证,这样的组合可以使得投资者的股价波动在一定区间内时获得一定收益,如果价格波动超出范围,则投资者也不会遭受损失,其收益曲线形状如"__∧__",如同展翅飞翔的蝴蝶,故而得名。

马鞍式权证由一份认沽权证和认股权证组成的组合,其收益曲线形状为"_/",与马鞍相似,故称为马鞍式权证,也叫宽跨式或束勒式权证。这种权证使投资者在股价大跌或大涨时获得收益,在股价变动不大时没有收益。

(五)证券给付结算型权证和现金结算型权证

权证如果采用证券给付方式进行结算,其标的证券的所有权发生转移;如采用现金结算方式,则仅按照结算差价进行现金兑付,标的证券所有权不发生转移。

(六)价内权证、价平权证和价外权证

价内权证、价平权证和价外权证三者的区别见表12-2。

表 12-2 价内权证、价平权证和价外权证比较

价格关系	认购权证	认沽权证
行使价格 > 标的证券收盘价格	价外	价内
行使价格 = 标的证券收盘价格	价平	价平
行使价格 < 标的证券收盘价格	价内	价外

三、权证的起源

在国外,权证起源于1911年美国电灯和能源公司。在1929年以前,权证作为投机性的品种而沦为市场操纵的工具。20世纪60年代,许多美国公司利用股票权证作为并购的融资手段。由于权证相对廉价,部分权证甚至被当成了促销手段。当时美国的公司在发售债券出现困难时,常常以赠送股票权证加以"利诱",颇有种"买电脑赠保险"

第十二章 衍生金融工具与风险管理

的意味。1970年,美国电话电报公司以权证方式融资15亿美元,使得权证伴随标的证券的发行成为最流行的融资模式。欧洲最早的认股权证出现在1970年的英国,而德国自从在1984年发行认股权证之后,一度迅速成为世界上规模最大的权证市场,拥有上万只权证品种。但其地位目前已经让位于中国香港。

四、权证创设与注销

权证的创设是指权证上市交易后,由有资格的机构提出申请的、与原有权证条款完全一致的增加权证供应量的行为。权证的注销是指创设人(即创设权证的证券公司)向证券交易所申请注销其所指定的权证创设账户中的全部权证或部分权证。

上海证券交易所规定,申请在交易所上市的权证,其标的证券为股票的,标的股票应符合以下条件:最近20个交易日流通股份市值不低于10亿元;最近60个交易日股票交易累计换手率在25%以上;流通股股本不低于2亿股。

五、权证与股票的区别

(一) 本质不同

股票是基础证券,权证是股票的衍生品。如果说股票是"母亲",权证就是"儿子"。权证的市场定价要严重依赖于对应的股票市场表现,最起码的连权证的涨跌幅限制也是以对应的股价而定的,甚至与权证本身价格无关。权证市场价格的走势不论期间多么疯狂,最终总要向其股价靠拢,或是归零,或是高位回落。

(二) 存续期限不同

权证是存在一个固定时间期限的,目前国内发行的权证,有效期基本在半年到两年之间。一旦到期,权证就会因行权或其他原因自然消失。投资者要特别注意权证特别是目前国内的认沽权证到期为零的风险。股票则没有时间期限的限制,如果对应的公司能长期存在,股票本身也能长期存在。正因为权证有着自己的固定期限的限制,它的价值构成中就有了时间价值的说法。这代表持有者对未来股价波动带来的期望与机会。在其他条件相同的情况下,权证的存续期越长,权证的价格越高,权证离到期日越近,其时间价值就越小。

(三) 交易方式不同

沪、深两个交易所的权证交易都采取T+0方式,也就是说权证可以当天既买又卖,有部分权证玩家一天会做10多个买卖来回。如今两个交易所对于股票都采取T+1的交易方式,买入股票后至少要第二个交易日才能卖出。权证交易的最小单位也与股票不同,权证的价格最小变动单位是0.001元,而股票的最小变动单位是0.01元。

(四) 风险管理的差异

股票市场本身是一个只能单纯做多的市场,投资者只能通过买入—上涨—卖出的方式来赚钱。而权证诞生后,则给证券市场创造了一个全新的风险对冲机会。当预测个股会下跌时买入认沽权证也可以实现盈利。另外，权证作为股票基础上的衍生品，投资权证具有一定的财务杠杆，存在放大投资收益（或亏损）的效应，其风险和收益通常远大于股票。股票即使退市到三板，也可能每股有几分钱，而权证到期不行权或不结算就会变为废纸，血本无归。

六、权证的基本要素

从权证的设计来看，包括九个要素：

（一）发行人

股本权证的发行人为标的上市公司，而衍生权证的发行人为标的公司以外的第三方，一般为大股东或券商。在后一种情况下，发行人往往需要将标的证券存放于独立保管人处，作为其履行责任的担保。

（二）看涨和看跌权证

当权证持有人拥有从发行人处购买标的证券的权利时，该权证为看涨权证。反之，当权证持有人拥有向发行人出售标的证券的权利时，该权证为看跌权证。认股权证一般指看涨权证。

（三）到期日

到期日是权证持有人可行使认购（或出售）权利的最后日期。该期限过后，权证持有人便不能行使相关权利，权证的价值也变为零。

（四）执行方式

在美式执行方式下，持有人在到期日以前的任何时间内均可行使认购权；而在欧式执行方式下，持有人只有在到期日当天才可行使认购权。

（五）交割方式

交割方式包括实物交割和现金交割两种形式，其中，实物交割指投资者行使认股权利时从发行人处购入标的证券，而现金交割指投资者在行使权利时，由发行人向投资者支付市价高于执行价的差额。

（六）认股价（执行价）

认股价是发行人在发行权证时所定下的价格，持证人在行使权利时以此价格向发行人认购标的股票。

（七）权证价格

权证价格由内在价值和时间价值两部分组成。当正股股价（指标的证券市场价格）高于认股价时，内在价值为两者之差；而当正股股价低于认股价时，内在价值为零。但如果权证尚没有到期，正股股价还有机会高于认股价，因此权证仍具有市场价值，这种价值就是时间价值。

（八）认购比率

认购比率是每张权证可认购正股的股数，如认购比率为0.1，就表示每十张权证可认购一股标的股票。

（九）杠杆比率

杠杆比率是正股市价与购入一股正股所需权证的市价之比，即：

$$杠杆比率 = \frac{正股股价}{（权证价格 \div 认购比率）}$$

杠杆比率可用来衡量"以小博大"的放大倍数，杠杆比率越高，投资者盈利率也越高，当然，其可能承担的亏损风险也越大。

七、权证的风险管理功能与交易风险

权证的最大作用，就是可以和投资者手里的标的资产构成避险组合。比如，股票投资者担心手里的股票价格下跌，就可以买入该股票的认沽权证来对冲风险。在日常的投资组合管理中，也可以充分发挥权证的作用，以进一步分散组合风险。在投资组合管理中，权证比起股票具有两个优点：一是投资成本小，使得原本无力进行的分散投资成为可能；二是权证有认购、认沽之分，其系统性风险截然相反，为投资组合提供了更加灵活的选择机会。

权证投资的主要风险有如下三大类：

（一）杠杆效应风险

权证是一种高杠杆投资工具，其价格只占标的证券价格的较小比例。投资者投资于权证，有机会以有限的成本获取较大的收益，一旦判断失误，投资者也有可能在短时间内蒙受全额或巨额的损失。

（二）时间风险

与其他一些有价证券不同，权证有一定的存续期限，且其时间价值会随着时间消逝而快速递减。到期以后（不含到期日），权证将成为一张废纸。

（三）错过到期日风险

除了现金结算方式权证，交易所在到期日会自动将有执行价值的权证进行结算外，其他权证均必须由投资者主动提出执行要求，因此投资者必须留意所投资权证的到期日期。如果在到期时，标的股票价格或结算价低于行权价，认购权证将"一钱不值"；如果到期时标的股票价格或结算价高于行权价，认沽权证也将"一钱不值"。所以，对价格远远高于其理论价值的高风险权证品种，如缺乏专业知识或风险承受能力有限的散户要想参与，需要特别谨慎。

权证的交易价格受到市场中权证的供求影响，并由交易所电脑系统根据投资者的指令自动撮合形成成交价格。但权证是未来买入和卖出特定股票的权利，而且有固定的到期日，因此它的价值应当与股票的价格变动和到期日长短密切相关，尤其是到期时股票的价格或结算价将决定到期时权证的价格。

以宝钢JTB1为例，2005年11月28日收盘价格为1.613元。对于以1.613元买入宝钢JTB1的投资者，如果一直持有不动直至到期，在2006年8月30日，只有G宝钢股票价格高于6.12元（行权价+权证价格/行权比例）才可以获利，否则，投资者就是亏损的，如果那时 G 宝钢价格低于 4.50 元（行权价），投资者持有的权证将变成"一张废纸"，这是投资者在参与权证交易中需要特别注意的。

第三节 金融期货与风险管理

一、外汇期货与风险管理

（一）外汇期货的概念和合约规格

1. 外汇期货的概念

外汇期货也称货币期货，是最早产生的金融期货品种，是在集中性的交易市场以公开竞价方式进行的外汇期货合约交易。外汇期货合约同一般商品期货合约类似，是由交易双方订立的，约定在未来日期以成交价格交收外汇的标准化合约。交易者参与的目的是规避汇率风险或利用汇率变动获利，目前用于交易的外汇品种主要有美元、日元、英镑、欧元、加拿大元等。

2. 外汇期货合约的规格

同商品期货合约一样，金融期货交易也是标准化的合约，不同品种有不同的合约要求，但一般都包括交易单位、最小变动价位、每日价格波动限制、合约月份、交易时间、最后交易日及交割日期和交割地点等基本要素。

（1）交易单位。外汇期货的交易单位都以各种货币的某一特定的数量来表示，由交易所规定。以 IMM（国际货币市场）交易的合约为例，英镑期货为每张合约 62500 英镑，日元期货为每张合约 1250 万日元，欧元为每张合约 12500 欧元。

（2）最小变动价位。外汇期货的最小变动价位通常以一定数量的"点"来表示。"点"是指外汇市场所报出的外汇汇率中小数点后最后一位的数字。外汇市场中由于各种货币报价小数点后的位数并不相同。所以，同为 1 点，不同货币含义不同。在 IMM 市场交易的英镑、欧元、加拿大元兑美元的汇率均报至小数点后四位，日元则报至小数点后六位（多以美分报价，即也报至小数点后四位，但含义不同）。

外汇期货合约的最小变动价位是指每单位标的货币的汇率变动一次的最小幅度。IMM 市场中，英镑的最小变动价位是 0.0002（即 2 个点），欧元的最小变动价位是 0.0001，加拿大元的最小变动价位是 0.0001。还可计算每张合约的最小变动幅度，如英镑合约，因每合约的交易单位是 62500 英镑，则每合约的最小变动幅度为 12.50 美元（62500×0.0002）。

（3）每日价格波动限制。每日价格波动限制一般也以一定点数表示。IMM 规定各种货币期货每日开盘后 15 分钟限制波动幅度，15 分钟以后不再限制。英镑合约的每日价格波动限制为 400 点，欧元每日价格波动限制为 150 点，日元每日价格波动限制为 150

点（0.000150 美元），加拿大元每日价格波动限制为 100 点。

（4）其他规定。除以上三方面外，合约的其他规定大致相同。以 IMM 为例：

合约月份：1 月、3 月、4 月、6 月、7 月、9 月、10 月、12 月及现货月份。

交易时间：芝加哥时间 7：20~14：00，到期合约在最后交易日于上午 9：16 收盘，节假日前将提前收盘，由交易所规定。

最后交易日：合约月份的第三个星期三前的第二个营业日的上午 9：16。

交割日期：合约月份的第三个星期三。

交割地点：结算所指定的货币发行国银行。

（二）运用外汇期货管理风险

汇率风险是一切涉外交易的市场参与者，主要包括外汇银行、进出口贸易商、国际风险投资者（包括直接投资和间接投资）、投机商、参与国际间借贷的债权债务人，以及一些拥有外汇资产的个人等经常面临的风险。他们在从事投资、贸易或金融资产管理时因汇率变动而遭受的外汇风险主要表现为交易风险、换算风险和经营风险。外汇期货为市场参与者提供了一个通过套期保值固定汇率，规避风险的途径。

根据交易者规避风险的地位不同，套期保值可分为：多头套期保值，又称买入套期保值，交易者先买入后卖出期货合约；空头套期保值，又称卖出套期保值，交易者先卖出后买入期货合约。

1. 多头套期保值（Long Hedge）

交易者将在未来时间付出外币，又担心外币汇率上升，需采用多头套期保值的手段。

例 12-1：3 月 5 日，一个美国进口商与英国出口商签订了一笔价款为 500000 英镑的进口合同，约定同年 6 月 5 日交货付款。签订合同时英镑兑美元汇率为 1.6023（即 1 英镑兑换 1.6023 美元），即美国进口商需付出 801150 美元的价款。但美国进口商担心 6 月份英镑汇率上升给自己带来损失，于是在 IMM 买入 8 张 6 月到期的英镑期货合约，成交价格为 1.6033。

假设至 6 月 5 日，美国进口商担心的情况真的出现，英镑兑美元汇率上升为 1.6150，6 月交割的期货合约价格也同步上升至 1.6155。则该进口商可卖出 8 张 6 月到期的英镑期货合约，对冲掉原有合约。此时美国进口商不得不付出 807500 美元购入 500000 英镑支付货款，多付出 6350 美元。但在期货市场，该进口商获得 6100 美元的盈利 $[(1.6155-1.6033)\times 62500\times 8]$，共多付出 250 美元（6350－6100），基本实现套期保值。套期保值过程如表 12-3 所示。

表 12-3 外汇期货多头套期保值

	现货市场	期货市场
3 月 5 日	签订进口合同，约定 3 个月后付款；汇率 1 英镑 = 1.6023 美元 需付 801150 美元	买入 8 张 6 月的英镑期货合约，期货汇率 1 英镑 = 1.6033 美元
6 月 5 日	汇率 1 英镑 = 1.6150 美元，买入英镑付出 807500 美元	卖出 8 张 6 月到期的英镑期货合约，期货汇率 1 英镑 = 1.6155 美元
盈亏	801150 － 807500 = －6350 美元	$(1.6155-1.6033)\times 62500\times 8=6100$

2. 空头套期保值

交易者将在未来时间获得外币,又担心外币汇率下降,需采用空头套期保值的手段。

例 12-2:某美国出口商于 5 月 3 日同日本进口商签订一笔价值 2500 万日元的出口合同,约定 8 月 3 日交货付款。此时美元兑日元汇率为 117.12(即 1 美元兑换 117.12 日元),该出口商可获得 213456.28 美元。美国出口商担心日元汇率上升带来损失,于是在 IMM 卖出 2 张 9 月交割的日元期货合约,成交价格为 0.008547(即 1 日元价值 0.008547 美元,注意日元现货、期货的报价不同)。

假设至 8 月 3 日,美国出口商担心的情况真的出现,美元兑日元汇率上升为 118.60(日元贬值),9 月交割的期货合约价格也下降至 0.008443。则该出口商可买入 2 张 9 月到期的日元期货合约,对冲掉原有合约。此时美国出口商获得 2500 万日元,兑换为 210792.58 美元,损失 2663.70 美元(213456.28 - 210792.58)。

但在期货市场,该出口商获得 2600 美元的盈利 [(0.008547 - 0.008443) × 12500000 × 2],共损失 63.70 美元(2663.70 - 2600),基本实现套期保值。套期保值过程如表 12-4 所示。

表 12-4 外汇期货空头套期保值

	现货市场	期货市场
5 月 3 日	签订出口合同,约定 3 个月后收款;汇率 1 美元 = 117.12 日元,可收 213456.28 美元	卖出 2 张 9 月交割的日元期货合约,期货汇率 1 日元 = 0.008547 美元
8 月 3 日	汇率 1 美元 = 118.60 日元,收到 2500 万日元,兑回 210792.58 美元	买入 2 张 9 月交割的日元期货合约,期货汇率 1 日元 = 0.008443 美元
盈亏	210792.58 - 213456.28 = -2663.70(美元)	(0.008547 - 0.008443) × 12500000 × 2 = 2600(美元)

二、利率期货及风险管理

(一)利率期货的概念和合约规格

1. 利率期货的概念

1975 年 10 月,芝加哥期货交易所(CBOT)推出了第一张利率期货合约——政府国民抵押协会抵押凭证期货合约,标志着利率期货的产生。利率期货是市场为规避利率波动产生的风险而创造出的避险工具,指在集中的交易场所以公开竞价方式进行的以一定数量的某种利率相关产品为标的的标准化利率期货合约交易。因利率波动总是反映在各种债务凭证的价格变化上,所以利率期货选择了若干种债务凭证为标的物进行标准化合约交易。利率期货主要有短期利率期货和长期利率期货之分,以美国为例,短期利率期货多选用短期美国国库券、短期欧洲美元定期存单、商业票据等作为标的物,长期利率期货则主要选择美国的中长期国债,如 10 年期中期国债和 30 年期长期国债等。

2. 短期利率期货的合约规格

在短期利率期货中,比较典型的是 IMM 交易的 3 个月期美国国库券期货和 3 个月

第十二章 衍生金融工具与风险管理

期欧洲美元定期存单。以 3 个月期美国国库券期货为例介绍短期利率期货。

美国国库券期货的报价采用指数法，即用 100 减去 100 乘以国库券的年贴现率。如当交易者要报出 5.23% 的利率时，需要报出的指数是 94.77（100 – 100 × 5.23%）。因为利率变动同债券价格变动方向相反，预期利率上升（债券价格将下降），交易者需要先卖后买期货，不符合一般低买高卖的习惯，采用指数报价则使报价同国库券价格变化方向一致，也符合一般交易习惯。

（1）交易单位：面值 100 万美元的 3 个月期（13 周）美国国库券。

（2）最小变动价位：0.5 个基本点。基本点取指数的小数点后两位，1 个基本点指 1 个百分点的 1%，即 0.01%。一张合约的最小变动价值则为 12.5 美元（100 万美元 × 0.005% × 90 ÷ 360）。

（3）每日价格波动限制：无。

（4）合约月份：3 月、6 月、9 月、12 月。

（5）交易时间：芝加哥时间 7∶20~14∶00，到期合约在最后交易日于上午 10∶00 收盘，节假日将提前收盘。

（6）最后交易日：合约月份的第三个星期三所在周的 3 个月期（13 周）美国国库券的发行日的中午 12∶00（芝加哥时间）。

（7）交割：交割在连续三个营业日进行，交割标的为新发行的 3 个月期美国国库券或剩余期限尚有 90 天的已发行的 6 个月、1 年期国库券。

3. 长期利率期货的合约规格

长期利率期货主要指各国的中、长期国债期货，常见的有美国长期国债期货、中期国债期货，日本政府债券期货、德国政府债券期货等。以 CBOT 的美国长期国债期货（Treasury Bonds）为例介绍长期利率期货。

长期国债期货的报价与国库券期货不同，一般是报出面值 100 美元某种债券的价格，以 1 点的 1/32 为最小报价单位。如美国长期国债的报价若为 102–09，表示面值 100 美元国债的价格为 102 × 9 ÷ 32 美元。

（1）交易单位：面值 100000 美元的美国长期国债。

（2）最小变动价位：1 点的 1/32。此处 1 点为 1 美元，1/32 则为 0.03125 美元，因美国长期国债期货以面值 100 美元的国债报价，每合约 100000 美元，则每合约的最小变动价值为 31.25 美元（0.03125 × 1000）。

（3）每日价格变动限制：±3 点，每张合约 3000 美元。

（4）合约月份：3 月、6 月、9 月、12 月。

（5）交割日：合约月份任一营业日。

（6）交易时间：芝加哥时间星期一至星期五的 7∶20~14∶00。

（7）交割标的：剩余期限在 15 年以上的，息票利率 8% 的美国长期国债。剩余期限 15 年以上指如该债券不可赎回，从第一交割日至债券到期日剩余至少 15 年，若是可赎回债券，则指第一交割日到该债券最近的赎回日至少有 15 年的剩余期限。

(二) 运用利率期货管理风险

利率期货现已成为期货交易最多的品种，原因在于近年来利率风险的不断加大，利率风险管理需求不断增加。作为运用套期保值规避利率风险的有效工具，利率期货逐渐成为管理利率风险的最主要工具。

利率期货的套期保值可分短期利率期货套期保值和长期利率期货套期保值两种，本节以国库券期货的套期保值为例介绍利率期货管理风险。

1. 国库券期货的多头套期保值

若投资者需要在未来某日买进国库券现货，为避免市场利率下跌，从而国库券价格上涨带来成本提高的风险，投资者可先买进国库券期货合约，以锁定利率，规避风险。

例 12-3：4 月 5 日，国库券市场利率为 5%。某公司预计两个月后将收到一笔 500 万美元的资金，打算将此笔资金投资于 3 个月期美国国库券，但又担心到时利率下降，国库券价格升高，投资成本提高，于是该公司在 CME 买进 5 张 6 月份到期的 3 个月期美国国库券期货合约，成交价为 95.05。

6 月 5 日，该公司收到资金，市场利率下降到 4.5%，同时期货价格升到 95.61；则该公司卖出 5 张 6 月份到期的 3 个月期美国国库券期货合约，对冲掉持仓合约。

在现货市场中该公司提高成本为 500 万美元 × (5% − 4.5%) × 90/360 = 6250 美元，但在期货市场上赚取了 5 × 100 万美元 × (95.61 − 95.05) × 90/360 ÷ 100 = 7000 美元，实现了保值，还略有盈利。

2. 国库券期货合约的空头套期保值

若投资者在未来某时期内仍将持有国库券现货，为避免市场利率上升，从而国库券价格下降带来资产价值降低的风险，投资者可先卖出国库券期货合约，以锁定利率，规避风险。

例 12-4：7 月 7 日，某证券商在现货市场买进面值 1 亿美元的 3 个月期美国国库券，买进利率为 7%，准备在 3 天后将这批国库券卖出。为防止 3 天内市场利率上升带来损失，该券商在买进现货的同时卖出面值相同的 9 月份到期的 3 个月期美国国库券期货合约。若 3 天后市场利率真的上升，则可再买入合约对冲实现套期保值。具体过程如表 12-5 所示。

表 12-5 国库券期货合约的空头套期保值

	现货市场	期货市场
7月7日	以 7% 的贴现率买入面值 1 亿美元的 3 个月期美国国库券支付 98250000 美元	以 92.60 的价格卖出 100 张 9 月份到期的国库券期货合约，合约价值 98150000 美元
7月10日	以 7.6% 的贴现率卖出面值 1 亿美元的 3 个月期美国国库券，收入 98100000 美元	以 92.00 的价格买入 100 张 9 月份到期的国库券期货合约，合约价值 98000000 美元
盈亏	−150000 美元	150000 美元

第十二章 衍生金融工具与风险管理

三、股指期货及风险管理

(一) 股指期货的概念及合约规格

1. 股指期货的产生及概念

自1929年美国股灾以来,人们逐渐认识到了股市的风险主要来源于非系统性风险和系统性风险。非系统性风险指投资于具体股票产生的个别风险,可利用证券组合的方式规避;系统性风险则是所有股票都会遭受的市场波动带来的风险,此种风险随着股价和指数的波动而发生。利用期货交易的套期保值希望可以规避系统性风险。若以股票作为期货的标的物,只能规避某个股票的个别风险(可利用组合投资规避),必须用股价指数作为标的物才可能规避股市的系统性风险。但股价指数又不是实际商品无法交割,所以虽然股指期货的需求早已形成,仍难以推出。直到1981年,芝加哥国际货币市场(IMM)成功以现金结算方式推出3月期欧洲美元定期存单期货交易,才为股指期货找到适合的交割方式。1982年2月,美国堪萨斯市期货交易所率先推出价值线综合指数期货合约,标志着股指期货的产生。

股指期货是以股票价格指数作为标的物的标准化期货合约的交易,是规避股票市场系统性风险的主要工具。同其他期货不同的是,股指期货的标的物不是实际的金融产品而是人为编制的指数,无法进行实物交割,所以股指期货采用了特别的现金结算方式进行交割。

2. 股指期货的报价方式

股票价格指数本身并无价值,也就没有价格表示,为了能够实现套期保值,人们为股指期货设置了特别的报价方式。

股指期货中,合约的交易单位以一定的货币金额与标的指数的乘积来表示,其中"一定的货币金额"是根据不同指数人为规定的每个指数点的价格,这一数量是固定不变的。所以,在股指期货市场上只以标的指数的点数报出合约价格。如HS300指数期货规定每点价格300元,则当所选合约指数点为4000点时,一张合约的价值就为120万元(4000点×300元/点)。

3. 股指期货的合约规格

同其他期货合约一样,股指期货合约也包括交易单位、最小变动价位、每日价格波动限制、合约月份、交易时间、最后交易日、交割方式等内容。由于选择的标的指数不同,以及股指期货的特殊性,其合约内容也存在一些特点。目前常见的股指期货包括:CME的标准普尔500种股票价格指数期货(简称S&P500指数期货),CBOT的主要市场指数期货(简称MMI指数期货),LIFFE(伦敦国际金融期货交易所)的金融时报100种股价指数(简称FT-SE100指数期货),中国金融期货交易所的HS300指数期货,香港期货交易所的恒生指数期货,大阪证券交易所的日经225指数期货等。

(1)交易单位。股指期货的交易单位由标的指数的点数与规定的每点价格的乘积表示。HS300指数期货合约为300元乘以HS300指数的期货价格;S&P500指数期货合约为 250 美元乘以 S&P500 指数的期货价格；MMI 指数期货合约的交易单位为 250 美元乘以 MMI 指数的期货价格；恒生指数为 50 港元乘以恒生指数的期货价格（指数的期货价格指对这一指数的期货报价）。

（2）最小变动价位。股指期货的最小变动价值也以一定指数点表示。如 HS300 指数期货合约的最小变动价位为 0.20 点，每张合约最小变动 60 元（0.20 × 300 元）。

（3）每日价格波动限制。不同交易所、不同交易标的指数对每日价格波动限制的规定都有所不同，并根据股票市场的需要予以调整。

（4）交割方式。股指期货采用现金结算方式交割，即在交割日以交易所规定的方式获得的结算价格（指数）对冲持仓者持有的合约，交易者无须实物交割，只需收付盈亏的现金。

（二）运用股指期货管理风险

股指期货主要用于管理股票市场的系统性风险，即当股市下跌时带给投资者的套牢风险和当股市上涨时带给投资者的踏空风险。避免套牢风险可运用股指期货的空头套期保值策略，避免踏空风险则可运用股指期货的多头套期保值策略。股指期货的多头、空头套期保值完全是市场方向不同时方向相反的类似策略，以空头套期保值为例介绍运用股指期货的风险管理。

例 12-5：某投资者股票账户上有 4 万股股票 A，每股 50 元，市值 200 万元，此时沪深 300 指数涨到 3300 点，投资者非常担心大盘涨得过高，但手上股票代表的上市公司 A 基本面良好，估值较为合理，且未来有重组预期，卖出可能会失去重大机会。

此时，投资者可以利用股指期货来对冲大盘下跌的风险。投资者用 30.60 万元的保证金（按 15% 计算），在 3400 点价位开仓两手沪深 300 股指期货合约，如果一个月后，大盘出现调整，沪深 300 指数跌到 2800 点，股票 A 也受大盘拖累，下跌到 40 元，此时股票账户上亏损 $(50-40) \times 4 = 40$（万元），而股指期货盈利 $(3400-2800) \times 300 \times 2 = 36$（万元），合计只亏 4 万元，如果没进行股指期货套期保值，亏损将达到 40 万元。

如果一个月后，大盘继续盘升到 3500 点，上市公司 A 重组实现涨到 70 元，股票账户上将盈利 $(70-50) \times 4 = 80$（万元），股指期货亏损 $(3500-3400) \times 300 \times 2 = 6$（万元），合计盈利 74 万元。这样，投资者短期不用卖出股票，就规避了大盘可能下跌带来的风险。

第四节 金融期权与风险管理

一、金融期权的基本概念

期权（Options）又称选择权，是指约定在未来某特定时间以特定价格买进或卖出一定数量特定商品的权利。金融期权则是以金融产品或金融期货合约为标的物的期权交易。

自1973年4月26日，全球第一个集中性的期权市场——芝加哥期权交易所正式成立以来，以股票期权为代表的金融期权迅速发展起来，20世纪七八十年代新的期权合约不断推出，更是推动了金融期权市场的发展。

为准确地理解金融期权，我们必须首先明确金融期权中常遇到的一些概念。

（一）期权的购买者与期权的出售者

期权交易是期权合约中所赋予的权利的交易，期权的买卖双方也就是合约中所赋予的权利的让渡方和获得方。

期权的购买者（Buyer）在支付一笔费用（期权费）后，就获得了期权合约中所赋予的权利。在金融期权交易中，期权购买者获得可在合约规定的时间内，以事先确定的价格（协定价格）向期权出售者买进合约规定的一定数量的金融产品或金融期货合约的权利。期权的出售者（Seller）在收取期权费后，就将合约中赋予的上述权利让渡给购买方，承担着履行合约的义务，而没有权利（因为权利已卖出）。

（二）买入期权和卖出期权

买入期权和卖出期权的区别在于期权中所包含的权利是买入标的物还是卖出标的物。所谓买入期权指期权购买者可在合约规定的未来时间内，以事先确定的价格（协定价格）向期权出售者买进合约中规定的一定数量的金融产品或金融期货合约的权利。此种期权的购买者预计该期权标的物的价格将上涨，购买者可以以确定的、比未来市场价格低的价格购买标的物而获利，所以也称看涨期权。所谓卖出期权指期权购买者可在合约规定的未来时间内，以事先确定的价格（协定价格）向期权出售者卖出合约中规定的一定数量的金融产品或金融期货合约的权利。此种期权的购买者预计该期权标的物的价格将下降，购买者可以以确定的、比未来市场价格高的价格卖出标的物而获利，所以也称看跌期权。

（三）协定价格

协定价格也称敲定价格（Strike Price）或执行价格（Exercise Price），指期权合约所规定的、期权购买者在行使其权利时所实际执行的价格。这一价格一经确定，在有效期内，无论标的物的市场价格如何变化，只要期权购买者要求履行合约，期权出售者都必须按此协定价格履约。

（四）期权费

期权交易是买卖期权的交易，期权费就是权利的价格。期权费（Premium）又称"保险费"、"权利金"，指期权购买者为获得期权合约所赋予的权利而向期权出售者支付的费用。不管期权购买者是否执行此期权，期权费都不退还，表现为期权购买者的成本和期权出售者的收入。

（五）欧式期权和美式期权

欧式期权和美式期权的区别在于对履约时间的规定。期权的购买者只能在期权合约规定的有效期间内执行权利，没有无限期的期权。但具体的执行时间欧式期权和美式期权有不同的规定。

欧式期权规定期权购买者只能在期权到期日这一天行使权利，不能提前也不能推迟。美式期权规定期权购买者可在期权到期日及以前的任何一天行使权利。

二、金融期权的交易制度

与金融期货市场只有场内交易不同，金融期权既包括场内交易，又包括场外交易，交易规则也多样化。场内交易因存在严格、规范的交易制度而更具效率和市场吸引力，这里介绍一些重要的交易制度。

（一）标准化合约

场内交易的期权合约都是标准化的合约，都包括由交易所规定的交易单位、最小变动价值、每日价格波动限制、协定价格、合约月份、交易时间、最后交易日、履约日等内容。

（1）交易单位。由各交易所分别规定，所以，即使相同标的物的金融期权合约在不同交易所也可能不同。在美国，金融期货期权的交易单位是一张金融期货合约；股票期权的交易单位是100股标的股票；股价指数期权的交易单位是标的股指与100美元的乘积；等等。另外，外汇期权不同交易所规定不同。

（2）协定价格。是指交易双方执行期权时买卖标的物的实际价格，一般由交易所根据合约标的资产现货价格确定一个中心协定价格，再根据既定幅度设定距此协定价格上下若干级距的若干个协定价格。在合约规格中，交易所通常只规定协定价格的"级距"，在确定中心协定价格后，根据级距就可确定一系列协定价格。如美国的交易所一般规定股票期权的级距通常为2.5美元、5美元、10美元，股票价格低于25美元时，级距为2.5美元；股价在25~200美元时，级距为5美元；股价在200美元以上时，级距为10美元。

（3）最后交易日与履约日。最后交易日指某种即将到期的金融期权合约在交易所交易的截止日。期权购买者如果在最后交易日不做对冲交易，则他要么放弃期权，要么执行期权。履约日指期权合约规定的、期权购买者可实际执行该期权的日期。由于金融期权有欧式期权和美式期权之分，不同合约的履约日不尽相同。

最小变动价位、每日价格波动限制、合约月份、交易时间等内容交易所在合约中都有具体规定。

（二）保证金制度

同期货交易类似，为保证交易顺利履约，也为使期权交易规范进行，金融期权交易也需要缴纳保证金。金融期权的保证金制度与金融期货的保证金制度具有相同的性质和功能，但执行中存在很大不同。

金融期权交易中，只有期权出售者需要缴纳保证金。期权的购买者无须缴纳保证金，因为期权的购买者购买了权利，没有义务，无须保证。而当期权购买者要求履约时，期权出售者只有义务而无权拒绝，需要为义务的履行缴纳保证金。另外，如果金融期权的出售者出售的是有保护的期权则只需存放标的资产，可免缴保证金。

第十二章 衍生金融工具与风险管理

(三) 对冲与履约

在场内期权交易中，交易者若不愿继续持有未到期的期权部分，在最后交易日之前可随时通过反向交易来加以结清，与金融期货交易中的对冲是完全相同的。

相反，如果在最后交易日或在最后交易日之前，交易者所持有的期权部位并未平仓，那么，期权购买者就有权要求履约，而期权出售者就必须做好履约的准备。

在金融期权的履约中，不同标的物的期权会有不同的履约方式。一般地说，除指数期权之外的其他各种现货期权在履约时，交易双方将以协定价格作实物交收；各种指数期权则依协定价格与市场价格之差实行现金结算；期货期权则依协定价格将期权部位转化为相应的期货部位。在场内期权交易中，无论是对冲还是履约，交易双方都将通过交易所的结算单位来加以配对和结清。

(四) 持仓量限制

持仓量限制指交易所对每一账户单边持有的期权仓位的最高限额。交易所之所以做这样的规定，主要是为了防止某一投资者承受过大的风险或者对市场有过大的操纵能力。不同的交易所有不同的限仓规定，但一般都要求限制"单边"持仓。所谓"单边"持仓是指所做出的、希望标的资产的行情向一个方向发展的交易部位。如对于同种标的资产，买入看涨期权和卖出看跌期权都预期价格上升；而买入看跌期权和卖出看涨期权都希望价格下降。对于同一账户同时持有的希望行情向同一个方向发展的持仓量，交易所会累计在一起予以限制。

三、金融期权的主要种类

前面已介绍了买入期权（即看涨期权）与卖出期权（即看跌期权）、欧式期权与美式期权等。在实际交易中，出于各种分析或管理的需要，金融期权还可做其他不同的分类。

如场内期权与场外期权：与金融期货不同，金融期权未必是集中性的场内交易形式，也未必是标准化的金融期权合约的交易形式，存在着标准化的场内期权与协议交易的场外期权两种类型。

现货期权与期货期权：期权交易被引入金融市场首先是从场外交易的股票期权开始的。自从1973年建成集中性的金融期权市场以来，其他各种金融工具也被纷纷作为期权合约的标的物。现货期权包括各种股票期权、股价指数期权、外汇期权、债券期权等；而期货期权主要包括各种外汇期货期权、利率期货期权及股价指数期货期权等。

有保护的期权与无保护的期权：期权出售者只有无条件履约的义务，而无违约的权利，可能遭受无限的风险。期权出售者如果并不实际拥有期权合约所规定的标的资产，风险更大；在出售看涨期权时，如果期权出售者实际拥有该期权合约所规定的标的资产，并将它作为履约的保证而存放于经纪人处，则他所出售的看涨期权就被称为"有保护的看涨期权"；如果期权出售者并不拥有该期权合约所规定的标的资产，则他所出售的看涨期权就被称为"无保护的看涨期权"。

根据标的物的不同性质，金融期权大致可分为外汇期权、利率期权、股票期权及股价指数期权等几种。其中，除股票期权只有现货期权外，其他各种金融期权又均可再分为现货期权与期货期权。

（一）外汇期权

外汇期权产生于 1982 年 12 月，它是由美国的费城证券交易所率先推出的。所谓"外汇期权"，是指以某种外币或外汇期货合约作为标的物的期权交易形式。如果期权合约的标的物为某种外币本身，则称为外汇现货期权（简称"现汇期权"）；而如果期权合约的标的物为某种外汇期货合约，则称为外汇期货期权。

（二）利率期权

利率期权是 20 世纪 80 年代以来交易最活跃的金融期权之一。所谓"利率期权"，是指以各种利率相关商品（即各种债务凭证）或利率期货合约作为标的物的期权交易形式。利率期权的品种非常繁多，既有场内期权，也有场外期权；既有现货期权，也有期货期权；既有短期利率期权，也有长期利率期权。自 80 年代后期以来，随着欧洲和亚太地区许多国家纷纷建立金融期权市场开展金融期权交易，利率期权的新品种更是层出不穷。

（三）股价指数期权

所谓股价指数期权，是指以某一股票市场的价格指数或某种股价指数期货合约作为标的物的期权交易形式。可见，股价指数期权也可分为现货期权与期货期权。股价指数现货期权是以某种股价指数本身作为标的物的期权，在履约时，它根据当时的市场价格和协定价格之差实行现金结算。而股价指数期货期权是以某种股价指数期货合约作为标的物的期权，在履约时，交易双方将根据协定价格把期权部位转化为相应的期货部位，并在期货合约到期前根据当时市场价格实行逐日结算，而于期货合约到期时再根据最后结算价格实行现金结算，以最后了结交易。

（四）股票期权

股票期权指以股票为交易标的物的金融期权交易。股票期权已存在了几十年，是金融期权中最早产生的品种，1973 年股票期权在交易所的成功挂牌交易带动了其他相关金融产品的期权交易。

四、运用金融期权管理风险

期权交易通过权利买卖使期权的买方付出行权的成本获得权利，从而有条件在面临风险时行使权利规避风险；期权的卖方在冒一定风险的情况下也可获得利益增值。金融期权为人们提供了一个套期保值或是套利、投机获利的良好工具。

金融期权是一种复杂的交易技术。在现实的交易活动中，无论是套期保值者，还是套利者与投机者，都有无数种可供他们选择的进行避险、获利的交易策略。最基本的交易手段包括买进看涨期权、卖出看涨期权、买进看跌期权、卖出看跌期权。

（一）买进看涨期权

当投资者在现货（或期货）市场持有某种标的资产的空头部位，担心市场价格上涨

第十二章 衍生金融工具与风险管理

给自己带来风险时,他可买进该标的资产的看涨期权。若市场价格真的上涨,且涨至期权合约之协定价格以上,则该投资者可执行期权,从而在期权市场获利,弥补其他市场的损失。反之,若市场价格下跌,且跌至协定价格或协定价格以下,即投资者担心的情况没有发生,他可放弃期权。而此时,投资者的损失是有限的,最大的损失是失去他购买期权时所支付的期权费。

例12-6:假设6月1日A公司股票市场价格为18元,某投资者在9月1日将获得100万元的资金,想到时投资于A公司的股票。但投资者担心三个月后股价上升,于是,他以每股1元的期权费买进500张(每张100股)9月到期、协定价格为20元的美式看涨期权。至9月1日,投资者收到资金。若股票价格在20元以下(设为17元),投资者放弃执行期权,以市场价格买入股票,成本为每股18元(17+1),仍可以低价买进股票。若股价上涨至20元以上(设为30元),则投资者可执行期权,以20元的协定价格买入A公司股票,加上每股1元的期权费,买入成本为21元,低于目前的市场价30元,避免了价格上升带来的风险。

(二) 卖出看涨期权

看涨期权的卖方完全是投机或套利者的行为。在期权交易中,有人买进,就一定有人卖出。买进者和卖出者都希望能在交易中获利或避险。就看涨期权来说,买进者担心(或预期)标的资产的市场价格将上升,从而希望通过履约而避险(或获利),或通过以较高的期权费转让期权合约(对冲)而获利。而卖出者预期标的资产的市场价格将下跌,卖出期权可收取期权费,当标的资产的市场价格下跌至协定价格以下时,看涨期权的购买者将自愿放弃期权,卖出者净得期权费。对看涨期权的出售者而言,其最大利润是他出售期权所得的期权费,而其最大损失则随标的资产市场价格的上涨幅度而定。从理论上说,这种损失将是无限的。

如例12-6中的卖方预期A公司股票价格三个月内必然下跌,期权的买方到时不会执行期权,而自己净得期权费。若期权卖方预期正确,至9月股票价格跌至17元,期权买方将放弃权利(此时期权买方也庆幸担心的情况没有发生,可以更低价格建仓),期权卖方则净得每股1元的期权费。若卖方预期错误,A公司股价涨至30元,则期权卖方不得不以20元的协定价格卖出自己的股票(若自己没有A公司的股票,则不得不以30元的市场价格买入,再以20元的价格卖给期权的买方)。

(三) 买进看跌期权

当投资者在现货(或期货)市场持有某种标的资产的多头部位,担心市场价格下降给自己带来风险时,他可买进该标的资产的看跌期权。若市场价格真的下跌,且跌至期权合约之协定价格以下,则该投资者可执行期权,以确定价格卖出标的资产,不必承担市场中价格下降带来的风险。反之,若市场价格上升,且涨至协定价格或协定价格以上,即投资者担心的情况没有发生(不仅不担心,反而是其在现货或期货市场中愿意看到的),他可放弃期权。而此时,投资者的损失是有限的,最大的损失是失去他购买期权时所支付的期权费。

例12-7:5月,某美国出口商同英国进口商签订一份3个月后付款的125万英镑的出口合同，此时英镑兑美元汇率为：1 英镑 = 1.6100 美元。出口商担心 3 个月后英镑汇率下降而带来风险，于是在费城证券交易所外汇期权市场中以每英镑 0.0020 的价格买入 40 张（每张 31250 英镑）9 月到期、协定汇率为 1.6000 英镑的美式看跌期权。8 月，出口商收到 125 万英镑，若英镑兑美元汇率降至 1 英镑 = 1.5800 美元，出口商则执行期权，以 1.6000 的协定价格卖出 125 万英镑，减少了风险；若英镑兑美元汇率不降反升，升至 1 英镑 = 1.6300 美元，则出口商放弃期权，可以以 1.6300 的市场价格卖出英镑。买入看跌期权，虽付出了成本却在获得了避险机会的同时保留了市场有利变化的机会。

（四）卖出看跌期权

看跌期权的卖方也完全是投机或套利者的行为。对投资者来说，尤其是对套利者与投机者来说，卖出期权的目的是通过期权费的收取来获得收益。投资者能否获得这一收益，即他们收取的期权费能否抵补他们因出售期权而招致的损失还有余，决定于他们对期权标的物之市场价格的预期是否准确。所以，在一般情况下，若投资者对市场价格看涨，他们就卖出看跌期权；而若投资者对市场价格看跌，则他们就卖出看涨期权。由此可见，期权之"看涨"与"看跌"都是对期权购买者而言的，而对期权出售者而言，则情形正好相反。

例 12-8：某投资者预期未来 3 个月内股市将比较平稳或略有上涨，所以，他卖出一份 NYSE 综合股价指数期货合约的看跌期权；如果该投资者所卖出期权的协定价格为 150 点，收取期权费 2000 美元，并向经纪人缴纳保证金 4000 美元。在到期时，若市场价格为 150 或更高，则期权购买者不会履约。于是，该投资者将获利 2000 美元。而若到期时的市场价格低于 150，则期权购买者将要求履约，该投资者的收益将被损失所冲减。若市场价格低于 146（盈亏平衡点价格），则投资者净亏损，价格越低，损失越大。

重要概念

可转换债券　权证　欧式权证　美式权证　百慕大式权证　认购权证　认沽权证　股本权证　备兑权证　蝶式权证　马鞍式权证　权证创设　权证注销　外汇期货　利率期货　股指期货　外汇期权　利率期权　股票期权　多头套期保值　空头套期保值　看涨期权　看跌期权　买入期权　卖出期权

思考题

（1）可转换债券和普通债券有何区别？
（2）如何理解权证交易的杠杆性？
（3）如何运用股指期货规避风险？
（4）在期权交易中，买卖双方的风险与收益有何特征？
（5）权证主要有哪几种类型？
（6）股本权证和备兑权证的主要区别是什么？
（7）权证投资的主要风险有哪些？
（8）买卖权证与买卖股票有何区别？

第十三章 证券投资实验与实践

【学习目的】证券投资学是一门应用性较强的课程，投资成功的关键除了掌握证券投资的基本知识、理论和方法以外，更为重要的是要通过长期的、大量的交易活动积累经验并加深对市场的理解和人性的把握。在进行真实的投资管理活动之前，首先进行一定的模拟交易训练是非常有意义的。本章主要介绍常见证券投资分析系统的应用、常见的几种投资策略和风险控制技巧与模拟交易实验流程。通过本章的学习，要求学生熟练应用证券分析软件进行信息挖掘和投资决策，并通过模拟交易训练积累证券投资的经验，加深对相关知识和理论的理解。

案例

从全仓暴跌的惨痛教训中懂得了风险控制的重要性

小刘大学毕业后参加工作当上白领，每月拿着近万元工资还常常抱怨工资不够花销。

恰逢2006年牛市来临，小刘迫不及待地带着所有积蓄闯入向往已久的股市，当上股民。他的大名"刘全仓"也是从那个时候得来的。这个是与他的操作股市手法有关，他每次买股票时从来只选一只，而且仓位百分之百，正应了他的风险偏好类型。用他自己的话说，高风险有高回报，这是股市的要诀。恰逢大牛市，小刘参与了几次追涨，收益也非常可观，这种泡沫式的上升也催涨了他的信心。从此，小刘自认为掌握了股市的要领，觉得炒股原来如此简单，挣钱也如此容易。于是他开始更加肆无忌惮地出入股市，工作也放在一边，也因此得到部门领导的几次批评，他都觉得满不在乎，工作继续心不在焉。由于自己挣了钱，小刘还拉上亲戚朋友都参与进来，有些看他挣了钱就认为他水平高，就把自己的钱委托他管理，而他也信誓旦旦地保证本金和收益，小刘就这样短时间感受到了"资本"带来的惊人收益。

似乎一路走得都太顺利，日子转眼来到2007年5月，小刘逢人必谈论股市，炫耀自己的战绩，一副股市专家的样子。小刘的资金账户数目在不到一年中增加了一倍多，也直接"证明"了他专家的身份。这期间，股市的迅速上涨引起了国家有关监管部门的注意，2007年5月30日凌晨，财政部宣布将印花税由1‰升至3‰，出手之快出乎所有人的意料，也直接反映了国家开始对股市进行政策调控的决心，恐慌情绪随之逐渐蔓延。当天早市一开盘就开始涌现大量抛盘，小刘昨天刚刚全仓的股票，开盘后很快开始狂泻，没等小刘明白过来，就几下子打到了跌停的位置。望着巨量封住的跌停价，小刘首次感到了股市的可怕，手里握着的股票想卖也卖不出去了，听着身边到处议论着股市的暴跌，甚至有人说大盘指数会被一下子打回几年前的点位，小刘彻底傻眼了。就这样昏昏沉沉过了一天，第二天一早，小刘就坐到了电脑前等着开盘，期待着出现奇迹，但是屏幕上迎来的是跳空低开，小刘的股票依旧被巨量封住跌停，小刘开始坐立不安了，账户已经缩水20%，而照现在的行情判断，想要打开跌停还不知要等几天要跌多少。小刘开始查找网上各种专家言论，十个专家有九个继续看跌，不过还好有一个认为股市调控不希望暴跌，而且交易成本的变化不会影响股市的趋势，有了这一点点信念支撑，他开始渐渐地恢复平静。

随着心里一番痛苦挣扎，小刘开始反思自己的操作，如果不把仓位仅放在一只股票上呢，也许还能买到其他没有跌停的股票，兴许昨天就能出仓，损失会减少；如果仓位不是全仓呢，半仓的话，现在才损失顶多10%，而且，跌了这么多，如果有一半的资金还可以补仓来拉低成本，可是现在呢？小刘的后悔一阵阵涌上心头，只想时间能倒流，只怪世上没有后悔药卖。接下来的两三天，暴跌渐渐止住了，小刘的股票也不再连续跌停，小刘在打开跌停的第一时间就把股票卖出了，他心里的石头终于可以落下了，而账户总共亏损三成，拿上自己的资金弥补朋友委托资金的亏损后，也没什么盈利了。小刘描述自己当时真是一下子回到"解放前"，黄梁梦终于醒了。

通过这次教训，小刘开始渐渐控制自己的仓位，开始从一只股票转为分散投资，平时也开始学习一些关于股票市场的知识。随着股市开始大幅反弹，而小刘也在风险控制很好的情况下，收益比较稳定。小刘说，每次要买入的时候都会进行客观理性的分析，如果确定行情势头好把握大的时候就可以分散全仓，如果拿不准和涨幅较高时就保持半仓或者更少的仓位。尤其在股市创新高的情形下，小刘总是会问自己风险控制是不是必要，但是最后都被那次"5·30"教训说服。从2008年开始的暴跌也渐渐证明了风险控制的必要，小刘的风险意识越来越浓。他现在总是笑着说，多亏了"5·30"的重重一跌，使自己从全仓暴跌的惨痛教训中懂得了风险控制的重要性，如今在大盘暴跌了60%的情况下，自己的账户只跌了20%，相比多数人资金账户的拦腰斩断，自己的投资已经非常成功。

现在小刘已经制定了自己投资的目标规划，立志要做中国的巴菲特，时刻坚守价值投资，彻底告别原来那个著名的"刘全仓"。

案例点评：股市投资没有常胜将军，像小刘这样的投资者是中国散户投资者中的典型代表。要想在沉浮的股海中成熟起来，必须经过长期的实践和磨炼，并且要有自己的投资理念和较强的风险控制意识。

资料来源：全景网络——证券时报，http：//www.sina.com.cn，2009年4月11日。

第十三章 证券投资实验与实践

第一节 证券投资分析与模拟交易系统的使用

一、常用证券投资分析软件

随着科技的进步、互联网的普及，中国证券市场的发展日趋成熟以及中国普通民众参与证券投资的热情日渐高涨，证券分析软件如雨后春笋般不断涌现。证券分析软件不仅能够为使用者提供证券市场动态行情，还能帮助投资者进行投资分析并进行证券投资对象的选择。凭借着如此强大的功能以及不断推出的新应用，证券分析软件成为广大投资者以及证券从业者必备的工具，所以借助实验了解相关证券分析软件的基本功能以及不同软件的各自特点，重点掌握一种常见的证券分析软件的功能应用是非常必要的。

（一）主流证券分析软件简介

虽然当前证券分析软件层出不穷，但是其基本特点和功能大致相同，选取几种常见的证券分析软件加以了解是非常必要的。市面上比较常见又被广大投资者广泛使用的分析软件主要有通达信、大智慧、同花顺、钱龙等系统，本章在对几种主流的证券行情分析系统进行简要介绍的基础上，重点以通达信证券分析软件为主体介绍其基本功能和使用技巧，其他几种软件的功能，同学可以举一反三加以领会。

（1）通达信证券分析系统。[①] 通达信证券分析系统是由深圳市财富趋势科技有限责任公司推出的一款优秀的证券分析软件，被多家大型证券公司所采用，并受到广大投资者以及证券从业人员的欢迎。通达信证券分析系统能够进行各种证券分析，功能强大、操作方便、界面友好，支持互联网实时接收行情，适合各类证券投资者使用。

（2）大智慧证券信息平台。[②] 大智慧证券信息平台是一套用来进行行情显示、行情分析并同时进行信息即时接收的证券信息平台。面向证券决策机构和各阶层证券分析、咨询、投资人员，并关注广大股民的使用习惯和感受，软件包含对证券市场全面的揭示和深刻的理解。大智慧的主要特点可以概括为使用简单、功能强大、资讯精专、互动交流、全面深刻等。

（3）同花顺证券分析系统。[③] 同花顺证券分析系统主打行情、数据、交易、社区、资讯五大投资者最需要的金融证券交易客户端核心功能。可边看盘边与股友社区即时互动，免费查看29个国家和地区的股指。速度快、功能强大、资讯丰富、操作人性化，是专业和分析功能强大的证券分析软件，支持几乎全部券商的委托交易。

---

① 该软件可到该公司网站下载使用，公司网址为：http://www.tdx.com.cn/。
② 该软件可到该公司网站下载使用，公司网址为：http://www.gw.com.cn/。
③ 该软件可到该公司网站下载使用，公司网址为：http://www.10jqka.com.cn/。

(4) 钱龙证券分析系统。① 钱龙证券分析系统是我国最早的证券分析软件之一,所以钱龙软件是股民最为熟悉的股票分析软件,后来出现的股票分析软件的许多功能都沿袭了钱龙软件的界面和操作习惯。钱龙特别针对传统用户的使用习惯和功能需求设计,行情刷新实时迅捷、界面操作家喻户晓、分析功能与时俱进,并且安装程序小巧,下载和运行都非常流畅。

(二) 通达信软件的基本功能

1. 界面介绍

使用者打开通达信软件,首先出现的是实时证券行情数据列表界面,是以表格的形式同屏显示多种证券价格信息。如图 13-1 所示。

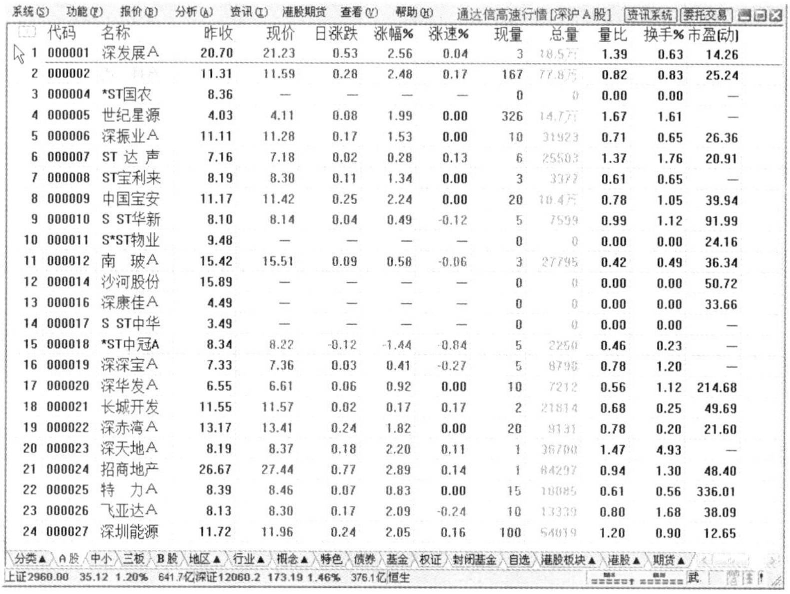

图 13-1 通达信系统证券行情数据列表界面

图 13-1 中左下方有若干个证券分类标签,可以点击某个标签查看某类证券的行情。也可鼠标左键点击屏幕左下方的证券"分类"标签进行更多的选择,如图 13-2 所示。

行情列表的第一行是列表指标,表中依次列出了相关股票的实时数据,包括证券代码、证券名称、昨收盘价、现价、涨幅、现价、日涨跌、买入价、卖出价、总量、现量、涨速、换手率等指标。在界面底部还有当日沪深两市股价指数以及总交易额等指标,投资者可以根据这些指标大致了解当日大盘以及个股行情,为投资活动提供一定的参照。

窗口顶部是主菜单条。注意,主菜单条的右端有两组按钮,分别控制系统窗口和其子窗口的最小化、层叠/还原、关闭。该系统支持整屏放大功能,整个界面就像在 DOS

---

① 该软件可到该公司网站下载使用,公司网址为: http://www.qianlong.com.cn/。

第十三章　证券投资实验与实践

图 13-2　通达信系统的证券分类选择标签

下一样。拖动纵向滚动条，或按【PageUp】与【PageDown】，可看到更多股票的行情。拖动横向滚动条，可看到更多栏目内容。

如果想要查看大盘走势，可以选取【分析】菜单栏，第一栏就是大盘走势，在大盘走势项里，软件提供的多种分类大盘走势图，投资者可以根据自身的需要依据兴趣选取不同的走势图进行分析。如图 13-3 所示。或者按下 F3 和 F4 键，可分别查看沪、深大盘指数；按下 F5 键（或 05 回车）可在分时走势与 K 线图之间切换。

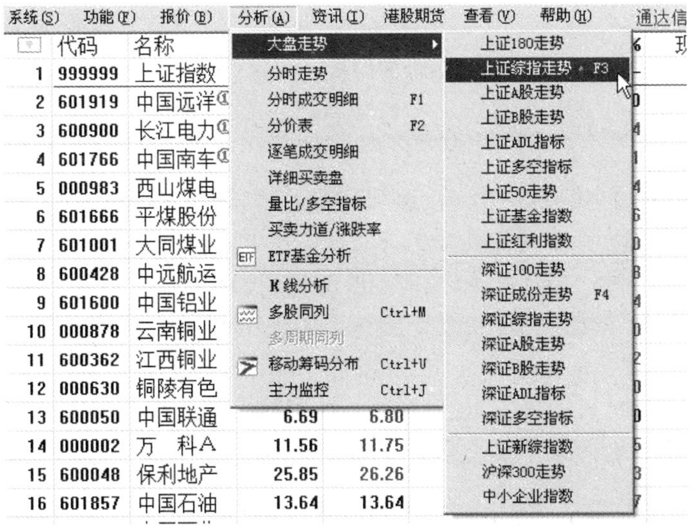

图 13-3　通达信软件大盘走势选择示意图

289

2. 个股页面

如果投资者在关注过大盘的综合走势后想多了解比较关注的个股信息，可以选取个股页面进行观察，采用股票快速查找方法可以迅速找到相关个股。如果是在初始页面能看到想要选取的个股，可以使用鼠标左键直接双击个股名称，就可以进入。记得证券名称简称或代码的话，可借助键盘精灵来快速定位，即输入证券名称的拼音首字母来快速定位股票。例如，投资者要查看中国石油的股票行情，可输入 ZGSY（一敲键盘便能激活键盘精灵），键盘精灵马上找到"ZGSY 中国石油"，然后按回车键，即可查看其行情走势，如图 13-4 所示。

图 13-4 利用键盘精灵查看股票行情

或者如果投资者知道所要查看的股票代码（6 位数字），直接利用数字键盘输入代码即可准确定位该证券，然后回车即可查看该证券行情。例如，输入代码 600028，系统马上找到"中国石化"，如图 13-5 所示。

在个股页面，我们可以通过分时走势图综合了解该股票当日的价格走势，以及该股票的市盈率、成交量、买盘价、卖盘价等数据，还可以通过 K 线图了解该个股某一段的价格趋势，综合这些相关的数据以及该个股的近期表现，如图 13-6 以及图 13-7 所示。在 K 线图状态下，可以通过上、下方向键来展开或压缩 K 线显示的数量。

根据分析的需要，可以显示不同周期的 K 线图，其方法有两种：①在 K 线图状态下，通过 F8 键在不同 K 线周期下进行切换；②鼠标右键点击屏幕下方时间坐标右侧的"日线"字样，在弹出的菜单中选择，可以选择周线图、月线图、季线图、年线图等，如图 13-8 所示。

在通达信软件中，直接按回车键（或 F5 键）可以在 K 线图和分时走势图之间进行快速切换。

第十三章 证券投资实验与实践

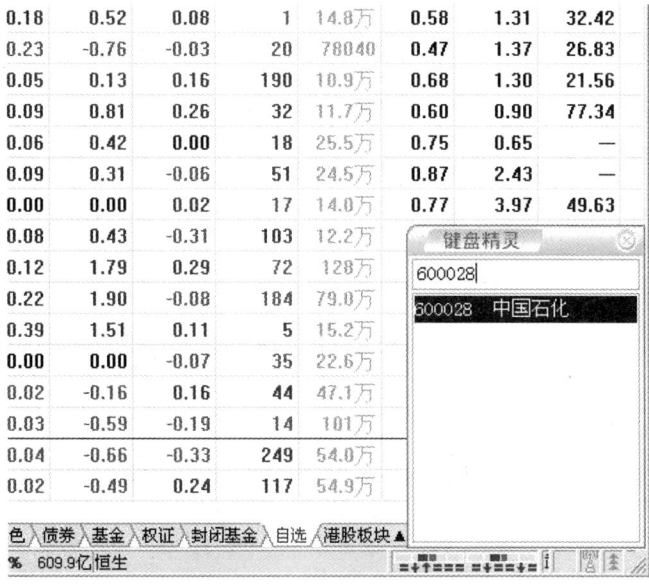

图 13-5 输入证券代码准确定位证券

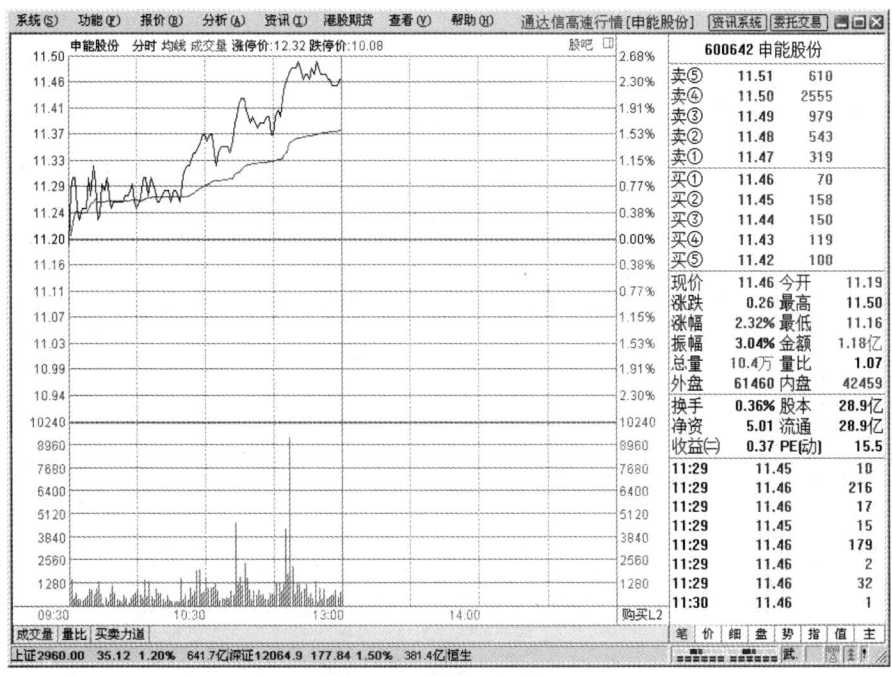

图 13-6 个股分时走势图

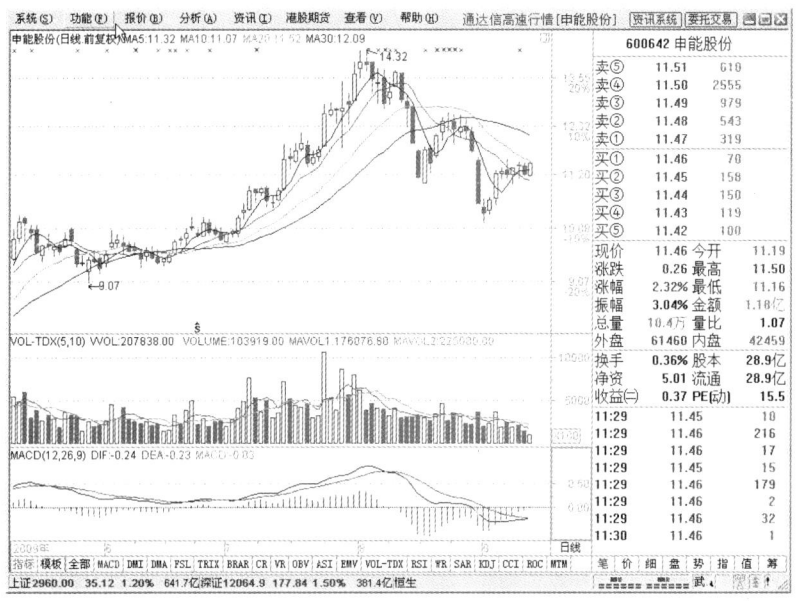

图 13-7 个股历史走势 K 线图

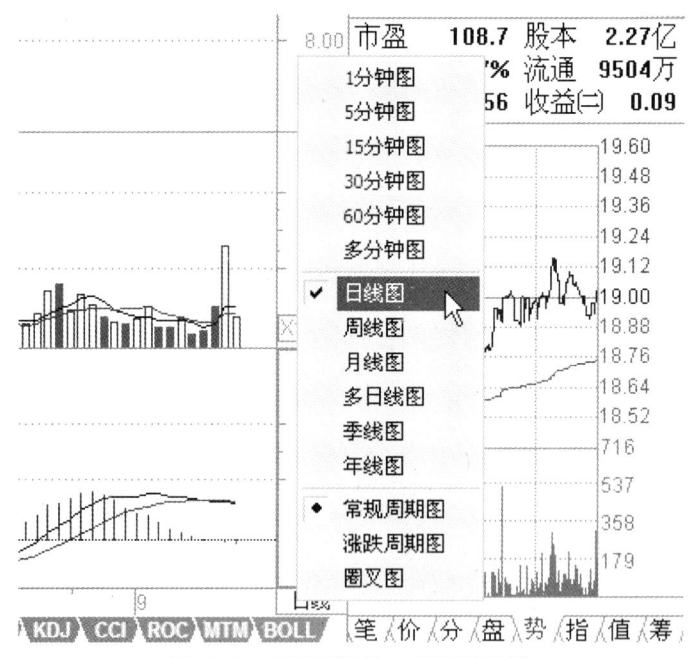

图 13-8 不同周期的 K 线图的选择

3. 资讯信息

投资者不仅关注大盘以及相关个股近期和当日的表现，对于与证券市场有关的资讯信息也有非常浓厚的兴趣。宏观经济形势以及证券市场的实际运行情况，国家的经济政策和上市公司的信息对个股和大盘都会产生很大的影响，直接影响相关证券以及证券市场的走势。而通过证券分析软件提供的资讯系统，投资者不仅可以了解国家相关的经济政策和产业政策以及特定公司的信息，还可以了解到很多专业人士以及证券研究机构对证券市场的看法和未来走势的预测，使得不具备专业知识的普通投资者也能获得专业的投资建议，及时把握证券行情，为其投资活动提供一定的信息支持。

通达信软件中集成了一些专业机构提供的咨询，投资者可以通过按 F7 快捷键（或者输入 07 回车）调出咨询窗口，查看相关的咨询。如图 13–9 所示。

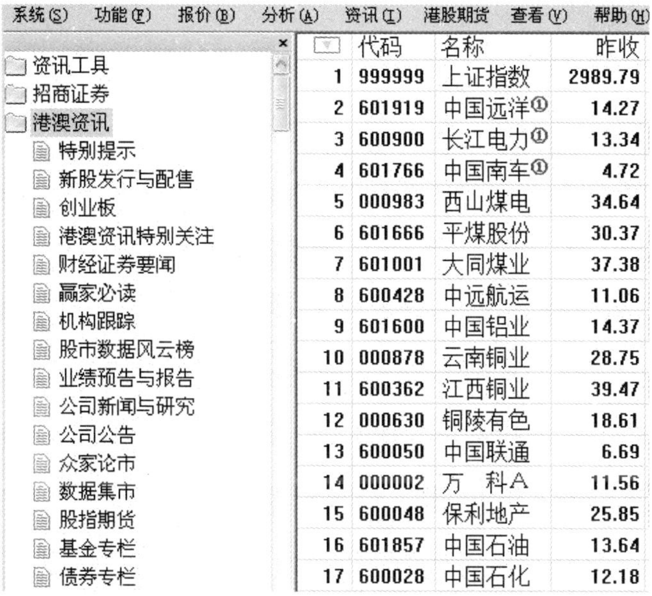

	代码	名称	昨收
1	999999	上证指数	2989.79
2	601919	中国远洋①	14.27
3	600900	长江电力①	13.34
4	601766	中国南车①	4.72
5	000983	西山煤电	34.64
6	601666	平煤股份	30.37
7	601001	大同煤业	37.38
8	600428	中远航运	11.06
9	601600	中国铝业	14.37
10	000878	云南铜业	28.75
11	600362	江西铜业	39.47
12	000630	铜陵有色	18.61
13	600050	中国联通	6.69
14	000002	万　科A	11.56
15	600048	保利地产	25.85
16	601857	中国石油	13.64
17	600028	中国石化	12.18

图 13–9　通达信软件集成的资讯

另外，投资者如果要查看个股的相关资讯，可以按 F10（或输入 10 回车）调出 F10 资料，查看相关基本面信息。如图 13–10 所示。

4. 综合排名的查看

通达信证券分析软件还提供不同分类的证券综合排名的查看功能。通过对不同市场的上市证券按照不同的参照指标进行排名，使得投资者能够综合了解个股之间的相对变化，以及不同市场间的比较。投资者可以利用排名的功能进行证券的选择，以及对于原有证券的进一步操作提供依据。输入数字 81、82、83、84、85、86、87，可分别调出上海 A、B 股，深圳 A、B 股，沪债、深债，深沪 A 股的综合排名。系统用 9 个排成方阵的小窗列出所选市场的股票的涨幅、跌幅、振幅、5 分钟涨幅、5 分钟跌幅、量比、委比、成交金额排名。在综合排名中可以使用右键菜单选择查看不同的市场信息，同时可以按“3 行 3 列”或“1 行 4 列”的方式选择查看的方式。如图 13–11 所示。

5. 证券排序

在列表状态下，任何一个栏目，用鼠标左键单击变量名都可实现排序，再单击则按相反的方向排序。如鼠标左键点击“涨幅”，则对当前列表按涨幅进行排序，如图 13–12 所示。

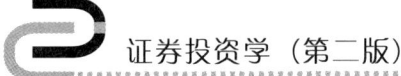

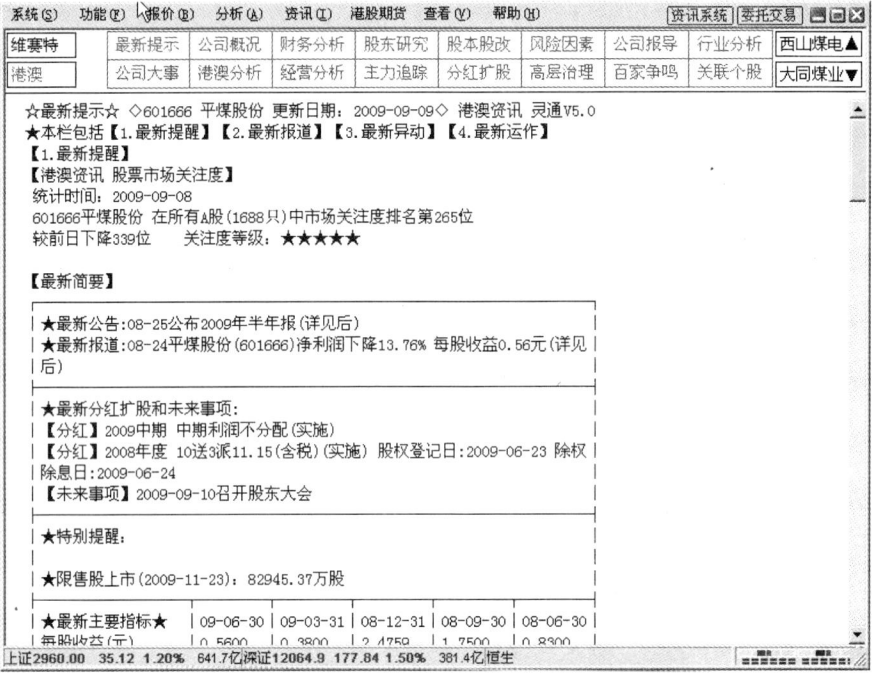

图 13-10 通达信 F10 资料

图 13-11 通达信系统的综合排名

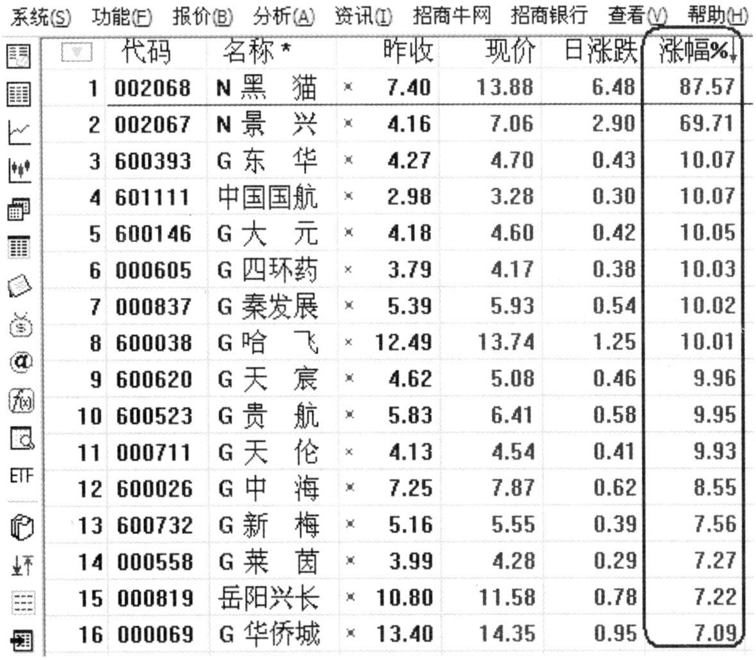

系统(S)　功能(F)　报价(B)　分析(A)　资讯(I)　招商牛网　招商银行　查看(V)　帮助(H)

	代码	名称*		昨收	现价	日涨跌	涨幅%
1	002068	N黑　猫	×	7.40	13.88	6.48	87.57
2	002067	N景　兴	×	4.16	7.06	2.90	69.71
3	600393	G东　华	×	4.27	4.70	0.43	10.07
4	601111	中国国航	×	2.98	3.28	0.30	10.07
5	600146	G大　元	×	4.18	4.60	0.42	10.05
6	000605	G四环药	×	3.79	4.17	0.38	10.03
7	000837	G秦发展	×	5.39	5.93	0.54	10.02
8	600038	G哈　飞	×	12.49	13.74	1.25	10.01
9	600620	G天　宸	×	4.62	5.08	0.46	9.96
10	600523	G贵　航	×	5.83	6.41	0.58	9.95
11	000711	G天　伦	×	4.13	4.54	0.41	9.93
12	600026	G中　海	×	7.25	7.87	0.62	8.55
13	600732	G新　梅	×	5.16	5.55	0.39	7.56
14	000558	G莱　茵	×	3.99	4.28	0.29	7.27
15	000819	岳阳兴长	×	10.80	11.58	0.78	7.22
16	000069	G华侨城	×	13.40	14.35	0.95	7.09

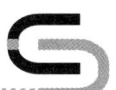

图 13-12　当前证券列表按涨幅排序

6. 所属板块

如果要了解某个证券的“板块”属性，可以通过 Ctrl+R 或右键菜单中的“所属板块”进入查看，板块属性给出了单个证券的行业、地域和概念特征，便于了解该证券的基本面特征。如图 13-13 所示。

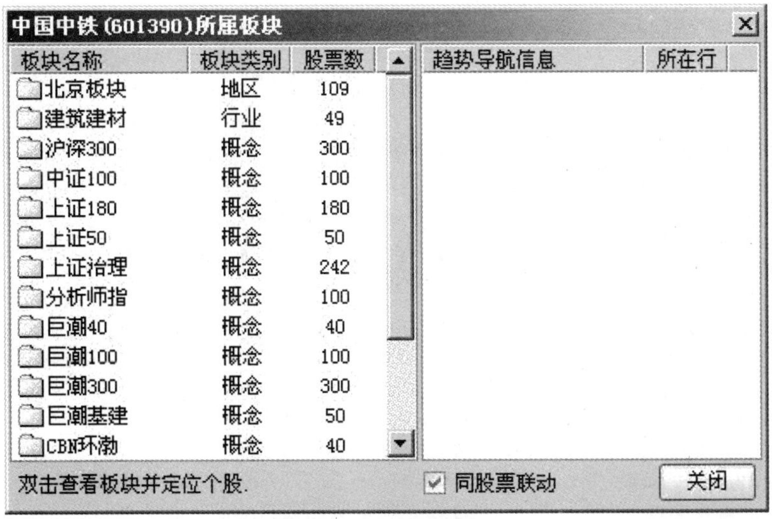

中国中铁(601390)所属板块

板块名称	板块类别	股票数
北京板块	地区	109
建筑建材	行业	49
沪深300	概念	300
中证100	概念	100
上证180	概念	180
上证50	概念	50
上证治理	概念	242
分析师指	概念	100
巨潮40	概念	40
巨潮100	概念	100
巨潮300	概念	300
巨潮基建	概念	50
CBN环渤	概念	40

趋势导航信息　所在行

双击查看板块并定位个股.　同股票联动　关闭

图 13-13　所属板块

7. 热门板块查看

通达信软件提供了热门板块排序功能。点击"报价"菜单下的"热门板块报表"即可打开该功能，主要对板块涨跌幅进行动态排序，并设有"板块领涨股"栏目，点击"涨幅"可以逆序排名，便于及时发现热门板块、领涨的龙头股。点击"板块"名称，进入板块内的个股排序报价表，可对板块内的个股进行多种排序操作。该功能在捕捉个股行情方面有独到的功效，也是板块联动战法的必备工具。如图 13-14、图 13-15 所示。

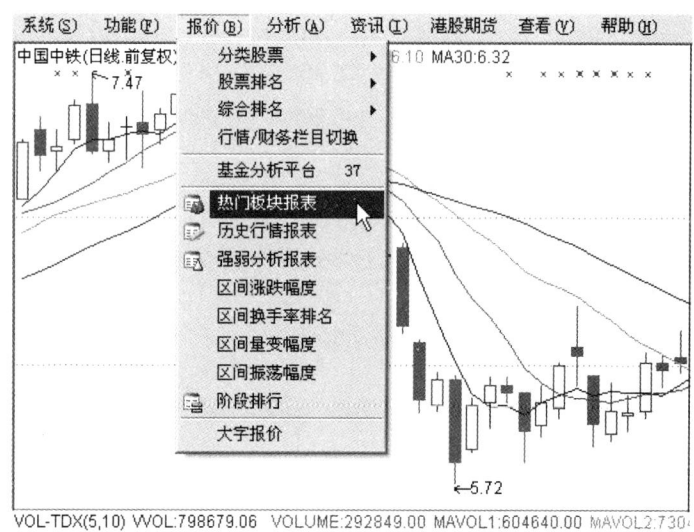

图 13-14　通达信系统的热门板块报表分析功能

	板块名称	涨幅%	权涨幅%	成交量	总金额	市场比%	换手率%
1	农林牧渔	3.87	4.12	341.73万	36.19亿	0.35	2.94
2	创投概念	2.94	2.58	805.85万	86.65亿	0.83	2.34
3	三板证券	2.74	0.00	0.00	0.00	0.00	0.00
4	造纸行业	2.65	3.28	165.11万	11.12亿	0.11	2.68
5	食品行业	2.57	2.21	273.96万	27.32亿	0.26	2.30
6	印刷包装	2.48	4.00	152.83万	12.44亿	0.12	4.93
7	有色金属	2.43	1.82	453.58万	98.16亿	0.94	1.79
8	仪器仪表	2.39	2.13	43.07万	3.85亿	0.04	1.82
9	3G概念	2.31	2.19	308.90万	25.14亿	0.24	0.81
10	湖南板块	2.30	2.40	268.96万	36.78亿	0.35	2.46
11	稀缺资源	2.28	2.37	338.75万	85.70亿	0.82	1.85
12	数字家电	2.24	2.12	107.58万	7.58亿	0.07	1.03
13	家电行业	2.22	1.93	74.37万	7.40亿	0.07	0.65
14	海南板块	2.22	2.10	156.09万	11.11亿	0.11	1.72
15	其他行业	2.16	2.64	71.86万	9.84亿	0.09	2.32

图 13-15　通达信热门板块动态排序

8. 自选股设定

由于证券市场交易的品种太多，我们可以将重点关注的证券集中放在自选股中便于查看，其操作方法是：在证券列表或 K 线图状态下，点击鼠标右键——加入到板块（快捷键：Ctrl+Z），在弹出的窗口中点击自选股，然后确定。以后可输入 06 回车（或按 F6 键），快速进入自选股列表；或者在列表状态下，鼠标直接点击屏幕下方的自选股标签查看。

（三）通达信软件中技术分析的高级功能

1. 技术分析基本界面

证券分析软件的使用者可以用回车键或者"F5"键实现技术分析界面和分时走势图界面的相互切换，或者点击功能栏选取"技术分析"项也可以切换到技术分析界面。

技术分析界面默认分为 3 个区，最上面是主图区（默认为 K 线图），下面是 2 个技术指标区，软件默认显示 2 个技术指标。投资者可以通过快捷键"ALT+数字键"（如 4、5、6）来改变画面组合，以同屏显示更多的技术指标，如图 13-16 所示。

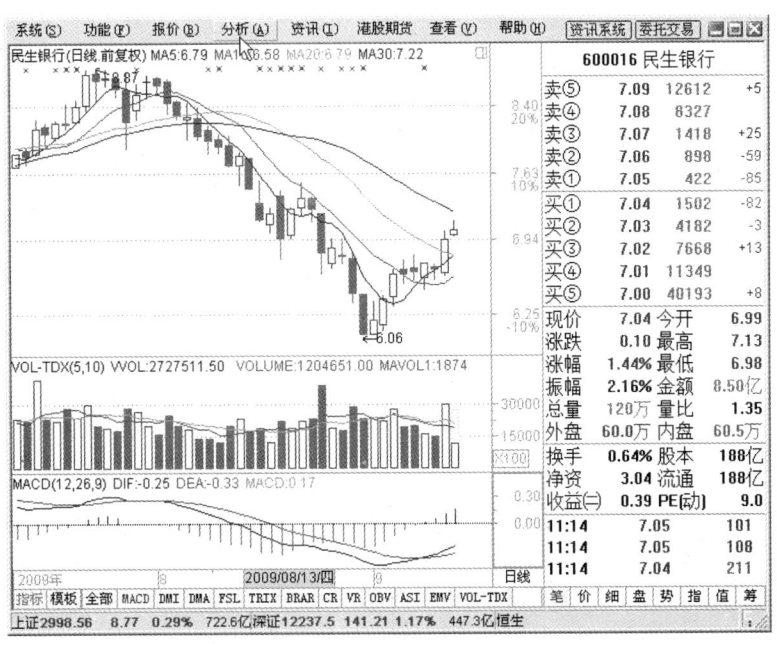

图 13-16 技术分析基本界面

2. 主图类型的选择

通达信证券分析软件的默认主图为 K 线图（空心阳线），除此之外，软件还可以提供美国线、收盘线、宝塔线等。在 K 线图状态下，可以在鼠标右键菜单的"主图类型"中选择相应的主图进行切换查看，或者直接输入主图类型的英文字母进行选择。如图 13-17 所示。

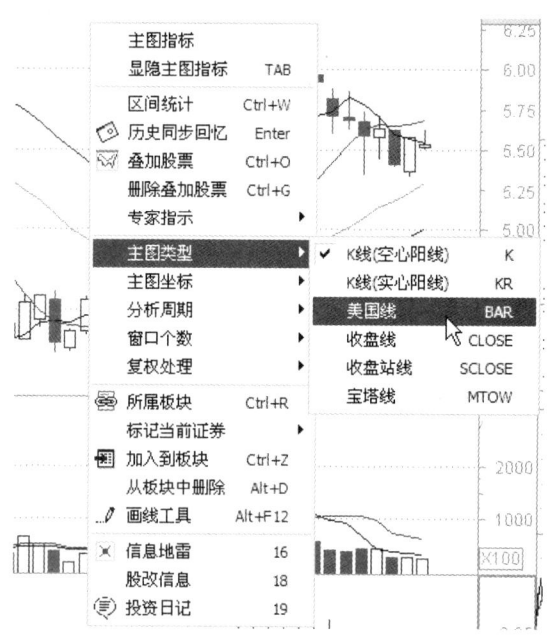

图 13-17 修改主图类型

（1）美国线。构造则较 K 线简单。美国线的直线部分，表示了当天行情的最高价与最低价间的波动幅度。右侧横线则代表收盘价。绘制美国线比绘制 K 线简便得多。美国线如图 13-18 所示。K 线所表达的含义，较为细腻敏感，与美国线相比，K 线较容易掌握短期内价格的波动，也易于判断多空双方（买力与卖力）和强弱状态，作为进出场交易的参考。美国线偏重于趋势面的研究。另外，我们可以在美国线上更清楚地看出各种形态，如反转形态、整理形态等。

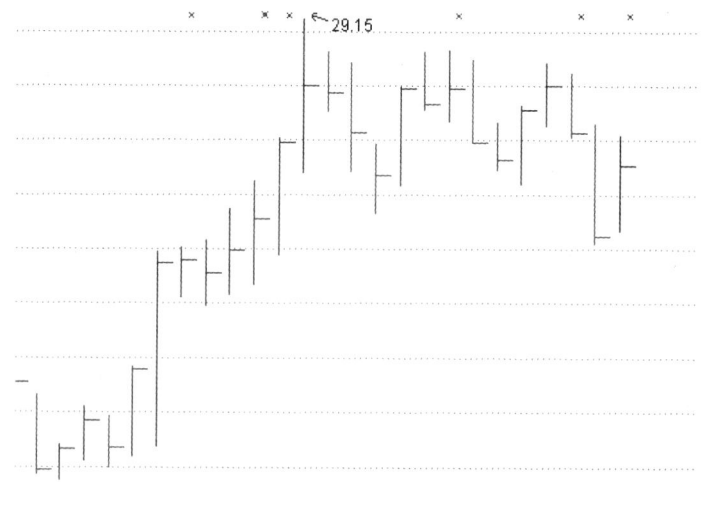

图 13-18 美国线

（2）收盘线。将每个收盘价当成一个点连接起来，如图13-19所示。

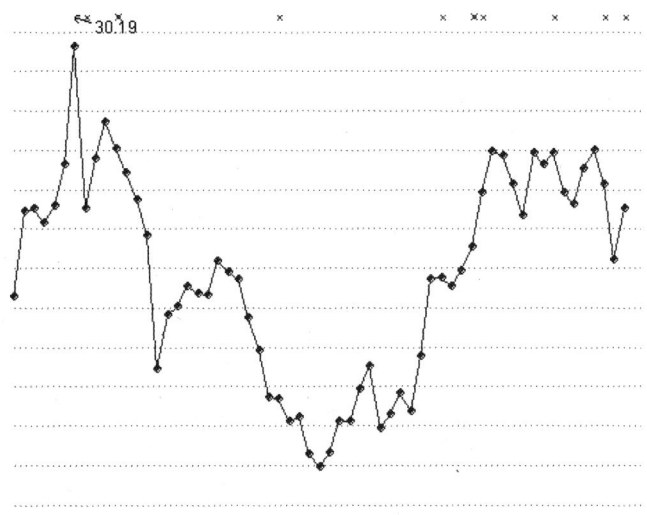

图13-19　收盘线

（3）宝塔线。是以红绿实体柱线来划分股价的涨跌，以及研判其涨跌趋势，也是将多空之间拼杀的过程与力量的转变表现在图中，并且显示适当的买进时机与卖出时机，它并非记载每天或每周的股价变动过程，而乃系当股价持续创新高价（或创新低价），抑或反转上升或下跌时，再予以记录绘制。宝塔线的绘制方法是：当今日收盘价比昨日高时以阳线实体表示，反之，则以阴线实体表示。实体长度为收盘价之差。宝塔线如图13-20所示。

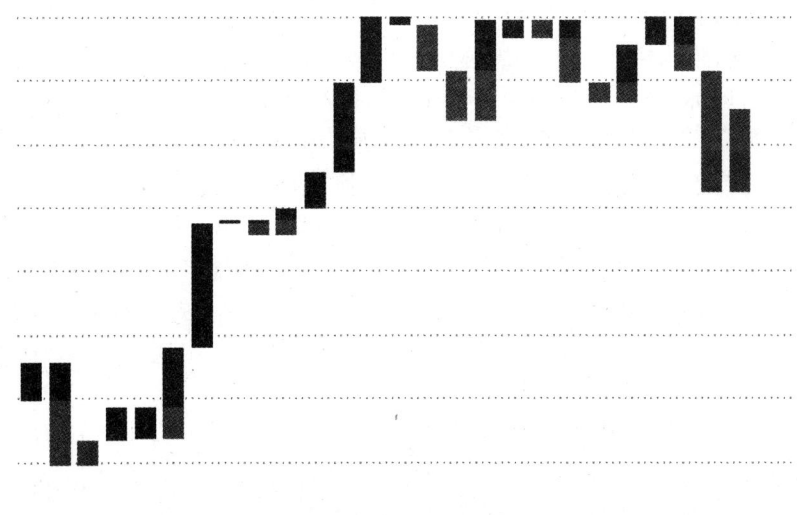

图13-20　宝塔线

3. 主图坐标的选择

通达信证券分析软件的主图坐标共有 6 种，在技术分析界面（或右侧价格刻度栏）的右键菜单中，点击主图坐标进行选择。一般情况下，软件初始将主图坐标设定为普通坐标，投资者可根据分析的需要选择其他类型的坐标。如图 13–21 所示。

图 13–21　主图坐标的选择

4. 技术指标的选择与参数调整

（1）主图指标的选择。通达信证券分析软件中，与主图类型配合观察的主图指标共有 17 种，在技术分析界面的右键菜单中，点击主图指标进行选择，或者直接输入主图指标的英文字母进行选择。投资者可以在主图指标的对话框上打开以上 17 种主图指标的用法诠释，也可以自行设定或变动这些指标的参数值。实际中，绝大多数投资者将主图指标设定为移动平均线 MA。如图 13–22 所示。

（2）副图指标的选择。技术分析画面中指标区中的指标类型投资者也可以自己选择，其方法是将鼠标先定位到需要的区域，在右键菜单的"指标选择"项中进行选择，快捷键为"Ctrl+I"。通达信软件提供了丰富的技术指标，可根据需要选择。如图 13–23 所示。如果投资者熟悉了各类常见指标的代码，则直接利用键盘精灵就可以方便地调用技术指标。

（3）调整指标参数。无论是主图指标还是副图指标，根据分析的需要，投资者都可以对带有参数的技术指标的默认参数进行调整。方法是将鼠标指向技术指标图中的指标名称和参数位置，在鼠标右键菜单中点击"调整指标参数"，出现公式参数调整对话框，如图 13–24、图 13–25 所示。

例如，用户想把主图中的 MA 指标中默认的 30 日均线改为 120 日均线，只要在"指标参数调整"中选择 K 线的第四条，并在对话框中将 30 改为 120 就可以了。如果要恢复为系统的初始设置值，则点击"恢复缺省"即可。

第十三章 证券投资实验与实践

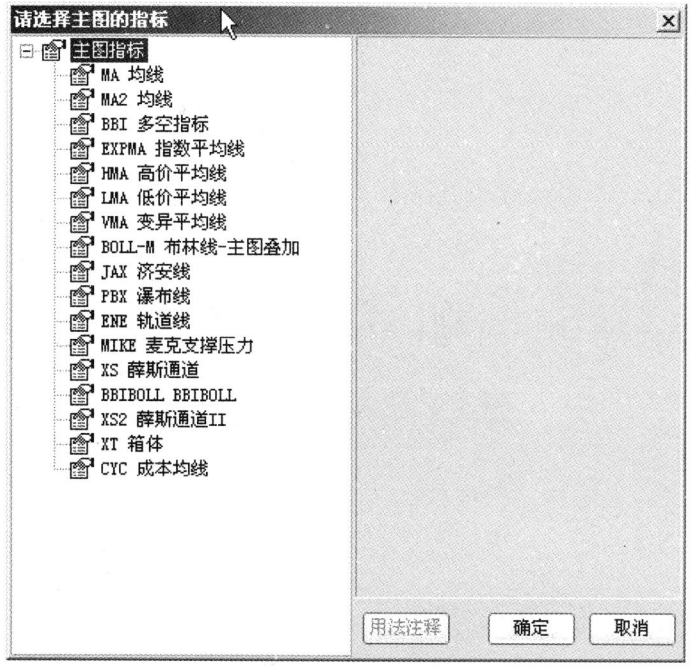

图 13-22 主图指标的选择

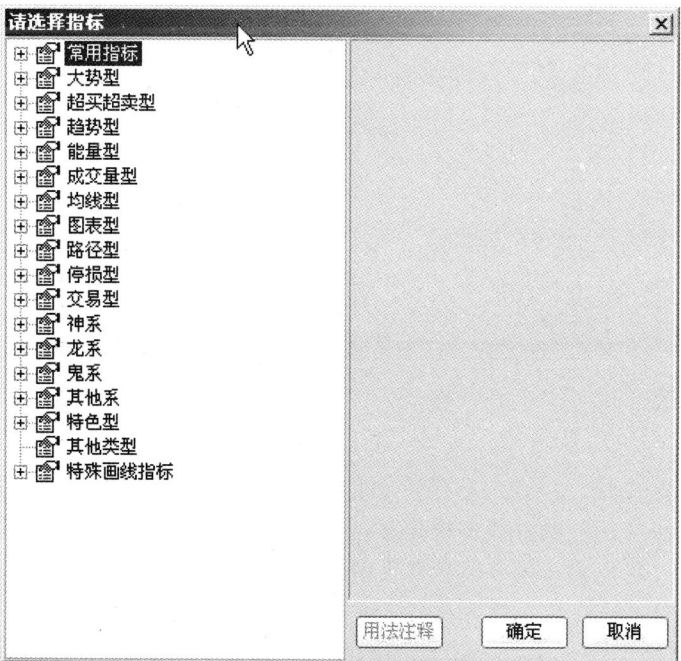

图 13-23 副图指标的选择

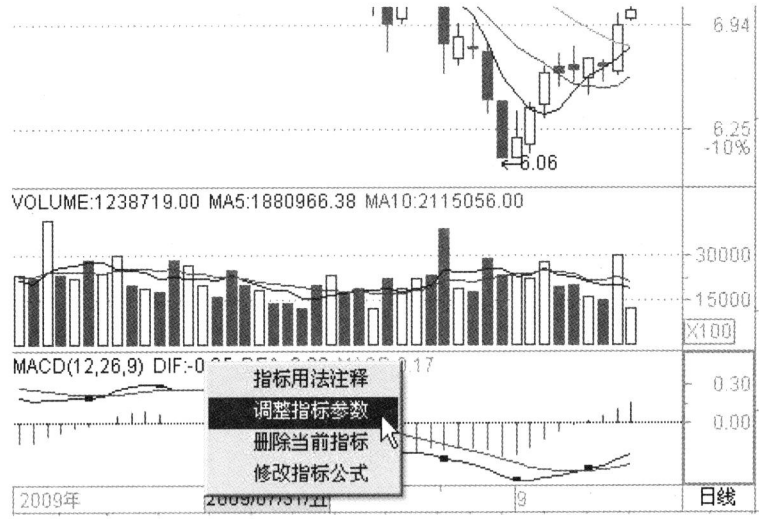

图 13-24　调整指标参数的方法

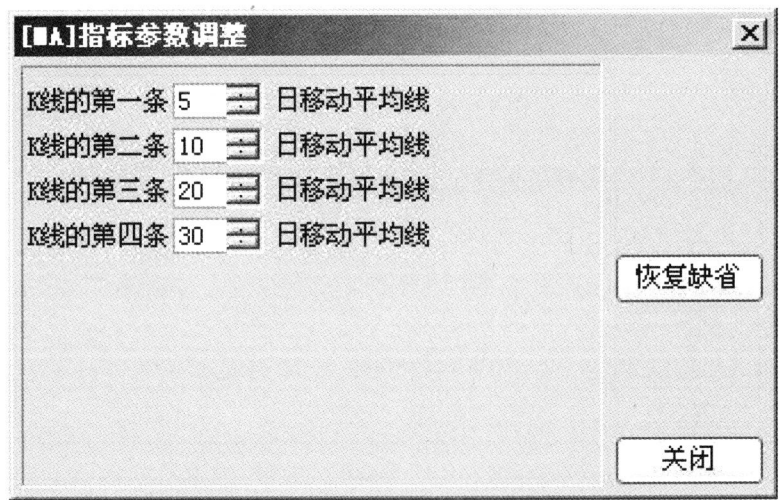

图 13-25　指标参数调整界面

5. 条件选股

条件选股就是由用户设定一些条件（如 MA 黄金交叉），软件按照这个条件由系统自动搜索设定范围内的股票并找出符合条件的股票。该功能可以为用户筛选出当前或一段时间内满足条件的股票，列在证券列表中，供用户逐个进行分析。

点击功能栏选股器按钮，选择条件选股按钮，就会弹出条件选股窗口。如图 13-26、图 13-27 所示。

第十三章 证券投资实验与实践

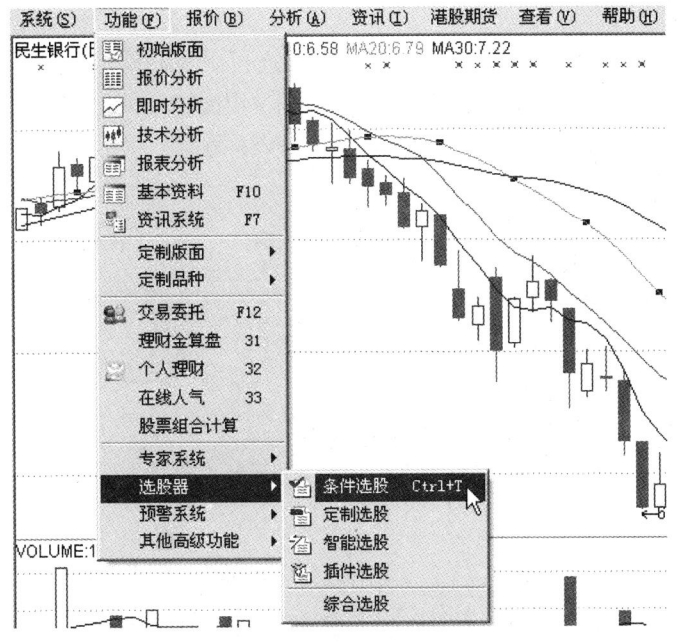

图 13-26 条件选股功能的进入

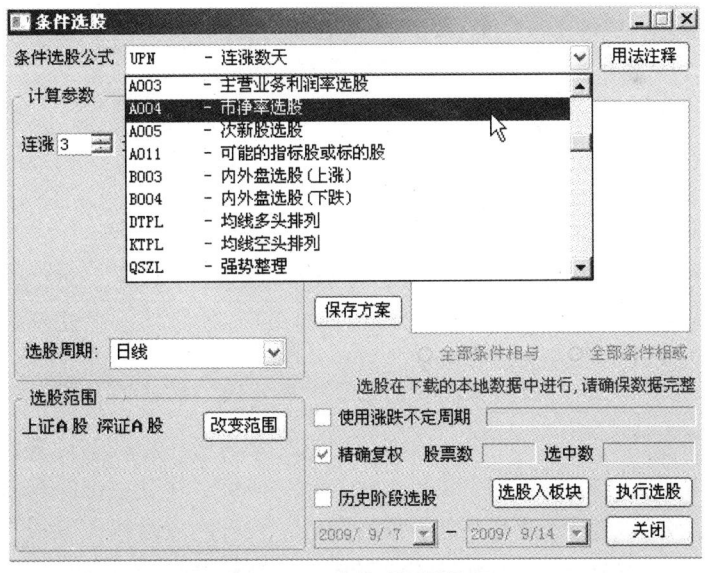

图 13-27 条件选股的使用

从下拉菜单中选择条件选股公式并设定计算参数、选股周期等，然后点击加入条件并设定选股范围、限定历史阶段等，然后点击"执行选股"，系统会按设定的条件选出证券供投资者研究参考。

注意，选股功能可能需要本地计算机拥有完整的行情数据，系统会提醒补全数据。如果数据不全，可能影响选股的准确性。

6. 预警功能

通达信证券分析软件还具有预警功能，投资者可以在功能菜单的预警系统下，按照投资者本人的关注热点和喜好进行预警设置，并打开预警开关，这样当行情变动触动预警条件时，软件就会向投资者发出警示。如图 13-28 所示。

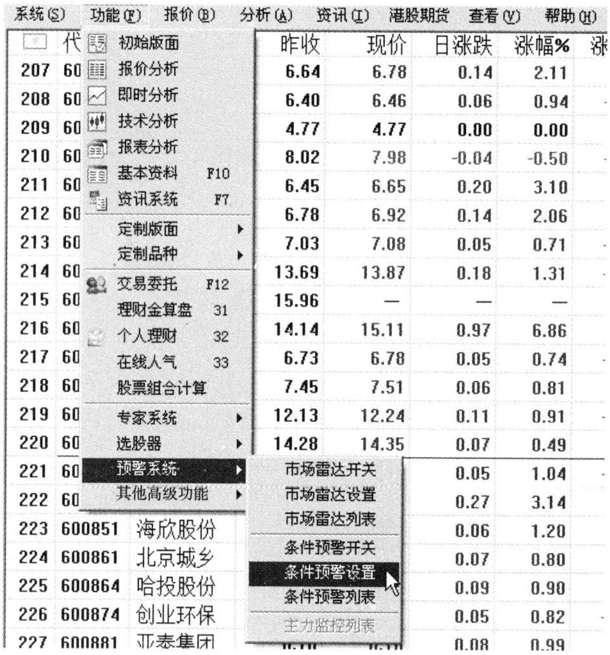

图 13-28 预警系统的使用

7. K 线复权功能

当上市证券发生权益分派、公积金转增股本、配股等情况，交易所会在股权（债权）登记日（B 股为最后交易日）次一交易日对该证券做除权除息处理。在 K 线图上往往表现为向下的缺口，如图 13-29 所示。

除权、除息的基本思想就是"股东财富不变"原则，意即分红事项不应影响股东财富总额，这是符合基本财务原理的。依据此原则，交易所在除权前后提供具有权威性的参照价格，作为证券交易的价格基准即除权、除息报价。在除权、除息日交易所公布的前收盘是除权、除息报价而非上一交易日收盘价，当日的涨跌幅以除权、除息参考报价为基准计算，所以能够真实反映投资者相对于上一交易日的盈亏状况。交易所依据"股东财富不变"原则制定除权、除息报价计算公式。目前沪深交易所除权除息报价的基本公式如下：

除权（息）参考价 = [（前收盘价 − 现金红利）+ 配（新）股价格 × 流通股份变动比例] ÷（1 + 流通股份变动比例）

除权、除息之后，股价随之产生了变化，往往在股价走势图上出现向下的跳空缺口，但股东的实际资产并没有变化。这种情况可能会影响部分投资者的正确判断，看似

图 13-29　除权除息缺口

这个价位很低，但有可能是一个历史高位，在股票分析软件中还会影响到技术指标的准确性。因此，软件提供了复权功能。所谓复权就是对股价和成交量进行权息修复，按照股票的实际涨跌绘制股价走势图，并把成交量调整为相同的股本口径。复权有前复权和后复权之分。

前复权就是保持现有价位不变，将以前的价格缩减，将除权前的K线向下平移，使图形吻合，保持股价走势的连续性。图13-30为招商银行前复权的情形。

图 13-30　招商银行前复权的 K 线

后复权就是保持先前的价格不变,而将以后的价格增加。图 13-31 为招商银行后复权的情形。

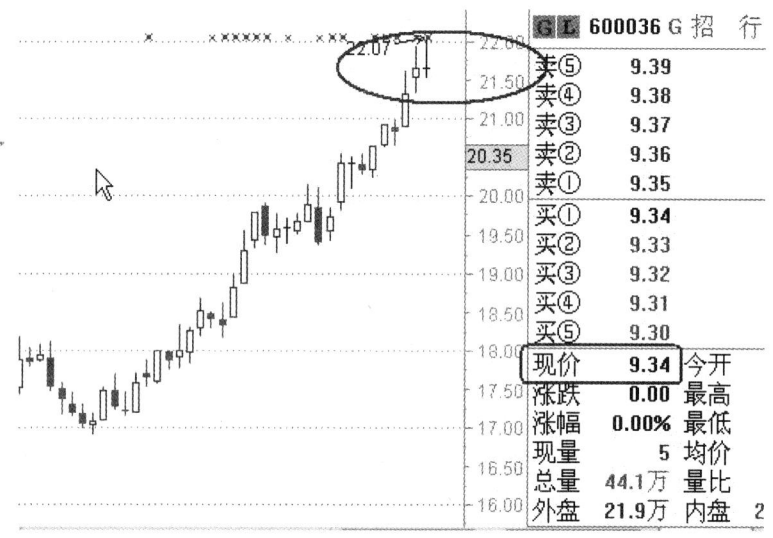

图 13-31　招商银行后复权的 K 线

两者最明显的区别在于,前复权的当前周期报价和 K 线显示价格完全一致,而后复权的报价大多低于 K 线显示价格。

需要注意的是,通达信软件的复权 K 线范围是所有从服务器端取得的数据,如果将分析股票的所有数据(从上市第一天开始)下载到本地计算机,则复权是基于所有数据的(数据的多少对后复权的当前价格有很大影响)。

投资者如果需要在软件中对 K 线进行"复权"和"不复权"的切换,可以右键点击 K 线画面,在复权处理中进行选择,如图 13-32 所示。

由于篇幅所限,通达信软件的更多功能请参看软件的帮助系统。

二、证券模拟交易系统

目前证券模拟交易系统很多,下文主要以国内应用最为广泛的叩富网证券模拟交易系统为例进行介绍其使用方法,该系统可免费注册使用。

(一)叩富网证券模拟交易系统的基本情况介绍

叩富网模拟证券交易系统是一个专业的证券交易联系平台。由国泰君安证券公司开发,该系统历经多次升级,技术已非常成熟。系统采用 Web 方式进行证券模拟交易,行情与交易所同步,成交撮合,闭市清算流程和交易所完全一致。无论是对于准备入市或刚入市的新股民,还是已有实盘炒股经验的老股民,它都是训练炒股技术,积累炒股经验的最佳工具。目前,全国各地许多的大学和广大投资者均在广泛使用。

第十三章 证券投资实验与实践

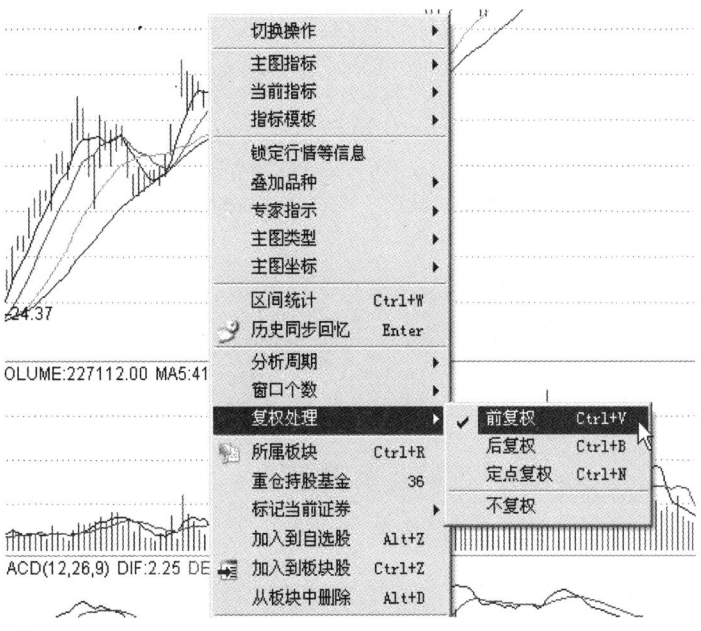

图 13-32 复权功能的使用

(二) 叩富网网址及其注册方法

(1) 登录叩富网,网址为 http://www.cofool.com,点击网页左上角"免费注册"栏,进入注册页面,如图 13-33 所示。建议进入第三主站,选择本金 100 万元的普通股进行注册,并按提示完成注册。

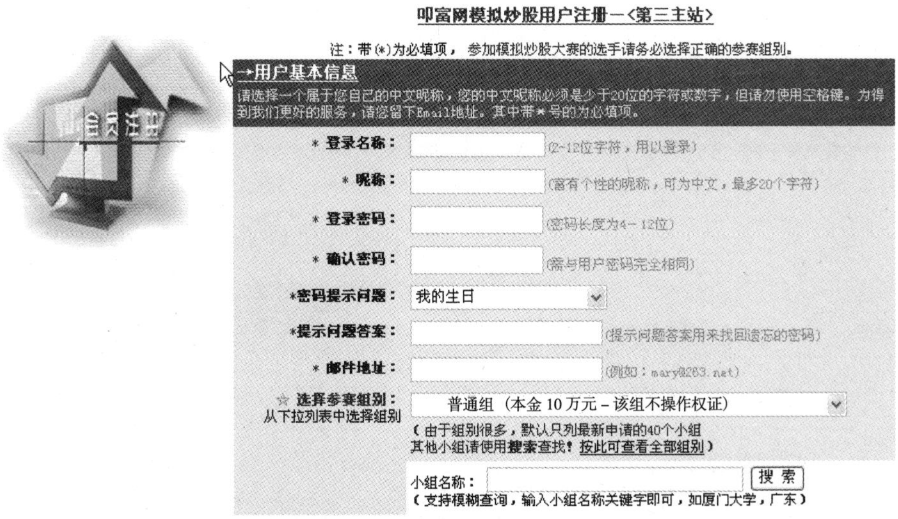

图 13-33 叩富网炒股注册页面

307

（2）注册成功，进入"模拟炒股用户登录"页面，如图13-34所示。

图13-34　注册成功

（3）在第三主站进行登录，如图13-35所示。

图13-35　登录界面

（4）登录成功，进入实战"模拟炒股"页面，如图13-36所示。

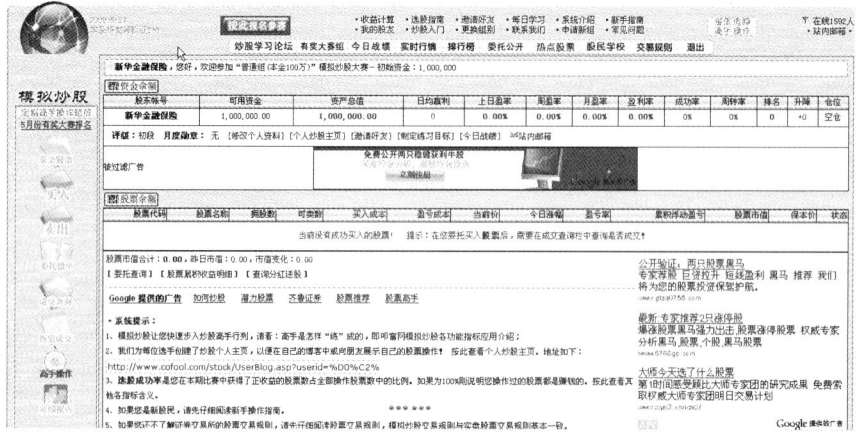

图13-36　模拟交易界面

(三)叩富网证券模拟交易系统的基本功能

作为一个专业的炒股练习平台,叩富网模拟炒股具有强大的功能。不仅能让初学者学习基础的炒股方法,还提供了一套全面系统的个人炒股方法评估指标,如个人资产增长走势图、段位制评级、选股成功率、资金周转率等。借助这些评估指标,初学者可以不断尝试自己的炒股方法,不断反思。此外,应用高手操作公开,对所有初学者操作的股票交易数据进行汇总得出热点股票这些功能,初学者可以学习高手的操作技巧,为自己选股提供帮助。

(四)叩富网证券模拟交易系统的基本特点

叩富网证券模拟交易系统的特点如下:

(1)完全真实的炒股体验。
(2)分组模拟,分组比赛。
(3)可随时查看各选手的股票持仓,当日委托记录和历史操作记录。
(4)段位评级制。
(5)个人炒股主页。

(五)叩富网证券模拟交易系统的操作流程

1. 买入证券

在"模拟炒股"页面,点击左侧"买入"键,输入证券代码,如图13-37所示。

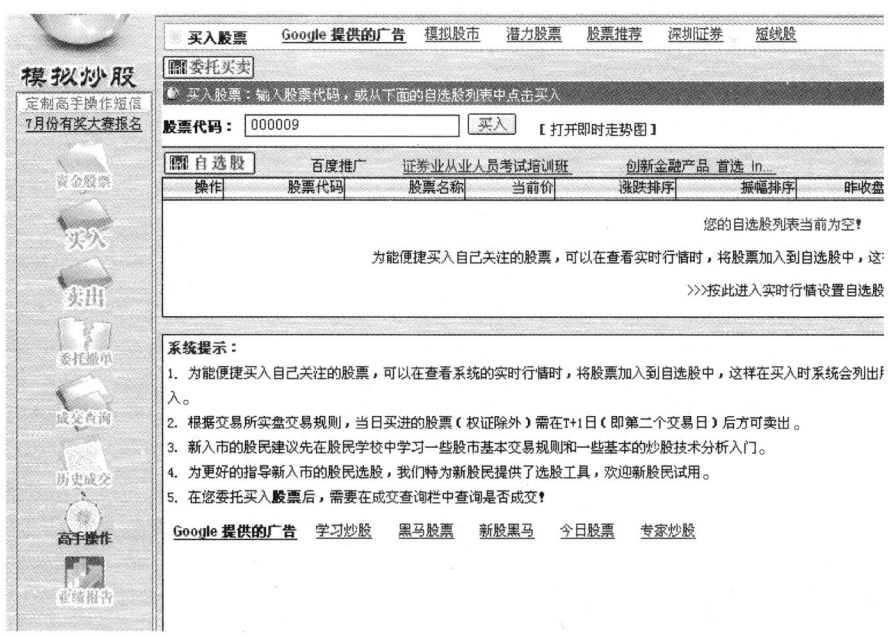

图13-37 买入操作界面

点击股票代码后的"买入",进入"委托买卖"页面,如图13-38所示。

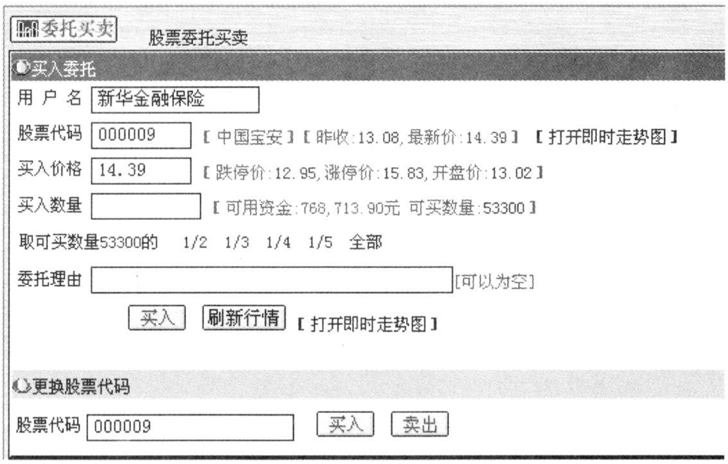

图 13-38　买入委托界面

根据自己的投资理念和投资技巧，把握好选股和选时的关系，正确选择并填写买入价格和买入数量，点击"买入"，此时系统提示"是否确认委托"，如图 13-39 所示。

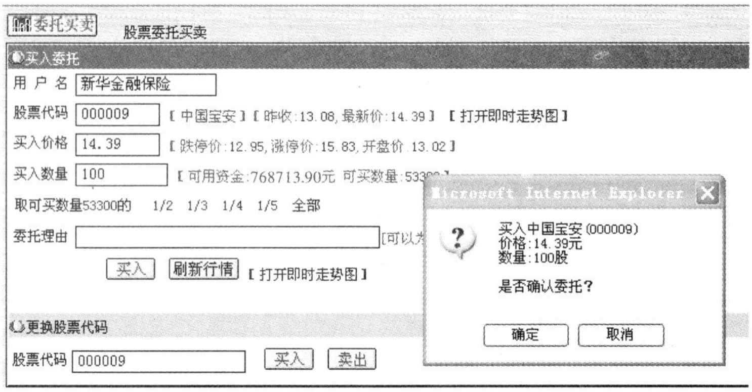

图 13-39　买入指令确认界面

点击"确认"，买入操作即告完成，页面显示委托结果，如图 13-40 所示。

2. 卖出证券

投资者可以在开市期间卖出所持有的证券。点击"卖出"快捷键，进入卖出页面，如图 13-41 所示。

正确选择并填入卖出价格和卖出数量，点击"卖出"，此时系统提示"是否确认委托"，如图 13-42 所示。

点击"确认"，卖出委托操作即告完成。

3. 查询高手操作

点击"高手操作"快捷键，即可查询各参赛组中的高手的各种数据，这有助于提高初学者的投资水平，如图 13-43 所示。

第十三章 证券投资实验与实践

图 13-40 买入成功提示

图 13-41 卖出操作界面

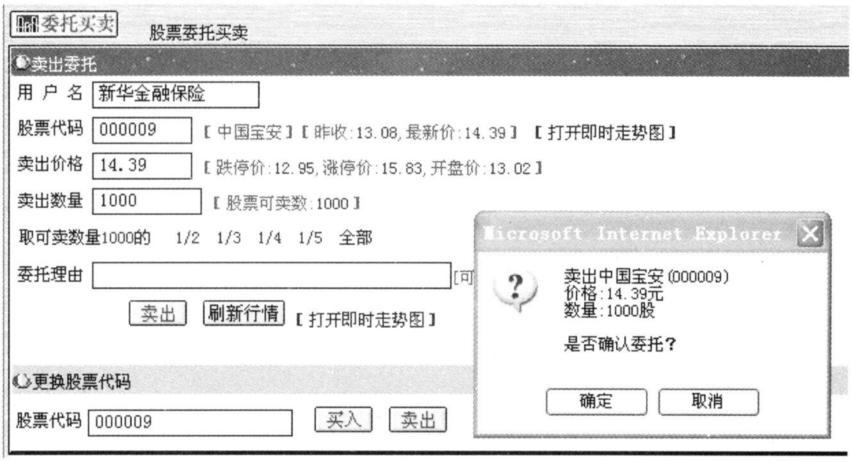

图 13-42　卖出委托并确认界面

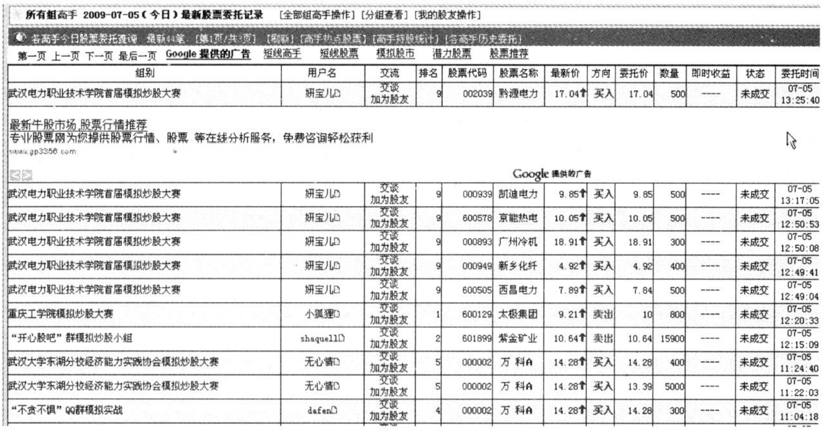

图 13-43　查询高手操作

另外，该系统还有选股指南、大盘分析、股票常识、股票入门、股票书籍等多项投资基础知识的介绍，投资者可以点击进入，根据需要随时登录进行查询和学习。

其他功能请读者自己摸索。

三、综合性证券资讯与模拟交易系统——世华财讯系统简介

世华财讯是由北京世华国际金融信息有限公司管理经营的产品和服务品牌。拥有 15 年的专业财经资讯服务经验，为金融机构、高校、企业及媒体提供财经资讯终端与授权服务。专为高校搭建的金融实验室，是高校培养未来财经专业领域精英的尖端金融教学与科研资讯工具。为金融、经济管理、投资分析等财经专业的师生提供理论结合市场的实习环境与教材，加强学生对金融知识的理解，掌握使用资讯分析交易操作策略的方法，使学生能够较全面、深入地掌握专业财经知识，控制投资风险。提供结合实时行情

第十三章 证券投资实验与实践

数据与专业资讯分析的模拟交易系统,学生们能够在真实市场环境下将财经理论贯彻并进行虚拟投资操作,熟悉国内与国际金融市场交易规则,建立和拓展未来事业发展所需的基础知识与理念。

该系统包含行情资讯分析系统和模拟交易系统两大部分。模拟交易系统可进行包括证券、期货(含股指期货)、外汇、黄金在内的金融产品的交易。系统可即时播报国内外综合财经资讯,触角遍布全球,实行24小时滚动播放。本书限于篇幅所限,对其基本功能不再赘述,感兴趣的同学可进入公司网站(http://www.shihua.com.cn/index.jsp)了解详细情况。

第二节 常见的投资策略与风险控制技巧

一、常见的投资策略

投资者的风险厌恶等级、专业知识、时间充裕度、资金来源成本等都导致不同的投资者采取不同的投资策略。以下介绍一些主要的投资策略,在实际投资决策中,投资者可根据自身的情况和投资理念的不同加以选择。

(一)投资三分法

投资三分法是最普遍、最流行的一种方法,它的主要思想是将投资者的资金分为三部分,分别投资于高、中、低三种风险的投资对象上,从而使资产组合的风险和投资者的风险厌恶等级相匹配,使风险和收益达到最优权衡。

一般的做法是:把1/3的资金存入银行;1/3的资金用来投资风险较小的债券;1/3的资金投资于风险相对较大,收益较高的股票。而在股票上也可同样采用三分法:把1/3的资金投资于风险相对较低的优先股;1/3的资金投资于有发展前景的成长性股票;1/3的资金购买收益较高的普通股股票。

采用投资三分法,既考虑了降低风险的要求,又考虑了收益增长的需要,是一种稳健的投资方式。

(二)顺势投资法

顺势投资法是指投资者顺着股价走势买卖股票,根据股价变动特点采取相应行动。

一方面,投资者可根据股价的周期性变动进行投资。股价变动具有周期性,可以分为三种趋势:长期趋势、中期趋势和短期趋势。长期趋势可持续一年以上,一个长期趋势包括上涨趋势的多头市场和下降趋势的空头市场。中期趋势是长期趋势的中间性离心变化,是上升的多头市场跌落,下跌的空头市场股价上升,一般持续到两周到三个月之间。短期趋势是指股价两周以内的变动。投资者进行长期投资时,可在长期趋势的底段和中期买入,持有到高段卖出。若进行中期投资,可在估价中期趋势的底段买入,于股价上涨一段后卖出。

另一方面，投资者可根据股价变动的阶段性进行投资。在股价变动的一个周期内，可分为上升阶段、下跌阶段和盘整阶段。投资者可根据具体时机适时买入卖出，而在股价盘整阶段需要谨慎投资，等待趋势明朗再做决策。

（三）保本投资法

首先，明确证券投资中的"保本"，不是指保住投资者投入的总金额，而是投资者在投资决策之前主观预期的不能被亏损的那部分资金，它只占投资总金额的一部分。保本投资法是投资者避免资金"血本无归"的一种策略，适用于经济前景不明朗，投资者对未来股价走势不能做出明确判断的情形。

保本投资法主要强调的是卖出决策的选择，包括对获利卖出点和停止损失点的选定。获利卖出点，即投资者的资产获得一定的收益率的时候，果断卖出的那一点。这个时候只是卖出投资者保本的那一部分，并不是卖空所有头寸。停止损失点，即股价下跌以致资产缩减到投资者主观预期的"本"的时候，坚决卖出的点。停止损失点是为了避免过分亏损而制定的。需要强调的是，在确定好获利卖出点和停止损失点后，要坚决予以执行。不能抱有侥幸心理认为股价会继续涨停或改跌为涨而放弃原则，其目的是锁定既得收益或避免损失的进一步扩大。

二、基本的风险控制技巧

除了上述的一些投资策略之外，掌握必要的风险控制技巧，同样是投资者的投资决策不可或缺的。

证券投资的风险通常分为两类：系统性风险和非系统性风险。系统性风险主要有市场风险、利率风险、政治风险等，与市场的整体运行状况相关联；非系统性风险主要有经营风险、违约风险、财务风险等，与某个具体的证券相关联，而与其他证券无关。

止盈、止损点的选择是最常见的风险控制技巧，投资者可以根据自身的风险厌恶等级进行具体的选择。

（一）止损点的选择

投资者投资于证券市场，最重要的是控制风险，保护投入资金的安全，在此基础上才有考虑获得收益的可能性。投资者应根据自身风险厌恶等级，结合基本分析和技术分析的结论，设立恰当的止损点。止损点的设立一般有三种方式：

（1）设立止损比例。例如，买入某只股票后股价下跌超过10%，则卖出该股票，避免更大的损失。

（2）设立止损价位。假设以10元价格买入某只股票，当股价跌破9元时，果断卖出，防止股价进一步下跌造成更大的损失。

（3）设立止损时间。当买入某只股票后，根据该股票的基本分析和技术分析的结论，预期在买入后某一特定的时点卖出，无论此时股价是涨或跌。

（二）止盈点的选择

止盈点的选择在牛市尤为重要。投资者买进某只股票后，应根据投资者的收益预期、股票的支撑价位、未来前景等综合考虑设立止盈点，从而避免由于判断失误或过于乐观而丧失已经获得的潜在收益。止盈的方式有静态止盈和动态止盈两种。

（1）静态止盈：投资者买入某只股票后，当股价达到预定的目标价位时，坚决卖出，锁定收益，避免股票由涨入跌，投资受损。

（2）动态止盈：当买入股票盈利时，若股票的基本面完好，股价上升趋势依旧，题材未尽等原因导致股票上涨空间较大，此时应继续持有，并且根据市场行情的变化不断调整止盈点的位置，从而使收益最大化。

三、投资计划的制定

在掌握了基本分析和技术分析方法，建立了组合投资思想，学会了常见的投资策略和风险控制技巧之后，在进行具体的投资活动之前，投资者应结合自身风险厌恶等级、收益预期、投资环境和条件等主观因素制定具体的投资计划，明确投资活动中的各个步骤，对投资活动有宏观的布局和考虑，以实现投资效用最大化。投资计划的制定包括以下几个方面：

（一）确立投资目标

确立投资目标是制定证券投资计划的第一步，证券投资的目的是投资者的效用最大化。然而，在实际中不同的投资者有不同的动机。通常投资者有以下几种投资目标：

（1）追求证券收益最大化。

（2）对原有资产进行套期保值的需要。

（3）期望掌握上市公司的经营权。

（4）着眼于上市公司的特有资产如专利、技术、商标等。

（二）收集、整理、分析资料

在投资者确立投资目标之后，进行证券信息的收集、整理、分析工作是非常重要的。投资者所需要的资料信息通常来源于以下几个方面：

（1）来自上市公司的公开资料如招股说明书、财务报表等。

（2）来自证券监督管理委员会的资料如统计年鉴、统计月报、公告白皮书等。

（3）来自沪、深交易所的公告、交易信息披露等资料。

（4）来自大众传媒的信息如新闻报道、公告、报刊等。

（5）来自证券分析专家的评论。

投资者收集到的资料纷繁复杂，需要进行甄别处理并加以分析。

（三）投资环境和条件分析

投资者在制定证券投资计划时，最重要的是客观地评判自身的风险承受能力和预期的收益要求。投资者据此确定投资对象，选择恰当的投资策略和风险控制技巧，实现投资目标。

在实践中，需要考虑以下投资环境：

(1) 投资资金的来源及其稳定性。
(2) 对投资收益的依赖程度。
(3) 自身的专业投资知识和经验的多寡。
(4) 投资者进行投资活动的时间充裕度。
(5) 投资者对证券价格波动的心理承受能力。

（四）投资策略的制定

由于不同投资者有不同的投资目标和风险承受能力，因此，在投资计划中要根据具体的情况选择适合的投资策略。

（五）风险控制技巧

在证券投资活动中，收益与风险一般表现为正相关关系，因此风险和收益的权衡就显得尤为重要。证券的风险既有系统性风险，又有非系统性风险。投资者在自身风险厌恶等级的约束下，选择恰当的风险控制技巧使得在一定的风险范围内收益最大或一定的收益下风险最小，最终达到投资效用最大化。

（六）投资决策动态实时调整

由于投资环境是动态变化的，影响证券价格波动的因素也实时变化，致使当前环境下做出的最优决策在未来某一时间变成次优决策甚至导致可能损失的投资决策。因此，投资者在确定了投资目标，选择了恰当的投资策略和风险控制技巧之后，还应该根据证券实时行情的变化进行投资决策的动态调整。

第三节 证券投资模拟交易实验

一、实验目的与要求

本实验主要是通过证券模拟交易平台帮助学生了解证券投资的基本过程，掌握证券交易的基本步骤，培养证券投资实战的能力。要求学生通过证券交易系统进行模拟交易后，能熟练地进行证券的买卖、撤单、查询交易结果、盈亏状况等操作，并对证券投资的高风险特征有一个初步的市场感受。

二、实验准备

(1) 选择一台能够正常运行并且连接局域网以及互联网的计算机。
(2) 检查是否安装有证券分析软件系统和证券模拟交易系统，并且以上各系统能够正常运行。

(3)检查相关软件网络连接和证券行情数据接收是否正常。
(4)实验前了解本次实验的目的与要求,认真预习相关知识,保证实验的连续性,达到预期的实验效果。

三、实验步骤

(1)认真阅读实验目的与要求,充分做好实验准备。
(2)按照事先安排,在指定设备上机。
(3)调试设备,保证实验设备能够正常的运行以及相关网络设备的连接通畅。
(4)登录叩富网证券模拟交易大赛平台,根据老师的安排在既定的分组中注册账号,并登录模拟证券交易系统,运用前面的相关介绍,进行模拟证券交易。

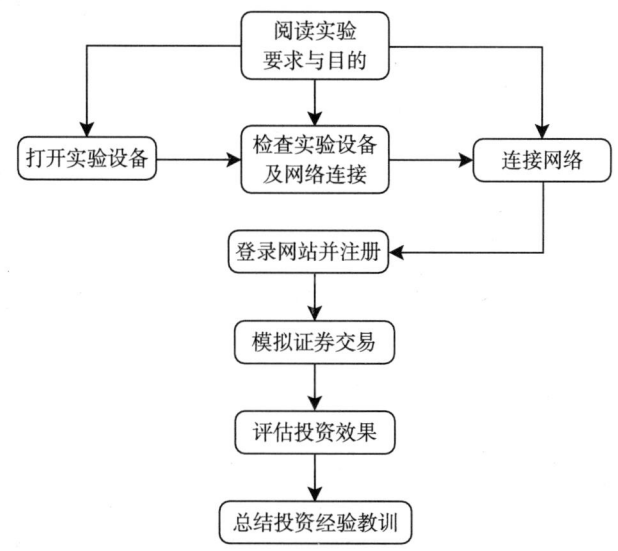

图13-44 证券投资模拟交易实验基本流程

(5)通过一段时间的模拟交易,把投资结果与其他同学进行比较,并总结自己成功的经验与失败的教训。

具体实验流程见图13-44。

四、实验总结

叩富网证券交易系统是一个免费的互联网证券模拟交易系统,目前广大证券投资爱好者和几百所高校的师生都利用这一平台开展证券模拟交易大赛。充分利用这一优秀的平台,可以提高我们的证券投资决策水平。

重要概念

换手　量比　投资三分法　顺势投资法　保本投资法　止损　止盈

思考题

(1) 在模拟交易中，你是依据什么进行选股的？

(2) 在模拟交易中你获得收益最高的一只证券是什么？试分析取得成功的原因。

(3) 在模拟交易中你亏损最大的一只证券是什么？试分析失败的原因。

(4) 和你的同学比较，在模拟交易中你的综合收益率排名如何？从其他同学那可学到什么？

(5) 有人认为："只要拥有功能强大的证券分析软件，就能在证券投资活动中稳操胜券。"通过一段时间对证券分析软件的使用和模拟交易，你对此有何看法？

(6) 通过模拟交易，谈谈你对证券投资风险的认识和体会。

(7) 通过模拟交易，谈谈止损与止盈在风险控制中的意义。

(8) 利用证券分析软件的选股功能，选出当前沪深两市 A 股中市盈率低于 10 倍、市净率低于 5 倍的股票，并从中选择 5 只股票构成一个组合进行模拟交易，观察其收益情形。

(9) 从沪深两市挂牌的指数基金中选择 1 只基金进行模拟交易，并比较其与上题中的组合的业绩差异。

(10) 在叩富网注册一个账户，参与证券模拟交易大赛。

参考文献

[1] 曹凤歧、刘力、姚长辉:《证券投资学》,北京大学出版社,2002年版。
[2] 曹广志、韩其恒:《投资组合管理》,上海财经大学出版社,2005年版。
[3] 陈泽聪:《证券投资分析》,厦门大学出版社,2009年版。
[4] 陈志军:《证券投资学》,山东人民出版社,2005年版。
[5] 戴晓凤、晏艳阳、高湘鸿:《证券投资分析与组合管理》,中国金融出版社,1997年版。
[6] 弗兰克·J.法博齐:《投资管理学》,经济科学出版社,1999年版。
[7] 葛正良:《证券投资学》,立信会计出版社,2001年版。
[8] 郭茂佳:《金融市场学》,高等教育出版社,2003年版。
[9] 韩家辉:《证券投资分析》,学苑出版社,2006年版。
[10] 韩其恒、洪晨:《证券投资分析》,上海财经大学出版社,2007年版。
[11] 汉姆·列维:《投资学》,北京大学出版社,2004年版。
[12] 何孝星:《证券投资理论与实务》,清华大学出版社,2004年版。
[13] 胡海鸥等:《证券投资分析》(第3版),复旦大学出版社,2007年版。
[14] 姜国华:《财务报表分析与证券投资》,北京大学出版社,2008年版。
[15] 金德环:《投资学》,高等教育出版社,2007年版。
[16] 柯原:《证券投资分析》,北京大学出版社,2005年版。
[17] 李冻菊:《证券投资分析》,中国农业大学出版社,2006年版。
[18] 李国强、李雯:《证券投资分析》,机械工业出版社,2008年版。
[19] 李鸿昌:《证券投资学》,郑州大学出版社,2003年版。
[20] 毛二万:《证券投资分析原理与实务》,中国人民大学出版社,2008年版。
[21] 蒙丽珍、韦耀莹:《证券投资分析》,东北财经大学出版社,2006年版。
[22] 米什金:《货币金融学》,Harper Collins College,2002年版。
[23] 牛汉中、谢礼丰:《证券投资分析》,华南理工大学出版社,2009年版。
[24] 彭明强、冯春安、任郑杰:《证券投资学》,西南财经大学出版社,2001年版。
[25] 束景虹:《证券投资分析》,对外经济贸易大学出版社,2008年版。
[26] 苏秋高:《证券投资分析》,清华大学出版社,2005年版。
[27] 万解秋、贝政新:《现代投资学原理》,复旦大学出版社,2004年版。
[28] 万志宏:《证券投资分析》,厦门大学出版社,2009年版。

[29] 王晓芳、许祥秦:《证券投资学》,北京大学出版社,2007年版。
[30] 魏娜:《实用证券投资分析教程》,东北大学出版社,2010年版。
[31] 吴晓东:《证券投资技术分析》(第2版),西南财经大学出版社,2006年版。
[32] 吴晓求:《证券投资学》,中国人民大学出版社,2004年版。
[33] 吴作斌:《证券投资分析》,化学工业出版社,2009年版。
[34] 谢剑平:《现代投资学——分析与管理》,中国人民大学出版社,2004年版。
[35] 徐华青、肖武侠、卢晓生:《投资组合管理》,复旦大学出版社,2004年版。
[36] 杨朝军:《证券投资分析》(第2版),上海人民出版社,2007年版。
[37] 杨迈军:《金融衍生品市场监管》,中国物价出版社,2001年版。
[38] 姚辉:《证券投资分析》,中国科技技术大学出版社,2008年版。
[39] 张中华:《投资学》,高等教育出版社,2006年版。
[40] 赵锡军、李向科:《证券投资分析》,中国金融出版社,2003年版。
[41] 郑宏韬:《证券投资分析》,电子工业出版社,2009年版。
[42] 郑振龙:《金融工程》,高等教育出版社,2003年版。
[43] 中国证券业协会:《证券发行与承销》,中国财政经济出版社,2009年版。
[44] 中国证券业协会:《证券交易》,中国财政经济出版社,2009年版。
[45] 中国证券业协会:《证券市场基础知识》,中国财政经济出版社,2009年版。
[46] 中国证券业协会:《证券投资基金》,中国财政经济出版社,2009年版。
[47] 周立:《金融衍生工具发展与监管》,中国发展出版社,1997年版。
[48] 周正庆:《证券市场导论》,中国金融出版社,1998年版。
[49] 周正庆:《证券知识读本》,中国金融出版社,1998年版。
[50] 庄新田、高莹、金秀:《证券投资分析》,清华大学出版社,2008年版。

推荐网站

1. 中国证券报，http：//www.cs.com.cn。
2. 中国证券网，http：//www.cnstock.com。
3. 和讯财经，http：//www.hexun.com/。
4. 东方财富网，http：//www.eastmoney.com/。
5. 同花顺，http：//www.10jqka.com.cn/。
6. 大智慧，http：//www.gw.com.cn/。
7. 上海证券交易所，http：//www.sse.com.cn。
8. 深圳证券交易所，http：//www.szse.cn。
9. 中国金融期货交易所，http：//www.cffex.com.cn/。
10. 上海期货交易所，http：//www.csrc.gov.cn。
11. 大连商品交易所，http：//www.dce.com.cn。
12. 郑州商品交易所，http：//www.czce.com.cn/。
13. 纽约证券交易所，http：//www.nyse.com。
14. 纳斯达克市场，http：//www.nasdaq.com/。
15. 芝加哥期权交易所，http：//www.cboe.com。
16. 香港交易所，http：//www.hkex.com.hk。
17. 金融界，www.jrj.com。
18. 全景网，http：//www.p5w.net/index.htm。
19. 证券之星，www.stockstar.com。
20. 中国财经信息网，www.cfi.cn。
21. 第一财经网站，www.china-cbn.com。
22. 中金中线，www.cnfol.com。
23. 证券之星，www.stockstar.com。
24. 中国国债投资网，http：//www.bond-china.com/。
25. 中国债券信息网，http：//www.chinabond.com.cn/。
26. 红顶金融工程研究中心，http：//special.cnfol.com。
27. 雅虎财经，http：//finance.yahoo.com/。
28. 中国证券监督管理委员会，http：//www.csrc.gov.cn/pub/newsite/。
29. 中国证券业协会，http：//www.sac.net.cn/。
30. 叩富网，http：//www.cofool.com/。